KB022048

한국독립운동지혈사

박 은 식 지음
남 만 성 옮김

서문당

머리말

왕년에 내가 《한국통사(韓國痛史)》를 편수하였을 때 한 동지가 축배를 들며 말하였다.

"선생께서는 늙을수록 더욱 정정하셔서, 유려한 문장과 중후한 필치가 이 《통사(通史)》에만 그치지 말고, 저희들은 다시 선생의 손에서 쓰일 광복사를 기대합니다."

나는 본래부터 우리나라가 반드시 광복하는 날이 있을 것을 믿는다. 그리고 일본의 장래가 반드시 패망할 것을 예상한다.

그러므로 비록 넘어지고 쓰러지고 유이(流離)하여 기한과 고통 속에 시달리면서도 일찍이 일종의 낙관을 버리지 않았다. 다만 그 시기의 늦고 빠름을 알 수 없을 뿐이다.

그런데 세월은 자꾸 흘러가고 나의 노쇠는 더욱 심하여 간다. 어찌 뜻하였으랴. 오늘날에 '광복사 아닌' 독립운동사가 나의 《통사》의 뒤를 이어 지어질 줄이야.

그러나 자신하는 것을 말한다면, 어째서 우리나라가 틀림없이 광복할 날이 있을 것을 아는가.

대체로 나라끼리 생존 경쟁하는 판에 약한 나라가 강한 나라에 병탄되는 것은 흔히 볼 수 있는 일이다. 그러나 만약 그 인종의 자격이 상등(相等)하고 종교와 역사, 말과 글 및 풍속에 불멸의 나라 혼이 존재한다면, 비록 한때에 병탄을 당할지라도 마침내 분리하여 독립하는 것을 세계사에서 많이 볼 수 있다.

우리 겨레는 단군할아버지의 신성한 후예로서 바다를 동쪽으로 한 명승지에 자리 잡고 있다. 인재의 출생과 문물의 발달은 실로 우수한 자격을 갖추어 다른 민족보다 뛰어났다.

우리나라의 역사는 4,300년의 전통과 유서가 있고 충의(忠義)와 도덕의 근원이 심후(深厚)하다. 종교와 문학이 일찍이 창성하고 밝아서, 그 여택(餘澤)이 일본을 적셔 주었다. 그리하여 우리는 선진의 위치에 있다.

우리 대한의 언어를 말하고 우리 대한의 풍속을 풍속으로 하며, 우리의 노래를 노래하고 우리의 예절을 예로 하며, 우리의 옷과 밥을 입고 먹는다. 우리나라의 국성(國性)은 다른 민족과는 특히 구별된다. 이러한 여러 가지가 우리의 국혼을 생성시키고, 우리의 국혼을 강하고 견고하게 만들었다. 결코 다른 민족이 능히 동화시킬 수 있는 것은 아니다.

그런데 일본 사람이란 것은 대대로 우리의 원수가 되어, 천백년 이래로 쌓이고 쌓여서 서로 융합할 수 없다. 하나는 향기 나는 풀[薰]이고, 하나는 악취 풍기는 풀[蕕]과 같다. 절대로 피차 조화

4

될 도리가 없다.

또 저들이 우리나라를 탈취한 것은 오로지 간사한 꾀와 힘으로써 하고, 신의와 맹약을 무시하여 버린 것이다. 비록 다행히 한때를 제멋대로 행패를 부릴 수 있더라도, 회오리바람과 소나기는 결코 오래 계속되지 못한다. 천도(天道)가 좋게 돌아오면 악운은 가고 행운은 올 것이다.

저 풀을 보라. 들불이 모두 불사르지 못한다. 봄바람이 불면 다시 살아난다. 그리고 우리 2천만의 국혼만이 그런 이치가 없겠는가. 이것이 내가, 우리나라는 반드시 광복하는 날이 있다고 믿는 이유이다.

무엇으로써 일본의 장래는 반드시 패망한다는 것을 예측할 수 있겠는가. 저 구미 열강의 부유하고 왕성하고 문명한 것을 보라. 모두 수백 년 동안 이루 다 헤아릴 수 없는 인지(人智)와 인력(人力)을 쌓아서 이룬 것이다.

일본은 편벽(偏僻)되어 극동의 섬 가운데에 자리 잡고 있어서, 보고 들은 것이 본래부터 고루하다. 이는 새까맣게 물들이고 몸에는 먹실을 넣은 채 어별(魚鱉)과 함께 살고 있다. 음식·의복·가옥·기물 등은 우리에게서 배워 간 것에 지나지 않는다.

그런데 하루아침에 갑자기 서세동점(西勢東漸)을 보건대, 시급히 도모하여 자강(自强)하지 않으면 자존(自存)할 수 없고, 예의진취(銳意進取)하지 않으면 발전할 수 없었다.

이에 국민을 무작정 외곬으로 돌진시켰다. 무술을 단련하고 기계를 수리하여 온 정신을 다하게 하고 전력을 모두 바치니, 나라의 기세가 이글이글 타오르는 불꽃처럼 폭등(暴騰)하여 군국주의와 대륙침략정책이 착착 진전되었다.

드디어 중국·러시아의 양 대국과 싸워 이기니, 나라의 위세가 크게 떨치고 패업(覇業)은 날로 융성하여지니, 그야말로 성대한 기세를 막을 수 없다고 하겠다.

그러나 무인(武人)의 전제(專制)에 일반 민심은 불평을 품고, 밖을 향하여 내달림이 지나치게 급격하여 백성의 힘은 이미 피폐하였다.

저들이 우리나라를 도모함에 있어서, 우리의 민의를 무시하고 오직 소수의 간사한 무리를 이용하여, 그들의 싫어할 줄 모르는 야욕을 제멋대로 한껏 부린다. 중국과 러시아에 대하여 취하는 태도도 또한 그 술책일 뿐이다. 그러므로 비록 그 이권을 탈취한 것은 많으나 민의를 잃음이 너무나 많고, 더구나 그들의 군민(軍民)들은 교만하고 횡포하여 남에게 포학함을 저지른 우(遇)가 많다. 그리하여 저들은 한 번 나아가서 우리의 2천만과 원수가 되고, 둘째는 중국의 4억 민중과 원수가 되며, 셋째는 러시아의 2억 국민과 원수가 되었다. 저들이 비록 강무(强武)할지라도 세계 민의의 공연(公然)한 원수가 되었으니 패망될 수 없다고 보장할 수 있겠는가. 또 유럽과 미국 열강들 모두가 저들의 침략행위에 분노하여 시기심을 품고 있어서, 기회만 있으면 제압하려 하는 나라도 적지 않으니 저들의 국제적인 고립이 또한 이와 같다. 이것이 내가 일본이 패망할 것임을 헤아릴 수 있는 이유이다.

나는 이 두 가지 관념에 근거를 두고 스스로 가만히 생각한다. 산을 옮기려고 하는 우로(遇老)의 계획에 비기면서, 우리의 광복사업을 영원히 전해질 자손들에게 기대한다. 그러나 만약 하느님의 도우심을 입는다면, 내 몸이 살아 있을 때 그것의 성취를 볼 수 있기를 바라는 것도 역시 헛된 소망은 아니리라.

드디어 기미년 3월 1일에 우리의 태극기가 돌연히 하늘에 걸려 일월과 더불어 광휘(光輝)를 다투고 독립 만세의 소리는 천지를 진동시켰다. 우리 남녀 노유들이 흘린 피가 길에 가득하였으나 용기는 더욱 떨치고 기세는 한층 장렬했다.

국내외의 궁벽한 여항(閭巷)과 먼 시골구석에까지 대항하여, 소리를 함께 외쳐 부르짖으며 앞을 다투어 죽기를 맹세하지 않는 이가 없었다. 그러나 모두 충신을 갑위(甲胃)로 삼았을 뿐 손에는 촌철(寸鐵)도 없는 사람들이다.

저 왜인들은 이에 대대적으로 군경을 동원하여 살육을 자행하였다. 창으로 찌르고 칼로 쳐서 마치 풀을 베듯 하였으며, 촌락과 교회당을 불태우니 쌓인 해골이 앙상하고 모든 집들은 재가 되었다. 그리하여 그때의 사상자가 수만 명이며, 옥에 갇히어 모진 형벌을 받은 이가 6만 명을 넘었다.

천일(天日)도 어둡고 참람하며 초목도 슬피 울었다. 그러나 우리 민족의 의혈(義血)은 조금도 멈춰지지 않았다. 각국의 여론이 일치 격앙(一致激昂)하여 저들의 야만적인 포악이 세계에 크게 드러나게 되었다.

이에 하세가와[長谷川]는 깃발을 거두어 돌아갔으며, 사이토[齊藤]는 다시 폭탄을 만나 낭패하여 의지할 곳을 잃고 창황하여 어찌할 바를 모른다. 그들의 기세는 이미 빼앗겼다.

또한 저들의 사회 언론도 자못 전날의 논조를 고치어, 동화가 불가능하다는 것을 증언해 밝히면서 저들 정부의 실책을 공격한다.

그 중에는 자치를 말하는 자가 있는가 하면, 우리에게 독립을 허락하자고 주장하는 자도 있다. 그들의 정부에서도 또한 무단정치를 고치어 연화(軟化)하고 있다.

그러나 우리의 절대적인 주장은 오직 하나 독립뿐이다. 다른 무엇을 묻겠는가. 오직 이 결의를 굳게 가지고 이 일을 계속하여 맹렬히 전진할 뿐이다. 다방면으로 우리를 오도하려 하더라도 전력(全力)으로써 배척하여, 저들의 대책을 궁하게 만들어 전날의 잘못을 크게 뉘우치게 한다면 완전독립도 또한 빠를 것이다.

　　그리고 나서 조용하고 편안[安穩]할 때에 곧 이 운동사를 우리의 광복사로 인정하여도 좋을 것이다.

차 례

머리말 / 3

하 편 _ *147*

한국독립운동지혈사
상 편

제1장 민족의 약력

우리 대한은 아시아 동부의 옛 나라이다. 옛날 신인(神人)이 태백산에 내려와 나라를 세우고 땅을 연 때부터 드디어 대동(大東)을 소유하였다. 자손이 계통을 이으니 본손과 지손이 번영하여 조선(朝鮮)이 되고, 부여(扶餘)·숙신(肅愼)이 되고 진국(辰國)이 되어서는 진한(辰韓)·마한(馬韓)·변한(弁韓)이 되었으며, 가락(駕洛)이 서고 고구려가 섰으며 백제·신라·고려가 되고, 발해(渤海)·주리(珠里)·주신(珠申)의 여러 종족이 되었다. 전통과 유서는 멀리 이어지고 명성과 정신은 빛나고 깨끗한 채 4,300여 년의 역사를 가지고 있다. 그 동안 간혹 있은 이민족의 침입을 말한다면 한인(漢人)들이 북녘에 4군을 두었으나 곧 고구려에 쫓겨 나갔다.

당(唐)나라 사람들이 우리의 내란을 틈타서 백제·고구려를 멸망시킬 수 있었으나 백제는 신라에 병탄되고 고구려는 발해가 회복하게 되었다.

몽고가 유럽과 아시아를 정복한 위세로써 고구려와 수십 년 동안 교전하였으나, 마침내 우리의 국토를 탈취하지 못하고 서로 혼인을 맺어 우호 관계를 수립하였다.

저 3도(三島)의 이민족도 지난날 여러 번 침구(侵寇)와 약탈을 자행하였으나 번번이 패망하여 돌아갔다.

을지문덕 같은 이는 수천의 정기(精騎:날쌔고 용맹한 기병)로 수(隋) 나라 100만 대군을 살수에서 격멸하였으며, 양만춘은 안시성 하나로써 당나라의 10만 군사를 물리쳤고, 강감찬은 1만 병력으로 요병 10만을 꺾었으며, 완안태조(完顔太祖)는 2,500의 군사로써 요병 70만을, 이순신은 거북선 9척으로 왜함 수백 척을 깨뜨렸다.

이에 무력을 강하게 하는 풍습을 우리나라의 아전(雅典:바른 법) 이라고 하여도 좋을 것이다. 어찌 오로지 문(文)을 힘쓰고 예(禮)를 좋아하는 나라라는 것만으로 우리 겨레의 특색이라 할 수 있겠는 가.

조선 말엽에 이르러 점차로 허약하게 되어 별안간 교활한 도둑을 만나, 드디어 나라를 멸망시킨 열등 종족의 축에 들게 되었다. 이는 우리 겨레의 유사 이래로 아직까지 없었던 매우 부끄럽고 크게 욕된 일임을 차마 말할 수 있겠는가.

그러나 우리의 독립 정신은 일찍이 이로 말미암아 이지러지거나 파괴된 일은 없다. 저들의 압력은 도리어 우리의 반동(反動)을 격동 시켜 뼛속에 사무치게 하였다. 어찌 그 대폭발과 대활동 없는 날이 하루인들 있을 수 있겠는가.

또 우리 겨레의 독립운동은 최근 30년간 중단된 일이 없었고, 또 우리 역사상의 정신에서 발생하는 동력(動力)이다.

그러므로 나의 이 책의 편저는 갑신년 독립당의 운동을 기점으로 삼는다.

제2장 갑신독립당의 혁명 실패

앞서 우리 한국은 쇄국시대였다. 문(文)을 닦고 무(武)를 버린 채 관문을 닫고 스스로 지키고 살았기 때문에, 백성들은 늙어 죽을 때까지 나라 밖의 일을 보지 못하였다.

병인년(丙寅:1866)에, 러시아의 군함이 원산에 와서 통상을 요구하였으나 우리나라에서는 즉시 거절하였다.

이 해 10월에는 프랑스의 군함이 강화를 함락시켰으나 우리나라의 군대가 쳐서 물리쳤다.

신미년(辛未:1871)에는 미국의 군함이 통상조약을 맺으려고 강화에 왔었다. 그러나 우리는 또 군대를 동원하여 거부하였다.

이때는 곧 대원군의 섭정 시대로서, 10년 동안 힘써 배외주의(排外主義)를 견지하던 때였다.

병자년(1876) 2월에 이르러 비로소 일본과 수호통상조관(修好通商條款)을 맺어 동등권을 상호 우대하게 하였다.

청국(淸國)도 우리의 자주를 인정하고 아울러 구미 열국과도 통상 조약을 체결하여, 일본을 견제하는 방법으로 삼자고 권하였다. 그러나 우리나라는 오히려 굳게 고집하면서 듣지 않았다.

임오년(1882) 이후로 김홍집(金弘集)·김윤식(金允植)·어윤중(魚允

中)·홍영식(洪英植) 등 여러 사람이 외국을 유람함으로써, 쇄국주의가 시의(時宜:그 당시의 사정)에 맞지 않음을 명확하게 알게 되었다.

이에 영국·미국·프랑스·독일·러시아·오스트리아·벨기에·필리핀 등의 나라들과, 어떤 것은 먼저, 어떤 것은 뒤에 조약을 체결하여 모두 사절의 왕래가 있었다.

그런데 청국이 우리나라의 임오군변을 계기로 하여 오장경(吳長慶)·마건충(馬建忠)·원세개(袁世凱) 등을 파견, 군사를 거느리고 와서 주재하니, 일본도 공관위병을 두었는데 이것이 청일 충돌이 일어나게 된 원인이다.

그때 김옥균(金玉均)·박영효(朴泳孝)·홍영식(洪英植)·서광범(徐光範)·서재필(徐載弼) 등은 모두 청년의 예기(銳氣:날카롭고 굳세며 적극적인 기세)로서 해외의 새로운 사조에 감촉되어 구정(舊政)을 개혁하고 새로 독립제국을 세우고자 하였다. 그러나 구당(舊黨)이 저해되었다. 그리하여 일거에 그들을 도태시키려 하였으며, 일본인들도 또 우리의 내홍(內訌:내부에서 일어나는 분쟁)을 이용하여 군함을 파송하겠다는 거짓 약속을 하였다. 이에 갑신년(1884) 10월의 정변이 일어났다.

10월 17일(음력)에 우정국이 낙성되었다. 홍영식은 해국(該局)의 총판(總辦)으로서 연회를 열고 각 대관과 각국의 공사·영사를 청하였다. 그런데 일본 공사의 다케조에 신이치로[竹添進一郞]는 병이라 핑계하여 나오지 않고 서기 시마무라[島村]가 대신 참석하였다.

그날 하오 6시에 연회를 열었다. 그런데 김옥균 등이 미리 사관 생도를 왕궁의 문 앞과 경복궁에 숨겨 두었으며, 또 자객을 우정국 앞 도랑 속에 숨겨 두고, 불을 놓아 신호하여 구당(舊黨)과 대관들을 목 졸라 죽이기로 하였다.

밤 10시가 되자 홀연히 담 밖에 불이 일어나는 것이 보였다. 그때 날이 대낮같이 밝았는데 불빛이 하늘로 치솟으니, 민영익(閔泳翊)이 불을 끄려고 먼저 일어나 문에 나가자마자 자객의 칼에 피습되어 들어와 쓰러지니, 독일사람 파울 게오르크 폰 묄렌도르프[穆麟德]가 구하여 보냈다. 빈객들은 크게 놀라 어찌할 바를 모를 즈음에 김옥균·박영효·서광범 등이 재빨리 궐내로 달려가서 곧장 침전으로 들어가 아뢰었다.

"청국 군대가 난을 일으키어 불꽃이 성내에 가득하며 대신들을 도륙하고 있습니다. 급히 어가를 옮겨 피하십시오."

그리고 아울러 일본 공사를 불러들여 호위하게 하도록 청하였다. 임금이 허락하지 않으니 김옥균 등이 울면서 청하였다. 그러다 중관(中官) 유재현(柳在賢)이 피살되니 주상이 이에 창황히 궁전을 나왔다.

조태후(追尊翼宗의 妃 協天大王大妃, 趙萬永의 딸)·홍태후(憲宗의 繼妃 明憲王后, 洪在龍의 딸)·왕후·태자 이하가 모두 도보로 뒤따랐다.

영숙문에 이르니 갑자기 포성이 들렸다. 김옥균 등이 급히 외치기를, "외병이 많이 옵니다" 하고 다시 일본공사(日使)를 불러들여 호위하도록 청하였다.

주상이 또 허락하지 아니하니 김옥균 등이 품속에 연필과 양지를 꺼내어 '일사내위(日使來衛)' 4글자를 써서 일사(日使)의 공관에 보냈다.

대가(大駕)가 경우궁(景祐宮)에 이르니 일본 군대가 이미 행랑채에 가득하였다.

일본 통영 아사야마 겐조[淺山顯藏]가 맞아 뵈옵고 다케조에[竹添] 공사도 이어 도착하였다.

주상은 정침의 동쪽 방에 납시고 혁당(革黨)과 일사(日使)는 함께 대청에 자리 잡았다.

한참 뒤에 사관생도 12명이 들어와 둘러 옹위하고 일본군은 궁문을 둘러쌌다. 그리고 혁당이 가운데에 있으면서 자기들 마음대로 명령을 내렸다.

18일 새벽에 좌영사(左營使) 이조연(李祖淵), 후영사(後營使) 윤태준(尹泰俊), 전영사(前營使) 한규직(韓圭稷)이 비밀히 모의하여 청병(淸兵)의 영문(營門)에 통지하니, 김옥균 등이 의심하여 사관생도를 시켜서 죽여 버렸다.

이어 허위로 왕지(王旨)라 일컫고 보국(輔國) 민태호(閔台鎬), 조영하(趙寧夏), 해방총관(海防摠管) 민영목(閔泳穆)을 불러 입내(入內)케 하여 죽이고, 8시에 또 계동궁(桂洞宮)으로 이어(移御:임금의 거처를 옮김)하였다.

파수(把守:경계하여 지킴)를 더욱 엄중하게 하여 혁당(革黨)과 일본인의 표신(票信)을 가진 자가 아니면 출입하지 못하였다.

김옥균 등이 드디어 거짓 왕명이라 일컫고 정부를 조직하니, 이재원(李載元:대원군의 조카)을 좌의정으로 삼고 홍영식(洪英植)을 우의정(右議政), 이재완(李載完:李載元의 弟)을 병조판서, 심순택(沈舜澤)을 이조판서, 김옥균을 호조판서, 윤홍연(尹洪淵)을 예조판서, 이태응(李台應)을 형조판서, 홍종헌(洪鍾軒)을 공조판서, 김홍집(金弘集)을 외아문독판(外衙門督辦), 박영효(朴泳孝)를 전후양영사겸좌우포장(前後兩營使兼左右捕將), 서광범(徐光範)을 좌우양영사겸협판교섭사무(左

右兩營使兼協判交涉事務), 서재필(徐載弼)을 전영정영관(前營正領官)으로 삼았으며, 일본 유학생으로써 일대(一隊)를 편성하였다.

그러나 백관(百官)으로 들어와 입참(入參)하는 자 없으니 정령(政令)이 시행되지 않았다. 또 청군[淸兵]이 하도감(下都監)에 있으면서 정변이 난 이유를 탐문하므로, 박영효는 일이 실패될 것을 두려워하여 옮겨가 강화를 점거하고 다시 거사하기를 기획하려 하였으나, 일본 공사가 불가하다 하고 김옥균도 또한 그의 의견에 따랐다.

저녁때에 다시 창덕궁으로 임금을 모시고 돌아와서 관물헌(觀物軒)에 계시게 하고, 경비를 더욱 엄밀하게 하여 안팎을 가로막아 끊어 버리니, 인심이 흉흉하고 박영효 등도 또한 초조한 빛이 보였다. 이는 일본 군함이 온다던 약속을 어겼기 때문이다.

이에 이봉구(李鳳九) 등이 달려가 청군의 영문에 가서 즉각 입위(入衛)하기를 청하였다.

원세개(袁世凱)·오조유(吳兆有) 등이 군대를 이끌고 입궐하니, 우리의 좌우 두 영(營)이 이에 호응하여 일본 군대와 교전하였다. 서로가 모두 살상이 났으나 일본 군대가 버티지 못하였다.

김옥균 등이 어가(御駕)를 옹위하고 후원(後苑)의 연경당(演慶堂)에 들어갔다. 밤이 되어 우리 군사가 다시 진격하여 일본 군대와 싸웠다.

주상은 다시 옥류천(玉流泉) 뒤의 북녘 담 문 쪽으로 피하니, 무예위사(武藝衛士)와 별초군(別抄軍)이 비로소 입위(入衛)하여 어가를 받들고 나가게 되었다.

다케조에 일본 공사는 일이 불리한 것을 보고 달아나 그의 공관으로 돌아왔다. 김옥균·박영효·서광범·서재필 등도 모두 일본 군대를 따라가고 홍영식·박영교(朴泳敎)와 생도 7인이 어가를 따라 북관묘(北關廟)에 이르렀다.

원세개(袁世凱)가 군대를 파견하여 호위하게 하니 홍영식 등이 임금의 옷을 붙잡고 저지하였다. 여러 군사들이 힘껏 싸워 마침내 홍영식·박영교와 생도 7명을 죽이고, 어가는 선인문(宣仁門) 밖의 오조유(吳兆有)의 군중에 사차(舍次:숙박)하였다가, 이튿날 다시 하도감(下都監)의 원세개 군중으로 이어(移御)하였다.

이때 우리나라 백성들은 모두 일본인을 원수로 보고 함께 살지 않기를 맹세하여, 만나는 대로 격투가 벌어져 많은 살상이 일어났다.

청국의 군대도 또한 밤에 일본 공관을 습격하여 39명을 죽이고 그들의 부녀를 겁탈하였으며 그 집을 불태웠다.

다케조에[竹添] 공사는 마침내 군대를 인솔하고 서문으로 나갔으며, 육군 대위 이소바야시 신조[磯林眞三]는 우리 백성들에게 맞아 죽었다.

박영효·서광범·서재필 등은 삭발하고 양복 차림으로 영사관에서 나무궤짝 속에 몸을 숨겨 인천으로 나가 일본 배를 타고 일본으로 도망하였다.

대체로 갑신혁당(甲申革黨)의 여러 사람들이 급격히 하수(下手:바둑이나 장기에서 수가 아래임)하여, 거사는 점점 국민의 동의를 얻지 못한 것과, 또 일본인에게 속은 것과, 독립운동을 남의 힘을 빌려서 하려고 했기 때문에 실패한 것이다.

제3장 갑오동학당의 대풍운
甲午東學黨

갑신혁당(甲申革黨)이 실패한 뒤로부터 신진으로서 당시의 정무를 담론하던 이는 모두 쫓겨나고, 완고한 사람들의 세력은 더욱 신장되었다.

10년 이래로 비정(秕政:나쁜 정치)은 날마다 심하여져 권문 귀인들은 벼슬하는 것을 황금광처럼 여기고, 지방의 아전들은 백성의 고혈을 착취하여 돈으로 삼으니, 영세민들은 생업을 잃고 수심과 원한이 하늘에 사무쳤다. 이리하여 백성들은 탈신하여 험조(險阻: 지세가 가파르고 험하여 막히어 있다. 험애하다)한 곳으로 달아나 당(黨)을 만들고 관리가 있는 곳을 따라 벌떼처럼 일어났다.

이에 동학당(東學黨)이 백성들의 견디지 못하는 고통과 분노로 인하여 혁명의 기치를 들고 일어나 동아의 큰 풍운을 일으켰다.

동학이란 것은 경주 사람 최제우(崔濟愚)가 창설한 것이다. 스스로 서교(西敎:천주교)에 대대(對待:대항하여 대비함)한다 표방하고 이름을 '동학(東學)'이라 하였다.

그의 취지는 유(儒)·불(佛)·선(仙)[道敎]의 세 종교를 혼합한 것이다. 그 주문은 '득천주(得天主) 조화정(造化定) 영세불망(永世不忘) 만사지(萬事知)' 13글자다.

붓을 잡고 강신(降神)하며 칼춤을 추며 공중에 오른다. 그 교도들은 밤마다 반드시 명수(明水:맑고 깨끗한 물)을 받들고 보국안민을 기도하며, 아침저녁으로 밥을 지을 때마다 자기 가족의 수를 계산하여 각각 쌀 한 숟갈씩 덜어서 '성미(誠米)'라는 이름으로 모아두었다가, 교주(敎主)의 자용(資用:소용되는 물품)에 바치어 이바지한다.

동학은 10년이 채 못 되어 전국에 보급되었다. 두 번째로 최시형(崔時亨)에게 물려주고 세 번째로 손병희(孫秉熙)에게 물려서 천도교(天道敎)가 되었다.

갑오년(1894) 봄에 당의 우두머리 전봉준(全琫準), 손화중(孫化中) 등이 호남의 고부(古阜)에서 난을 일으켰으니, 이는 탐관오리들이 그들을 격분시켜 일어난 것이다.

한 사람이 외치면 만 사람이 호응하였다.

영루(營壘)를 서로 바라보면서, 탐관오리를 제거하여 백성의 피해를 구제한다는 취지로, 격문을 호남·호서의 여러 고을에 선포하니 호응하지 않는 곳이 없었다.

열흘이 못 되어서 경기·강원·황해·경상 등 여러 도에 만연하여 그 기염이 미치는 곳마다 털을 불사르는 것처럼 쉽게 무너졌다.

전주(全州)가 함락되자 '북쪽으로 올라가서 군주(君主) 측근의 악당을 쓸어내자'고 성토하니, 조정에서는 매우 놀라 진동하였다.

이리하여 당국에서 청국에 구원을 청하니, 원세개는 평소부터 우리의 정권에 간여할 생각을 갖고 있었으므로, 이를 기화로 삼아 자기 나라의 조정에 전보로 군대 파견을 요청하였다.

그런데 일본은 한국 문제로 평소에 청나라 측에 감정을 품고 있었으므로 언젠가 한 번 결전하려 한 지 오래되었다.

이때에 이르러 청국 출병의 이유를 따져 물으니, 청국의 회답에 '조선속방(朝鮮屬邦)'이라는 문자가 있었다. 일본 조정에서는 크게 힐문·반박을 가하고 드디어 군대를 출동시켜 청군을 쳐서 쓰러뜨렸다.

일본 공사 오토리 게이스케[大鳥圭介]는 우리의 정부를 위협하여 정치를 개혁하고 공수동맹(攻守同盟)을 맺었다.

을미년(1895) 5월에 이르러 두 나라는 싸움을 그치고 시모노세키조약[馬關條約]을 체결하였는데, 우리나라의 완전무결한 독립을 인정하고 각국에 성명하였다.

동학당은 호미와 곰방메와 가시나무 창을 들고 밭고랑에서 분기하여, 우리의 관군과 일본군을 상대로 교전한 지 9개월 만에 드디어 항복하였다. 이 변란 통에 사망자가 30여 만 명이나 되었으니 미증유한 유혈의 참상이다.

대체로 그들을 이렇게 분기하게 만든 동력은 양반의 압제와 관리의 탐학(貪虐:탐욕이 많고 포학함)에 분격하여 발생한 것이다. 그러니 우리나라 평민의 혁명이다.

다만 그 도당(徒黨) 중에는 어리석고 무식한 자들이 많았고, 그들의 행동도 또한 난폭하고 기율이 없었으니, 정치를 개혁하는 것은 그들이 할 수 있는 일은 아니었다. 그러나 묵은 관습을 파괴하는 데는 여택(餘澤)이 있었다.

그들로 하여금 외인의 간섭이 없게 하고 또 유능한 자가 그 속에서 나왔다면, 그 파괴로 인하여 한 개의 신선한 독립 국가를 건설하는 것도 처음부터 안 될 일은 아니었다. 그랬다면 강력한 이웃 나라의 간섭으로 소위 '독립'이라고 하지만 우리의 자력으로 얻은 것이 아니어서 마침내 남에게 파괴를 당하고만 꼴은 없었을 것이다. 이것이 어찌 우리 백성들의 혁명의 본의이겠는가. 이것이 오늘날 천도교가 다시 이러한 피의 활동을 연출하게 한 것이다.

제4장 일본인의 민비 시해와 유림의 의거

을미년(1895) 8월 20일(음력) 일본인이 우리 명성황후를 시해하였다.

이보다 앞서, 우리의 궁중에서는 러시아와 연맹하여 일본을 배척하자는 설이 있자 일본인들이 분노하여 그들을 제거하려 하였다.

일본 공사 이노우에 가오루[井上馨]가 7월에 해임·귀국하게 되었을 때, 대궐 뜰에 들어가서 두 폐하를 뵈옵고 보물을 바친 뒤에, 황실의 안전을 확보하고 권력을 통일한다는 말을 6시간 동안 아뢰었는데, 정성이 말에 넘쳐흘렀다. 그래서 두 폐하께서는 그들이 성심으로 보호할 것이라 믿었기에 별다른 염려가 없었다.

그런 뒤에 미우라 고로[三浦梧樓]가 그 후임으로 서울에 와서 스기무라 후카시[杉村濬]·오카모토 류노스케[岡本柳之助] 등과 비밀히 우리 왕후의 시해를 음모하였다.

그때 우리의 훈련영(訓練營)의 군대는 일본 사관(士官)의 교습을 받았는데, 우범선(禹範善)·이두황(李斗璜)·이주회(李周會) 등이 그 대장(隊長)이 되었다. 그런데 궁중에서 그들을 해산하려 하니, 우범선 등이 듣고 통분하게 생각하고 한 번 결투하려 하였다.

미우라[三浦]가 이에 스기하라[杉村]·오카모토[岡本] 등과 결의하고 우번선 등을 규합·결탁하여 내응하게 하였다. 또 군대를 파견하여 공덕리(서울 마포)에 가서 대원군을 핍박하여 입내(入內)하게 하였다.

8월 20일 새벽에 일본 군대가 발포하면서 광화문으로 들어오니, 우리의 위병이 항거하여 약간의 살상이 있었으나 막아내지 못하였다.

연대장 홍계훈(洪啓薰)이 그들을 질타하다가 곧 피살되니, 일본 군대가 드디어 궁전 안으로 함부로 마구 뛰어 들어왔다. 그리고 일본인 사관이 지휘하여 정렬한 뒤에 각 문을 파수하며 자객을 방조하였다. 자객 수십 명이 칼을 들고 전상(殿上)에 뛰어올라 날뛰며 고함을 지르고 을러댔다.

혹은 어체(御體)의 어깨와 팔을 범하여 끌어당기기도 하고, 혹은 어체의 측면을 향하여 권총을 발사하기도 하며, 혹은 궁인을 어전에서 끌어내어 함부로 구타하기까지 하였다.

궁내대신 이경직(李耕稙)은 어전에서 피살되고, 태자는 붙잡히어 두발을 꺼들리고 갓과 신발이 벗겨졌는데, 칼을 들이대고 협박하면서 왕후의 소재를 물었다. 그때 왕후를 외국사람 토파진(土巴津)이 호위하여 전정(殿庭)에 있었는데, 여러 차례 힐문을 당하였으나 끝까지 가르쳐 주지 않아서 거의 태자의 생명이 위험하였다.

자객들이 두루 각 방을 수색하여 마침내 왕후를 찔러 죽였다. 그리하여 비단 이불로 싸서 송판 위에 얹어 전정에 정원의 숲속으로 옮겨 주고 땔나무에 기름을 부어 시체를 불태워 버렸다.

조금 뒤에 미우라[三浦]가 궁중의 안뜰에 들어와 뵈옵자 자객과 일본군은 궁궐 밖으로 물러갔다.

이에 각국의 공사(公使)들 간에 한결같이 비방하는 여론이 들끓었다. 일본 조정에서는 부득이 미우라[三浦] 등을 체포하여 광도(廣島)에 도착하여 재판을 열었으나, 그들은 '범죄의 실행이 모두 확실한 증거가 없다' 하고 미우라[三浦] 이하 자객들을 모두 석방하였다.

아, 《춘추(春秋)》의 의리에, "임금이 시해되어도 적을 토죄하지 못하면 기록에 '장(葬)' 자를 쓰지 않는다" 하였으니, 그것은 신민(臣民)이 없다는 말이다.

이제 우리는 국모가 외적에게 시해되었는데 복수할 거사가 없다면, 어찌 나라에 신하와 백성이 있다고 할 수 있겠는가.

이에 충청도 제천군(堤川郡)의 유생 유인석(柳麟錫)은 이인영(李麟榮)·이강계(李康季) 등과 함께 의병을 일으켜 적(賊)을 토벌하기로 하고 사방에 격문을 보냈으며, 지평군(砥平郡) 사람 맹영재(孟英在)·김백선(金伯善)도 또한 군사를 일으켜 이에 호응하여, 일본 군대와 수개월 동안 교전하여 서로 살상이 있었다.

유생 허위(許蔿)는 선산(善山)에서 일어나고 승지 이설(李偰)·김복한(金福漢)은 홍천(洪州:충남 홍성)에서 일어났으며, 유생 기우만(奇宇萬)은 장성(長城)에서 일어나고 이병채(李秉埰)는 흥양(興陽:전남 장흥)에서 일어났다.

낚싯대에 매단 깃발과 나무로 만든 무기로 비록 공은 이루지 못하였으나, 적을 토벌하여 원수를 갚으려고 한 그들의 정의(正義)는 실로 백성의 떳떳한 도의를 부식(扶植:힘이나 영향을 미치어 사상이나 세력 따위를 뿌리박게 함)하기에 넉넉하다고 하겠다.

제5장 **독립협회의 활약**

정유년(1897) 정월(음력), 주상이 정동의 경운궁(이른바 덕수궁)에 납시어 '황제(皇帝)'의 자리에 오르셨다.

나라 이름을 고치어 '대한(大韓)' 이라 하고 연호를 고치시어 '광무(光武)' 라 하였다.

환구단(圜丘壇)을 쌓아 상제(上帝:天神)를 제사하였으며 누른빛 이불을 사용하였다.

궁부(宮府) 관제를 개정하고 지방을 나눠 13도로 하였다. 그리고 여러 나라들이 모두 독립제국으로 승인하였다.

이보다 앞서, 서재필(徐載弼)이 미국에서 돌아와 우리나라 독립의 터전을 튼튼하게 하기 위하여 솔선하여 독립문·독립관을 세우고, 《독립신문》을 발행(1896년 4월 7일 창간)하여 순국문을 사용하였으며, 사람들을 모집하여 독립협회를 조직하는 등 갖가지 시설이 우리나라 사회의 서광이 실현되었다.

그러나 그때의 당사자인 윤용선(尹容善)·남정철(南廷哲)·조병식(趙秉式)과 같은 자들은 모두가 수구대신(守舊大臣)으로서 임금의 신임을 얻었다.

갑오경장(甲午更張, 1894)의 제도를 모두 다시 돌이켜 군주의 권한을 복고(復古)하고, 백성의 살을 깎아 윗사람에게 아첨하였으며 정치는 뇌물로써 이루어졌다.

그런데 서재필은 갑신혁당(甲申革黨) 사건으로 망명하여 미국에 건너가서 학문을 닦아 박사가 되었다.

그 동안 미국 풍습에 감화되고 물든 지 이미 10년을 경과하였다. 그가 귀국하여 외부고문이 되자, 즉시 계급을 타파하여 평등을 실천하는 것을 개화 진보의 급선무로 삼았다.

그것은 본국의 옛 관습과 서로 어긋나는 데가 많았으며, 또 언론 보도의 붓을 잡고 백성의 기운을 고무·분발시키며 관료를 공격하였다.

그 때문에 당로자들이 그를 질시·핍박하여 나라를 떠나 미국으로 가게 하였다. 그러나 그가 주창한 평등사상은 이미 사회에 씨를 뿌리게 되었다.

서재필이 이미 나라를 떠난 뒤에는 이상재(李商在)·윤치호(尹致昊)·남궁억(南宮檍)·이승만(李承晩)·안창호(安昌浩)와 배재학당(培材學堂)의 여러 생도들이 뒤를 이어 민중에게 호소하여 죽기를 맹세하고 독립을 붙들자고 하였다. 그리고 《황성보(皇城報)》가 그들의 기관지가 되니 일시에 유지들이 기꺼이 호응하였다.

그때 러시아 사람이 우리 절영도(絶影島:부산 영도)를 빌려 석탄저장소로 만들어 태평양 함대의 수용에 공급하려 하였다.

외부대신 민종묵(閔種黙)이 허락하려 하니 독립당이 극력 반대하자 러시아 사람은 마침내 그 논의를 중지하였다.

그때 그 당이 크게 궁궐 밖에 집회하며 연기명으로 항쟁의 소(疏)를 올려 대신으로서 인망(人望)에 맞지 않는 자를 제거하기를 요청하였다.

그리하여 드디어 정부와의 사이에 크게 알력이 생겼는데, 군부대신 민영기(閔泳綺)가 가장 깊이 미워하여 독립당을 없애 버리려 하였다.

길영수(吉永洙)·홍종우(洪鍾宇) 무리가 천하 무뢰배를 모집하여 이름을 '황극협회(皇極協會)'라 하고 독립당을 적대시하여 그들을 몽둥이로 타박하니 궁궐 밖에서 피를 흘렸다.

오직 내부대신 민영환(閔泳煥)만은 마음으로 민권을 존중히 여겨 약간 독립당의 편을 들다가 드디어 민영기의 공격을 받고 해직되었다.

정부의 각 대신들은 또 여러 가지 방법으로 독립당을 파괴하려 하였다. 혹은 벼슬을 미끼로 하여 당원 중의 열등한 자를 유혹하여, 그 중견을 동요시키고 이어 병력으로써 많은 사람들을 협박하였다.

그때 일본인들은 또한 우리나라의 민권 발달을 불리하게 여기어 정부의 밀의(密意)를 받고 법을 만들어 반대, 드디어 독립당을 실패하게 하였다.

이때로부터 여론은 의기소침하고 관료는 한껏 기세를 펴니, 10년 동안에 나라의 걸음걸이는 날로 험악한 데로 달려가고 있었다.

제6장 일본인이 이권을 침탈하고 억지로 의정 6조를 체결하다

일본인들이 우리의 독립을 확보한다고 여러 번 세계에 성명하였다. 그리하여 해치려는 심보를 가려 숨기고 속으로 병탄(倂呑)을 꾀하였다.

하야시 곤스케[林權助]가 공사가 되어 온 후로는 우리의 이권 침탈을 하루하루 더하여 갔다.

연해 각지의 어업과 포경권(捕鯨權), 직산(稷山)·수원(水原)의 금광, 개성(開城)의 삼포(蔘圃), 울릉도의 삼림, 월미도(月尾島)의 농장(農庄), 온양온천, 지도(智島)·고하도(孤下島)의 뽕나무밭, 장고도(長古島)의 파선(破船) 배상금 및 경부(京釜)간 철도는 모두 무주물(無主物)로 인정하여 제 마음대로 탈취하였다.

제1은행권(第一銀行券)과 같은 것은 제 나라에서는 못 쓰는 것인데도 강제로 우리나라에 사용하게 하므로 우리나라 백성들이 일어나 반대하니, 저들은 드디어 우리의 정부를 위협하여 군함을 파견하겠다고 을러댔다.

그 밖에 일본인들은 각지를 돌아다니면서 함부로 백성의 물품을 강탈하거나 심지어 무기를 가지고 찌르고 위협을 감행하기도

하였으나 사리를 따질 수 없었다.

그러므로 영국의 신문이 보도하기를 "일본인들이 한국의 값 비싼 인삼을 절취하고, 또 내지(內地:그 당시 한국에 대하여 일본 본토를 지칭한 것) 행상들의 불법 행동이 심해서 한국 백성들의 원통함을 호소하는 소리가 그치지 않는다. 그러나 일본인들은 듣고도 못 들은 체하고 도리어 한국 백성을 처벌한다. 일본의 이와 같은 정책은 장차 그들이 전일 솔선 주창한 한국 독립을 공공연하게 파기를 감행함이다."고 하였다.

일본과 러시아가 교전하게 되니 일본인들은 다시 그들 군대의 위세를 이용하여, 우리의 이권을 빼앗고 우리 백성의 살해마저도 거리낌 없이 자행하니, 삼천리강산이 모두 산산조각이 나고 말았다.

일본군 두 사단(師團)이 입성하던 즉일로 하야시 곤스케[林權助]는 우리의 정부를 위협하여 강제로 의정 6조를 체결하였다.

제1조 한일(韓日) 두 나라는 항구불역(恒久不易)의 친교를 보지(保持)하고, 동양 평화를 확립하기 위하여 한국 정부는 일본 정부를 확신하여 시설 개선에 관한 그 충고를 용인할 일

제2조 대일본 정부는 대한국 황실에 대하여 확실한 친의와 안전 강녕을 담보할 일

제3조 대일본 정부는 대한국 독립과 영토의 보전을 확보할 일

제4조 제3국의 침해로 말미암아, 혹은 내란으로 인하여 대한국 황실의 안전과 영토 보전에 위험이 있을 경우에는,

대일본 정부는 속히 임기필요(臨機必要)의 조치를 행하여야 하고, 대한 정부는 대일본 정부의 행동을 용이하게 하기 위하여 십분 편의를 준다. 대일본 정부가 전항의 목적을 성취하기 위하여 군략상(軍略上) 필요한 지점을 수의수용(隨意收用)할 일

제5조 대한국 정부와 대일본 정부의 상호문의(互相問議)와 승인을 거치지 않고는, 추후에 이 협정의 취지에 위반되는 것을 제3국과 입증하지 못할 일

제6조 본 협약에 관련하여 미실(未悉)한 세부의 조목은, 대일본 대표자와 대한국의 외부대신 간에 임기(臨機) 협정할 일

이 협약으로 인하여 우리의 주권은 완전 상실하고 국가의 운명은 드디어 일본인들의 손에 달리게 되었다. 영국 《타임스》에서는 이렇게 보도하였다.

"한국은 이 조약 때문에 영원히 일본의 부용(附庸:남에게 의지하고 독립하지 못함)이 되었다. 금후로 한국에 있어서의 일본은 이집트에 있어서의 영국과 같고, 인도차이나 반도에서의 프랑스[法國]와 같다. 그 권능이 같고 그 효력이 같으며 그 성질이 또한 동질이다. 말하자면 한국의 독립은 곧 형식상의 독립이지 실제의 독립은 아니다. 일본의 소위 〈충고권(忠告權)〉이라 한 것은 얇은 종이 한 장을 가린 명령권이다……."

이때에 여론이 크게 일어나서 반대하는 대중 집회와 연설이 있고, 중추원의 여러 진신(搢紳:고관대작)들은 상소하여 이지용(李址鎔)·구완희(具完喜) 등의 매국죄를 탄핵하고, 그 조약의 취소를 요청하였으며 결사대를 모집하여 이지용과 구완희를 충격하려는 계획을 하는 사람도 있었다.

그래서 일본 공사가 그 일을 탐지하고 경찰을 다수 파견하여 이지용과 구완희의 사택를 호위하게 하였는데, 밤중에 총소리가 이지용의 집에서 나고 또 구완희의 집에서는 수류탄을 던진 사람이 있었으나 두 집 모두 상해는 없었으며 간혹 경찰에게 체포된 자도 있었다.

이에 일본인들은 우리의 전신·우편 등 통신기관을 강점하고, 일본 선박이 국내의 하천을 자유로이 항행하며, 일본인은 각지의 황지 개간·삼림 벌채·포대 건축 등을 요구하고, 푸주관을 탈취하고 서북 각 군 세금의 징수를 담당한 관리를 쫓아내고 그들의 사인(私人)을 두었으며, 일본 헌병이 우리 경찰을 대리하여 우리의 집회를 금지하였다.

널리 철도와 군용지를 점유하고 군수와 군용역(軍用役) 인부를 징발하고, 정부 각부에 골고루 일본인 고문을 두고 해관세(海關稅)와 도지재정(度支財政)을 관할하며, 우리 군대의 수를 감소시키고 우리 민간의 사유전토(私有田土)를 탈취하였다.

우리 백성들 중 간혹 그들의 징발에 불응하는 사람이 있으면, 러시아 간첩이라 무고하여 구금하고, 혹독한 형벌을 가하여 심한 경우 간혹 목 베어 죽이기까지 했다.

그들이 남자를 죽일 때에는 십자가를 세우고 그 위에 머리를 달아매어 새끼로 그 발을 묶어서 말을 달리게 하거나, 또는 그의 사지를 십자가에 묶어 놓고 총을 쏴서 죽인다.

단발에 즉사하지 않는 사람은 고통을 견디지 못하여 슬피 호소하여 마지않는다. 부녀자를 죽일 때에는 그의 목을 매어 한길 위에 걸어 놓고 여러 사람들에게 구경시킨다.

이를 미국 신문기자가 우리나라를 시찰하던 중 그 상황을 촬영하여 관람하게 하였다.

제7장 보호늑약에 국민이 크게 통곡하다
保護勒約

일본이 러시아를 꺾고 을사년(1905) 9월, 두 나라의 전권위원이 미국의 포츠머스에 모여 화약(和約)을 체결하였다. 그리하여 러시아는 일본이 한국에서의 정치·군사·경제에 두루 특권이 있음을 승인하였다.

이에 이토 히로부미[伊藤博文]가 특파대사로 11월 10일 경부선 철도편으로 입경(入京)하였다. 이튿날, 궁정에서 주상을 뵙고 일황(日皇:明治)의 친서를 올린 뒤 물러가 인천에서 하룻밤 자고, 15일에 수옥헌(漱玉軒)에 들어가 뜰에서 주상을 뵙고 보호조약을 제정하였다.

주상이 준엄한 말씀으로 배척하였다.

"짐은 차라리 몸을 바쳐 순국할지언정 결코 승인할 수 없소."

이토가 병력으로 처리하겠다고 위협하였으나 끝내 허락을 얻지 못하였다.

17일에는 그들의 헌병과 순사들로 하여금 우리의 각 대신을 다그치어 입궐시키고 어전회의를 열게 하였다.

이토는 공사 하야시 곤스케[林權助], 대장 하세가와 요시미치[長

谷川好道] 등과 함께 군대를 인솔하여 입궐하였다. 총포와 창검을 궁전의 섬돌 위에 빽빽하게 늘어세우고 이어 여러 대신들과 더불어 협의하였다.

참정 한규설(韓圭卨)이 극력 반대하여 몸을 바쳐 순국하기를 맹세하니, 이토가 일본 헌병에게 명령하여 그를 별실에 가두었으며, 외부대신 박제준(朴齊純)은 두어 차례 반대하다가 마침내 침묵하였다.

이토가 가부를 결정하기를 청하니, 탁지대신 민영기(閔泳綺), 법부대신 이하영(李夏榮)은 '부(否)'라 하고, 학부대신 이완용(李完用)은 어구의 정정을 청하였다. 군부대신 이지용(李址鎔), 농상공부대신 권중현(權重顯)은 이완용과 말이 같았다.

이토가 말하기를,

"참정은 비록 부결하였으나 여러 대신들이 정정함이 좋다
하였으니 이 안은 결정된 것이오."

하고 즉시 일관(日館)의 통역 마에마 교사쿠[前間恭作]와 외부보좌원 누마노[沼野] 등에게 명령하여, 무기를 지니고 외부(外部)의 도장[印]을 빼앗아 즉시 그 조약에 날인하게 하였다.

제1조 일본국 정부는 동경 외무성으로부터 금후 한국의
외국에 대한 관계와 사무를 감리 지휘하고, 일본국의 외교
대표자와 영사는 외국에 있어서 한국의 신민(臣民)과 이익을
보호한다.
제2조 일본국 정부는 당연히 한국과 외국과의 사이에 현
존한 조약의 완전 실행을 책임진다. 한국 정부는 금후 일본

정부의 중개를 거치지 않고는 국제적 성질의 조약과 약속을 하지 못한다.

제3조 일본국 정부는 그 대표로 하여금 한국 황제의 궐하에 통감 1명을 두게 한다. 통감은 오로지 외교에 관한 사항을 관리하기 위하여 경성에 주재하며 황제폐하께 내알(內謁:알현)할 권리를 가진다. 일본국 정부는 한국의 각 개항장과 그 밖에 필요하다고 인정하는 땅에 대해서는 이사관을 설치할 권리가 있다. 이사관은 통감의 지휘 하에 있어서 전일 재한국일본영사의 직권을 가지며, 아울러 본 협약조관의 완전 실행과 필요한 일체의 사무를 관장한다.

제4조 일본국과 한국 간의 현존한 조약과 약속으로서, 본 협약의 조관에 저촉되는 것을 제외하고는 모두 그 효력을 계속한다.

제5조 일본국 정부는 황실의 안전·존엄을 유지할 것을 보정(保訂:모자라는 것을 보충하고 잘못된 것을 바르게 고침)한다.

이에 《황성보(皇城報)》는 강제로 억눌려 조약을 체결한 진상을 즉각 기록하여 널리 퍼뜨리고, 또 논설에 '是日也放聲大哭而哀告國民(이날에 소리 내어 크게 통곡하고 슬피 국민에게 고한다)' 이라고 게재하여 사장 장지연(張志淵)이 체포되어 경청(警廳)에 들어갔다.

황성보사는 폐쇄되고 해는 우연(虞淵:해지는 곳)에 넘어가서 삼라만상은 몹시 어두웠는데, 《대한매일신보(大韓每日申報)》가 있어서 홀연히 광명을 발사하였다.

즉 양기탁(梁起鐸)이 영국사람 베델(裵說:Ernest Thomas Bethell)과 더불어 신문을 발간하고, 우리가 편집의 일을 맡아서 그 늑약(勒

約)의 전말을 들어서 자세하고 빠짐없이 게재하였으며, 이토를 공격하여 대중의 분노를 격발시키니 독자들의 피가 끓어올랐다.

학생들은 학교의 문을 닫고 통곡하고 교인들은 하나님을 부르며 슬피 울고, 상인들은 철시(撤市)하고 미친 듯이 울부짖고, 유생들은 상소하여 호곡(목 놓아 슬피 욺)하였으며 원로대신들은 여러 날을 항쟁하니, 일본인들은 무기를 가지고서 위협하기도 하고 혹은 구금하여 곤욕을 주기도 하였다.

이리하여 시종무관장 민영환(閔泳煥)은 칼을 빼어 스스로 목 찔러 죽고, 원임(原任:前職) 의정대신 조병세(趙秉世), 경연관 송병선(宋秉璿), 참판 홍만식(洪萬植), 학부주사 이상철(李相哲), 군인 김봉학(金奉學)은 모두 독약을 마시고 자살하여 독립에 순사(殉死)하였다.

농민 김태근(金台根)은 수원역에서 돌을 던져 이토 히로부미를 저격하였으나 맞지 않았고, 기산도(奇山度)·이종대(李鍾大)·김석항(金錫恒) 등 11인은 박제준(朴齊純)·이지용(李址鎔)·이근택(李根澤)·이완용(李完用)·권중현(權重顯) 등 5적(賊)을 찔러 죽일 음모를 하다가 일이 누설되어 체포되었으며, 이건석(李建奭)은 피를 토하고 옥중에서 죽었다.

대체로 전후의 한·일간 맹약을 살펴보건대, 1875년에 일본이 우리나라와 수호조규를 정하였을 때에, 그 제1조를 보면 '조선은 자주지방(自主之邦)으로서 일본국과 더불어 평등권이 있다. 두 나라는 피차가 동등의 예(禮)로써 서로 대우하고, 터럭만큼도 침월(侵越)하거나 시기·혐오함이 있을 수 없다'고 하였다.

1894년에는 일본이 말하기를 '청국의 행동이 조선의 독립에 방해된다'하고 그 말을 주장하여 전쟁을 일으켰다. 같은 해에 한

일동맹조약을 맺었는데, 그 제1조에는 '조선의 독립을 공고하게 한다'고 하였다.

이듬해의 청일 시모노세키 조약[淸日馬關條約]의 제1조는 '조선이 완전무결한 독립·자주의 나라임을 확인한다'고 하였다.

1898년의 러일협약 제1조에는 '러·일 두 제국은 조선의 주권과 그 완전독립을 확인한다'고 하였다.

1902년 영일동맹조약의 제1조에는 '이미 중국과 한국의 독립을 승인하였으니, 그 두 나라에 대하여 침략적 의향은 전혀 없다'고 하였다.

1904년의 러·일 개전에 대한 일황의 선조(宣詔)에는 '한국의 독립은 우리 제국을 완전무결하게 할 중요한 판도가 된다'하였다.

한일의정서에는 또한 '일본 정부는 대한국 독립과 영토 보전을 확보한다'고 하였다.

저들은 국제간의 금석 같은 굳은 맹약을 여러 차례 세계에 성명한 자들이다.

스스로 그것의 파기를 감행하고 협잡·사기꾼의 심보로 남의 나라를 빼앗으려는 야심을 한껏 부린다.

비록 우리 2천만의 민의는 중시하지 않더라도 어찌 세계의 공리(公理)·공법(公法)은 끝내 없앨 수 없음을 중하게 여기지 않는가.

저들의 국교는 마침내 고립의 위기에 빠진 것이다.

제8장 만국평화회의의 밀사

1907년 6월 5일. 만국평화회의가 네덜란드의 헤이그에서 열렸는데 각국에서 모여든 위원이 47인이었다.

네덜란드의 외부대신이 공손히 치하의 말을 하고, 미국 대통령 루스벨트는 세계의 평화주의를 치사하는 연설을 하였다.

각국의 위원들이 의안을 제출하여 표결에 붙이자 때마침 한국의 밀사가 돌연히 나타났다.

그들은 곧 전의정부(前議政府) 참찬 이상설(李相卨), 평리원(平理院) 검사 이준(李儁), 주아공사(駐俄公使) 서기관 이위종(李瑋鍾) 등 3인이었다.

대체로 일본인들이 우리 내정을 간섭하고 우리 주권을 강탈하였으며 우리의 자유를 속박하였다. 안으로는 각부의 고문이 대소의 정무를 모조리 주관하고, 밖으로는 헌병과 순사를 각지에 배치시켜 치안을 철저히 하였다. 황실의 감시·통제는 더욱 엄중하여 대소 신료와 환관·궁첩까지도 표신을 안 가진 자는 출입할 수 없었다.

이토 히로부미는 또 송병준(宋秉畯)을 시켜 비밀리에 비빈(妃嬪)과 결탁하여 황제의 언동을 탐지하여 추호도 빠뜨림이 없었다.

황실 소유의 금은(金銀)·전토(田土)를 조사하여 모두 탈취함을 감행하니, 우리 주상은 죄수가 되고 우리 백성들은 노예가 되었다.

슬프다. 이 세상에는 다만 강권이 있을 뿐이요 소위 '공리(公理)', '공법(公法)'은 없어졌다. 평화의 내용은 경쟁이고 보호의 실상은 병탄(倂呑)이다.

오늘날 '평화회의'라 하는 것도 어찌, 이른바 약한 자를 도우고 강한 자를 누르며, 멸한 자를 일으키고 끊어진 것을 이어, 확고히 정의에 근거하여 공법(公法)을 실행하는 자가 있겠는가.

그러나 병이 위독하여 곧 죽을 사람이 귀신에게 빌어 '요행이 있을 수 없는 요행'을 바라는 것도 역시 고통이 절박하기 때문에 부득이한 일이다.

평화회의에 밀사가 가서 호소한 것도 이런 까닭이다.

이상설·이준은 황제의 비밀칙서(秘密勅書)를 받고 4월 20일에 경성(京城)을 떠났다.

러시아령 블라디보스토크[海蔘威]에 이르러 시베리아[西伯利]의 기차를 타고 러시아의 서울 페테르부르크(彼得堡:1917년까지 러시아의 수도)에 닿아서 이위종(李瑋鍾)을 만나 함께 갔다.

헤이그에 도착해 보니 러시아 위원 네프루도프 백작이 평화회의 의장이었다. 세 사람이 그를 방문하니 그때 방금 러시아 정부로부터 한국 밀사 관계의 훈령전통(訓令電通)이 있었으므로 접견할 수 있었다.

그러나 그 회의에서 승인·수리 여부는 의장의 권한으로 되는 것이 아니었다.

이상설 등이 드디어 차례로 영·불·미 각국의 위원과 네덜란드의 대신에게 간청하여 회의에 참석하였다.

그리하여 을사보호조약에 한국 황제의 윤준(允準:임금의 허가)이 없었다는 것과, 일본이 한국의 외교권을 뺏을 이유가 없음을 설명하였다.

또 연합 각국 신문단이 국제협회를 열었을 때에, 이위종이 단상에 올라가, 일본인의 강압적인 조약 체결 및 한인 학대의 상황을 들어 도도수천언(滔滔數千言)의 연설을 하면서 말과 눈물이 함께 쏟아지니 슬퍼하지 않는 청취자가 없었다.

7월 1일, 상설 등이 평화회의에 공사(控詞:호소문)를 제정하였는데 그 개요는 다음과 같다.

"우리들은 삼가 황명(皇命)을 받자옵고 울며 귀 총통대표에게 고합니다. 지난날 1848년에 우리 한국은 자주독립하였습니다. 그리하여 귀국들이 공인하고 더불어 수호하였습니다. 이에 1905년 11월 17일 이후로는 일본인들이 군대의 위력으로 우리 한국을 다그치어, 각국과의 국제외교권을 강탈하였습니다. 이제 일본인들이 한국에 대하여 일체의 법률·정권 등을 파괴한 사실을 특히 3조만을 열거하여 삼가 제정합니다.

① 일체의 정사는 한국 황제의 승낙을 기다리지 않고 함부로 자의 시행한다.

② 일본인들은 육해군의 세력을 믿고 한국을 압박한다.

③ 일본인들은 한국의 모든 법률·풍속을 파괴한다.

귀 총통이 공리에 의거하여 처리하신다면 일본인들의 공법 위배를 알 수 있을 것입니다. 한국이 이미 자주의 지위에 있는데, 어찌하여 일본인들로 하여금 우리의 국제교섭을 간여하게 하여, 폐국(弊國)의 황제가 명한 전권사절을 이 회의에 참석하지 못하게 한단 말입니까.

바라건대, 귀 총통은 특별히 약자를 부축해 주고 위경(危境)을 구제해 주시는 조력을 베푸시어, 폐사(弊使) 등으로 하여금 만국평화회의에 참석케 하시고, 일체의 호소를 받아들여 접수하신다면 매우 고맙겠습니다."

이에 그 회의의 위원이 우리의 황실에 타전하여 사절을 파견한 일이 있는가를 물었으나, 통신기관이 이미 일본인들에게 강점된 줄은 몰랐다.

이토 히로부미는 즉시 이 전보를 가지고 입궐하여 다그쳐 물으면서 크게 위압과 공갈을 자행하니, 주상은 매우 난처하여 어찌된 일인지 모르겠다고 대답하였다. 이리하여 이토 히로부미는 사절을 파견한 일이 없다고 헤이그에 반전(返電)하니, 이준은 드디어 분통이 치밀어 자살로써 각국 위원들에게 보답하였다.

이상설 등은 이준의 시체를 거두어 장사지낸 뒤에 그 길로 도미(渡美)하여 버렸다.

제9장 이토 히로부미가 황제를 핍박하여 선위케 하고 7조협약을 강제로 체결하다

이토 히로부미는 드디어 밀사 문제를 핑계 삼아 황제의 폐위를 결행하였다. 이완용·송병준 등을 사족(꼼짝하지 못하게 하다)하여 공공연히 말하기를, 전쟁이 일어날 것이라느니, 하세가와[長谷川]가 대궐을 발포·공격할 것이라느니 하고, 또는 '어가(御駕)가 일본으로 건너가서 사죄하십시오', 하기도 하였다.

또 일본 외부대신 하야시 다다스[林董]가 이토 히로부미를 돕기 위해 선위시킬 날짜를 정하여 서울에 왔다.

17일 밤에 이완용 등이 선위할 것을 주청하니, 황제가 탁상을 치고 벌컥 화를 내어 꾸짖으며 거부하였다.

이튿날 다시 들어가 다그쳐 청하기를 그치지 않자, 황제는 웅얼거리며 깊이 생각하더니 스스로 결재하려 하였다.

이완용 등은 오히려, 화가 종사에 미칠 것이라고 아뢰니 밤이 되자 황태자로 대리하라는 하명이 있었다.

이토 히로부미는 다시 이완용 등을 시켜서 양위 실행을 결정하게 하고 또 하야시와 더불어 요구조건을 밀의하였다.

이에 한인애국당은 일이 이미 급해짐을 알고 동지들을 불러 모으니, 수 천 인이 일제히 대한문 앞에 모여 큰 소리로 부르짖었다.

"폐하께서는 적신(賊臣)의 말을 들으시고 갑자기 양위하시
지 마십시오."

"내각의 여러 적신들이 매국하기를 좋아하니, 우리들은
맹세코 이 도둑놈들을 베어 죽이고야 말 것입니다."

그러나 군경들로써 궐문을 빈틈없이 파수하여 경계가 엄밀하였
으므로 궐내에서 일어나는 일의 진상을 알 수가 없었다. 그리하여
마침내 급격한 행동은 없었으며 밤이 깊어서야 해산하였다.

19일 새벽에 양위의 조서가 갑자기 내리자, 인심은 더욱 격분하
여 미쳐 날뛰며 와와 하고 부르짖으니, 대궐 밖에는 사람들이 구
름같이 모여들었다.

일경들이 몰아내려고 하자 백성들은 기와조각과 돌을 난잡히
내던져, 두어 명을 부상시키자 그들은 드디어 발포하여 죽이며 물
리쳤다. 또 수천 명의 백성이 종로에 모여서 연설하고 흥분해서 마
침내 일경의 교번소(交番所:교대로 근무하는 군경 초소)를 두들겨 부수
고 일본인 10여 명을 때려 부상시켰다.

동반회원(同反會員) 강태현(姜泰鉉)·송영근(宋榮根) 등은 결사대를
조직하여 이완용의 집을 불태우고 일본인 경찰서를 습격하였으며,
또 군부대신 이병무(李秉武)의 집을 파괴하였다. 이토 히로부미가
군대를 파견하여 진압하니 수일 후에 중지되었다.

그때 궁내대신 박영효(朴泳孝)는 부령 어담(魚潭), 참령 이갑(李甲),
임재덕(林在德) 등과 비밀히 모의하였다. 그래서 앞으로 양위식을
거행하는 날에 그 소부(所部)의 시위대(侍衛隊)를 거느리고 궁중에
들어가, 여러 대신들을 죽이고 황위를 보전케 하려다가 이완용 등

이 그 모의를 미리 탐지하고 이토에게 군사를 빌려 대비하였다.

양위식을 끝낸 후에 드디어 박영효를 체포하여 치안을 방해하였다고 하여 제주도로 귀양을 보냈으며, 이갑·어담·박재덕 등은 모두 하옥되어 3개월 만에 석방되었다.

이토는 이미 이완용 등을 시켜 황제를 다그쳐 양위케 하고는, 말하기를,

"이 거사는 한국 조정 대신들의 의사에 의하여 따른 것일 뿐이고 일본이 사고할 일은 못 된다."

하고, 18일 하야시 일본 외부대신과 함께 7조의 요구를 의논·결정하여 24일에 이완용 등을 시켜 새 황제를 뵙고 아뢴 뒤에, 양국의 위원이 통감부에서 그 조약에 서명하였다.

제1조　한국 정부는 시정(施政)의 개선에 관하여 통감의 지휘를 받을 것

제2조　한국 정부는 법령의 제정과 중요한 행정상의 처분은 미리 통감의 승인을 얻을 것

제3조　한국은 사법 사무와 보통행정 사무를 각기 구별할 것

제4조　한국의 고등관리 임면은 통감의 동의로 시행할 것

제5조　한국 정부는 통감이 추천한 일본인을 한국 관리로 임명할 것

제6조　한국 정부는 통감의 동의가 없으면 각국인을 용빙(傭聘:사람을 쓰려고 맞아들임)하여 관리로 채용하지 못할 것

제7조　명치 37년(1904) 8월 25일 조인한 일한협약 제1항은 폐지할 것(度支財政顯問 폐지)

제10장 이토가 군대를 모두 해산시키고
참령 박승환이 자살하다
朴勝煥

이보다 먼저 하세가와[長谷川]는 경비를 절약하고 군제를 대신한다는 핑계로 이미 우리 군대의 정원수를 감소시켰다. 그런 까닭에 참장(參將) 이하 각 군관(장교)으로서 서울에 있는 자는 336명에 불과하였으며 사졸(士卒)은 9,640여 명뿐이었다.

각 지방 진위대(鎭衛隊)의 장졸은 4,270여 명이었는데, 이제 와서 황위를 폐립했기 때문에 군대 상황이 불안하였다.

이토는 그들이 환란을 일으킬까 두려워하여 마침내 이완용 등과 군대 해산을 비밀리에 모의하였다.

7월 30일에 하세가와 히로키와 이완용·이병무 등이 황제를 다그치어 칙명을 내려서 무기와 탄환을 모조리 반납하게 하였다.

그리하고는 '은금반급(恩金頒給)'이라 일컫고 하사(특무정교·정교·부교·참교)에게 80원, 병역 1년 이상인 자에게는 50원, 1년 미만인 자에게는 25원을 주고 그대로 자유 해산하게 하였다.

사졸(士卒)들은 눈물을 흘리며 울부짖고 어떤 사람은 크게 통곡하였다.

혹은 주는 지폐를 찢어 땅에 던지고 그대로 지방으로 달려가 의병이 된 사람들도 많았다.

시위 제1연대 제1대대장 박승환(朴勝煥)은 을미년(1895)에 국모가 시해된 이후로 항상 원수 갚을 뜻을 품고 있었다.

그런데 드디어 일본은 더욱 침략을 일삼아 나라는 망해 가고 겨레의 멸망이 순간에 박두하니, 박승환은 강개(慷慨)하여 눈물을 지우면서 오직 한 번 죽어서 나라에 보답하는 길이 있을 뿐이라 하였다.

이토가 황제를 폐위시킨 날 궁중에서 거사하려 하였으나 화(禍)가 황제의 몸에 미칠까 봐 두려워하여 중지하였다.

8월 1일(1907년 8월 1일에 군대가 해산됨)에 하세가와[長谷川가 각 대장을 소집하였는데, 박승환은 아프다는 핑계로 가지 않았더니, 때마침 군대를 해산한다는 말을 듣고는 분노가 치밀어 미친 듯이 큰 소리로 슬피 울부짖더니, 드디어 권총을 빼어 자살하였다.

이러자 본대의 장졸들이 일시에 격분하여 즉시 탄약고를 부수고 탄환을 꺼내어 한 번 싸움을 결행하고 죽고자 하였다.

제2연대 제2대대도 또한 이에 호응하였다. 일본군 사령관이 급히 군대 수천 명을 수집하여 풍우처럼 달려와 포위·공격하니, 우리 군대는 영내에서 창문 틈으로 발사하여 대위(大尉) 유타 카지와라[梶原]와 그의 졸병 100여 명을 사살하였다.

일본인들은 다시 남대문의 성벽에 자리 잡고 기관포를 발사하면서 천둥·벼락같은 소리로 공격하여 왔다.

그리고 상인·노동자 및 여자들까지 모두 무기를 갖고 성세(聲勢)를 도왔다.

오타[太田] 소위가 폭약을 가져다 영내에 던지니, 우리 군대가 드디어 영문을 탈출하여 일본군에게 돌격·접근하였다.

피아가 살상이 있었으나 마침내 탄환이 떨어져 궤멸·도주하니 일본군들은 드디어 그 병영을 약탈·점거하였다.

그러고는 인근 민가를 수색하여 만나는 족족 마구 살육하니, 우리 군사들의 사망자가 수백 인이었고 포로가 5백여 인이었다.

제11장 각지 의병의 약력
略歷

의병이란 것은 민군(民軍)이다. 국가가 위급할 때에 즉각 의(義)로써 분기하며 조정의 징발령을 기다리지 않고 종군하여 적개(敵愾)하는 사람이다.

우리 민족은 본래부터 충의가 두터워 삼국시대부터 외환에 있어서 의병의 적공이 가장 탁월하고 현저하였다. 조선에 들어와서는 선조 때에 왜구에게 짓밟힘이 8년이나 되었다.

그런데 혹은 유림(儒林)이, 혹은 향신(鄕紳:지방 양반)이, 혹은 승려붙이들이 모두 초야에서 분기하였으니, 털끝만치도 전세(田稅)의 비율로 부과하는 병역의 징집에 빙자한 바 없이 오직 충의의 격려로써 오합(鳥合:까마귀가 모인 것처럼 무질서하게 모임)하여 결사감전(決死敢戰)하였다.

앞사람이 쓰러지면 뒷사람이 계속해서 적이 물러갈 때까지 싸우고야 말았다.

수훈(殊勳)과 고절(高節:홀로 깨끗하게 지키는 절개)은 일월처럼 밝게 빛나며 강상(綱常:사람이 지켜야 할 도리)을 부식(扶植:사상이나 의식이 뿌리 내림)하고 영토를 회복하는 데 크게 힘입은 바 있다. 그러므로 의병은 우리 민족의 국졸(國桙)이다.

평일에 오랫동안 문약(文弱:글에만 열중하여 정신적으로나 신체적으로 나약하다)에 흐름을 계승하여 나태·안일함이 극에 이르렀다. 그런데 갑자기 긴 구렁이와 큰 돼지 같은 무지막지한 적의 침략을 받게 되어 손을 묶인 채 잡히고, 목을 늘이어 칼날을 받는 참혹한 몰골이 되었으니 어찌 구슬프지 않은가.

그러나 충의의 혈기가 국성(國性)으로 존재하기 때문에 수십 년간 의병을 일으켜 적을 친 일이 잇따랐다.

선비들은 전투를 익히지 않았으며, 농사짓는 백성들은 무기가 없었다. 그러나 순국할 뜻을 결심하고 맨주먹으로 칼날을 무릅써, 시체는 들판에 드러나서 풍우(風雨)에 바래지고 뇌장은 창끝과 살촉에 발라지면서도 조금도 후회하는 빛이 없으니, 이야말로 역대로 충의를 길러온 효과가 아니겠는가.

일본이 2개 사단의 병력을 출동하여 7, 8년간 전쟁을 한 것도 의병의 저항이 있었기 때문이니, 이들이 아니었더라면 우리는 짐승이 되었을 것이다.

오직 그들의 행적을 자세히 알기가 어려워 여기에 가장 드러난 일에 대하여 아래와 같이 기술한다.

대체로 말해서 보호늑약(保護勒約)이 있은 이후로 4, 5인의 적신(賊臣)과 일진회(一進會)의 난당(亂黨)을 제외한 전 국민들은 모두 결사 반항하였다.

그 중에서도 의병이 가장 격렬하였는데 유림학파와 해산군인이 많았다.

전의정부(前議政府) 찬정(贊政) 최익현(崔益鉉)은 국가의 원로이고 유림의 태산백두(泰山北斗)같은 존재이다.

보호조약이 체결되자 드디어 의병을 일으켜 순국할 결심을 하고 격문을 발송하여 전국의 사민(士民)들에게 고하였으니, 그 격문은 침통하고 격렬하여 보는 이가 눈물을 씻었다.

그의 문인 임병찬(林秉瓚) 등과 함께 동지를 규합하고 의병을 소집하니, 일본인들이 탐지하고 군대를 파송하여 포위·공격하였다.

총탄이 비 오듯 하였건만 최익현은 태연자약한 안색으로 앞장서서 나와 말하기를

"너희들이 잡아가서 만족할 것은 나이니, 난사하여 많은 사람들을 살상시킬 필요가 없다."

하고, 드디어 그의 무리 수십 명과 함께 체포되었다.

대마도에 이르러 일본인들이 음식 대접을 하니,

"내 어찌 너희들의 곡식을 먹겠는가"

하고 거절하여 드디어 굶어 죽으니, 일본인들 역시 의롭게 여겨 시문(詩文)을 지어 조상하는 자가 있었다.

상여가 돌아오자 영접하는 우리 남녀 백성들의 통곡소리가 천리에 잇따랐다.

일본인들은 서로 말하되,

"최모씨가 죽었으니 우리는 한국 유림을 두려워할 것 없다."

하였다.

문인 노응규(盧應奎)는 말하기를,

"나라의 원수와 스승님의 원수를 갚고 죽어야 마땅하다."

하고 비밀리에 동지를 모아 의거를 모의하다가 일본인들에게 탐지되어 잡혀 죽었다.

이인영(李麟榮)은 경기도 여주 유생이다.

을미년(1895)에 유인석(柳麟錫)·이강년(李康秊) 등과 함께 국모의 원수를 갚기 위하여 의병을 일으켰다.

그런 뒤에 물러나 영남의 문경 산골에 은거하더니, 보호조약이 맺어진 이후에 이은찬(李殷贊)·이재구(李載求) 등이 관동에서 의병을 일으켜 이인영을 대장으로 추대하고, 사방으로 격문을 발송하니 호응하는 자가 많았다.

이에 이은찬·이재구는 관동의 의병 6,000명을 거느리고, 이강년은 호서 의병 500을, 허위(許蔿)는 경기 의병 200을, 권중식(權重植)은 해서 의병 500을, 방인관(方仁寬)은 관서 의병 100을, 정봉준(鄭鳳俊)은 관북 의병 100을, 문태수(文泰洙)는 호남 의병 100을 거느리고 일제히 진격하기로 약속하였다.

1907년 12월에 양주에 진주하니, 이인영은 13도 의병의 총수가 되고 허위는 군사장이 되었으며, 민긍호(閔肯鎬)는 관동창의대장(關東倡義大將), 이강년은 호서창의대장, 박정빈(朴正斌)은 영남창의대장, 권의희(權義熙)는 경기·황해창의 대장, 방인관(方仁寬)은 관서창의대장, 정봉준(鄭鳳俊)은 관북창의대장이 되었다.

경성(京城)을 향하여 진발(進發)하여 단번에 통감부를 격파하고 보호조약을 격소(繳消:흔적을 없애 버림)하려 하였다. 그리하여 몰래 심복을 각국의 영사관에 보내어 비밀리에 그들이 애국혈단임을 자세히 설명하고, 국제 공법상 교전 단체로 승인하여 정의의 성원을 요구하기로 하였다.

이에 군사장이 각 노선의 모든 의병을 어느 달 어느 날 일제히 동대문 밖에 모이기로 약속하고, 자신은 결사대 300명을 인솔하고 동대문 밖 30리 지점에 나아가서 모든 의병이 모두 모이기를 기다렸다.

그런데 일본인들이 이미 탐지하고 우리의 군대가 아직 모이지 않은 틈을 타서 달려와 엄습하니 우리 군대는 드디어 퇴각하고 말았다.

그때 이인영은 부친상을 듣고 남향 통곡한 다음, 드디어 군무를 군사장에게 위임하고 밤늦게 남쪽으로 내려가니, 모든 군사들도 패하여 흩어졌다.

이인영은 그의 노모와 두 아들을 이끌고 몰래 황간(黃澗)의 금계(金溪)에 이사하였으나 일본인들에게 체포되어 서울로 압송, 투옥되었다.

그러나 그는 언어와 안색을 엄정히 하여 크게 매도하여 마지않으니, 일본인들마저도 그의 충의를 존경하였는데 마침내 교살되고 말았다.

민긍호는 원주진위대(原州鎭衛隊)의 정교(正校)이다. 이토가 광무황제(高宗)를 핍박하여 폐위시키고 강압으로써 우리의 각 군대를 해산시키자, 민긍호는 통곡하고 의병을 일으켰다. 원주·제천·충주 등지를 전전하며 싸워 일본군들을 많이 살해하였으며, 군대의 행동이 기강이 서서 크게 민심을 샀다.

강원도 관찰사 황철(黃鐵)은 일본 패거리였는데, 의병을 일으키면 화가 되고 일본을 따르면 행복하여진다며 일본군에게 귀순하기를 권유하니, 민긍호는 다음과 같이 말하였다.

"이제 황제의 전위(傳位:전임)가 황제의 뜻에서 한 일인가. 군부(君父)는 협박을 받아 지위를 잃고 동포는 재앙을 입어 어육이 되었으며, 국토는 남에게 부속되었는데 신민(臣民)이 감히 죽기를 아낄 수 있으랴. 이것이 우리가 의병을 불러일으켜 결사보국(決死報國)하는 까닭이다.

어찌 군사를 일으킬 명목이 없다고 하는가. 지금 촌락이 불타 버리고 백성이 흩어진 것은 모두 무도(無道)한 일본인들의 소위이다. 도리어 의병의 허물이라고 하는가.

또 의병이 아침에 흩어지면 국가는 저녁에 멸망할 것이다. 우리 백성들이 일본인들에게 곤욕을 받지 않고 태평을 누릴 수 있겠는가.

그대가 선유(宣諭:임금의 훈유(訓諭)를 백성(百姓)들에게 널리 공포(公布)함)하러 왔는가. 그렇다면 단기(單騎)의 수종(隨從)만으로도 좋을 것이다.

이에 외병(外兵)의 비호로 우리들에게 시위(示威)하니, 우리는 의병이다. 어찌 선유하러 온 주상의 사자(使者)를 살해할 리가 있겠는가. 그대의 어리석고 비겁함이 이와 같음에도 우리들을 유인하여 함락시키려 하는가."

드디어 민긍호는 충주에 이르러 일본군들의 습격을 받고 탄환에 맞아 죽었다.

일본인들도 또한 감탄하고 그의 무덤에 묘비를 세워,

'조선의사민장군지묘(朝鮮義士閔將軍之墓)'

라고 썼다.

이은찬(李殷贊)은 경기도 양근군(楊根郡:양평군)의 유생으로 맨 먼저 관동 의병의 깃발을 올렸으며, 그는 이인영이 인망을 얻고 있다 하여 대장으로 추대하였다.

그리고 수만 의병들을 연합하여 24진으로 나눠 경성을 진격하기로 한 것은 모두 그가 세운 계책이다.

각 군의 장령(將領)으로 이구채(李球采)·정봉준(鄭鳳俊)·원재덕(元在德)·신양집(辛良集)·채상준(蔡相俊)·김회수(金會洙)·김선우(金善宇)·유해붕(柳海鵬)·정대무(丁大武) 등과 같은 이는 모두 그가 가려 임명하였다.

동문(서울 동대문)의 싸움에서 아군이 패하자 이은찬은 재거(再擧)할 것을 결심하고, 적의 정세를 탐지하기 위하여 그의 심복 두어 명을 인솔하고 경성에 잠입하였다가, 드디어 일본인들에게 체포되어 용산의 일본인 경찰서에 끌려갔다. 그는 통곡하며 말하였다.

"내가 국가의 위기를 만나 분개심을 누릴 수 없어 의병을 일으켜 나라에 보답하고자 하였는데, 이에 불행하게도 이 지경에 이르렀으니 실로 우리 동포를 대할 낯이 없다. 내가 곧 죽어서 하늘에 올라가, 다만 영혼이 있다면 우리 국민을 도울 뿐이다."

말의 뜻이 강개하여 적들도 의롭게 여겼다. 그가 논죄를 받게 되었을 때에는 장렬한 모습으로 말소리를 높여 말하였다.

"내가 대소 40여 차의 전투에서 일본군들을 베어 죽인 것이 470여 명이다. 너희들은 오직 나를 속히 죽이는 것이 좋다."

또 말하였다.

"내가 의병을 일으킨 것은 다만 한국만을 위함이 아니고 동양의 평화를 위한 것이다. 이제 이 지경을 당하였으니 어찌 생각이 자신의 영욕에 미칠 수 있으랴."
또 그는 옥중에서 지은 시(詩)가 있다.

'한 가지 오얏나무로 배를 만들어
창생(蒼生)을 건지고자 바닷가에 닿았더니
촌공(寸功)도 못 세우고 내가 먼저 빠졌구나.
동양의 영구평화를 그 누가 계책하리.
一枝李樹作爲船 欲濟蒼生泊海邊
寸功未就身先溺 誰算東洋樂萬年'

허위(許蔿)는 경상도 선산 사람이다. 그의 아버지가 근검절약하여 가세를 일으켜 해마다 천석의 소작료를 받았다. 그 반액을 투자하여 교육자금으로 삼아 서당을 세우고 서적을 수장하여 사방의 선비를 대접하였다. 그들에게 의식을 제공하고 또 학업을 권유하였다.

허위(蔿)는 그의 형 허겸(蒹)과 더불어 일찍이 학문을 힘써 영남의 망사(望士:명망 있는 선비)가 되었다.

을미년에 허위가 이병채(李秉埰) 등과 함께 의병을 일으켜 적을 토벌하였고, 또 입경(入京)하여 여러 번 상소하여 복수의 뜻[義]을 아뢰었다.

갑진년 봄에 주상이 특별히 그를 발탁하여 의정부 참찬을 시켰으나, 며칠이 못 되어 일본인들의 미움을 받아 해임되었다.

그는 8도의 여러 선비들과 연락하여 격문을 보내어 일본인들이 국권을 빼앗고 백성을 박해하는 일을 토죄(討罪)하다가 체포되어 누차 곤욕을 당하기도 하였다.

을사보호조약이 체결되니 이인영·이은찬 등이 의병을 일으켜 허위를 추대하여 군사장으로 삼았다.

그는 각 노선의 모든 군사와 약속하여 함께 경성으로 진격하여 단번에 통감부를 파괴하고 강압으로 체결된 조약의 흔적을 없애 버리기로 하였다.

허위는 군사 300을 거느리고 먼저 동대문 밖에 이르렀다가 일본군들의 갑작스런 공격을 받고 모든 군사들이 패퇴하니, 그는 드디어 체포·투옥되었으나 항변하여 지조를 굽히지 않고 죽었다.

이강년(李康秊)은 경상도 문경 사람으로 유인석 문도(門徒)이다.

을미년(1895)에 스승을 따라 의병을 일으켰으며, 을사보호조약 (1905년) 이후에는 호서(湖西)의 창의대장(倡義大將)이 되어 이인영· 허위들과 더불어 모의, 입경(入京)하여 통감부를 공격하려다가 동문(東門)의 전투에서 아군이 불리하여 이인영·허위 등 여러 사람들이 사로잡혔으나 강년은 의지가 조금도 꺾이지 않았고, 다시 각지의 의병과 연락하여 문경·영춘(永春)·원주(原州) 등지로 전전하면서 투쟁하여 대소 수십 번의 전투에서 적을 많이 죽였다. 그러나 마침내 세력[勢]은 고립되고 힘은 모자라 적에게 사로잡혀 태연한 기상으로 처형되니 나라 사람들이 슬퍼하였다.

지홍윤(池弘允)은 강화진위대(江華鎭衛隊)의 부교(副校)였다. 용감하고 지모가 있어 매우 인기였으나 하위(下位:낮은 직위)에 움츠려 있었으므로 그 재능을 펼 수가 없었다.

정미년(1907) 7월 30일에 이토가 강압으로 우리 군대를 해산시키니, 지홍윤은 8월 2일에 의병을 일으켰다.

일본군 1개 중대를 갑곶(甲串)에서 격멸시키고, 동료 연기우(延基羽)와 나가 덕물포(德物浦) 전투에서 여러 번 승리하였다. 일본인들은 마침내 군대를 증원하여 공격해 강화를 함락시키니 김동수(金東秀)가 전사하였다.

지홍윤은 부하를 거느리고 해서(海西)로 달아나 비밀리에 병력을 모으고 재거(再擧)를 기도하다가, 일본인들의 많은 현상금으로 인하여 마침내 사로잡혀 죽었다.

오늘날까지 나라 사람들이 그의 재능과 용맹을 칭찬하며 몹시 애석해 마지않는다.

손재규(孫在奎)는 원주진위대의 참위(參尉)였다.

군대 해산 명령이 내렸다는 말을 듣자 부하와 함께 창의(倡義:의병을 일으킴)를 모의하여 무기고의 총기와 탄환을 가지고 나왔다.

그는, 만약 의병이 읍내에 있으면서 교전하면 무고한 백성들이 살상할까 염려하여 곧 군대를 인솔해 나가 산을 근거로 하여 포진하였다.

적이 문막(門幕)에서 달려오자 손재규는 수 시간 동안 교전하여 수십 명을 죽이고, 그들의 포탄을 노획하니 적이 충주로 패퇴하였다.

이에 박여성(朴汝成)과 합력하여 인제에 주둔한 적병을 격파하였는데, 군율이 정제(整齊)하고 전략이 기묘하여 관동 의병 중에서 가장 위망(威望)이 있었다.

그의 부하 김운산(金雲山)은 용감하고 사격을 잘하여 적병을 매우 많이 죽였다.

박여성은 강원도 평강 사람으로 의거 때에 34세였다.

청풍군 사람 조동교(趙東敎)·황대성(黃大成)·조동규(趙東奎)·방필성(方必成)·박던준(朴德俊) 등과 함께 1,000여명을 모병하였다.

1907년 8월 15일 적장 스에야스[末安] 등과 제천에서 대접전하여 승리를 거두고, 이튿날 적병이 다시 온다는 소문을 듣고 요해지(要害地)에 복병시켰다가 드디어 5시간 동안이나 격전하여 적이 패퇴하니, 박여성도 영월로 물러가는 척하였다.

이날 밤에 적병들이 연도(沿道)의 민가에서 자고 있는 것을 박여성이 곧바로 다시 회군하여 습격하고 복병이 출동하여 이에 호응하였다.

적이 앞뒤로 공격을 받아 형세가 견디기 어렵게 되자, 드디어 죽음을 무릅쓰고 포위망을 돌파하여 달아나 산골에 들어가 숨으니 사상자가 많았다.

그 후로는 스에야스[末安] 등이 박여성의 이름을 들으면 두려워하는 기색이었다.

전해산(全海山)은 전라도 임실군의 유생이다. 지식이 풍부하고 처신함이 청렴·강직하였다. 근위보병 참위 이초래(李初來)와 함께 의병을 일으켜 전라도 북방의 누차 전투 중 영산포(나주)에서 패하여 일본군에게 사로잡혀 의젓한 자세로 자랑스럽게 죽어갔다. 그에게는 다음과 같은 시가 있다.

서생(書生)이 잘못되어 전투복 입었다가

허어 헛되이 갇히어 본뜻 어긋났네
통곡하노라, 조정에선 신하가 재앙을 만들었으니
해외의 적침을 차마 어찌 논하랴
백일(白日)에 훌쩍이니 강물 되어 흘러가고
청천(靑天)에 눈물 뿌리니 이슬비 날리는구나
이제야 이별하고 떠나온 영산포를
두견이로 화하여 슬피 울며 돌아가리

書生誤着戰征衣　太息空因素志違
痛哭朝廷臣作孼　忍論海外敵侵圍
白日呑聲江水逝　靑天咽淚雨絲飛
從今別却榮山路　化作啼鵑帶血歸

심남일(沈南一)은 전라도 함평군 사람이다. 그는 훤한 얼굴에 헌
칠한 풍채로 재주가 뛰어나고 기지가 많았다. 의병 700여 명을 소
집하여 누차 기계(奇計)로 토적하여 매우 위망(威望)이 있었으나, 마
침내 장흥군의 동쪽 산에서 패전하여 의병장 강무경(姜武景)과 함
께 전사하였다.

강기동(姜基東)은 장단 고낭포의 보조원(일본인들의 고용인)이었다.
그때 의병으로서 구금된 자가 많았는데, 강기동은 옥문을 부수고
내보냈다.

각지에 연락하여 이은찬(李殷贊)이 체포됐다는 소식을 듣고 매우
분개하여 강원호(姜元浩)·남학서(南鶴西)·오수영(吳壽泳)·임명달(任明
達) 등과 함께 적을 토벌하기로 맹세하였다.

연기우(延基羽)와 기각지세(掎角之勢:양면작전)를 취하여 각지의 일본군을 습격하였으며, 포천 전투에서 패하여 포로가 되었으나 항복하지 않고 죽었다.

이광열(李光烈)은 을미년(1895)에 의병을 일으킨 일이 있었는데, 이때에 다시 분기하여 의병 1천여 명을 거느리고 문경·함창 등지에서 여러 번 적병을 습격하여 무찔렀다.

신돌석(申乭錫)은 경상도 영덕 사람인데 사납고 날쌔어 날아다니는 것 같았다. 필마단창(匹馬單槍)으로 적을 무수히 죽이니, 일본군들이 온갖 계책을 써서 생포하려 하였으나 잡지 못하였다. 이리하여 많은 현상금을 붙였더니 그 부하의 속임수에 빠져 죽었다.

최재형(崔在亨)은 함경도 경원(慶源) 사람으로 9세 때에 러시아 연추(烟秋)에 옮겨 가서 살았다. 사람됨이 침착 강인하고 날래고 씩씩하여 모험을 감행하였다.

그는 러시아의 문물에 익숙하여 러시아 관원의 신임을 얻었으므로, 우리 겨레의 노동자를 매우 많이 비호하였다. 2번이나 러시아의 수도 페테르스부르크에 가서 러시아 황제를 뵙고 훈장을 받았으며, 연추도헌(烟秋都憲)의 관직을 받으니 연봉이 3천 원(元)이었다.

이것을 은행에 저축하여 두고 그 이자를 받아 해마다 학생 1명을 러시아의 서울에 보내어 유학하게 하였다.

우리 겨레 학생 중 러시아 유학 출신이 많은 것은 모두 그의 힘이었다. 그는 비록 어린 나이로 떠돌아다니어 러시아의 국적을 갖기는 하였으나 조국을 그리워하였으며, 박영효(朴泳孝)를 만나 보기 위하여 일본에 간 일도 있다.

1909년에 이범윤(李範允)이 창의(倡義:국난이 일어났을 때 의병을 일으킴)를 모의하고 최재형을 대장에 추대하니, 주러시아 공사(駐俄公使) 이범진(李範晉)이 돈 3만 원(元)을 자금으로 주었다. 이에 안중근(安重根)·장봉한(張鳳翰)·최병준(崔丙俊)·강만국(姜晩菊)·조항식(曺恒植)·백규삼(白圭三)·오하영(吳河泳) 등이 군무를 분담하여, 그 해 7월에 군사를 거느리고 강을 건너와 경원의 신아산에서 싸워 승리하였다.

이에 전진하여 회령의 영산에서 크게 전투를 벌였으나 중과부적으로 패전하고, 러시아 영토로 돌아가서 오랜 후에 군 자치회의 부회장이 되었으며, 맏아들 운학(雲鶴)은 러시아군의 장교가 되었다.

1919년 3월 1일, 우리 국민의 독립운동이 있어서 임시정부를 열었을 때, 그는 재무총장에 임명되었으나 사퇴하고 취임하지 않았다.

이듬해 4월, 일본군들이 러시아의 신당(新黨)과 싸워 쌍성(雙城)을 습격·파괴하고 수많은 무고한 우리 겨레들을 함부로 체포하였다. 그래서 최재형도 김이직(金理直)·황경섭(黃景燮)·엄계필(嚴桂弼) 등과 함께 모두 창에 찔려 죽었다.

홍범도(洪範圖)는 평안도 양덕 사람인데, 이사하여 함경도 갑산에 우거하면서 사냥꾼 노릇을 하였다. 그는 체격이 헌칠하고 의지와 기개가 헌거로웠으며, 비록 글은 배우지 못하였으나 천성적인 의협심이 있어, 남을 돕는 일에 앞장섰으므로 사람들이 많이 따랐다.

1907년 겨울에, 차도광(車道光)·송상봉(宋相鳳)·허근(許瑾) 등 여러 사람들과 더불어 의병을 일으켜, 북청의 후치령 전투에서 일본 장교 미야베[宮部]의 중대를 섬멸시켰으며, 잇따라 황수원·삼수 등지에서도 대소의 교전이 있었다.

그리하여 마침내 역부족으로 패배하고 강북(間島지방)으로 돌아가서 사냥을 생업으로 삼았다. 1919년에 우리 겨레의 독립운동이 있게 되니, 홍범도는 그 동지와 함께 다시 의병의 기치를 들고 나와 봉오동(평북 만포진 근처)의 대첩이 있었다.

김수민(金秀敏)은 경기도 장단 사람이다. 그는 힘이 세고 사격을 잘하여 백발백중이었으며, 자신이 탄약을 제조하여, 사용하였다.

13도 총도독이 되어 의병 2천 명을 거느리고 장단의 덕음동에 은거하여 군량을 저축하고 보부상들을 모집하여 정찰대로 삼아 원근에 배치하였다. 그리하여 적과 교전해서 누차 승리를 거두었으나, 적이 대부대를 이끌고 와서 공격하니 그의 군사는 무너지고 자신은 도망하여 버렸다.

이리하여 재거(再擧)를 기도하려고 비밀리에 입경하여 인력거꾼 노릇을 하며 적정을 탐지하다가, 마침내 일본 밀정에게 체포되어 1908년 12월 17일에 죽음을 당하였다.

김여석(金汝錫)은 평안도 순천 사람인데 유인석(柳麟錫)의 제자이다. 그는 서민회(庶民會)를 조직하여 수백 명을 불러들여 배일사상을 격려하여 순국하기로 맹세하고, 드디어 의병을 일으켜 덕천·맹산 등지를 거점으로 누차 격전이 있었다.

연기우(延基羽)는 강화진위(江華鎭衛)의 부교(副校)였는데, 덕물포에서 의병을 일으켜 부하 60명을 거느리고 적성(경기도 양주군)·삭녕(경기도) 등지를 전전하였다. 그는 지략과 용맹이 출중하여 적이 매우 두려워하였고, 군사의 행동에 기율이 잡혀 크게 인심을 샀다.

그의 군대가 도착하는 곳마다 백성들이 앞 다투어 도시락과 물을 가지고 나와 환영하였다.

이진용(李鎭龍)은 황해도 평산 사람으로 유인석의 제자이다. 천성이 수수·정직하였고 힘이 남보다 뛰어났다.

평산에서 의병을 일으켜 신준빈(申俊彬)·신정희(申貞熙)·한정만(韓貞萬) 등과 함께 5대로 나뉘어, 일본군들과 경의선의 계정 등지와 예성강 연안에서 싸워 여러 번 승리를 거두니 해서의병장(海西義兵將)의 저명한 자가 되었다.

그러나 마침내 역부족으로 군사들이 흩어지니, 도망하여 중국으로 들어가 조맹선(趙孟善)·이종협(李種協) 등과 함께 각지로 왕래하면서 동지를 규합하여 재거(再擧)를 기도하였다. 그러던 어느 날 관전현 여인숙에서 자다가 갑자기 일본군에게 수색·체포되어 평양에 와서 처형되었다.

고원직(高元直)은 황해도 금천 사람이다. 이토 히로부미가 강압적으로 7조 협약을 맺고 군대를 해산한다는 소문을 듣고 고원직은 통곡하였다.

그 후 의병을 일으켜 2년 동안 싸우다가 마침내 체포되자, 일본인이 온갖 방법으로 항복을 권유하였으나 굴복하지 않고 죽었다.

기삼연(奇三衍)은 전라도 장성 사람이다. 그는 김유성(金有聖)·이대극(李大克)·유화국(柳化國)·안낙삼(安樂三)·명치삼(明致三) 등과 함께 의병을 모집하여, 호남 일대에 근거를 두고 여러 차례 전과를 올리어 많은 사람들이 칭찬하였다.

황중옥(黃重玉)은 의병 3천 명을 거느리고 지리산을 근거로 하여 무주·용담 등지에서 여러 차례 싸웠다.

대체로 각 도의 의병을 말한다면 전라도가 가장 많은데, 아직까지 그 상세한 것을 모르니 후일에 기대하려 한다.

김석하(金錫夏)는 경기도 의병대장 박래승(朴來乘)의 참모로, 박래승이 전사하자 김석하가 이어 그 무리를 거느렸다. 그는 전술이 정묘(精妙)하여 여러 번 승리를 거두니, 일본인들이 꺼려 '괴장(魁將)'이라 하였으나 마침내 인제군 생래동에서 전사하였다.

노희태(盧熙泰)는 해산된 군인이었다. 영흥군에 달려가 의병 수백을 모집, 적과 싸워 적을 많이 살상하였으나 곧 전사하였다.

김국선(金國善)·김명봉(金明鳳)·현학술(玄學述) 등이 뒤를 이어 대소 전투가 있었다. 그런데 김명봉은 용력이 출중하고 사격술이 월등하였으므로 적이 두려워하였다.

윤동섭(尹東燮)도 해산된 군대의 군인이었다. 그는 함경도 고원군으로 달려가 의병 수백 명을 모집하여 그 고을의 장날에 시골 사람으로 가장하고 시내로 돌입, 일본군 수비대를 습격·파괴하였다. 그의 전술과 담력을 칭찬하는 사람들이 많았다.

서상열(徐相烈)은 유인석의 부장(部將)이었다. 이종협(李鍾協)과 함께 의병 1천여 명을 모집하여 황해도의 토산·금산 등지에서 싸웠는데, 그 또한 의병계의 쟁쟁한 인사였다.

채응언(蔡應彦)은 평안도 자산군 사람이다. 그는 당초 이진용(李鎭龍)의 부장(部長)이었더니 이진용이 패하자 채응언은 독립대의 의병을 거느리고 함경·평안도를 왕래하면서 적병을 습격하여 7,8명의 사망자를 내었다. 그러나 얼마 후 사로잡혀 평양에 와서 처형되었다.

백삼규(白三圭)는 자를 현복(賢復), 호를 온당(溫堂)이라 하였으며 평안북도 태천 사람이다. 일찍이 운암(雲庵) 박문일(朴文一)에게 수학하고, 스승의 사후에는 의암(毅庵) 유인석(柳麟錫)에게 배워 그의 고제(高弟:고족제자의 준말-학식과 품행이 뛰어난 제자)가 되었더니, 나라가 망하자 봉천성 관전현 소아하에 옮겨가 우거(남의 집이나 타향에서 임시로 몸을 붙여 삶)하였다. 아들 진해(鎭澥)·인해(仁澥)와 함께 주경야독하면서 은밀히 동지들을 맺어 광복을 기도하였다.

이리하여 독립단 부총재가 되어, 박장호(朴章浩)·조맹선(趙孟善) 등과 함께 충용한 사람들을 집결하여 진취(進取)의 계책을 하더니, 1920년 5월 16일에 왜적 사카모토[坂本]가 수십 명의 군대를 거느리고 와서 허난성[香鑪溝]에 있는 우리 청년회를 습격하였다.

백삼규가 경보(警報)를 듣고 가다가 청산구(靑山溝)에 이르니 적이 이미 잠복하고 있어서 그는 제자 김덕신(金德新) 및 한교(韓僑: 해외에 거주하는 교포) 5, 6명과 함께 체포되었다. 태평초(太平哨)에 이르러 적병이 자성(自省)하라고 권유하니 백삼규는 대갈하였다.

"내 나이 지금 70이다. 나라를 광복할 것을 마음속으로 맹세하였더니, 마침내 이 지경에 이르렀으니 죽음이 있을 뿐이다. 어찌 원수의 오랑캐에게 자복하겠는가. 내 비록 죽을지라도 나의 뜻을 이을 사람은 장차 몇 천만 인이 있을 터이니, 뜻을 못 이루고 죽는 것을 걱정하지 않는다. 뭐 애석해할 것이 있겠느냐."

또 여러 사람들을 돌아보며 말하였다.

"그대들은 나의 죽음을 본받지 마라."

김덕신(金德新)이 홀로 말하기를,

"스승께서 기왕 순국하시게 되었으니 제 홀로 차마 온전
할 수 있겠습니까."

하고 역시 굴복하지 않아, 드디어 압송되어 환인현 사진자의 북방
30리 되는 숲속에서 살해되었다.

김덕신은 탄환 3발을 맞고 샘솟듯 피를 흘리며 기어 달아나 화
인보회(華人保會)에 들어갔으나 말을 할 수 없어 종이와 붓을 찾아
써서 보였다.

白溫堂遇害 我昌城金德新也 從師爲賊所害 我所着白笠 爲
國服勿脫也

(온당(溫堂)이 살해되었다. 나는 창성(昌城) 김덕신(金德新)이
다. 스승을 좇아 적에게 해를 당하였다. 내가 쓰고 있는 백
립(白笠)은 국복(國服)을 위한 것이니 벗기지 마라).

그는 드디어 죽었다. 백삼규의 장남 진해가 발상(發喪:상제가 옷
을 갈아입고 머리를 풀고 슬피 울어서 초상난 것을 알리는 일)하지 않고 아우
인해에게,

"너는 장차 장사를 지내라. 나는 원수를 갚지 않고는 집
에 돌아오지 않겠다."

하였다. 덕신(德新)의 나이는 23세였다(나이 기록에 잘못이 있는 것 같다
—역자주).

이상은 개략을 기록한 것이다. 그 밖의 많은 사람들을 모두 기
록할 수 없다. 대체로 말하면 의병의 저항 때문에 일본인의 무력

압박이 더하여졌으며, 저들의 무력 압제로 인하여 우리나라 사람의 반동은 격렬하여졌다. 그러니 의병이란 것은 독립운동의 도화선이다. 만약 성패로써 논평한다면 식견이 천박한 것이다.

제12장 이토가 육군·사법 양부를 폐지하다

이토 히로부미가 통감이 되어 소네 아라스케[曾彌荒之助]를 부통감으로 삼았다.

각부의 고문을 폐지하여 각부 협판이라 개칭하여 차관으로 만들고 일제히 일본인을 임명하였다.

13도의 사무관을 모두 일본인으로 배치하여 봉급을 증액하고, 한국인 순사 250명을 도태시키고 일본인으로 대체하였다.

이토는 태자태사라는 직함으로 황태자 이은(李垠)을 거느리고 동경으로 건너가면서 드디어 소네[曾彌]를 천거하여 자신을 대신하게 하더니, 그는 곧 돌아와서 이완용 등을 불러 협의하고 육군·사법 2부를 폐지하였으며, 시위보병(侍衛步兵)으로 1대가 남았던 것을 일본군 사령부의 지휘 아래로 편입시켰다.

사법권을 일본인 관리에 귀속시키고 통감서(統監署)에서 법관을 임명하여 한국 신민(臣民)으로 하여금 일본의 형률(刑律)을 준수하게 하고, 한국의 구율(舊律)은 모두 폐지하였으며, 전국의 재판 관리는 일제히 일본인을 채용하게 하였다.

사법 인도의 조약은 다음과 같다.

제1조 한국의 사법과 감옥 사무가 완비되기 전에는 한국 정부는 사법과 감옥 사무를 일본국 정부에 위탁한다.

제2조 일본 정부는 일본인과 한국인 중에서 일정한 자격이 있는 자를 한국에 있는 일본 재판과 감옥 관리에 임용한다.

제3조 한국에 있어서는 일본 재판소의 협약과 법령과 특별 규정을, 외국의 한국 신민에 대하여는 한국 법규를 적용한다.

제4조 한국의 지방관청과 공리(公吏)는 응당 각기 직무에 있어서, 사법과 감옥 사무는 한국에 있는 일본 관청의 지휘명령과 보조를 받는다.

제13장 세계를 진동시킨 의협의 명성
義俠

의협(義俠)이란 것은 강자를 억압하고 약자를 진작시켜 공리를 유지하는 데 제일의 맹장이다. 우리 민족의 역사에는 일류(一流)의 의협으로서 남달리 이채를 나타낸 이가 예로부터 있었다.

창해(滄海)의 역사(力士)가 진시황을 방망이로 쳐서 천하를 진동시켰으며, 신라 우로(于老:우로음(于老音)이라고도 한다. 내해이사금의 아들이다. 각간(角干) 수로(水老)의 아들이라는 설도 있다. 흘해왕의 아버지이며, 부인은 조분왕의 딸 명원부인(命元夫人)이다.)의 아내는 왜국 사신을 불태워 죽여 남편의 원수를 갚았고, 황광랑(黃倡郞:舞童)은 8세 유아였는데 칼로 백제왕을 찔러서 국치(國恥)를 설분하였으며, 고구려의 유유(紐由:밀우(密友)와 쌍벽으로 동천왕 때의 충신)는 칼로 왜 장수[王頎]을 죽여서 국가를 회복하였고, 고구려의 사졸(士卒)들(역사에 그 이름들이 빠졌다)은 쇠뇌[弩]로 쏴서 국난을 해소시킨 것들이 모두 의협이다.

오늘날 우리 민족은 지난날 일찍이 없었던 치욕을 당하고 있다. 그러고도 의협(義俠) 제공(여러 사람)들이 분기한 일이 없었더라면 인류로서 세계에 낯을 들고 살 수 있는가.

이리하여 장인환(張仁煥)·전명운(田明雲)·안중근(安重根)·이재명

(李在明)·김정익(金貞益)·안명근(安明根)·강찬구(姜燦九) 등 열사가 나온 것이다.

장익환(張仁煥)은 평양 사람이고 전명운(田明雲)은 서울 사람인데, 모두 노동의 목적으로 도미한 지 여러 해 되었다.

1906년 6월, 일본 정부가 미국의 스티븐스(須知分:일본 외무성 고문으로 있다가 1904년에 내한, 외부 고문에 임명됨. 여기서는 연도가 틀림)을 우리나라의 외교고문으로 임명하였다.

그리하여 이토가 보호조약을 체결할 때에 그는 극력 알선하여 일본에 충성을 바쳤으니, 한국의 봉록을 먹고 한국을 멸망시킬 일을 한 자이다.

그가 해직되어 자신의 나라로 돌아갈 때에는 이토의 비밀촉탁을 받아 서류를 휴대하고 샌프란시스코에 도착해서 그 서류를 등사, 여러 신문에 다음과 같이 보도하였다.

"한국은 궁내(宮內)의 실덕(失德)이 매우 심하며 완고당(頑固黨)은 백성의 재산을 약탈하고, 백성은 우매하여 독립할 자격이 없다. 만약 일본에 귀속되지 않으면 러시아에 침탈될 것이다."

또 다음과 같이 폭로, 기사화하였다.

"이토 히로부미가 한국을 다스리는 것은 한국에 유익하다. 그러므로 한국인들은 반대하는 일이 없다 운운."

한국인 정재관(鄭在寬) 등이 이 소식을 듣고 분노하여 여관에 있는 그를 찾아가서 허위사실을 신문에 게재한 까닭을 힐문하니 그는 도리어, 이토의 정책이 한국에 유익하다고 강경하게 주장하였다. 정재관 등은 그를 크게 꾸짖고 의자를 던져 쳤다.

이튿날, 스티븐스가 워싱턴에 가려고 오클랜드 역에 나갔더니, 돌연히 한국사람 전명운이 권총을 발사하였으나 탄환이 불발되었다.

스티븐스는 크게 놀라 성내어 전명운과 서로 치고 받는데, 홀연히 탄환 2발이 날아와 1발은 전명운을, 1발은 스티븐스를 명중시켰다.

그가 곧 장인환(張仁煥)으로 그는 전명운과 같은 뜻을 품고 있었으나 처음부터 서로 모의하지 않았는데 우연히 여기에서 만난 것이다.

그러므로 전명운은 그의 오발탄을 맞았던 것이다. 그곳 경찰에서 스티븐스·전명운을 병원에 보내어 전명운은 곧 완치되었고 스티븐스는 총상이 심하여 죽었다.

미국의 법정에서 공판이 열렸을 때 장인환은 애국함으로써 살인하였다고 하였으므로, 특히 사형을 감하여 징역 15년에 처하고 전명운은 곧 석방되었다.

안중근(安重根)은 해주 사람이다. 어려서부터 출중하여 글을 읽어 대의를 통하였으며 겸하여 무예를 익혔다. 15세 때에 동학란을 만나 아버지 안태훈(安泰勳)이 의병을 일으켜 그들을 토벌하니, 중근은 종군하여 적을 매우 많이 죽였다.

갑진년(1904)에 러일전이 개전하니 안중근은 '이 전쟁의 결과가 우리나라 존망의 위기가 될 것이다'고 생각하고 드디어 중국으로 들어갔다. 연태(烟台)·상해(上海) 등지를 차례로 유람하면서, 천하의 인물을 찾아서 함께 대국유지(大局維持)를 도모할 생각이었으나 애석하게도 그러한 사람을 만나지 못하였다.

을사년(1905) 10월 아버지가 돌아가심을 듣고 귀국하니 보호조약이 체결되었다.

안중근은 슬픔과 분함이 더욱 격렬하여져 여러 사람들 앞에서 연설하면서 강개하여 울었다. 그는 재산을 출자하여 학교를 설립하고 교육하기를 주창하였다.

두 아우 정근(定根)·공근(恭根)을 서울 학교에 유학시켜 유지들과 서로 사귀어 순국하기를 동맹케 하였다.

정미년(1907) 7월에 이토가 황제를 핍박하여 양위하게 하고 군대를 해산시키니, 안중근은 의병을 일으켜 한바탕 결사전을 벌이려 하였다.

그러나 민간의 무기는 모두 수색해 가져갔으므로 촌철(寸鐵)도 남아 있는 것이 없으며, 경찰은 삼림처럼 빽빽하게 늘어서 있고 철망은 전토에 골고루 둘러쳐졌으니, 맨손으로 범을 때려잡는 것 같은 행동으로는 성사할 수 없었다.

그리하여 러시아령인 시베리아로 달려가 의용군 300여 명을 모집하여, 기유년(1909) 6월에 드디어 정의의 깃발을 들고 두만강을 건너왔다.

경흥군에 들어와 일본인 50명을 덮쳐 죽이고 나아가 회영군의 일본 군영을 습격했다. 일본인들은 각지에 주둔한 부대에게 급전을 통하여 그 병력을 많이 집결시켜 포격이 매우 맹렬하였다.

안중근은 전방의 군대[前軍]와 격돌하여 한나절 동안 격렬한 전투를 벌였으나 여러 군인들은 탄환이 다하여 무너져 흩어지니 안중근은 마침내 러시아령으로 돌아갔다. 7일 동안을 먹지 않았으나 의기(意氣)가 여전하였으니 사람들은 그의 용력(勇力)을 탄복하였다.

기유년(1909) 10월에 이토가 만주를 시찰하고 장차 러시아의 탁지대신과 만나기로 하였다.

그는 대체로 만주와 몽골의 권리를 협정하고 또 각국의 밀사들과 중국 문제를 의논하여, 자신이 중국의 재정통감을 맡기로 내정한 것이었다.

이에 안중근은 분발하여 '늙은 도둑놈이 여기에 오는가. 이는 하늘이 주는 기회다' 하고 곧바로 하얼빈 역으로 달려갔다.

러시아 경비병이 수천이고 각국의 영사단과 관광객이 숲처럼 늘어섰고, 군악은 번갈아 연주되며 화포(禮砲)는 다투어 발사되었다.

이토가 러시아 대신과 악수하고 군대의 경례를 받으며 천천히 걸어 각국의 영사단을 향해 가고 있었다.

안중근은 러시아 군의 등 뒤 10보 거리에 서서 권총을 들어 한 번 발사하여 이토의 가슴을 명중시켰다.

그러나 화포가 요란하게 터지는 통에 각 군이 미처 몰랐으며 두 번째 발사하여 갈빗대를 명중하니, 군경과 환영단은 그제야 알아차리고 겁을 먹고 달아났다.

세 번째 발사하여 배를 명중시키니 이토가 땅에 쓰러졌고, 다시 일본 관리 3명을 쏘아 거꾸러뜨리니, 수천 명이 모두 흩어져 달아나고 감히 가까이 오지 못하였다.

조금 후에 탄환이 다하여 총성이 멎으니, 각 군이 비로소 모여들어 안중근의 권총을 빼앗아 헌병에게 주려 하였다.

안중근은 그 권총을 거꾸로 하여(세상이 태평무사하게 됐다는 의미를 표함) 라틴말로 3번 '대한독립 만세'를 부르고 포박 당하자, 박장

대소하면서, "내가 어찌 도망할 사람이냐. 내가 도망하려 했다면 사지에 들어오지 않았을 것이다." 하였다. 그 후 10분이 못 되어 이토는 곧 죽고 말았다.

이리하여 전 세계는 진동하였으며, 사람들은 모두 혀를 빼물고 '한국에 사람이 있다' 하였다.

안중근이 여순의 감옥에 수감되니 일본인들은 그의 거짓 복죄(服罪:죄를 순순히 인정함)를 받으려고 200여 일 동안을 지체하여 구금한 채, 위력으로 협박하고 이익[利]으로 유혹하는 등 온갖 방법을 썼으나 그는 매우 준엄하게 거절하였다.

공판이 열렸을 때 안중근은 이토의 13가지 대죄를 열거하여 통박하면서, 수 시간에 걸친 도도한 웅변으로 안광이 번갯불 같으니, 방청자로서 안색이 동요되지 않는 자 없었다.

일본인들은 마침내 그를 극형에 처하였으니, 1910년 경술, 양력으로 3월 26일 오전 10시였다.

안중근은 사형장에 서자 즐거운 듯이 말하였다.

"나는 대한 독립을 위하여 죽는다. 동양의 평화를 위하여 죽는다. 죽는 것이 무엇이 한스럽겠는가."

한복을 갈아입고 조용히 형을 받았다. 나이는 32세였다.

이재명(李在明)·김정익(金貞益)은 평양 사람이다. 융희 4년(1910) 경술 7월에 소네 아라스케[曾彌荒之助] 통감이 병사하고 육군대신 데라우치 마사타케[寺內正毅]가 장차 통감으로 한국에 오게 되었다. 그런데 합병한다는 설이 먼저 신문에 보도되니, 국민들은 더욱 근심하고 두려워하여 어떻게 할 바를 몰라 했다.

이재명·김정익은 서로 의논하였다.

"일이 급하다. 우리들이 안 죽을 수 있는가. 지난번 일본인들이 강제로 조약을 체결할 때 용이하게 뜻을 달성한 것은 매국노들이 앞잡이 노릇을 하였기 때문이다. 우리들이 선수를 써서 남은 자들을 제어하여 급히 이들 적당(賊黨)을 제거하면, 저들이 강압적으로 체결하려는 조약을 혹은 저지하여 국정을 만의 일이라도 요행으로 구제할 수 있을 것이다. 그런데 정부의 이완용과 일진회의 이용구(李容九)는 적의 괴수이다. 이 두 도둑놈을 죽이면 나머지 적당들도 모두 위험을 느껴 조약 체결에 감히 부화하지 못할 것이니, 구급(救急)의 계책은 오직 이것뿐이다."

이리하여 각자가 예리한 칼을 품고 입경하여 두 도적의 동정을 살피었는데, 마침 이완용이 천주교회의 속빈(速賓:초청된 손님)으로 종현(鍾峴)의 교회당에 갔다. 이재명이 이 소문을 듣고 군밤장수로 가장하고 교회당의 문 밖에서 밤을 구우며 기다리다가, 이완용이 나오는 것을 보고 수레를 가로막고 칼을 빼니 가노(家奴)가 막으므로 찔러 곧 쓰러뜨리니 이완용이 땅에 떨어졌다.

이재명이 올라타고 배를 깊이 찔렀다. 일경(日警)이 급히 그를 구출하여 병원으로 보내고 이재명은 체포되어 수감되었다. 이완용은 두어 달 치료하여 죽지 않게 되고 이재명은 살인죄로 교수형에 처하여졌다.

김정익은 이용구를 찌를 생각으로 그 기회를 엿보고 있다가 이재명의 일이 발각되어 체포되자, 칼을 꺼내어 땅에 던지며 말하였다.

"내가 이것으로 국적(國賊)을 죽이고 나라를 구출하려 하다가 성취하지 못하였으니 하늘이 그렇게 만든 것이다."

그는 살인을 음모한 죄로 종신징역에 처하여졌다.

안명근(安明根)은 안중근의 종제이다. 데라우치가 이미 합병을 단행하고 곧 무기로 억압하여 법망이 엄밀하였다. 노상에서 눈짓으로 의사를 소통하고 감히 마주 이야기를 주고받지 못하였다.

우리나라 사람으로서 '애국당'이라 지칭하는 이는 장차 전멸시켜 자손도 남기지 않으려 하였다.

하얼빈의 일이 발생한 후로 안중근의 일가는 더욱 단련을 받았다. 군대와 순사가 날마다 와서 온갖 것을 세밀하게 캐어묻고 조사하였다.

그러나 안명근은 이로 인하여 조금도 좌절되지 않고 비밀리에 무기를 마련하여 기차의 요로(要路)에서 데라우치를 습격하려 하였다. 그러나 계획을 결정하였을 때에는 이미 일이 누설, 체포되어 모살미수죄로 종신징역에 처하여졌다.

일본인은 이 사건의 관련자 조사를 빙자하여 많은 사람들을 연루하였으니 해서(海西) 전 지역의 명문재사들은 한 사람도 면한 이가 없었다.

강찬구(姜燦九)의 사실은 하편에 나온다.

제14장 나라가 합병된 후에 순절한 여러 사람 및 지사단
志士團

1910년 7월 5일 데라우치 마사타케[寺內正毅]가 내한하였다. 먼저 경찰권을 빼앗아서 경무총감을 두고 헌병 2천 명을 더 파견하여 각 도의 요지에 배치하였으며, 또 다수의 정찰대를 증원하여 그들을 돕게 하였다.

또 군함 수십 척을 인천·부산 간에 배회시켜, 그들 군대의 위세를 과시하고는 강압으로 각 보도기관을 폐쇄하고 각 단체를 해산시켰다.

모든 벼슬아치 가운데 조금이라도 인망이 있는 이는 모두 경찰서에 구치하였다. 헌병과 순사는 모두 실탄 장전한 총을 메고 시가에 늘어서서 밤낮으로 경계가 엄중하였다.

8월 29일에 강압으로 합병조약을 체결하여 선포하였다. 태황제(太皇帝:고종)를 낮추어 '덕수태황(德壽太王)'이라고 하고, 황제를 '창덕궁왕(昌德宮王)'이라 칭하였다.

통감부를 조선총독부로 개칭하고 데라우치가 총독이 되었다. 야마가타 이사부로[山縣伊三郎]는 정무총감이 되고 아리요시 추이치[有吉忠一]는 총무부장, 아라이 켄타로[荒井賢太郎]는 탁지부장, 구라토미 유자부로[倉富勇三郎]는 사법부장, 기노우치 주시로[木內重四郎]는 농상공부장, 우사미 가쓰오[宇佐美勝夫]는 내무부장, 이시즈카 에이조[石塚英藏]는 취조국장관, 베일 마고이치[俵遜一]는 토지조사국 부총재, 이케다 주사부로[池田十三郎]는 통신국장이 되었다.

아, 반만 년 오랜 문명국이 허물어져 섬 왜구의 식민의 구역이 되었구나. 이는 우리 민족의 만대 동안 뼈에 사무칠 비통한 역사이다.

이때에 나라 사람들은 강개하여 순절한 이가 많다. 그러나 각 보도기관이 이미 폐쇄되고 서로의 대화도 금지되어 드러내 알 수가 없다. 또 일경(日警)은 죽은 이가 있다고 들리면 갑자기 그 집의 사람들을 위협하여 발설하지 못하게 하였다.

아, 죽은 이도 이렇게 압박을 받을진대 하물며 산 사람임에랴. 그 중에 전문(傳聞 :다른 사람을 통해 전하여 들음)하여 겨우 약간 명을 알게 되었다.

금산 군수 홍범식(洪範植), 주아공사 이범진(李範晋), 승지 이만도(李晩燾), 진사 황현(黃玹), 환관 반학영(潘學榮), 승지 이재윤(李載允), 송종규(宋鍾奎), 판서 김석진(金奭鎭), 참판 정모(鄭某:金溝 사람), 의관 백모(白某:興德 사람)·송익면(宋益勉), 정언 정재건(鄭在楗), 감역 김지수(金智洙), 감찰 이모(李某:보은 사람), 영양유생 김도현(金道賢), 동복 송완명(宋完命), 태인 김천술(金天述)·김영세(金永世), 익산 정동식(鄭東植), 선산 허모(許某), 문의 이모(李某), 충주 박모(朴某), 공주 조장하(趙章夏), 연산 이학준(李學純), 전의 오강표(吳剛杓), 태인 김영상(金永相), 홍주 이근주(李根周) 등 28인이다. 그리고 그 밖의 사망자도 전하여지고 있으나, 그 성도 이름도 함께 빠진 사람들이다.

대체로 이 여러 사람들은 스스로 목매어 죽기도 하고 배를 찔러 죽기도 하였으며, 혹은 물에 몸을 던졌으며 굶어죽기도 혹은 독약을 마시고 죽었다.

그리하여 그들은 이민족의 노예가 되지 않고 몸을 조촐하게 하여 저절로 결백함이 밝게 빛난다. 그러니 살아서 대한 사람 되기에 부끄러움이 없고, 죽어서 대한의 귀신이 되기에 부끄러움이 없는 이들이다.

아아, 8월 29일은 곧 우리의 국치기념일이다. 그러나 국내의 인민들은 저들의 위력에 눌리어 내색하지 못하고 소리를 삼키고 원한을 속으로 들이마실 뿐이지만, 국외에 있는 교민들은 모두 이 날에 국치의 기념행사를 거행한다.

러시아령의 동포들은 모두 이 날에 불을 금하고 밥을 짓지 않는다. 추위를 견디고 굶주림을 참아서 와신상담의 의지를 기르기에 힘쓴다.

옛날에 원호문(元好問)은 말하였다.

"한 줄기의 맥만 뛰어도 끊어졌다고 말할 수 없고, 한 눈만이라도 부릅떴으면 아득하다고 말할 수 없으며, 한 지아비라도 뜻을 세움이 있으면 흙더미 무너지듯 붕괴되었다고는 말할 수 없다."

우리의 반만 년의 국가가 비록 적의 한때의 폭력에 병합되기는 하였으나, 2천만 민중의 정신이 자재하니 어찌 멸망하였다고 말할 수 있겠는가.

이때에 국내에는 신민회(新民會)·청년회(靑年會)·학우회(學友會)가 있어서 중앙에서부터 일어나 각 지방에 만연되었으며, 국외에 있어서는 미주(美洲)와 러시아령 2곳에 국민회·청년회·흥사단·권업회(勸業會)가 있고, 중국 땅 상해에는 동제사(同濟社)·통화현에는 부국단(扶國團), 연길현에는 간민교육회(墾民敎育會)가 있는데, 모두 애국당으로 조직되어 독립을 준비하는 기관이다.

최근의 광복단(光復團)과 같은 것은 일본 땅[內地]에 발생하여 기관이 매우 엄밀하고 행동이 더욱 격렬하다. 이는 저들의 생각 밖에서 출현하였으니 우리 민족의 독립정신이 충만함이다.

일반 백성의 뜻을 말하자면, 표면으로는 본래부터 침착하여 아무 일 없는 것 같다.

그러나 저 꼬불꼬불한 좁은 거리의 노래에도 어두운 방 안의 울음에도 어느 하나 조국의 사상 아닌 것이 없다.

밭 매는 사람은 호미를 휘두르면서, "어느 때 저 왜놈 제거하기를 잡초 없애 버리듯 할꼬." 하고, 나무꾼은 도끼를 휘두르면서 "언제 저 왜놈들 베기를 땔나무 베듯 할꼬" 한다. 빨래하는 부녀자들은 "나는 어느 날에 왜놈들을 방망이로 때려 칠꼬." 하고, 새를 쏘는 아이들은 "나는 어느 때 왜놈을 쏴서 잡을꼬" 하며, 기도하고 제사지내는 무당과 점쟁이도 "신이여, 어느 날에 무도한 왜놈들에게 벌을 내리시겠습니까?" 한다.

이것은 모두 백성들의 독립정신이 뇌수에 맺히어 저절로 드러나는 것이다. 그런데도 저들은 분수없이 '동화(同化)'라는 쓸데없는 말을 한단 말인가.

제15장 120명의 모살사내안
謀殺寺內案

데라우치 마사타케[寺內正毅]는 무단정치를 하고 경무총감 아카시 모토지로[明石圓二郎]는 또 잔인하여 사람 죽이기를 즐겼다.

그들은 신민회를 독립운동하는 곳이라 하였다. 이에 소위 '모살사내안(謀殺寺內案)' 이라는 것이 나왔다. 유동열(柳東說)·윤치호(尹致昊)·양기탁(梁起鐸)·안태국(安泰國)·이승훈(李昇薰)·이동휘(李東輝)·임치정(林蚩正)·옥관빈(玉觀彬)·길진형(吉鎭亨)·오주혁(吳周爀)·이유필(李裕弼)·양전백(梁甸伯)·이용혁(李龍爀)·유창근(柳昌根)·김구(金龜)·한필호(韓弼鎬)·김도희(金道熙)·김홍량(金鴻亮)·이승길(李承吉)·주진수(朱辰洙)·조성환(曺成煥) 등 120여 인이 체포되어 총감부 유치장에 들어갔다. 갖은 악독한 고문을 당하여 한필호(韓弼鎬)는 즉사하였다.

그 악형의 실황을 영국 타임스의 기자 麥聖西가 자세히 탐사하여 지상에 게재하였는데, 그 요지는 다음과 같다.

"데라우찌[寺內] 총독을 척살(刺殺)할 모의를 하였다는 혐의범들을 먼저 경찰관이 엄중 심문하고 핍박하여, 척살 모의 사건을 인정하는 공술을 하게 한다. 그리고 '모른다' 고 대답하면 곧 고문을 가하는데, 그 방법은 대략 다섯 가지가 있다. ① 범인을 좁고 작은 상자 속에 집어넣는다. 그리하여 그 속에서 바로 설 수도 없고 동작할 수도 없어 움츠리고 꾸부린 채 있어야 한다. 이렇게 하여 36시간 동안이나 오래 지내게 한다. ② 범인의 머리에 칼[枷]을 씌워 높이 달아놓는다. 그리하여 발이 땅에 닿지 못하게 하고 겨우 엄지발가락이 땅에 닿게 한다. ③ 범인의 엄지손가락을 묶어서 높이 공중에 달아놓는다. ④ 그 팔을 뒤로 꺾어 정강이에 닿게 하여 바싹 죄어 묶어 놓아 근육 이상의 고통을 받게 한다. ⑤ 그의 팔을 힘껏 거꾸로 끌어당겨 뒷사람을 향하게 하여 땅에 놓고, 머리 위에 다시 한 기계를 사용하여 아래턱을 누르고 그 목을 향하게 한 뒤에, 물을 점점 콧구멍에 부어 넣어 냇물 흐르듯 쉬지 않게 한다.

이상의 다섯 가지 고문 방법과 구타로 반죽음에 이르고 거의 목숨이 끊어지게 되어 지각이 없어지고 호흡이 막혀서 말을 할 수 없게 되면, 겨우 강제로 한 마디 '그렇다'고 대답하게 한다. 그리하여 곧 이를 '공사(供詞)'라고 한다 운운."

또 상해의 《화인보(華人報)》는 이렇게 보도하였다.

"일본 정부는 근래 조선에 문명과 행복을 수입시켰다. 거기에는 일종의 가장 교묘하고도 최신식인 육형(肉刑:육체에 가하던 형벌)이 있다. 범인의 배를 땅을 향해 뉘어 두 팔을 바로 펴서 머리 위로 올리게 한다. 그러고는 팔다리의 관절을 두루 노끈으로 묶은 후에 옷을 벗겨 양 볼기짝을 드러낸다. 고문집행자가 오른손에 채찍을 잡고 왼손은 몸 곁 오른쪽 허벅다리 앞 사타구니에 드리운다. 그리하여 맹렬히 기세를 가하여 이에 채찍을 들어 바로 범인의 몸을 치면 그 가죽과 살이 손댈 때마다 터지고 문드러졌다. 이러한 형벌을 정례적(定例的)으로 식후 1시간 지나 집행한다. 행형(行刑)할 때에 범인이 정신을 지탱하지 못하면 한 모금의 물을 주도록 허락한다."

소위 '모살사내안(謀殺寺內案)'이란 것은 저들의 날조에서 나온 것으로서, 억지로 죄를 꾸며 우리의 애국당을 소멸시키려는 악독한 계책이다.

신민회는 안창호(安昌浩)가 발기한 것으로서 독지가를 엄밀히 선택하였다. 조직이 치밀하고 정신이 확고하며 회원의 수가 800여인에 이르렀다.

양기탁(梁起鐸)·이갑(李甲)·안태국(安泰國)·김덕기(金德基)·최광옥(崔光玉) 등과 같은 이는 모두 간부요인으로서 발전에 힘을 썼다.

얼마 뒤에 김덕기·최광옥이 병사하고 김근형(金根瀅)이 체포되어 고문당하여 죽었으며, 안창호·이갑·이동녕(李東寧)·이동휘(李東輝)·조성환(曺成煥)·이종호(李鍾浩) 등은 중국·러시아령과 미주 등지로 달아나니, 일본인들은 그들의 불령을 미워하여 항상 기회를 타서 없애 버리려 하였다. 이때에 이르러 특히 이 안(案)을 핑계하여 일망타진을 계책하였다.

오희원(吳熙源)과 같은 이는 그 회와 관계가 없었으나, 과거에 대성학교(大成學校-평양)에 재물을 의손보조(義損補助)하였기 때문에 함께 화를 당하였으며, 안병찬(安秉瓚)도 또한 회원이 아닌데도 저들이 그 회의 고문이라고 허위 지칭하여, 아울러 체포하여 장형(杖刑)을 집행하고 지도군(智島郡)에 유배시켰다.

대성학교는 또한 안창호가 설립한 것으로서 국내 최상의 교육기
관이었다. 그런 까닭에 신민회와 같이 화를 입었다.

제16장 총독의 탐욕 포악한 행정

일본이 한국을 병합한 뒤의 이른바 '총독정치' 란 것은 즉 전제·포학의 군주정치였다. 이 통치를 결정하던 날 저들의 정부로부터 총독에게 준 권한은 다음과 같다.

① 총독은 직접 황제에게 예속되고 그 위임의 범위에 따라 육·해군을 통솔하여 조선의 방비요무(防備要務)를 관장한다.

② 제반 정무를 총괄하고 내각총리대신을 경유하여 상주하여 그 재가를 받는다.

③ 조선에 있어서 법률을 요하는 사항은 칙재(勅裁)를 거쳐 명령으로 규정한다.

④ 직권과 특별위임에 의하여 조선총독부령을 발포하고 1년 이상의 징역과 금고·구류, 200원(圓) 이하의 벌금이나 과료의 벌칙을 붙일 수 있다.

⑤ 소속 관청의 명령과 처분으로서 그것이 공익에 해가 되거나 제규에 위반된다고 인정되는 것과, 권한을 위범하였을 때에는 그 명령과 처분을 모두 취소할 수 있다.

⑥ 총독소부(總督所部)의 관리와 주임문관(奏任文官)의 임면은 내각총리대신을 경유하여 상주하고 판임문관(判任文官)의

임면은 자단(自斷)으로 한다.

이상은 모두 총독의 권한 중 주요한 부분이다. 그러니 그의 통치는 다만 일본 황제의 부분적 감독을 받을 뿐이다. 그것이 총독의 전제(專制)임을 알 수 있다.

1. 행정기관의 재감(裁減)

총독관방과 내무부·탁지부·농상공부·사법부·경무총감부는 행정상의 주요기관이고 철도국·체신국·중추원은 통치의 보조기관이다. 중추원이란 것은 소위 총독의 자문기관으로, 합병하던 날 한인 대관 중 무릎을 꿇고 종이 된 자를 채우고 있다. 10년 사이에 전혀 한 번도 자문이란 것이 없었으니 곧 일종의 양로원에 불과한 것이다.

저들이 우리의 5000년 문화의 나라를 토번미개(土蕃未開)의 땅으로 인정하고 통치방법을 모두 대만(臺灣)에서 시행하던 것으로 시행한다. 그러므로 그 행정기관은 오로지 식민 사업을 위하여 설치하였다. 한인의 신문화에의 취향 같은 것은 절대로 허용하지 않더니, 드디어 원래 있던 교육기관은 모두 폐지하였다.

또 저들이 병합하던 날에 재정이 가장 어려운 문제였다. 저들은 중일·러일의 두 전쟁을 치렀으므로 국채가 이미 십 수 억원(圓)에 달하였다. 그러니 한국에 대한 시설의 부담은 실로 곤란한 일이었다. 그러므로 당시 일본의 일부 인사 중에는 병합을 반대하는 자도 있었다. 저들의 재정은 실로 우리나라를 통치할 능력이 없어, 이에 행정기관을 감축하고 한인을 많이 도태시킨 후에 전부 일본 관리로만 통치기관을 조직하였다. 그런데 일본인 관리의 봉급은 한인 관리보다 3배 이상이 많다. 그래서 그들의 봉급은 1,600만 원(圓)으로 계정하였는데, 한인의 봉급은 100만원(圓)에 지나지 않았다. 그러니 행정기관은 우리 한국인의 삶을 빼앗아 그것으로 일본인들을 기른 셈이다. 작년도의 총독부 예산에 의거하면 다음과 같다.

1 세출입액 7,751만圓
2 세출액
① 총독부 및 지방청장 1,800만圓
② 국채정리금 603만圓
③ 경무비·헌병보조원비 510만圓
④ 재판비 및 감독비 350만圓
⑤ 관영비(영림비 및 평양광업소비) 400만圓
⑥ 산업비(殖産에 관한 총합계 비용) 57만圓

이상의 예산표에서 국채 정리 기본금은 저들의 사업비와 한국 (外債)의 상환을 부담할 준비금임에 틀림이 없다. 교육비는 처음부터 비목(費目)을 두지 않았고, 경무비는 거액을 계상하였으니, 저들의 정책이 이기(利己:자신의 이익만 꾀함)와 무단(武斷)에만 중점을 두었을 뿐이다.

경무총감은 총독의 지휘 아래에 있어서 일체의 정무를 감독한다. 또 각부 장관을 두어 해당 업무를 맡아 다스리게 하니 총독행정상 최고의 기관이다. 그러나 문관행정원은 보조기관에 불과하여 오직 무관의 횡포에 순종할 뿐이다.

2. 직원 임용과 제한의 불문율

저들이 총독부 관제를 실시하면서부터 소위 구한국정부의 관리들은 전부 해산하고 그 일부분으로 피임된 한인은 겨우 287인이다. 그러나 총독부 행정기관에는 한 사람도 참여한 사람이 없다.

오직 이왕직(李王職) 직원과 중추원·경학원 직원, 지방청 장관, 군수와 그 소속관서원, 하급관리, 서기·통역인 등뿐이다.

그러나 이 278인은 모두 지식의 수양이나 과학의 기능이 있는 자들이 아니고, 다만 그들의 충순(忠順)한 노예의 자격이 있는 자를 뽑았을 뿐이다. 그들의 불문율의 제한은 다음과 같다.

① 가급적이면 한국인 관리는 등용하지 않는다.
② 부득이한 사정에 의하여 한국인을 임용하는 일이 있을 경우에는 그 과학기능이 있는 자는 반드시 배제한다.
③ 한국인 관리는 주요한 지위를 주지 않는다.
④ 한국인 고등관의 봉급은 100원(圓)에 그치고, 판임관의 이력이 30원(圓)에 달하면 반드시 퇴직시킨다.
⑤ 재판소의 검사는 한인을 채용하지 않는다.

지방 13도 장관 중 한인을 임용한 것은 겨우 5인이고 군수와 면장, 하급 지방관도 처음에는 한국인이 많이 임용됐으나, 얼마 후에는 일본인이 군수와 면장이 된 자가 또한 많다.

일본인 관리의 봉급은 원래가 한국인의 3배 이상 많다. 그리고 물가 등귀의 경우를 당하여 봉급을 늘릴 때에는 일본인관리의 원봉연액(原俸年額)이 900원(圓) 이하인 자는 100분의 25를 가급(加

給)하고, 900원 미만인 자에게는 100분의 40을 가급하며, 월봉 (月俸) 20원 이상인 자에게는 9원 50전(錢)을 가급한다. 그러나 한 인관리의 월봉 20원인 자에게는 7원을 가급하고 월봉 10원인 자 에게는 1원을 가급한다.

3. 지방행정과 한인 관리의 권한

구한국 지방제도는 13도, 1목(牧), 3부(府), 341군, 4,322면이 있 었는데 일본인이 고쳐서 13도, 218군, 2도청(島廳), 2,908면으로 하였다. 그리고 일본인 도장관(道長官)이 8명이며, 2도(島) 12부(府) 에는 전원 일본인을 두었고, 각 군과 면에도 또한 간혹 일본인을 두었다. 대체로 그것은 동양척식회사의 이민 분배지에 관한 곳과 상업이 번창한 지구의 군수·면장은 반드시 일본인을 임용한다.

모든 시설은 오직 저희 백성들의 이주의 편리만을 위주로 한다. 그러므로 우리 한족은 저절로 그들의 박해를 입어 생활의 근거를 보존하지 못한다.

도장관(道長官) 부속(部屬)의 일본인은 부장이 되어 지방행정과 학무·권업(勸業)·회계·세무 등을 맡아 다스린다. 그리고 한인으로 서 도장관이 된 자는 하등의 결재권이 없으며 오직 부하인 일관(日 官)의 감독에 청명(聽命)할 뿐이다.

지방경찰의 제도는 경무부장을 도장관의 아래에 두어 사무를 맡게 한다. 그러나 지방의 경무는 경성의 경무총감부에 직속한다. 그러므로 도장관에게는 하등의 지휘권이 없다.

경찰위생과 기타 필요한 사항에 관하여서만 명령 혹은 처분을 요구할 수 있다. 그러나 경무부장은 일체 간섭할 권한이 있다.

군수도 일본인서기의 감독 하에 있고 하등의 직무 권한이 없다. 도청(島廳)에 대해서는 특별행정으로 되어 있다. 그곳이 일본인의 이주와 어업지로서 특별히 보호할 필요가 있기 때문에, 행정제도 외에 사법 경찰권을 부여한 것은, 우리 원주민이 저들의 횡포와 도사(島司)의 강박(强迫)을 당하여 쫓겨 흩어짐이 전시의 피난과 다름없음을 제거하기 위해서다.

면장은 군수·도사(島司)를 경유하여 임면된다. 면(面)은 하급 행정구역에 해당하여 조세 징수, 도로·교량의 보존·수축, 일어의 보급 및 일본인 이주 생활의 편의 제공과, 그들의 일체 사역에 관한 일을 할 뿐, 자치단체의 기능은 없다.

부(府)에는 일본인 부윤(府尹) 1명을 두는데 총독을 경유하여 임면한다. 그 행정구역은 일본인의 지방자치기관이 되고 거류민 단체와 각국인 거류지, 시가경영지(市街經營地)가 된다. 그러므로 일체의 시설은 오로지 일본인을 편리하게 하고 한인의 경제를 침해하기 위하여 시설한다. 이로 인하여 한인은 그 상업의 근거를 잃고 사방으로 떠돌아다니는 사람들이 많다.

이 지방제도를 보니, 전국 총면적은 14,300평방마일이고 인구는 2,000만이다.

그런데 현재의 군·면 비례는 대략 650평방마일로 1군을 설치하고 57평방마일로 1면을 설치했다. 그리고 1면의 인구는 7,958명이다.

저들이 멋대로 개폐·설치하여 행정경비를 절약하고, 헌병·경찰의 직무권한을 확장하여 오직 인민의 속박을 탐할 뿐이고 생계의 편의를 취한 것은 아니다.

4. 참사회와 협의회

도에 도참사 2명, 군에 군참사 2명을 두는데, 모두 지방의 유력한 사람을 선정하여 총독의 결재를 거쳐서 임면한다. 그들은 도장관과 군수의 자문기관으로 매년 1회 참사회를 열고, 행정의 방침과 사항을 의결하나 일종의 형식에 지나지 않는다.

각방의 시설에 대하여 건의와 연구의 권한이 없고, 오직 지방세의 독촉과 총독의 불법정치를 찬성할 뿐이다.

부에는 협의회가 있어서 또한 시정을 협의하는 한 기관이다. 그러나 그 회원은 부윤의 선정을 거쳐 모두 일본인으로 한다. 간혹 한두 사람의 한인 회원이 있으나 다수 일본인의 의견에 따르지 않을 수 없으며 자기의 제의는 받아들여지지 않는다.

제17장 사법제도의 불법

한국의 사법제도는 대심원(大審院), 공소원(控訴院), 지방재판소(地方裁判所), 구재판소(區裁判所)가 있어서 3심 제도를 채택하였다.

중앙과 지방을 통해 대심원 1, 공소원 3, 지방재판소 8, 구재판소 113이 있었다. 그런데 병합 후에 일본인들이 대만에서 시행하던 것을 그대로 시행하여 대심원을 고등법원, 공소원을 복심법원(覆審法院), 지방재판소를 지방법원으로 하고, 구재판소는 폐지하여 그 직무는 지방법원과 헌병대 및 경찰서에 통합하였다.

현재는 고등법원 1, 복심법원 3, 지방법원 8, 지방법원지청 55, 출장소 159를 두고 있다.

지방법원지청에서는 지방법원 사무를 처리하고, 지방법원 출장소에서는 등기와 공증 사무를 처리한다. 그리고 지방법원은 판사가 단독으로 재판을 행한다. 소송물의 가격이 1,000원(圓) 이상인 민사 및 파산사건과, 1년 이상의 징역·금고 등의 안건에는 3명의 판사가 모여 합의재판을 시행한다.

한국 구제도에서는 대심원 7명, 공소원 5명이던 것을 각각 2명씩 감원하였다. 지방법원 판사가 단독재판을 행함이 벌써 불법제도이다.

하물며 헌병과 경찰은 모두 법률 지식이 모자라는 자들인데 함부로 사법재판을 행하니, 인민에게 해독을 끼침이 그보다 더할 수 있겠는가.

재판소의 판사, 검사국의 검사는 266명이다. 그런데 한인 판사는 10명에 불과하고 검사는 1명도 없다. 서기와 통역은 614명인데 한인은 약 3분의 1이다.

한인판사의 직무 권한은 한인 피고의 경우에 한하고, 회의재판에는 배석에 합석할 뿐이다.

1. 정치에 관한 불법재판

우리 한국인이 어쩌다 정치관계로 검거되면, 저들은 그런 사실의 유무를 불문하고 혹독한 고문으로 그의 허위복죄받기를 기필한다. 그리하여 그의 친척과 친구들까지도 일망타진할 목적으로 함부로 체포하여 사형이나 무기징역에 처한다.

또 사회 인사가 간혹 관리의 횡포나 사회의 개조 및 생산업의 개선에 대해 언급하면, 반드시 치안법을 빙자하여 악독한 고문을 가하여 마침내 장기 징역이나 유배형에 처한다.

2. 경제에 관한 불법재판

일반경제·산업에 대하여 간혹 소송을 제기하는 한국인이 있으면, 그 물건 값이 1,000원(圓) 이상인 경우에는 재판소에서 필히 우선 총독에게 보고하여 그 훈령을 기다려 심판한다. 양자의 시비 여하는 불문에 붙이고 오직 일본인의 신분과 명예를 존중할 뿐, 한국인의 재산 및 모든 권리를 희생하는 데 귀결되니, 이른바 '3

심제도' 란 것은 공문일 뿐이다. 그러므로 저들이 법을 시행한 지 10년 동안에 아직까지 단 한 번도 공평한 판결은 없었다.

일례를 들면, 구한국 시대에 정부에서 농업발전을 도모하여 반관반민 조직으로 농공은행을 경성·평양·공주·대전·강경 등 5곳에 두어, 그 자본금이 50만원(圓)이 되었는데 각처에 분배하여 모두 일본인 지배인을 두고 공동 영업하였다.

합병 후에 총독부에서 그 영업 전부를 직할하고, 4년이 못 되어서 평양의 농공은행이 일본인 지배인의 장악으로 귀착되었다. 각 은행 중 총독부 직할인 것은 총독부 사무관 후지와라[藤原] 등이 공모하고 130만원(圓)을 절취하여 5개 은행의 전 자금을 사사로 소비하였다.

이 커다란 횡령사건을 조사하였을 때에 겨우 일본인 지배인 2명을 단기 징역에 처하였을 뿐이다. 대체로 그 사건은 총독부의 각 대관이 관련되었었는데, 후지와라[藤原] 사무관만이 책임자로 면직되었을 뿐이다.

또 후지와라 사무관이 체포당할 때에 총독부의 각 대관들을 공갈하기를 "내가 만약 재판소에 구속당하게 되면, 나는 반드시 총독부 각 대관들의 모든 범죄와 기타 수뢰 사실 등 불법행위를 들어 폭로할 터이다." 하니 이에 총독부와 재판소는 두려워하여 그 사건을 덮어 버렸다.

대체로 농공은행은 모두 한국인 자금으로 설립된 것인데, 저들이 마침내 전부 탈취하여 그러한 강도행위를 자행한 것이다.

만약 공평한 법으로 다스린다면 총독부의 각 대관은 반드시 감옥생활을 면치 못할 것이고, 총독도 마땅히 인책하여야 할 것이므로 드디어 이렇게 처리한 것이다. 그러니 기타는 이루 다 논할 겨를이 있겠는가.

3. 수감된 죄수의 차별과 학대

감옥에는 전옥 및 분감장을 두고 분감장은 간수장으로 충당한다. 각 감옥의 전옥은 모두 9명, 간수장·기수·통역생은 100, 감옥의 178, 교회사 12, 교사 6, 약제사 10, 간수 1149, 여감취체가 46명이다. 그런데 한인은 다만 간수장 4, 통역생 9명뿐, 전옥·분감장과 기타의 직원은 모두 일본인을 채용하고 있다.

한국인들은 그들에게 예속된 보조수에 불과하고 봉급의 차별은 몹시 심하다. 일본인 간수의 월봉은 10원(圓) 내지 18원에 이르고, 여감취체는 8원에서 15원에 이르니 일본인의 봉급은 한인의 4배 이상 많다.

감옥은 징역감·금고감·노역장·구치감 등 4종류며 남감·여감의 구별이 있다. 형기 2개월 미만인 자와 25세 미만인 자 및 초범자는 독방에 구치하는 제도가 있다.

초범·누범자를 제외하고는 구치 감방의 구별 없이 뒤섞고, 노역장에도 수형자가 한방에 동거하는 자와 또 공장에 뒤섞인 자들이 있다.

대체로 감방의 제도는 넓이 1평에 죄수 5명을 둔다. 감방 하나에 15~50명을 함께 수용하여 앉지도 눕지도 못하고, 모두가 선 채로 밤낮을 지내야 한다.

만약 심한 갈증으로 음료수를 요구하면 반드시 간수의 견책과 벌을 받게 되니, 저들이 죄수를 사람으로 본다면 어찌 이런 일이 있을 수 있겠는가.

음식은 쌀 10분의 4, 보리쌀 10분의 6 비율로 밥을 지어 1인당 하루 3번씩 준다.

그러나 끼마다 밥은 3홉 이하, 나물은 5전 이하로 단 두 가지뿐인데, 이것마저도 일본인 죄수에게만 주는 것이고, 한국인에 대하여는 다만 좁쌀밥이나 콩밥을 줄 뿐이다.

그나마도 소위 '감식처분' 이란 것이 있어서, 죄수가 규칙을 위반했다 하고 그 음식을 3분의 1, 혹은 3분의 2씩 감한다.

규칙을 잘 지키고 부지런히 일하는 사람이라도 매월 3, 4차례 감식의 벌을 당하지 않는 이가 없다. 목욕은 7일에 1회, 운동시간은 하루에 30분이지만 또한 실행하지 않는다.

병든 죄수는 중환자라도 의사의 진찰이나 약물은 대단히 구하기 힘들다. 단 건강한 사람(18세 미만)의 진찰은 30일에 1회, 기타는 3개월에 1회이며, 형기 2년 이상의 잡거인은 6개월에 1회인 정기 진찰기에 따라 비로소 진료를 받을 수 있다.

죄수들의 작업은 늙은이·어린이·병자의 구별과 평시의 직업종류 및 기술 능력의 여부를 불문하고 단지 새끼 꼬는 일, 짚신 삼는 일 등 최하급의 작업이 있을 뿐이다. 오직 장기 죄수만은 벽돌 공장의 작업이 있다.

많은 죄수들 중에는 이러한 각종 학대로 인하여 사망자가 항상 10분의 1이나 된다. 현재 감옥은 9개, 분감은 13개소가 있는데, 그 중 2개소는 일본인 죄수를 구치하고, 나머지는 모두 한인을 구치한다. 합병 이래로 해마다 죄수가 10분의 1씩 늘어나니, 어찌 저들의 악법이 우리의 양민을 다수 모함했기 때문이 아니겠는가.

4. 외국인의 시찰에 대한 가식(假飾)

감옥시찰을 청구하는 외국인이 있으면 반드시 총독의 허가를 받아야 하며 또 여러 날이 걸린다. 총독이 그 청구에 대하여 거절할 수 없으면, 그가 참관하려는 목적을 조사한다 하고, 감옥 안의 작업 공장을 정리하고, 죄수들을 목욕시킨 후 의복을 바꿔 입히고, 감방을 청소하며 인원의 배치를 그 정원수와 같이 한다.

기결수를 미결수의 감방에 두고 무병자를 병감(病監)에 있게 하여 미관(美觀)을 가장한 뒤에 사찰을 허가한다. 이로 인하여 감옥의 직원들은 사무를 중지하고, 죄수들은 작업을 철폐하여 가시하기에 전력을 기울인다. 그러므로 그들의 불법 학대의 처참하고 혹독한 실상을 외국인의 시찰로써는 알 수 없었다.

제18장 **헌경기관의 확대**
憲警機關

러일 국교가 끊어지려 할 무렵, 일본인들은 즉시 헌병대를 우리의 경성에 주둔시켰고, 한일협약이 이뤄졌을 때에는 곧 군사령부를 두고 헌병대를 확장하여 우리 경찰의 주권을 빼앗았다.

그들의 군대가 북진할 때에는 전신·철도를 보호한다고 핑계하고 헌병과 경찰을 전국에 배치하였다.

군사경찰·행정경찰·사법경찰 등 저들 마음대로 두고서 우리 국민 수십만 명을 죽였으며, 재산을 약탈하고 부녀자를 강간하는 등 그 야만행위를 멋대로 저질렀다.

그러다가 정미년(1907) 6월에는 우리 백성들 중 무뢰한 4천 명을 모집하여 헌병보조원으로 삼아 각지에 배치하고 경찰과 정탐 등의 일에 복무하게 하였다.

이어 우리의 경찰권을 강탈하여 저희들의 기관에 병합하고 경무총감부를 경성에 두어, 헌병·경찰을 2천 명으로 증원시켜 각 도의 요지에 배치하였는데, 이는 합병 이전의 상황이다.

합병 당시에는 더욱 대개혁·대확장을 가하여 전국의 경찰사무를 통일하였으며, 경무총감부는 독립기관으로 총독의 직속이 되었다. 헌병대 사령관을 경무총감에 겸임시키고, 각 도의 헌병대장을 경무부장에 겸임시켜 전국 경비의 임무를 담당케 하였다.

각 도·부·군·도(島)에 배치한 경찰기관은 총 1,624개, 경관은 16,840명, 경시 35명, 경부 323명, 순사 2,321명, 순사보 3,019명이다.

헌병은 장교(경시 겸무) 96명, 하사·준사관(경부 겸무) 773명, 헌병 상등병 2,525명, 헌병보조원 4,749명, 정탐 3,000명이다. 그런데 순사보와 헌병보조원은 모두 한국인을 채용하고, 정탐은 한국인과 일본인을 섞어 채용한다.

한국인으로 경시가 된 자는 1명이고, 경부 100명, 순사는 100명이다. 그러나 모두 사무 처리와 권한 집행은 없고 단지 일본인에게 복역하는 자들이다.

제19장 헌경의 야만·불법적인 포학
憲警

저들의 통치방침은 오로지 헌병과 경찰 중심으로 한다. 모든 행정의 운용과 행정사무의 입안·심의도 모두 헌병과 경찰의 간섭을 필요로 한다.

헌병사령관은 경무총감을 겸임하며 일황의 칙령으로 명령의 권한을 주었다. 그의 명령으로 3월 이하의 징역, 금고, 구류, 100원(圓) 이하의 벌금 및 과료를 붙일 수 있으며, 민사소송 조정에도 법령을 반포할 수 있다.

경찰서장·헌병대장·분견소장까지도 모두 민사재판으로 국세의 징수와 식산(殖産) 등의 사무까지 모든 집행에 관계한다. 그들은 법률의 전문지식이나 사법재판의 상식이 없을 뿐만 아니라, 그들 야만종족의 관습을 우리 사회에 강제로 시행하여 윤리를 더럽히고 어지럽힌 일이 또한 많다.

모자 둘만 동거하고 다른 가족이 없는 백성이 있었는데, 저들은 그들을 부부 동거로 민적에 기재하였다. 그들 모자가 이 사실을 듣고 깜짝 놀라 바로잡아 줄 것을 호소, 요구하니 저들은 대답하기를 "이미 부부로 되어 있으니 모자로 고칠 수 없다. 이혼신고서를 제출하지 않으면 부부관계 말소를 허가할 수 없다." 하였다.

저들의 소위 ‘민적법’ 이란 것은 이처럼 인륜을 더럽히고 강상(綱常)에 어긋난 지극히 괴이하고 더러운 것이다. 온 인류세계에 금수와 같은 나라를 제외하고서야 어찌 간혹이라도 이와 같은 것들이 있겠는가.

일찍이 듣건대, 저들의 나라 풍속에는 모자가 부부로 되는 자가 있다고 하기에 나는 매우 놀라고 괴이하게 여겨 ‘저들도 인류인데 어찌 그런 일이 있겠는가’ 고 하였더니, 이제 이 일을 보니 저들이 이런 습속에 익숙하여서 이런 일을 보통 일로 여기기 때문에, 우리 겨레에 대하여도 이렇게 대우한 것이리라.

어느 군에서는 모든 사람이 각자 파리통 한 개씩을 비치하라고 하였다. 그러고는 다시 헌병과 순사가 각 동을 출장하여 가가호호 순시하였는데, 어느 집에 5인 가족이 있었다.

즉 부모와 어린 아이들 3명이었는데 한 아이는 출생 후 겨우 10개월이 되었다. 그리하여 그들의 파리통은 다만 4개뿐이고, 10달짜리 어린애는 미처 준비하지 못하였더니, 저들은 곧 이것을 법령 위반이라 하여 처벌하였다고 한다.

그러니, 저들의 일체 행정은 강압적이며 극히 부도덕하고 비정한 처리로 반드시 복종시키고 만다. 이를 어찌 우리 사람들이 견디어 받아들일 수 있겠는가.

민사소송 사건을 본다면 1915년의 처리 사건은 13,236건으로서 상반기가 7,558건이다. 1916년 상반기에는 5,657건, 1917년 상반기에는 3,979, 1918년 상반기에는 3,877건이다. 아마 우리 백성들이 저들의 불법 처리를 불신하여 항소하였기 때문에 이렇게 해마다 그 건수가 감소된 것이리라.

또 그 처리한 사건을 비교해 보면, 헌병과 경찰이 처리한 민사가 2배 이상이나 더 많다. 그러니 그 직무 권한의 확장, 강제 처분의 신속은 더욱 놀랄 만하다.

일반공업·공작물·상업·상행위·자산·신용·사교·노동·오락· 도로 등에 대하여, '취체령범죄즉결례(取締令犯罪卽決例)'라는 것이 2조 87항으로 되어 있는데 모두 경찰범 처벌령에 속한 것이다. 국세징수 사무도 경찰의 손에 있다.

납세자가 마침 집에 없다거나 혹은 납세 연기를 요청하면, 곧 그의 솥과 식기·집안의 온갖 살림 도구 등을 수색하여 임의로 값을 매겨 팔아 버린다. 이는 모두 우리 한국 민족으로 하여금 조금의 생활 기틀도 남겨 두지 못하게 하려 함이다.

경찰범 처벌령에 관하여 그 일례를 들어 증거로 제시하면,

① 일정한 주소·생업이 없이 각처로 돌아다니는 자
② 까닭 없이 면회를 강청하는 자와 거친 말씨로 위협하는 행위를 하는 자
③ 걸식하는 자와 걸식하기를 시키는 자
④ 단체에 가입하기를 강청하는 자
⑤ 이유 없이 남의 금전거래에 간섭하거나 소송·쟁의를 권유·교사한 자
⑥ 많은 사람들을 모아 놓고 관공서에 청원하거나 함부로 진정서를 내는 자
⑦ 불온한 연설을 하거나 불온한 문서·도화·시가를 만들어 게시하거나 반포·낭독 또는 큰 소리로 읊는 자
⑧ 이유 없이 관리의 소환에 불응하는 자

⑨ 경찰관서의 특별 게시 명령 사항에 관하여 위반하는 자

⑩ 타인의 신변을 향하여 함부로 가로막아서 뒤쫓아 가는 자

⑪ 함부로 개 및 기타 짐승 따위를 사족하거나 놀라 달아나게 하는 자

⑫ 개싸움과 닭싸움을 붙이는 자

⑬ 도랑이나 하수도를 훼손하는 자, 또는 관서의 독촉을 받고도 수선이나 준설을 게을리 하는 자

⑭ 관서의 독촉을 받고도 연돌의 개조·수선이나 청소를 게을리 하는 자

⑮ 함부로 타인의 남새밭(채소밭)을 통행하거나 또는 마소를 방목하여 침입하게 하는 자

이상은 87항 중 그 일부이다. 이런 따위 법령은 실로 우리 사람들을 구박하기 위한 음흉하고 간사한 나쁜 계책이지, 미연의 방지를 위하여 제정한 것은 아니다.

그 일례를 들자면, 5년 전에 경성과 각 도시에 소위 '부랑자 취체령'이라는 것이 있어서 양민을 체포하여 3주일 이상 3개월의 징역에 처하고, 악독한 고문을 실시한 자가 10만 명 이상이나 된다.

이들은 곧 처벌령 제1항에 의거하여 처리한 것인데 그 체포된 자들이 과연 부랑자인가. 바로 지식 학생과 재산가로 공공사업에의 독지가, 신사로서 조금 사상이 있는 자, 총독정치에 대하여 정계에 불평을 품은 자, 구한국 시대에 정계에 출입하던 자, 또 재산

가로서 관청에서 강요하는 의연금에 불응한 자는 모두 부랑자 단속 법망 속에 들어갔다.

또 우리 인민들로서 저들에게 강탈당하여 생업을 잃고, 그의 부모·처자를 이끌고 직업을 구하러 사방으로 헤매는 자를 모두 범죄자로 취급하여, 감옥에 구치하고 징역에 처하였다.

이는 곧 저들의 헌병과 경찰이 우리 겨레 전체를 죄목에 걸어 구축·박멸할 악독한 계책을 마음껏 부린 것이다.

저들의 체포·감금하고 증거를 수사·심문하며 기타 즉결하는 상황을 말하자면, 경찰이 범죄자라고 지목한 모든 사람은 사법을 거치지 않고 바로 체포를 자행한다.

또 한 사람에 국한하지 않고 그의 친척·친구에 주련(株連 : 한 사람의 범죄로 말미암아 여러 사람이 관련되는 것)하여 사실 유무와 경중을 불문하고 신문을 시작하기에 앞서 혹형을 시행한다. 그리하여 혼미하게 정신이 아물거리며 인사불성이 되게 하여, 여러 날을 감금한 뒤에 비로소 신문하기 시작한다.

또한 혹독한 고문으로 자백을 강요하여 아무런 증거도 없이 자백만으로써 죄를 성립시킨다.

소행의 조사도 반드시 죄를 얽으려고 주밀한 수단을 꾸며 중죄에 빠뜨리고, 증거를 수사하는 일도 모두 강제처분으로 한다.

증인·감정인 등에 이르기까지 또한 강박과 고문으로 그 범죄사실을 위증하게 한다. 물품압수와 가택 수색도 소유자의 승낙이나 입회를 필요로 하지 않으며, 비록 그 물품이 범죄사실과 전혀 관계가 없는 것이라도 압수한다.

형사피고에게는 20가지 이상의 기구로써 혹독하게 고문을 감행하여 자백을 무복(誣服:강요에 의하여 하지 않은 것을 했다고 거짓으로 자백함)하게 하고, 죄상을 위조하고는 절대로 그 원통함을 밝히기를 허락하지 않는다.

비록 즉결의 예로 처리할 내용의 사건이 아니라도 반드시 즉결처분을 행한다.

어쩌다 불법처분에 불복하고 사법재판을 요구하는 사람이 있으면, 더욱 악형을 가하고 여러 날을 감금하여 일부러 그 소정기간을 넘기게 하고는, 즉결처분이 확정되기를 기다려 형사를 집행하게 한다. 이런 따위의 불법은 이루 다 열거할 수 없을 만큼 많다.

제20장 각 관서의 한국인 배척

한국인의 관계(官階:관직의 계급)는 일본에 귀화한 자에 국한하고 학술·기능이 있는 자는 도리어 배척을 당한다.

총독부에는 다만 한인 서기 1, 2명이 있을 뿐이고 지방의 부청·도청에도 그러하다.

각 군의 서무·재무 등 주임서기는 모두 일본인이고 한인 서기는 통역뿐이다. 각 도회지의 일본인 이민이 많은 곳은 모두 일본인으로 군수·면장을 임명하였다.

그러므로 일본인의 이민은 날로 증가하고 일본인의 군수·면장도 따라서 더 많아진다. 한인으로서 도 장관·군수가 된 자는 모두 부하인 일인관속의 명령을 따르는 자들이다.

철도·우편·전신의 사무원

병합된 후, 한국의 철도는 총독 직할에 속하게 되었다가, 다시 한만철도(韓滿鐵道)의 통일정책으로 인하여 그 철도의 관리를 남만철도주식회사(南滿鐵道株式會社)에 이속하였다. 이원(吏員:정식 관리) 전부가 모두 일본인이고 한국인은 고원 2명뿐이다.

역부(驛夫)·청소부는 한국인을 쓰지만 공사 감독자는 모두 일본인이다.

구한국 시대의 철도학교의 폐지 후로 다시는 한인교육기관이 없다. 우편·전신의 기술까지도 그러하다.

우편국장·우편소장·전신기수·위체저금과 등에도 모두 일본인이고, 다만 우표나 팔고, 인지를 붙이는 따위의 하급 조수에 1, 2명의 한국인이 있을 뿐이다.

관청만이 그런 것은 아니다. 우선주식회사(郵船株式會社)에도 사무원이나 선원은 또한 한인이 없다. 조선은행·식산은행·인삼 전매국 등은 모두 정부가 관리하는데 한국인을 채용하는 일은 드물다.

일본 법학박사 요시노 사쿠조[吉野作造]가 여명회(黎明會:당시 일본의 계몽조직)에서 강연하기를 "이제 한국인 관리의 봉급액을 보니 판임관은 13원(圓) 내지 35원이고 주임관은 40원 내지 100원, 칙임관(道長官) 5명의 최고 급수가 180원이다. 일본인 최하급 판임관은 50원, 헌병 및 순사의 최저액이 30원, 한국인 헌병 보조원과 순사보는 9원 내지 13원까지다. 일본 삿포로농림학교 교사 이 모는 일본의 국적이라 속이고 처음으로 130여 원의 월봉을 받다가 드디어 본적이 한국임이 탄로되어 25원으로 감봉되었다." 하였다.

관청 납품 영업은 한국인에게 불허

모든 관청의 수용물품은 상점에서 공급하는데(이름하여 용달이라고 한다) 국비의 대부분은 여기에 소비한다. 전국의 대소 관청과 각 보통학교 소재지의 소위 '용달'이란 것은 모두 일본 상인이 독점하고 한국인에게는 허가하지 않는다.

경상도 양산군에 한국인의 소비조합이 있어서 각종의 물품을 염가로 매매하니, 일본인의 상점은 팔리지 않아서 장차 철폐하게 되었다. 이러자 군청 서무주임인 일본인 서기와 헌병분견소장 및 공립보통학교 교장 등이 그들의 부하들을 단속하여 한국인 조합에서의 구입을 금지시켰다.

평양·용산·나남(함경북도 청진)·대구 등지는 군대가 주둔해 있고 감옥이 있는 곳이므로 군량·마초·세탁 등 여러 가지 작업이 많았는데, 모두 일본인이 점령하고 한국인에게는 참여를 불허하였다.

철도 연변의 여관과 승객의 식품은 일체 일본인이 영업하였으며, 차내의 사역과 관청의 문지기, 각 도회지의 우편배달부도 모두 일본인이다.

제21장 동양척식회사

　동양척식회사란 것은 일본인의 한국·만주를 병탄하는 최대 기관이었으므로 그 세력은 총독부 이상이다. 이름은 '회사'지만 사실은 저들의 척식정부(拓殖政府)이다.

　1908년에 일본의 총리 가쓰라 다로[桂太郞]가 이 회사를 창립하고 자본단(資本團)으로 하여금 주식 1천만 원(圓)을 모집하고, 정부로부터 해마다 3백만 원을 내주어 그들의 집단이민의 진행을 돕는다.

　사기와 폭력수단을 가리지 않고 한국 백성의 토지를 침탈하여 그들에게 주므로, 그 회사의 세력이 미치는 곳마다 한인은 날로 쫓겨난다. 그러므로 '동척이 오니 한국인은 물러나네(東拓來 韓人退之)'라는 민요가 있다.

　그리하여 다시 만주로 밀어 넓혀서 크게 실적을 나타내니, 중국인인들 또 어찌 그 전철을 밟지 않겠는가.

　최근의 조사에 의하면, 한국의 총면적은 대소 수천 도서까지 합하면 대략 128,808평방리이고, 인구는 1,696만 9천여 명으로 평균 1평방 리에 132명의 비례가 된다.

　열국의 인구 분포율과 비교하면 벨기에·네덜란드 등의 나라에는 따르지 못하나, 프랑스·인도·그리스 등의 나라와는 대략 같고, 중국·미국·러시아에 비교하면 2배 내지 5배나 조밀하다. 더군다나 최근 7, 8년 동안의 증가율을 보면 평균 인구는 대략 32분의 1이 증가한다.

일본인의 이주가 없이 오로지 한족(韓族)의 증가만 하더라도 백수 십년 만에는 인구밀도가 세계에 유래 없는 분포율이 될 것이다.

이에 일본이 이 회사를 두어 매년 이민 1,000호 이상을 모집하여 각지에 나눠 배치하고, 전답과 가옥을 자력으로 마련할 능력이 없는 자에게는 대부의 편의를 주므로 모집 호수는 3배를 초과한다.

이미 또 그 회사의 규칙을 개정하여 제2종 이민 조항을 설치하고 토지 대금 대부 등의 부담을 특히 경감하며, 이민으로서 좋은 실적이 있는 자에게는 특별보호하고 또 표창과 상품을 주어 권장한다.

한국은 농업국이다. 전인구의 약 7할 7분이 농업을 경영한다. 그리고 농민 약 4분의 3이 소작이다. 경지가 부족하기 때문에 소작인의 소득은 항상 식량이 모자라, 그 여력을 노동 품을 팔아 그 부족을 보충한다.

이에 한인 2, 3호의 경지가 일본인 1호의 전유로 되니, 매년의 인구가 저들은 늘어나고 우리 민족은 줄어든다. 참으로 놀랄 만한 일이다.

구한국 시대에는 국유지가 많았다. 역토(驛土)·둔토(屯土:屯田)·궁토(宮土) 등이 있었는데 역토는 전마(戰馬)·역마(驛馬)·역리(驛吏)·역졸을 기르기 위한 것이고, 둔토는 역대의 양병(養兵)을 위하여, 궁토는 각 궁의 내수에 이바지하기 위하여 둔 것이다.

그러므로 이 3가지는 최량의 옥토로서 백성에게 경작을 허락하는 것인데, 납세액이 가장 가벼우며 수 십대 동안 대대로 경작하는 자가 있어서 그 소작권을 스스로 상호 매매하니, 실은 반관반민의 땅인 것이다.

저들이 드디어 우리의 정부를 협박하여 척식회사의 자금 6만 원(圓)을 응모하게 하고, 이어 다시 전국의 역토·둔토·궁토로써 그 주권의 대가로 내놓게 하였다.

그리하여 저들 이민들의 경작지로 점거하니, 이에 우리 백성 몇 십만 명은 하루아침에 몇 백 년 동안 토착하였던 농업을 잃고 유리하여 거지가 되어 중국·러시아 등지로 떠돌게 되었다.

황해도 재령군의 남호리는 전부가 궁토로서 제일 기름진 쌀의 생산지였다. 그곳의 소작권을 가진 백성은 수백 년 동안 다만 궁에 조세만 바치고 사사로이 매매하기를 민간 소유와 다름없이 하였다.

그러던 것이 이에 척식회사에 넘어간 이후로 1000여 명의 일본 농민이 여기에 이주하여 한국인의 소작권을 탈취하였으며, 야소교·천도교인에게는 곧바로 분명한 명령으로 그 소작을 허락하지 않았다.

저들의 만주 척식을 보면 저들이 안봉(安奉:安東~奉天)·길장(吉長: 吉林~長春)의 철도를 경영하게 된 이후로 경찰을 배치하고 군대를 주둔시켜, 광산을 빼앗고 농림을 점거하는 등 제멋대로들 하였다.

저들은 만주 동삼성을 생명의 근거지로 삼고 있다. 처음에는 만주중앙시험소·지질연구소를 설치하였고, 뒤에는 염직창(染織廠)·양주창(釀酒廠)·운미창(運米廠)·제당창(製糖廠)·벌목창(伐木廠)·융광창(融礦廠)을 설치하였으며, 그 다음에는 또 무순(撫順)·연대(烟臺)·작자요(炸子窯)·석비령(石碑嶺)·도가둔(陶家屯) 등의 다섯 곳의 매광(煤礦)의 채굴을 개시하였고, 또 대석교(大石橋)·요양(遼陽)·봉천(奉天)·철령(鐵嶺)·공주령(公主嶺)·장춘(長春)·본계호(本溪湖)·안동(安東) 등 여덟 곳에 농장을 설치하여 모두 드러나게 성과가 있었다.

저들의 대정 2년(1913) 관동도독부(關東都督府)의 보고에 의하면, 만주 각처의 농지개간 및 무역의 이익은 총 1억 4,700여만 원(圓)을 얻었다고 한다.

저들이 유럽 전란의 기회를 타서 중국 정부를 위협하여 21개조의 강제조약을 성립시킬 때에 갑자기 만주척식회사를 설립하였다. 그리하여 묵밭과 빈 땅을 제멋대로 탈취하기를 조금도 기탄없이 감행하니 행사(行使) 조건의 효과를 노리었다.

모든 일본 국민으로 만주에 온 자에게는 그 회사에서 즉시 1인당 자본금 300원(元)과 전답 20묘를 주어 척식에 종사하기를 장려하였다.

일본인들이 그 회사의 창설 당시를 조사하여 보니 그 기본재산은 9만 원(圓)에 불과하였는데, 수년이 못 되어 총소득이 8,400만 원의 거액에 이르렀다. 현재에도 자본금을 증가하여 4,000만 원이 되었다.

무오년(1918) 봄에 그 회사에서는 농림전문가 30명을 특파하여 5대(隊)로 나누어 동삼성의 지리와 산물의 수량을 조사하게 하였다.

그들의 최근 보고에 의하면, 동삼성의 황무지를 만약 개간하여 논을 만든다면, 매년 벼와 보리를 심어 7천만 섬의 생산이 가능하며 한 섬당 이익금 6원(元)을 얻을 수 있다고 하였다.

만약 이와 같이 된다면 매년 이익 4억 2천만 원(元)을 얻을 수 있고, 그곳 소득의 곡식은 그 나라 사람들에게의 공급을 제하고도 다시 유럽과 아시아 각국의 생명을 조종할 수 있을 것이다. 그러므로 그 회사는 다시 발전을 기도하여 장차 각처의 유휴지를 힘써 흡수하려 한다. 그 해 5월에 이미 땅 24,780순(峋)을 더 샀으며, 만주에 거주하는 일본인들도 21만에서 32만으로 증가하였다. 오랫동안 이렇게 증가하면 저들은 한 회사의 힘으로 전 만주를 하나로 통괄하고도 남음이 있을 것이다.

제22장 한국인의 기업을 억압하다

근래에 한국인의 기업이 점차 발전하여 회사를 설립하여 사업을 경영하는 자가 잇따라 일어나게 되니 이에 총독부에서 은연중 제한을 가한다. 회사령을 발포하여 간섭을 철저히 하고, 조금이라도 위반하는 자가 있으면 당장에 체형이나 금전형을 시행하여 한인의 기업을 억압한다.

윤현진(尹顯振)은 경상도 양산군 사람이다. 그는 일본에 유학하여 명치대학에서 법률을 연구한 뒤에, 2,3명의 동지와 함께 산업발전을 기도하여 소비조합기성회를 만들었다. 이리하여 그 고을 주임서기 니시다[西田:일본인]과 헌병소장 오카다[岡田 :일본인]에게 협의하여 그들의 찬성을 얻었다.

그 후 10일이 못 되어 자금 1만 2천 원(圓)을 마련하여 사원 300명의 기성회가 되자 현지에 거류하는 일본 상인들이 매우 미워하여 오카다 헌병소장에게 청탁하였다.

철폐하라고 오카다 헌병소장이 누차 윤현진에게 청하여 다른 사업으로 변경하거나, 그렇지 않으면 다른 곳으로 옮겨 개점하라 하였다. 그러나 윤현진은 듣지 않으니 일본 상인들이 그를 배척하여 '배일파(排日派)'라고 공공연히 선전하고, 오카다 헌병소장이 또 윤현진더러 그것을 일본인에게 팔아넘기라고 권하였다. 그러나 윤현진은 법을 근거로 하여 굳게 버티어서 마침내 개점할 수 있었다.

이 조합 때문에 윤현진은 30일 동안에 47회나 헌병소에 소환되었다.

광업의 인가는 특히 일본인에게 우선권을 주고 한인에게는 저해가 많다.

한국의 종래 광업 인가는 중앙정부나 혹은 지방관청에서 편의에 따라 하였다. 그러던 것을 통감이 시정한 이후에는 농상공부에서 광업법령을 발포하고 일본인을 초빙하여 관리로 쓰게 하였다.

각 도에 하명 공표하기를 '광상(礦床:쓸모가 있는 광물이 땅속에 많이 묻혀 있는 부분)의 광협(廣狹:너비와 길이)과 대소를 측량하여 청원하는 자 있으면 인가를 준다' 하였다.

이에 한인이 서로 앞 다투어 광상을 발견하여 청원서를 제출하면, 일본인 관리가 즉시 달려가서 그것의 좋고 나쁜 점을 살핀 뒤에 2, 3년이 지나도록 마침내 인가하지 않는다.

광상을 발견하여 청원하는 한인이 날로 모여드니, 이리하여 일본인은 앉아서 전국의 형태를 자세히 알게 된다. 이에 제일 우량한 것을 골라 일본인에게 주고, 한인에게는 매우 열등한 것을 인가한다. 그러므로 채광의 비용을 충당하지 못하고 파산하는 자가 많다.

구한국 시대에 외국인이 채광권을 얻은 일을 제외하고는, 1년의 생산금액 10만 원(元) 이상인 것은 모두 일본인의 소유이고 한인은 이익을 얻을 기회가 없다.

양잠은 우리나라의 풍토에 가장 적합하다. 그래서 근년에 양잠업이 점차로 진보되고 고치를 거두는 수량도 해마다 증가하여 71,821석에 이르렀다. 이러자 총독부에서는 판매의 편의를 제공한다면서 각 지방 관청에다 당지에서 생산되는 고치를 수집하게 하여, 그 가격과 품질을 결정하여 일본상인의 무역에 제공한다. 어찌 그렇게도 지나치게 수고해 주는가, 저들의 이익을 침탈함도 지나치게 비열하구나.

아편은 중국을 쓰러지게 한 독약이다. 그러므로 세계 각국이 아편은 인간사회를 좀먹는 도둑으로 인정하고 드디어 공공의 금물로 삼았다. 그런데 일본인이 대만을 점령한 이후에 백성들에게 이를 널리 경작하게 하고 전매국(專賣國)을 설치, 중국에 수출하여 거대한 이익을 취하였다.

또 한국 병합 후에는 총독부가 전매국을 두어 거상(巨商) 미츠이[三井]에게 전매특권을 주어, 우리 백성들로 하여금 널리 심게 하니 그들은 경솔하게도 이득이 있다 인정하고 자본을 기울여 재배하였다. 그것이 성숙하였을 무렵 관청에서 많은 순경을 파견하여 그들의 경작물을 빼앗아서 관에 몰수하였으므로 파산한 백성이 많았다.

아, 저들이 우리 백성을 들추어 이를 빼앗음이 대개가 모두 이러한 강도의 술법이다.

창녀는 저들의 수출자원의 거액을 차지한다. 그러므로 어느 나라를 막론하고 그들이 이르는 곳마다 매음(賣淫) 시장이 모두 있으나 우리나라에 더욱 심하다. 그 음탕한 풍속이 우리의 풍속을 파괴하고 우리의 인명에 해독을 끼침이 어찌 한량이 있겠는가.

제23장 한국인의 사유재산을 감시하다

저들은 구한국 황실에 관하여 '이왕직'이라는 관청을 두고 한국의 옛 신하들[舊臣]을 그 장관으로 삼았다. 그러나 일본인 사무관이 있어서 그 실권을 잡고 재산을 처리한다.

황족과 귀족으로서 50만 원(元) 이상의 재산이 있는 자는 총독부로부터 특히 집사를 파견하여 관리하게 한다. 그리하여 온갖 출납은 그의 승낙이 없으면 하지 못한다.

여러 부잣집에서도 강압적으로 일본인 집사를 두어 그의 재산을 관장하게 한다. 서울의 이봉래(李鳳來), 진주의 김기태(金基邰), 경주의 최준(崔浚)은 모두 그 재산의 감시를 받던 사람이다.

또 일본인 순사 2명과 한인 순사보 1명이 가끔 한인의 가정에 돌연히 들어가, 아무런 설명도 없이 곧 그 집의 재산문부(財産文簿)를 찾아내어 조사한다.

은행 예금이 있는 한국인이 1,000원(元) 이상의 인출을 요구할 때에는, 반드시 용도를 자세히 기술하여 은행에서 경찰서에 보고하고 그 허가를 얻은 뒤라야 지출한다. 만약 한국인으로 일시에 거액의 수입이 있는 사람은 경찰서에서 반드시 그 사람을 호출하여 그 용도를 따져 묻는다.

전국의 사찰은 모두 1,412곳이 있고 그 중 부유한 것이 3분의 1이다. 30본산 같은 데는 100만 석 이상의 재산을 가지고 있다. 이에 총독부는 사찰령을 발포하여 감시 아래에 두게 하였다.

각 교회와 학교에 대하여 의연(자선(慈善)이나 공익(公益)을 위해 돈이나 물품을 냄)이나 기부를 하는 자는 반드시 엄중하게 단속하여 경찰의 허가가 없으면 하지 못한다. 혹은 교인이나 학생으로 의연금을 모집하는 일이 있으면 반드시 그 담임 직원을 처벌한다. 작년 1월에 20만원을 빼앗긴 천도교인이 있다.

여행권 실시 이후로는, 한국인으로서 압록강을 건너가는 자 있으면 반드시 그의 신체를 엄중 수색하여, 100원(元) 이상의 여비를 가진 자가 있으면 반드시 구류시키고 압수한다.

경찰서에서 출발지에 탐문하여 그 용도를 조사한 뒤라야 비로소 환불을 허락한다. 만약 거액을 휴대한 자는 그것을 압수함은 물론, 반드시 그 사람을 투옥시킨다.

제24장 교육의 동화정책

총독부에서 한국인 교육령을 발표하였다. 모든 사립 보통학교·실업학교·고등보통학교·여자고등보통학교와 전문교육은, 일체 총독부의 규정에 의거하여야 하고 다른 교과과정을 더하지 못한다.

교과용 도서는 총독부에서 편찬한 것과 검인정을 받은 것을 사용해야 하며 교사는 일어에 통달하다는 시험에 합격하고, 또 총독부에서 지정한 학교를 졸업한 자에 국한한다.

만약 어쩌다 명령과 규정에 어긋남이 있으면 반드시 학교의 폐쇄를 명한다. 전국 사립학교에는 일본인 교사가 3분의 2를 차지한다.

정도가 비슷하지 않다는 핑계로 한국인의 소학교에는 일본인 소학교에서 쓰는 수신·역사 등의 교과서 사용을 허락하지 않는다.

한국에는 대학을 두지 않고, 한인으로 일본 대학에의 입학을 허락하지도 않는다. 정치·경제·문학·철학·미술·음악 등의 전문기관의 설립을 불허하며, 일본 유학생에게도 이러한 학과의 선택을 불허하고, 다만 저급의 기술에 대하여서만 허락한다.

우리의 역사·국어·국문에 대하여는 엄중히 금지한다. 어느 학교의 교사 최창식(崔昌植)이 몰래 국사를 편저하여 서랍에 감춰 교재로 사용한 일이 있었는데, 마침내 일본인에게 탐지되어 잡혀 금고 1년의 형을 받았다.

각국의 혁명사·독립사·위인역사 따위까지도 모두 엄금하였으며, 중국인 양계초(梁啓超)의 저서 《음빙실(飮冰室)》과 내가 지은 《양명학설(陽明學說)》 같은 것도 불태워졌고, 나의 벗 최남선(崔南善)이 출간한 《소년(少年)》《적삼(赤衫)》 등 잡지는, 모두가 학리(學理)를 주장하였을 뿐이고 조금도 정치에 언급된 것이 없건만 모두 금지 당하였다.

기타 여항의 가요·패관소설일지라도 어쩌다 역사의 의미가 있으면 문득 명문(明文)의 명령으로 금지한다.

각 학교에 경찰을 배치하여 교사의 언동이 조금이라도 국시(國是)에 관계되면 반드시 구속하여 처벌한다.

저들의 소위 '교육령' 이란 것은 한일 두 민족에 대하여 현격한 구별이 있다.

일본인 거주 촌·읍에 학령아동이 10명 있으면 반드시 학교조합을 설치하고, 총독부로부터 해마다 600원(元)의 보조가 있으며, 조합의 총수가 348개이다. 그러므로 그 보조 연액은 20만 8,800원(元)이 된다. 그리고 한국인은 일본인의 조합에 가입하는 것도, 스스로 그 조합을 설치하는 것도 불허한다.

또 한인 아동이 일본인 학교에 들어가는 것도, 그와 동일한 정도의 학교를 설립하는 것도 허가하지 않는다.

소위 '수신' 교과서란 것은 순전히 일문(日文)으로 만들고 일본인 교사가 가르치기 때문에, 한국인 아동들은 절대로 그 조상 때의 위대한 사업이나 가언선행(嘉言善行)을 들어 볼 수 없다.

종족의 계통에 대하여도 감히 거짓말로 속여 우리 민족의 시조가 저희들 시조의 아우라 일컫는다.

또 말하기를, 저희들의 천조대신이 한국인의 시조가 된다고도 한다.

아, 우리의 개국기원은 4250년이고 저들은 2600년에 지나지 않는다. 그런데 이에 감히 이러한 잠꼬대 같은 거짓말을 조작하여 혼란하게 만들려고 하니, 이것은 우리나라의 부녀·아동들도 냉소하여 마지않는다.

그러므로 그 밖의 천언만담(千言萬談)도 모두 허위에 속하는 것으로서 우리 겨레의 머릿속에 들어가지 않는다.

또 저들의 아동들은 오로지 무용(武勇)과 애국, 분투와 복수 등의 정신교육을 시키고, 한인 아동에게는 다만 놀고 복종하고 절제와 안분(安分:편안한 마음으로 제 분수를 지킴) 및 일황의 은덕에 감사하는 것만을 가르친다. 교과서마다 첫머리에는 골고루 일황의 칙어를 게재하고 있다.

역사 교과서에서는 우리 한민족의 고래의 크고 거룩하고 영광스러운 실적은 모두 말살해 버리고 다만 저희들의 황령(皇靈)·국위(國威)·인물·문화의 역사만을 과장하여 그를 숭배하는 사상을 사려고 하고 있다.

외국의 역사로서 미국의 독립이라든가, 이탈리아의 건국이라든가, 그리스의 독립, 프랑스의 혁명사 등은 지극히 간략하게 다루어, 두어 줄에 지나지 않게 하고 그나마도 한 마디로 '경거망동'이라고 말한다.

18세기의 자유주의 민권사상이 유럽을 동요하게 한 것을 간단히 '정치 분쟁'이라고 단언한다.

교과서의 삽화는, 다만 아동이 순사를 향하여 공손히 몸을 굽히거나 일본인 교사를 향하여 공손히 몸을 굽히고 훈계를 듣는 것, 아침 해를 향하여 동서남북의 방위를 배우는 것, 아동이 부모에게 일본식 인사를 하는 모습과 일본의 고적, 스사나오 노미코토[素盞嗚尊 : 일본 개국의 대표 신]이 뱀을 베는 광경, 신무천황이 용적(龍族)을 토벌하는 것, 데삐[巴提便]가 범을 베어 죽이는 것, 야마토다케루[日本武尊]가 도둑을 베어 죽이는 것, 평양의 일청전쟁, 대만의 생번(生蕃 :대만(臺灣)의 고사족(高砂族) 가운데서, 숲 속에 살며 원시적(原始的)인 생활(生活)을 하고 있는 야만(野蠻)스러운 원주민(原住民)), 이세신궁과 도산(桃山)의 명치능, 일본해의 해전, 일본군의 봉천입성 등의 광경을 그린 것뿐이다.

창가는 29종인데 한국말로 노래 부르는 것을 허락하지 않는다.

저들의 동화정책은 가장 일본어의 보급에 힘쓴다. 그런 까닭에 총독부 교육령 제1장 제5조에 말하기를 '보통교육은 보통의 지식과 기능을 교수하며, 특히 국민의 성격 함양을 위하여 국어 보급을 목적으로 한다' 하였고, 사립학교 규칙 제10조에는 말하기를 '교원은 국어(國語)에 통달함을 가장 중요한 자격으로 한다. 이 자격을 갖추지 않은 자는 교원이 될 수 없다' 하였다.

일어를 '국어'라 일컫고 한어(韓語)를 '조선어(朝鮮語)'라 한다.

보통학교와 고등보통학교의 여러 교과서에는 조선어와 한문독본(漢文讀本) 한 가지를 제외하고는 오로지 일어를 사용하였다.

한일(韓日) 교원의 교실 안 한담에도 반드시 일어를 사용해야 한다. 학도도 또한 그렇다.

만약 한국인 교원이 학도를 상대하여 우발한 한국말이라도 반드시 견책을 당한다.

학교 안의 각 기구와 박물 표본 및 교정의 화초·수목은 일본어로 이름을 적고 한자를 사용하지 않는다. 아동들의 기억을 형성하게 하려는 것이다.

보통학교의 교수시간은 매주에 26시간인데 일어가 10시간을 차지하고, 고등보통학교의 수업시간은 매주에 30시간인데 일어가 8시간을 차지한다. 일문독본(日文讀本)·회화(會話)·서취(書取:받아쓰기)가 모두 일어학과가 된다. 비록 한국인 교원이라도 한국말로 통역하여 말하지 못하며, 교원의 설명과 생도의 질문에 모두 일어를 전용한다.

보통학교의 한국어 학습은 매주 2시간에 지나지 않는다. 고등보통학교에 이르면 더욱 감소되어 1년에 7시간을 넘지 못한다. 매주 1회의 작문과 일기도 일어 전용이다. 생도들의 토론회에도 모두 일어를 사용한다.

교외에 있을 때에도 일어를 장려하고 한어(韓語) 사용을 수치로 한다. 경성(京城)의 어느 사립학교에서 일본인 교원을 초빙하고 환영연회를 열었는데, 한인 직원이 한국말로 이야기하니 일본인 교원이 드디어 힐책하여 말하기를 "제군은 한어(韓語) 사용이 수치임을 모르는가. 나는 총독부의 위탁을 받은 자이다. 교실이나 학교 사무실이나 집회석이나 가리지 않고 반드시 '국어'를 써야 하고 한어를 쓰지 말아야 한다." 하였다.

이로 인하여 충돌이 일어나서 학무국에서 중재한 일이 있다.

10여 년 이래에 이와 같은 파란이 일어나지 않은 곳이 없다.

그리하여 일본 관헌의 간섭이 극에 이르면 '부정선인(不逞鮮人 : 전쟁 전의 일본에서 한국 병합 후 일본 정부에 불만을 가진 내지 조선 출신과 만주의 조선인 반체제, 조선 독립 운동가를 범죄자로 취급)' 이라고 배척하여 처벌하고, 다시는 공직에 취임하지 못하며 또 헌병이 미행하여 감시하는 일도 있다.

각종 전문학교의 교원도 모두 일본인이고 간혹 한국인 교원이 있으나 한어 사용을 금지한다. 각종의 논문·시험문답 기타도 각각 순전히 일본말만을 사용한다. 그러니 그들의 언어동화정책은 또한 세밀하다.

수학교수도 차별이 있다. 대수학의 인수분해 이상과 입체 기하학·삼각법은 모두 한국인에게는 가르치지 못한다.

체육에는 더욱 제한이 많다. 일본인은 보통학교·고등보통학교에 매주 3시간의 체조가 있는데, 한국인은 고등보통학교에 국한하여 약간의 유연체조가 있을 뿐이다. 일본인은 중학교 2학년 이상이면 실탄 사격과정이 있다. 그러나 한인은 도수병식(徒手兵式) 교련 및 야구·축구 경기 따위의 운동도 일체 불허한다.

전문교육 기관으로는 전수학교·의학·공업·농림전문학교의 설립이 있다. 그러나 그 수준은 낮아서 일본 각 전문학교의 동과를 졸업한 자와 더불어 개업할 수 없고 한국 내에 한지개업(限地開業) 할 수 있을 뿐이다.

한국인은 어떤 종류의 학술을 막론하고 저급에 떨어지게 하려고 애쓴다. 그런데 간혹 뛰어난 재주와 노력한 실력이 있어서 일본의 전문학교나 대학을 졸업한 자가 있으면, 저들은 곧 그를 불량

학생처럼 배척하여 감시하고, 구속·수감하기를 거의 매일하여 그 삶의 자유를 잃게 만든다.

우리 청년으로 구미에 유학하려는 자는 누구를 막론하고 금지되며 일본에 유학하는 자도 제한이 많다.

총독부에서 파견하는 자 외에 사비 유학 희망자는 반드시 지방장관을 경유하여 총독부에 보고하고 그 허가를 얻어야 한다.

소위 '조선유학생 감독부'란 것은 모두 휴직한 헌병장교이다. 한국인 학생으로는 감독부의 추천서와 보증서를 가진 자가 아니면 입학하지 못한다.

비록 이미 입학한 자라도 사상이 있는 자라고 인정하면 즉시 그 학교에 명하여 축출하게 한다. 또 학생 본적지의 헌병대에 통지하고 그 부형을 위협하여 퇴학하게 한다.

이보다 앞서 우리나라에는 관립의 소학·중학·사범학교 등 120여 교가 있었고, 교회에서 설립한 학교가 400여, 사립의 초등·중등·전문학교가 2,300여 곳 있었다.

그리고 서북학회(西北學會)·관동학회(關東學會)·기호학회(畿湖學會)·교남학회(嶠南學會)가 있어서 모두 교육기관을 위하여 학보를 발행, 고무하여 앞에서 인도하고 뒤에서 격려하여 불꽃이 타오르듯 날로 성하여 갔다.

만약 이대로 수십 년 동안의 성장을 허용한다면 그 발전은 상상할 수 없을 것이다. 그러나 어찌할 수 없다.

벼락이 갑자기 떨어지니 만상이 꺾이고 깨어져 각 학회·학보·학교들이 모두 불지옥에 떨어졌다.

저들은 강제로 우리 사립학교 재산을 빼앗아 공립보통학교에 귀속시키고, 헌병과 경찰이 각 학교의 생도들을 협박하여 공립학교로 몰아넣었다. 그리하여 사립학교를 신설하려고 청원하면 번번이 질책하여 물리친다.

제25장 각 종교를 박멸하는 정책

대체로 남의 나라를 멸망시키는 자는 우선적으로 그 역사를 없애니, 그것은 국혼을 단절시키기 위한 것이다.

일본인은 우리 겨레에 대하여 우리 역사 말살 행위를 쉬지 않아 언어·서적·예의와 문물, 윤리·풍속을 통틀어 없애려 하는 것이다. 각 종교에 대해서는 더욱 철저히 없애려 하였으나, 우리 민족의 반동은 종교계에서 발생한 것이 가장 크고 또 격렬하다.

1. 대종교(大倧敎)에 대하여

대종교는 우리의 3신(三神)시조를 신앙하는 것으로서 가장 오래된 교이다.

고사(古史)에 말하기를, 단군이 인간을 홍익하기 위하여 하늘에서 세상에 내려오셨다고 하였다. 또 우리의 풍속에 자녀 생산을 3신(三神)이 명하였다 하여 보답으로 제사하고, 오사오계(五事五戒)를 역대로 지켜 내려온다.

지금 그 신도는 약 30만인데 신사·청년·학생들이 많다. 또 그 신조는 그 민족성과 국혼을 보전해 지키는 것이다. 그러므로 저들은 병합하던 날에 의논하여 이를 해산시키려 하였다.

그러나 때마침 일본인이 간행하는 잡지 《태양》에서 대종교 처치방법을 논하기를, '저 교는 자기 나라의 오래된 종교로서 그 믿는 무리가 비록 많기는 하나 모두 손에는 촌철(寸鐵)도 없다. 설혹 탈선하는 행동이 있을지라도 때려잡기 어렵지 않으니, 하필 지금 강제로 해산시켜 먼저 종교를 간섭한다는 원망과 비방을 불러일으킬 필요가 있겠는가' 하였으므로 그 논의가 드디어 중지되었다.

그러나 경찰과 탐정하는 졸개들이 교직자의 미행을 잠시나마 그치지 않으며 또 까닭 없이 체포하는 사례가 많다.

포교의 자유와 교당 건설을 허가하지 않으며, 도사교(都司敎) 나철(羅喆)은 여러 번 압박을 받고 남북으로 피해 다녔으나 끝내 모면할 길 없어, 드디어 구월산 삼성사에 들어가 병진년(1916) 8월 15일 신조(神祖)에게 몸을 바쳐 순교할 것을 맹세하고 아뢰었는데 일본인이 그 까닭을 캐물어 검거하였으며, 친지의 제문(祭文)도 검사를 받았으며 그들의 교도들에 대한 주목은 날마다 심하여 갔다.

2. 기독교에 대하여

기독교는 우리나라에 들어와서 비상한 발전을 보였다. 서력(西曆) 1904년부터 6년 동안에 신도가 갑자기 수십만이나 증가하였으니 이는 세계의 교회가 함께 경탄하는 바이다.

일본인이 이를 가리켜 '배일파(排日派)'라 하고 은연중 하나의 적처럼 여긴다. 처음에는 회유정책으로 서양인 교사의 환심을 사고 한인 신도의 동화를 구하였다.

또 일본인 교사의 전도 기관을 두어 한인으로 하여금 서양 교사를 이탈하여 일본인의 교회에 돌아오게 하려 하였으나 모든 정책이 효과가 없었다. 그리하여 학대와 강압으로 없애려 하고 있다.

저들이 '모살사내(謀殺寺內)' 사건을 조작하여 120명을 체포하고 기괴·혹독한 고문을 자행하여 많은 사람을 쓰러져 죽게 한 것은, 곧 교회를 없애기 위하여 허위의 죄안을 날조하여 모함한 것이다.

그러나 교도의 신앙이 추호도 저상(沮喪:기운을 잃음)되지 않고 더욱더 진전을 보이니, 저들은 비로소 학살이 무익함을 깨닫고 수법을 바꾸어 지구적으로 꺾어 없앨 계책을 세웠다.

총독부에서 포교 규칙을 제정하여, 교회 관리자를 둘 것과 교회당·설교소·강의소를 설치하는 허가를 받지 않으면 설립치 못하게 하였다.

교회에서 전도사업, 교회당 건축 등을 위하여 청원하면 고의로 질질 끌어 해가 지나도록 허가하지 않는다.

전도회·사경회(査經會)·부흥회(復興會)·기도회·예배와 선강회(宣講會)에는 반드시 순사를 파견하여 감시한다.

어쩌다 그 기도나 선강(宣講)하는 말에 신앙자유·정신자유·악마의 권세를 꺾어 깨뜨린다는 등의 어구가 나오면 경찰서에서 반드시 소환·신문한다.

"네가 원하는, 자유니 자립이니 하는 것은 한국의 자유 독립을 원하는 것이 아니냐?"

하고, 매를 쳐서 여러 날을 감금하였다가 석방한다.

교직자로서 조금 이름 있는 자는 형사의 미행과 정탐을 받지 않는 날이 없다.

경성장로회가 예배당에서 전도회를 열었다.

미국인 교사 언더우드[元杜尤:Horace Grant Underwood]가 주관이

되어 미국인 교사 윤산온(尹山溫: George S. McCune. 1873~1941)을 청하여다가 선강(宣講)하였다. 이에 경성 청년들이 밤마다 모여들어 청강하는 이가 1천여 명이나 되어 교회를 부흥시킬 희망이 있었다. 이에 총독부로부터 그 선강(宣講)이 정치에 관계됨이 있다하여 강압으로 윤산온을 경성에서 축출하였다.

선천군 장로교회에서 지방교회 연합사경회를 열었더니, 참가회원의 수가 1,800여 명이었다.

총독부 기관지(每日申報)가 드디어 그 일을 과장하여 출석자가 1만여 명이고, 그 내막은 독립운동을 위한 집회라고 보도하였다.

그래서 경찰을 다수 파견하여 엄중히 회원을 책문하고 그의 신변과 가택을 수색하여 모욕을 주었다.

평양 장로교회가 사경회를 열었는데, 한 교인이 교회의 부진함을 한탄하여 기도에 이어 눈물을 흘리며 우니, 일경(日警)이 곧 그것을 나라를 사랑하는 눈물이라고 지목하고 구속하여 힐문하고 여러 날을 감금하였다.

아아, 한인은 즐거워 웃고 슬퍼서 우는 것조차 모두 자유가 없도다.

저들은 교회의 교육에 대하여 제재가 더욱 심하다.

대체로 학교의 자금은 오로지 교인과 학부형의 회사에 의지한다.

그런데 총독부에서 기부금 취체령을 발포하여 그 힘이 모자라 쓰러지게 한 일이 가끔 있다.

교과서는 총독부 발행이 아니면 사용하지 못한다. 성경과 찬송가 등의 서적에 이르기까지 모두 금지된다.

교사 선택도 총독부의 허가를 필수 요건으로 하고 일본인의 초빙·임용을 권한다.

교감·교장 등의 직에까지도 그러하다. 그들은 교무(敎務)를 전관(專管)할 뿐 아니라 겸하여 정탐을 행한다.

평양여학교 교사 김우석(金禹錫)이 돈 5원(圓)을 하와이 한인소학교에 기부하였다고 하여 곧 해직 당하였다. 교회에서 학교 설립을 청원하는 사람이 있으면 반드시 퇴각 당한다.

또 교회학교에 대하여 학칙 실행 유예령을 발하여 성경을 가르치거나 예배 보는 등의 일을 허락하지 않아서 종교학교로서의 면목을 잃게 하였다.

경성의 경신학교에서 고학생의 생계에 보탬이 되게 하기 위하여, 수공부(手工部)를 설치하려고 여러 번 청원을 제출하였으나 번번이 힐책을 당할 뿐 끝내 시행하지 못하였다.

일본인 관리들이 기독교 학교를 총독부 지정학교로 하라고 권유하는 이유는, 첫째 일본인 교사를 초빙·임용케 하기 위함이고, 둘째 성경·찬송 등 종교서 등의 교육을 금지하기 위함이며, 셋째 교육 용어를 순 일어로 사용하기 위한 것이다.

교회학교가 재정이 빈약하여 일본인 교사의 후봉(厚俸:후한 월급)을 감당할 수 없으므로, 그 권유에 순종하지 않으면 저들은 드디어 갖가지 훼방을 놓는다. 그리하여 부득이 그들의 위압·핍박을 두려워하여 지정학교가 되기도 한다.

개성의 한영서원은 남감리교회(南監理敎會)가 경영하는 고등학교이다.

교사 정사인(鄭士仁)이 학생들의 간절한 요구에 따라 이미 금지

당한 애국가를 등사판으로 박아서 준 일이 발각되어 교사와 학생이 모두 중죄를 입었다.

저들은 또 이 일을 빙자하여 각 학교를 위협하기를 "일본인 교사의 감시가 없는 곳은 이와 비슷한 일이 많다. 만약 지정학교 되기를 꺼린다면 마침내 학교를 폐쇄 하겠다"하므로 따르지 않을 수 없다.

저들은 또 교회학교의 생도를 협박하여 공립보통학교로 전학하게 한다.

선천군의 기독교숭신학교는 고등·보통 양과를 두었으며 남녀 재학생이 100명이었다. 하루는 그 고을 공립보통학교의 일본인 교장 모리무네[森棟二]와 교원 2명이 총을 메고 학교에 와서 교장을 핍박하여 권하기를, "유력가의 자제로서 10세 이상은 모두 공립학교로 전학하게 하시오. 총독부에서 일어 보급을 위하여 이러한 명령이 있습니다." 하였다.

또 그곳에 주재하는 경찰이 와서 학부형들을 공갈하기를, "국민된 자의 분수로 당연히 그 자녀를 '공립'에 넣어야 할 것이니 빨리 전학하게 하오." 하였다.

학부형이 말하기를 "이 학교는 총독부의 인허를 받았으며 일정한 과정이 있는데, 하필 어린 자녀를 수십 리 밖에 있는 학교로 전학시켜야 한단 말인가." 하니, 저들은 드디어 부형을 강압적으로 위협하여 날인하게 하고 말하기를 "감히 불응하는 자가 있으면 마땅히 '배일파(排日派)'로 다루어 엄중한 형벌을 가할 것이다." 하니, 여러 사람들은 결국 쫓지 않을 수 없었다.

또 사립학교 고등반 학생을 데려다가 공립의 1학년에 두니 그저

놀며 날을 보낼 뿐이었다.

저들은 드디어 공립학교를 확장하고 교회학교 폐지를 정치의 성과로 삼아, 실적이 많은 자는 장려해 주고 적은 자는 견책을 가하였다.

벽동군에, 교회에서 세운 신명학교가 있었는데 설립자는 이가은(李稼殷)이었다.

저들이 이가은의 아버지를 군참사(郡參事)로 삼고 명령하기를, "군참사의 자손이 사립학교에서 배운다는 것은 총독정치를 방해하고 배일사상을 고취하는 것이다" 하고, 이와 같이 3주일 동안 위협하더니 조금 뒤에 군수 이창룡(李昌龍)이 일본인과 함께 그 학교에 와서 핍박하여 학생들을 공립으로 전학하게 하였다.

어느 아동(참사의 손자)이 배우지 않고 울고 있었다. 일본인 교장이 그 까닭을 힐문하니 아동이 말하기를, "우리 선생님의 다년간 교육하신 애정과 동창 여러 벗들의 정의가 마음속에 굳게 맺혀 끊을 수 없기 때문입니다." 하였다.

함종군(평남)에 기독교의 사광학교가 있었다. 하루는 보통학교장인 일본인 고무라 주타로[小村淸一郞]와 헌병분견소장 오가와 안지[小川安吉]가 학교에 와서 학부형들을 불러 놓고 위협, 학도들을 보통학교에 전학하게 하였다.

간혹 불응하는 사람이 있으면 매를 쳐서 가두고 그 학교를 폐지하게 하였다.

저들은 의주의 각 사립학교에 여러 번 폐지명령을 내렸다. 매년 6월말에 헌병과 각 면서기가 생도의 연령과 재산을 조사하였다.

하루는 공립학교의 일본인 교장이 헌병과 보조원을 대동하고 와서 협박하여, 학부형들에게 공립학교 입학 청원서에 도장을 찍게 하고, 이에 불응하면 그를 갑자기 배일자로 지목하여 처벌하였다. 이로 말미암아 사립학교는 날마다 폐쇄되는 형편이었다.

저들은 또 학생의 지식이 발달하지 못하도록 방지하기에 힘쓴다. 각 학교 학생이 문학회를 만들어 지식을 교환하려 하면, 저들은 반드시 형사를 파견하여 그 언변을 듣는다.

그리하여 연설을 잘하는 학생이 있으면 꼭 경찰서에 잡아다가 혹독한 고문을 가하고, 10여 일 혹은 두어 달씩 감금하여 억눌러, 다시는 연설하지 않겠다는 서약을 하게 한 뒤에 비로소 방면한다.

평양의 숭실학교 학도가 연설의 초안을 교사회(敎師會)에 가져가 고쳐 달라고 하였다. 그것은 전혀 정치적인 의미가 없었으므로 허가를 얻어 드디어 강연을 감행하였더니, 경찰서에서 잡아다가 매를 쳐서 가두고 수십 일이나 지난 후에 석방하였다.

또 저들은 학도의 대우에 매우 차별이 있다. 기독교 학도는 아무리 노력이 충분하여도, 공립학교에 입학할 때에는 반드시 그 급을 낮게 떨어뜨려 마치 적자·서자의 차별처럼 한다.

경성기독교청년회의에서 배재학당 교사 강매(姜邁)를 초청하여 '자각'이란 문제로 연설을 하였다. 이튿날 종로경찰서에서 강매를 소환·힐문하기를 "네가 한 '자각'이란 문제의 연설은, 청년이 자기의 의무를 자각하여 일본을 배척하고 자국을 회복하라는 뜻을 고취한 것이 아니냐? 만약 다시 이 따위 연설을 하는 자가 있으면 마땅히 엄중하게 치죄할 것이다." 하였다.

이로부터 각 교회의 연설은 모두 금지 당하였으며, 또 교회당

밖에서는 10명 이상의 집회를 허락하지 않았다. 또 교회가 재단 설립하는 것도 허가하지 않았다.

저들은 교회에 대하여 온갖 방법으로 방해하고 다시 합병운동이 있었다. 일본인 기독교청년회 간사 니와 세이치로[丹羽淸次郞]·츠네키치 와타세[渡瀨常吉]은 한인청년회 간사 김인(金鱗)의 무리와 함께 합병을 운동하였다.

미국인 간사 질레트(Gilet:吉利泰)를 중국으로 내쫓고, 구한국 시대에 선제(先帝)의 진념(軫念)을 받아 탁지부의 고문이었던 영국인 브라운(栢卓安:John Mcleavy Brown)의 주선으로, 해관세액(海關稅額) 중 매년 1만 원(元)의 기부가 있는 것을 빼앗아, 일본인의 조합교회에 귀속시키고자 하니 여론이 용납하지 않아서 뜻을 이루지 못하였다. 이에 이것으로써 감정을 품고 청년회를 '배일당'이라 지칭하고 죄에 빠뜨리고 그것을 빼앗고자 하여 온갖 계책을 꾸몄으나 다행히 이변은 없었다.

미국인 호리스[賀利斯] 감독은 친일자였다. 한인 감리교회를 일본인 감리교회에 합병하려 하였으나 실패하였다.

또 장로교회에 대하여도 일본인 관리 신자가 한인 교역자와 함께 합병을 운동하면서, 금전과 토지의 대부로써 유혹하였다.

한인 이원긍(李源兢)은 경성 묘동장로교회의 설립자로서, 일본인 교회에 귀병(歸倂:편들고 나란히 하다)하니 그때 일본인의 각 보도기관은 극단적으로 그를 찬양하고 영미의 교사를 공박하였다.

저들의 소위 '조합교회'라는 것도 합병교회의 변칭이다. 한국인 신도의 무식한 자가 그들의 꾐을 받거나 위협에 눌려 따라가게 되면, 비록 그것이 거짓임을 깨닫고 수레를 돌려 돌아올 길을 찾아도 되지 않는다.

만약 청년 남자로서 신앙이 독실한 사람이면 저들은 반드시 '배일파'라고 배척한다. 그리하여 헌병과 경찰이 날마다 뒤쫓아 다니고 정탐하며 괴롭힌다.

그러므로 신자가 아님을 가장하여 주색에 홀려서 자포 자기한 자가 많다. 관리 신자는 더욱 핍박을 받아 교회 관계를 끊은 자도 많다.

3. 불교에 대하여

우리나라의 불교는 2천여 년의 역사를 지녔다. 신라·고려시대에는 순전히 불교국이라고 할 수 있다. 그리하여 저 일본의 불법도 우리에게서 파급된 것이다.

조선조 500년 동안에는 유교는 흥왕하고 불교는 쇠약하였다. 그러나 고승이 이어 나와 법맥(法脈)이 끊이지 않았다.

그 위에 황실에서 불법을 보호하고 인민이 숭상해 받들어 사찰이 소유한 삼림과 토지는 큰 부력(富力)을 점유하였으며, 또 골동품과 미술품으로서의 국보가 되는 것이 많았다.

이에 총독부에서 사찰령을 발포하여 사찰 재산을 반관적(半官的) 소유로 만들었다. 그러고는 승려학교에는 관리고문을 두어 구속하고 있다

주지의 선거에도 간섭을 자행한다. 주지 당선자의 보고가 있으면 총독부에서 비밀리에 그 지역의 관청에 위촉하여 그의 사람됨을 조사한다.

만약 그 사람이 시대의 관념과 조국사상이 있거나 장래에 사회

의 향상사업을 할 가능성이 있는 자라면 반드시 배척하여 물리치고 대신 어리석은 자로 충당시킨다.

백룡성(白龍城)·한용운(韓龍雲)과 같은 이들은 현재 불교계의 쟁쟁한 인사이다. 그러므로 저들의 비상한 주목을 받아 행동의 자유를 얻지 못하고 있다.

4. 천도교에 대하여

천도교는 우리나라의 새로운 종교이다. 갑오년(1894)에 동학당이 혁명의 풍운을 일으켰으나 일본인들의 간섭으로 쓰러지고 말았다.

교주 손병희(孫秉熙)는 망명하여 일본 동경에 우거한 지 13년이나 되었다.

병오년(1906)에 귀국하여 중앙총부(中央總府)를 경성에 두고 각 지방에 나누어 교구를 두었다.

그의 저서에 《동경대전(東經大典)》이 있다. 이는 천도교의 경전으로서 박애·평등을 주장하며, 공산주의를 함유하고 있다.

또 교육에 힘써서 널리 학교와 강습소를 국내에 설치하였으며, 신도가 날마다 증가하여 300만 명 정도로 헤아린다. 그 발전의 신속함은 거의 고금의 종교계에 일찍이 없는 일이다.

총독부에서 그 다중(多衆:많은 사람)함을 꺼려 해산하려 한다. 그러나 기독교는 더욱 저들이 싫어한다.

만약 천도교를 해산하면 반드시 기독교로 들어가게 되어 그 세력이 증가될 것이다. 그러므로 감히 명백하게 해산을 명령하지 못하고 음으로 속박·제한하고 방지할 계획을 세워, 종교단체라는 것을 부인하면서 날마다 경찰을 파견하여 중앙총부와 각지의 교구를 감시하며, 달마다 재무·회계의 장부를 보고하게 하여 없는 흠을 억지로 찾아내어 다수 징벌을 행한다.

교회의 주요한 인물은 날마다 그들의 정찰과 속박을 받는다. 지방교도의 심상한 출입도 구금 당하여 곧 노예나 가축 따위의 대우를 받는다.

교인이 비교인과 소송하는 일이 있으면 사리의 옳고 그름을 불문하고 반드시 교인을 패소시켰다.

그 교의 시일(侍日)은 즉 예배일이다. 집회나 강연이 있으면 반드시 먼저 관청에 보고해야 하고, 헌병과 순사의 감시가 있다.

그 강연이 정치에 간여하는 것이 아닐지라도, 자칫하면 한 구절의 말을 따내어 구속·심문한다.

또 그 3세 교주 수도(受道)의 날에는 매년 3번째 기념식이 있는데, 총독부에 보고하면 졸지에 많은 경관이 출장한다.

교경(敎經)의 출판과 월보의 발행 및 강습소는 모두 금지 당하였다. 그 교에 '종리회(宗理會)'란 조직이 있어, 매주 토요일에 교리를 강론·연구하는데, 곧 명문으로 해산을 명하였다.

아아, 저들이 각 종교에 대하여 강압적으로 속박과 강압을 시행하고 있으니 어찌 말하지 않았겠는가. "우리가 이미 각 종교의 사명(死命)을 제어하였으니 다시는 돌아보고 염려할 것이 없다"고 또 말하지 않았겠는가 "이와 같이 하지 않으면 한민족을 첩복(帖服:유순하게 복종함)·안정한 상태로 돌아가게 할 수 없다."고.

그러나 우리 민족의 정신은 이것으로 하여 조금도 위축되지 않고 더욱 격렬히 나아가, 기미년(1919) 3월에는 마침내 전 지구를 진동시키는 대활동이 있었다. 다만 저들의 30년 경영이 수포로 돌아갔을 뿐 아니라, 그들이 구미(歐美)의 찌꺼기를 주워 모아 피상적 문명을 꾸며 얽어 놓아서 자못 각국의 칭찬을 듣게 되었던 것도, 하루아침에 우리 민족을 학살하는 것으로써 그들의 야만의 본색을 드러내게 되었다.

'배일', '배일'의 소리가 사방의 주위에서 천둥처럼 일어나는 걸 방지할 수 없는 형세가 되었다. 그렇건만 저들은 오히려 깨닫지 못한 채, 강세만 믿고 흉폭잔역(凶暴殘逆)하여 더욱 하늘의 노여움을 쌓고 있으니, 또한 어둡고 미련함이 지나치지 않는가.

아아, 예로부터 강한 무력을 믿고 문덕(文德)을 닦지 않으며 힘으로 정복하여 천하를 경영하려 한 자는, 그 종국이 패망에 빠지지 않은 자가 없다.

그러므로 덕을 믿는 자는 창성하고 힘을 믿는 자는 멸망한다고 한다.

더구나 오늘날 전 세계 인류의 사상은, 강권을 맹수처럼 미워하고 공리를 생명처럼 사랑하여 침략주의의 잔재를 불허한다. 더구나 저들의 인민들도 이러한 공통된 사상을 갖고 있다.

그러니 군벌의 말로도 이미 가까워졌다. 이것이 우리 민족이 분투하면 이기지 못할 것이 없음이다.

한국독립운동지혈사
하 편

제1장 빙탄 같은 한일국민성
氷炭   韓日國民性

모든 세계의 민족은 그 수효의 다소나 강약을 막론하고, 역사적으로 국민성이 단결되어 있는 자는 다른 민족에 동화된 일이 없다.

한민족은 2천만의 민중과 반만 년의 역사를 지킨 국민성을 지니고 있어서, 일본 민족과는 절대로 합할 수 없는 성질이 있다. 비록 일시적으로는 강력한 힘에 굴복하고 있으나, 마침내는 분리되어 각기 존립할 것은 필연적인 일이다.

미국인 선교사 언더우드는 30년 동안 한국에 살면서, 한국과 일본의 정상을 익히 살펴보고 두 민족의 국민성을 다음과 같이 논하였다.

"아시아 민족은 대개 공통성이 있다. 몽고족이 한때 침략에 종사했으나 잠시의 일로 그치고, 불교의 감화를 받아 양같이 유순해졌다. 인도족·한족·부여족은 고루 평화적 성질을 지니고 있으나, 그 중에는 침략적 근성을 굳게 지키고 있어서 유교와 불교의 감화를 가지고도 이 근성을 파괴할 수 없는 것이 일본족이다. 2천년 동안 중국과 한국 영토의 연해 지방을 침범하여 약탈과 살육을 일삼은 자들은 오로지 일본족이다. 따라서 중국과 한국의 역사상의 외환은 대체로 왜구에 의한 것이다. 또 역사적인 관점에서 볼 때 아시아 민족의 큰 전쟁은 대부분 일본이 주동하였다. 임진왜란(1592~8)이 그러했고, 청일전쟁(1894~5), 러일전쟁(1904~5) 같은 것이 모두 그런 것이다. 그리고 오늘날에 있어서 한국 국내의 학살로서 그들의 근성은 밝게 드러났다. 일본은 무인을 가리켜 '사(士)'라 하고, 한국은 문인을 '사(士)'라 한다. 일본은 고래로 무를 숭상하는 나라요, 한국은 문을 숭상하는 나라이니, 이번의 독립운동에서 그것이 잘 나타나 있다. 한국인은 문자와 언어로써 정의의 이론적인 해결을 구하였으나, 일본은 그 무력에 의지했을 따름이다."

한민족은 일본에 대하여 동일한 혈족이 되는 것을 부인할 뿐만 아니라, 오직 그들의 가해와 압박으로 인하여 발생된 선천적인 원수라고 인정한다. 한민족은 본래부터 일본 민족과 친애한 기억도 없고, 또한 친애하기를 바란 일도 없다.

지금 한국인은 일본인과 결코 호감을 가질 것을 필요로 하지 않는다. 한국인의 사상은 모두 '며칠이나 가겠는가, 며칠이나……' 하고 이를 갈며 통분해하지 않는 사람이 없다.

이러한 민족 심리에 대하여 무시할 수 있겠는가.

일본족에 대한 한민족의 경멸

한민족이 언제나 일본인을 '왜노(倭奴)' '왜노(倭奴)' 하고 부르는 것은 습성에서 유래된 말이다.

한민족은 일본 민족이 벌거벗고 남녀 간에 매음행위를 일삼는 문란성을 보고 조소한다.

또 크게는 나라가, 작게는 개인의 재산이 거의가 교활한 수단으로 사기·강탈되는 것을 역시 많이 경험했다. 또 저들은 금수와 같은 미개한 시대에 우리에게서 각종 문화와 교육을 통하여 계도되었음을 항상 기억하고 있는 터이다.

그리고 또 한민족은 아시아에서 제일 강대한 한족과 더불어 그 문화를 경쟁하고 있을 때, 일본은 바다 가운데의 일개 야만족으로서 천하에서 주의해 보는 자가 없었던 것도 역시 기억하는 바다.

일본인은 딩나라에 유학가려 했어도 직접적으로 교섭할 수 없었으므로 신라의 소개를 필요로 하였다. 따라서 동삼성에 신라원이 있었는데, 여기에 신라의 외교관이 상주하면서 일본 외교관의 일을 겸하여 취급하였다. 이 역시 기억하고 있는 바다.

최근의 상황을 살펴볼 때, 한민족은 본래부터 일본이 50년대에 서양문화를 수입하여 문화적으로 일일지장(一日之長)이 있다는 것을 인정한다. 그러나 일본은 아직도 서구의 여러 민족에 미치기에는 멀었다.

만약 한민족이 자유롭게 20년 동안 노력한다면, 능히 일본의 문화와 부강의 정도에 미칠 수 있으리라 확신한다.

한민족은 문화에 대하여 흡수·소화하는 데 있어서나 그 창조력에 있어서 일본과 비교해 볼 때 우수한 점이 있음을 또한 자신하는 바이다.

일본인들은 한국 영토 내에 있으면서, 그 기관지나 관리들은 입버릇처럼 자기들이 세계에서도 일등국민이라고 한다. 그리고 일본

민족은 한민족과 비교하여 우수한 지도자가 된다고 자랑하고 그것을 스스로 긍지로 삼는 태도이다.

한민족은 이 같은 경우를 당하여 더욱 불쾌감을 억제하지 못하고 있으며, 그 모욕적 감정에 반항하여 이렇게 말한다.

"왜놈들, 왜놈들아. 너희들이 강제로 우리를 나라 없는 사람들로 처리하고 있다마는 며칠이나 갈는지 나는 꼭 보겠다."

이렇게 이를 갈며 벼르고 심하게 통분하는 것을 볼 것이다.

한민족은 일본민족에 대하여, 그들의 천박하고 방정맞은 급한 성질을 경멸하며, 그들의 장래성이 없음을 가엾게 여긴다. 비록 지금은 일본민족의 압박을 받고 있지만, 자신이 일본보다 우수하다는 것을 자신하는 것이다.

한민족이 일본민족에 대하여 두려워하는 것은 오로지 무기뿐이다. 지금 벌써 30만의 일본인들이 전 한국의 각지에 산재하고 있으며, 한국인은 그들과 밀접하게 접촉하면서 일본민족의 처신이 무례한 것을 간파하였으며, 이로써 경멸의 감정은 더욱 증가하고 있다.

목사 양전백(梁甸伯)은 1910년 한일합병이 되던 날 일본을 시찰하고 돌아와 그의 고향 사람들에게 이렇게 말하였다.

"일본은 삼림(森林)이 30년생, 대학이 30년생, 회사·은행이 30년생, 철로·윤선(輪船)이 20년생 정도이다. 영어의 100년 사업을 일본은 30년 만에 번역하였으니, 일어의 30년 사업을 한국인은 능히 10년만이면 번역할 수 있지 않겠는가. 이것은 진실로 한민족의 자신하는 바이다."

이것으로 한민족이 일본 민족에 대하여 결코 추호도 존경하는 태도가 없고, 도리어 경멸하는 생각을 가진다는 것을 입증한다. 그러므로 일본인의 극심한 강압 밑에 있으면서도 가끔 이러한 감정이 드러나는 일이 있는 것이다.

일본족에 대한 한민족의 원한

일본민족이 동양의 역사상 '왜구' 라는 이름으로 한민족을 침략한 것은 신라의 남해차차웅(南解次次雄:方言으로 君主를 칭함) 시대부터이다. 그러니까 지금으로부터 약 18세기 이전이다.

그때 이래로 왜구는 한국 영토의 연해에 침입하여, 재물을 약탈하고 성읍과 촌락을 불태웠으며 인민을 학살하였다. 그들이 지나간 곳마다 인가의 굴뚝에서는 연기가 끊어졌다.

이리하여 1,500년 동안 일본인의 손에 무구하게 죽은 한민족의 생명은 수백만이나 된다. 이것은 한족과 더불어함께 받은 왜구의 환란이다.

1592년(원문에는 161년으로 되어 있다) 도요토미 히데요시[豊臣秀吉]가 명분도 없는 침구(侵寇)를 자행하여 혈전을 거듭하기 8년, 살육당한 한국인이 3백만이요, 도시와 촌락은 대부분 불태워지고 노략질을 당하였으며, 평화의 사업과 문화는 이루 기록할 수 없을 정도로 파괴당하였다.

이때 한민족이 입은 크나큰 손실은 치명적인 상흔으로 남게 되었다. 이때로부터 300년 동안 한민족이 크게 피폐하게 된 원인은 실로 여기에 있는 것이다.

대체로 그때 저들에게 살육당한 3백만 명은 그 10분의 9가 비

전투원이었다. 당시 조선 전국의 상비 병력은 5만 명도 못 되었으니 말이다. 지금의 한국인으로서 당시 피살자와 혈연관계가 없는 이 그 누가 있겠는가.

1894년에 있은 청일전쟁 때에 일본은 무력준비가 결핍한 조선 국내를 자유롭게 횡행하면서 식량과 마초를 수색하여 강제 징발하고, 무고한 인민을 강제로 노역에 끌어넣어 피살자가 거의 1만 명이나 된다.

러일전쟁(1904~5) 때에는 더욱 심하여 2배에서 5배가 되었다. 강제로 관아를 점거하여 관리를 모욕하였고, 경의선 철도의 부설과 군비의 운반, 그리고 남의 토지를 강탈하고 농사철의 농민을 군병의 역부로 징발하였다.

촌락의 거리를 횡행하며 부녀자들을 겁간하고, 금은과 닭·짐승·계란 등을 강탈하고, 한국 신민들을 포박하여 총살을 자행하기까지 하였다.

경성을 비롯하여 서쪽으로는 의주, 북쪽으로는 회령에 이르기까지, 장장 3천 리에 걸쳐 한민족이 받은 손해와 모욕·사상자를 생각하면 또한 이가 갈린다.

1906년, 러일전쟁에서 승리한 위세를 믿고 사기와 강압으로 한국을 보호한다 하고, 억지로 하세가와[長谷川]의 군사령부를 두고 생살여탈의 전권을 장악했다. 그리하여 애국지사들은 봉기하여 보호조약을 부인한다는 뜻을 전국적으로 표시하였다. 하세가와[長谷川]는 그 군대를 풀어서 모조리 섬멸시키고자 하였다.

무장한 의병의 피살자가 10여 만 명이었고, 무고한 촌민으로 학살당한 자는 곧 독립 후가 아니고서는 그 통계를 구할 수가 없다.

금년 3월, 한민족은 평화적 수단으로 독립을 주장하였다. 그런데 일본은 우리 민족을 포박하여 10만 명에게 악형을 가하고 2만 명을 살육하였으며, 촌락과 교회 및 학교·부녀자와 아동들을 불태우니 사망자가 무수하였다. 그리하여 원통함은 이미 골수에 사무쳐 있는데, 오늘날에 와서 저들의 포학은 더욱 심해졌고 야만적인 잔학성은 극에 이르렀다. 그러하니 한민족과 일본이 한나라 안에서 같이 거주한다는 것은 절대로 있을 수 없다.

일본족에 대한 한민족의 불신임

일본의 병사수호조약(1876) 이래로 10여 차에 걸친 금석(金石) 같은 언약은 한국의 독립을 보존한다고 하지 않은 것이 없다.

그러고는 그 맹약의 피(옛날에는 맹주끼리 서로 입술에 희생의 피를 발라 맹세하였다)가 채 마르기도 전에 그들은 공공연히 이를 파기하였다.

한국의 통치에 관한 한, 그들은 전적으로 무력으로 탄압하고 세계만방에 대해서는 곧 한국인은 기꺼이 복종한다고 속임수를 쓴다.

한민족의 재산을 흡수하여 일본인의 생활에 공급하면서 허식적인 통계 숫자로써 한민족의 산업발달을 과장한다.

무릇 한민족으로 사회에서 지도자로 받들고 선량한 선비로 추앙되는 이에게는 반드시 박해를 가하여 모조리 제거하고, 한민족에게 무뢰배로 배척되고 악인으로 미움 받는 자는 반드시 추장하여 기용한다.

인격이 고결하고 명망이 뚜렷한 이들을 기어이 '불량선인(不良

鮮人)'으로 지목하여 강도·살인 등의 죄목을 씌워 다스린다. 이는 곧 한민족과 일본족이 도덕과 정의의 표준에 관하여 정반대가 되는 기현상을 나타내는 것이다.

일본인으로서 한국 땅에 내왕하는 자들은, 장사꾼·교사·관리·종교인 등을 막론하고 이들은 모두 한국인이 불신하는 자들이다.

저 경무총감부와 기타 경찰 관리들은 오로지 기만과 유혹의 수단으로 한국인의 죄상을 날조하고, 장사꾼들은 또 사기행위로써 한국인의 재산탈취를 일삼는다. 소위 예수교의 전도사·목사 등도 역시 표면적으로는 한국인과 친근을 가장하고 있으나 실제로 이들은 모두 경무총감부의 밀정들이다.

제2장 우리의 독립운동을 촉진시킨 세계 개조의 신문화

아아, 과거의 문명은 인류의 경쟁에 이용되는 것이고, 인도와 평화를 위한 사업은 아니었다. 물질적 경쟁으로 하늘이 택한다는 적자생존의 이치가 오직 유일의 진리였던 것이다. 우승열패는 하늘의 법칙이며 약육강식은 공례(公例:공식적(公式的)인 사실(事實)의 보기)가 되고 군국주의의 침략정책은 생존의 목적이 되었다.

소위 '문명인' 이란 족속이 온갖 지혜와 사고력을 다한 교묘한 기술이란 것은, 살인의 이기로 남의 나라를 도둑질하는 음흉한 책략이었다.

처음에는 강자와 약자가 싸워 약자가 모두 망하고, 다시 강자끼리 싸워 두 호랑이가 함께 상처를 입는 격이었다. 내가 남의 아우를 죽이면 그 역시 내 아우를 죽이게 되고, 남의 아들을 죽이면 그도 내 아들을 죽이게 된다.

전 세계의 인류가 오로지 피차 살육으로써 보복한다면, 단지 약자만이 멸망하는 것이 아니라 강자 또한 파멸을 면치 못한다.

천도(天道)는 돌고 돌아 만물은 극에 다다르면 반드시 돌아온다. 본래부터 고정되어 불변하는 이치는 없다. 또한 이를 안타까이 여겨 인간을 불의에서 구하려는 인인지사(仁人志士)가 어찌 없을 것인가.

이러므로 세계가 대동단결하여 인류는 공존해야 한다는 의리가 점점 학자들의 이론 가운데에 나타나게 되었다. 그러나 아직은 그것을 실현시킬 기회를 만나지 못했다.

이때 제1차 세계대전이 일어나서 유사 이래 없었던 참상을 연출하여 세계적으로 일대비운을 맞이하였다. 승자나 패자를 막론하고 모두 시체와 유혈의 소용돌이에 휘말렸고, 소모된 물자는 갠지스 강의 모래알만큼이나 많았다. 이것이 소위 문명이 가져다 준 선물이란 말인가.(중략)

독일은 극단적인 침략자로서 강력한 무기와 군대로써 세계를 정복하려고 하였으나, 이에 연맹제국이 힘을 합하여 이를 제압했다.

5년에 걸친 혈전 끝에 마침내 독일은 중과부적으로 힘이 다하였고, 이에 그들은 전제와 무력이 오래 지속될 수 없음을 깨달았다. 이리하여 사회당이 일어나 황제를 축출하고 공화제로 고쳐 세워 화평을 주장하고 나섰으며, 오스트리아인들도 이에 따랐다.

어제는 독수리처럼 세계를 휩쓸던 것이 오늘에 와서는 나비처럼 순해지고, 정의와 인도를 표방하던 사람들은 마침내 승리를 구가하게 되었으니, 이것이 곧 세계 개조의 서광이었다.

미국의 대통령은 국제연맹의 결성을 주장하고 민족자결주의를 제의했다. 비록 강한 세력에 견제되어 아직은 실현되지 못하고 있으나, 많은 민중들로부터 환영을 받고 있으므로, 최후의 결과는 반드시 승리하리라는 것을 믿는 바이다.

이제 유럽의 여러 약소민족과 국가들 중에, 타국의 굴레에서 벗어나 차례차례 독립의 영광을 획득하는 나라가 생기는 것을 볼 수 있으니, 이것은 세계 개조의 진보인 것이다.

일본도 극단적인 침략자로서 단지 우리 민족의 원수일 뿐만 아니라 세계 인도의 적이므로, 결코 새로운 시대에는 용납될 수 없을 것이다.

우리들 2천만의 총명하고 지혜로운 민족이 둘도 없는 포학하고 야만적인 압제 밑에서, 밤낮으로 와신상담하면서 하늘에 염원하여 자유의 복음을 기원해 왔다.

봄이 되어 우리가 크게 한 번 울려, 용과 뱀이 깨어 일어나듯 우리도 다시 살아나서 용약 맹진할 것이다.

제3장 경성의 독립운동본부와 내외의 학생단체

1918년 10월에 우리 독립운동의 본부가 서울에 생겼다. 우리는 반만 년 역사의 정신으로 세계의 정의·인도에 순응하고 민족자결주의에 호응한 것이다.

그 운동의 동기를 보면, 우리 학우 최남선(崔南善)·현상윤(玄相允)·송진우(宋鎭禹)·최린(崔麟) 등 여러 사람들에 의하여 은밀하게 연구되고, 천도교의 손병희(孫秉熙)·권동진(權東鎭)·오세창(吳世昌) 등 여러 사람들과 기독교의 이승훈(李昇薰)·박희도(朴熙道)·함태영(咸台永) 및 불교의 한용운(韓龍雲)·백용성(白龍城) 등이 계책을 상의하여 독립운동본부를 서울에 두고 내외 요지에도 각 기관을 두어 거국일치의 활동을 준비하였다.

여러 사람들은 손병희를 맹주로 추대하였고, 그 운동계획의 규모는 대체로 손병희가 세웠다. 이에 운동을 위한 각종 자금은 모두 천도교에서 담당하였고, 〈독립선언서〉 및 일본에 대한 〈통고일본서(通告日本書)〉는 최남선이 직접 지어, 천도교에서 수만 부를 인쇄하여 운동이 있는 날에 배부할 수 있도록 준비하였다.

이에 일본 유학생 단체와 국내 각 학교의 학생단체는 모두 한

덩어리가 되어 연락하여 2백만의 단원이 집결되었다.

12월 28일, 일본 유학생들이 동경에 모여 웅변대회를 열어 자치론을 주제로 강연하고, 거기에 모인 500여 명이 격렬한 반박토론을 벌였다.

이튿날 다시 모여 이 회의를 여니, 일본 경찰 40여 명이 난입하여 욕설을 퍼붓고 구타하며, 12명을 경청(警廳)에 구속하였다가 곧 석방하였다.

이에 유학생 단체는 경성과 해외 각지에 대표를 파견, 각계의 요인을 방문하면서 비밀리에 상의하였다.

서울에 있는 18개 학교의 학생들 중 우수생들은 모두 같은 생각을 가지고 있었고, 지방 출신의 학생들도 겨울방학인데도 귀가하지 않고 여관에 묵으면서, 동지들을 몰래 찾아가 망년회 및 영신회(迎新會)라는 명목으로 서로 의견을 교환하고 마음속을 토로하였다. 기일을 정하여 음식점이나 공회당·예배당이나 북악산 산정에 모여 치밀하게 계획을 의논하고, 각 종교 단체와 연락하여 그 책임을 분담하였다.

각 여학교 학생들도 모두 일어나 행동일치로 애국 헌금하여 운동의 준비자금으로 약속하였다. 이에 재일 유학생과 지방 각 학교의 학생들이 서로 연락을 취하였고, 중국의 상해와 북간도에서도 대표가 경성에 와서 협의하였다.

제4장 **독립운동에 희생된 태황제**

우리나라 광무제(고종)는 명성황후가 일본인에게 피살되자 저들에 대한 원한이 이미 골수에 사무쳤는데, 그 뒤에 자신도 폐위를 당하고 나라까지 합병되자 무한히 통분하였다.

그는 비록 유폐되었다 하더라도 언젠가는 때를 타서 보복하려는 생각을 버린 적이 없었다.

왜놈들은 우리 황제를 일본 배격의 우두머리로 인정하고 제거하려는 생각을 가진 지가 오래였다.

때마침 유럽에서 전쟁이 끝나고, 열국은 파리에서 평화회의를 개최하고, 미국의 대통령(윌슨)은 민족자결주의를 제창하였으며, 우리 민족도 용약하여 독립운동을 벌이려 하고 있었다.

이보다 앞서 일본은 영친왕(李垠)을 일본 여인 방자(方子)와 결혼을 시키기로 하고 기미년 1월 25일 혼례를 치른 다음, '신혼여행'이라는 명복으로 파리의 평화회의에 맞추어 유럽 유람을 시킴으로써, 한국과 일본의 동화의 증거로 보여 주려 하였다.

또 한일합병이 양국의 동의에 의한 것이라는 글에, 옥새의 날인을 받으려고 윤덕영(尹德榮) 등 여러 매국노들을 사주하여 황제를 핍박하였으나 끝내 거절당하였다. 이에 그것과 동일한 글을 지어 각 귀족과 전국 각 면장의 서명을 요구한 일이 있었다. 이리하여 민심이 흉흉하여졌는데, 1월 22일 상오 3시에 갑자기 황제가 붕어하였다는 소문이 전하여졌다.

이 소식은 이미 궁인들에 의하여 밖으로 누설되었는데도, 일본인들은 이를 감추려고 신문의 '호외'에 다만 병환이 위급하다고 게재하였다.

22일부터 이튿날 정오까지 일본 정부와 총독부 사이에는 이로 인하여 수십 차례의 전보가 오고갔다.

한국 상인들 가운데는 그 사정을 알아차린 이들이, 국상을 준비하기 위하여 삼베를 사려고 자주 전보를 쳤으나 모두 압수당하였다.

이 시역을 숨기기 위함인 동시에 영친왕 혼례 후에 발표할 계획이었다. 그러나 민심의 격양과 여론의 비등함은 어찌할 수 없었다.

저들은 부득이하여 23일에야 비로소 태황제께서 '오늘 상오 3시, 뇌일혈로 갑자기 붕어하셨다'고 발표하였다.

그러나 그 진상은 끝내 폭로되었으니 명확한 전말은 이러하다. 일본인은 적신(賊臣) 한상학(韓相鶴)을 시켜 식혜에 독을 타서 드리게 했다.

얼마 안 되어 독이 온몸에 퍼지니 황제가 소리치기를 "내가 무얼 먹었길래 이러하냐?" 하더니 잠시 후 갑자기 붕어하자, 두 눈은 붉고 온몸에는 붉은 반점이 생기며 부패해 갔다. 그 장면을 보고 있던 두 시녀도 갑작스레 죽고 말았다.

또 광화문 앞 전수학교의 담에는 '저들은 파리 평화회의를 두려워하여 우리 황제를 독살하였다'는 내용의 글이 붙여졌다.

이때 삼천리강산에는 의심이 가득 찼고 원한이 하늘에까지 솟아올랐다. 이에 우리 독립당의 여러 사람들은 다음과 같이 모의하였다.

"지금은 국상을 당하여 민심이 이러하니, 인산(國葬)날에 반드시 각지의 백성들이 서울로 많이 모일 것이다. 이 기회에 독립을 선포하고, 일대 시위운동을 벌여 우리 민족의 참다운 뜻을 세계에 보이도록 하자. 또 적합한 인물을 뽑아 파리에 보내어 국제연맹에 우리의 독립을 제청하는 것이 좋겠다. 선언서에는 당연히 국내외의 저명한 지사들이 서명해야 하고, 시위운동은 서울의 학생들을 중심으로 각 지방의 학생들과 연락을 취하여, 인산날에 전국의 각 도시에서 같은 시각에 함께 거사하도록 해야 한다. 잔악한 저들은 반드시 억압하려 할 것이다. 그러나 궐내의 혼전(魂殿:황제의 빈소)이 지척에 있으니 어찌 함부로 발사하겠는가. 우리들은 대한문 안으로 달려 들어가 태극기를 올리고 만세를 높이 외치면 저들의 탄압에 항거할 수 있을 것이다. 만약 항거할 수 없다면 차라리 죽음이 있을 뿐이다."

일본인들은 황제의 붕어를 선포한 후에 민심이 평온치 못할 것을 알아차리고 단지 1주간의 망곡을 허락하였다. 이에 서울의 남녀노소들은 모두 베옷을 입고 짚자리를 깔고 7일간의 호곡을 계속하였는데 인산인해를 이루었다.

각 지방의 백성들도 일제히 망곡하였고, 직접 서울로 올라온 사람들도 많았으며, 어떤 사람은 순사(殉死)하기도 했다.

중국인·서양인들의 거류민들도 대한문을 지날 때에는 모두들

곡하며 조의를 표하였다. 그러나 일본인들만은 오히려 조소를 보냈다. 외국인들은 일본인의 성질이 비열하고 사악함을 욕하며 나무랐다.

일본인들은 뜻밖의 변고가 있을까 염려해서, 일본인 순사와 한국인 순사보를 다수 파견하여 망곡하는 한국인에 대해 엄중한 경계를 하였다.

한국인 순사보들은 그래도 경건한 태도를 취하고 행인들에게 흡연이나 불경한 일은 금지시켰다. 그러나 일본인들은 조금도 거리낌 없이 포학한 행위를 자행함으로써 한국인들의 악감을 불러일으켰다.

저들은 비록 망곡을 허가하기는 하였으나 속으로는 사실상 꺼렸고, 망곡하는 사람을 배일파로 몰아서 위협하기도 했다. 지방에서는 모여서 곡하는 것을 금지시키기도 하였다.

저들은 특히 흰 옷과 흰 갓을 싫어하여 심한 압박을 가하였다.

일반 관공서와 학교는 하루의 휴일도 없었으며, 극장에 대해서도 가곡을 금하지 않았다. 일본인 극장 주인들은 망곡인이 많이 왕래하는 것을 도리어 이용하여 가무·음곡을 더욱 크게 벌여 놓았다.

각 외국인 거류민들은 모두가 조기를 달았으나, 일본인의 조선은행만은 조기를 달지 않았다.

어느 날 일본인 4, 5명이 대한문 앞을 지나가다가 망곡하는 군중들을 보고 '가소롭다' 고 말하였다.

군중들이 크게 노하여 '저놈들 죽일 놈이다' 하고 모두들 몽둥이를 들고 일어났다. 사태가 매우 위급하였으나 일본인 순사의 구조를 받아 도주하였다.

이때에 각 학교의 일본인 교직원들은 휴교를 허락하지 않고 도리어 단속을 하였다. 그러나 학생들은 자발적으로 모두들 애도했으며, 남학생들은 검은 베를 왼팔에 둘렀고, 여학생들은 검은색 댕기를 드리우고 3일 동안 동맹휴학하였다.

이보다 앞서, 각 학교에서는 체조의 구령으로 한국어 사용을 금하고 일본어를 썼지만, 이때에 이르러 학생들은 스스로 한국어로 구령을 부르면서 대한문 앞으로 나아가, 최상의 경례로써 조의를 표하였으므로 일본인 직원과 충돌이 잦았다.

총독부 소관인 여자고등보통학교 학생들도 황제가 돌아가셨다는 소식을 듣자 치마 끝을 잘라내어 상장(喪章)을 표시하고, 교실에 조용히 앉아 근신을 보였다.

일본인 교사들이 매를 들고 교실로 들어왔으나 학생들은 꼼짝하지도 않고 조용한 태도로 못 본 체하였다. 일본인 교사가 이상히 여겨 "왜들 그러지?" 하고 물었다.

학생들은 대답했다.

"몇 해 전에 일본 황제가 돌아갔을 때는 '근신'이니 '양암(諒闇)'이니 하여 계칙(戒飭)이 매우 심했는데, 지금 우리 황제가 붕어하셨는데도 말 한마디도 없으니 어찌된 일입니까? 그래서 우리들이 서로 의논하여 3일 동안을 근신하기로 하였습니다. 그러니 교실에서도 마땅히 정숙히 하고, 조의를 표해야하기 때문에 이렇게 앉아 있습니다."

교사가 말했다.

"근신은 집에서 해야지 어째서 학교에 와서 공부하지 않는가?"

학생들은 말했다.

"우리들이 개인적으로 예를 행하는 것은 함께 모여 행하는 것만 못하기 때문입니다."

교사가 말했다.

"그렇다면, 우리 모두가 운동장에 나가서 대한문을 향해 예를 한 다음에 교실에 들어와 다시 공부를 시작하도록 하자"

고 하니, 학생들은 모두 그의 말대로 하였지만, 교실에 다시 들어와서는 전처럼 공부하기를 거부하고 정좌하였다.

교사가 노해서,

"근신하려는 자는 집에 돌아가서 근신하고 공부할 자는 공부를 하라"

고 하니, 학생들은,

"그야말로 우리들이 바라던 바입니다"

하고는 모두 나갔다.

일본인 사무원들이 간절히 만류하여 다시 교실로 들어가 정좌하였다. 이리하여 일본인들은 할 수 없이 3일 동안 휴학을 허락하였다.

어떤 사람이 태황제가 시역 당하였다는 사실을 적어 융희황제(隆熙皇帝)에게 밀서를 보냈다.

융희황제는 크게 의심을 품고 영친왕으로 하여금 진실을 밝히도록 하였으나, 일본인들은 영친왕을 거느리고 곧 일본으로 건너갔다.

제5장 재외한국인의 활동

2월 1일. 신대한청년당의 여운형(呂運亨)·김철(金澈)·김규식(金奎植)·선우혁(鮮于爀)·한진교(韓鎭敎)·장덕수(張德秀)·조동우(趙東祐)·서병호(徐丙浩) 등은 중국 상해에 모여 광복의 대사를 협의하고, 대표를 파리의 평화회의에 파견하기로 결정하였다.

그리하여 김규식은 파리로 가게 되었고 장덕수는 일본으로 건너가 유학생단을 방문하고, 김철·선우혁·서병호 등은 국내로, 여운형은 러시아로 가서, 각 사회 요인을 찾아 독립운동의 진행방법을 의논하기로 하였다.

2월 8일. 일본 유학생 600명이 한인청년회관에 모였다. 최팔용(崔八鏞)이 등단하여 비분강개하며 격앙된 어조로 눈물을 흘리면서 선언서와 결의문을 낭독하였다. 그런 후 일본 의회에 제출할 작정으로 손가락을 깨물어 선혈로써 독립요구서를 썼다.

이때 일본 경찰 80명이 난입하여 서명한 사람들을 체포하려 하였다. 학생들이 사리를 따지어 항의하니 일본 경찰들은 칼을 빼어 이들을 난자하여 회관 안에는 유혈이 낭자하였다.

60여 명이 구속되어 니시 칸다[西神田] 경찰서에 수감되었고, 일본 경찰은 학생들의 기숙사를 수색하였으며, 학생 1명에 형사 1명씩을 붙여 감시하였다.

학생들은 이에 더욱 격분하여, 12일 상오에는 다시 청년회관에 모여 구속학생들의 석방을 요구하고 목적을 관철할 것을 논의하자, 일본 경찰 30여 명이 창문을 부수고 난입하여 25명을 묶어 갔다.

8일에는 재판을 열고 60여 명을 출판법 위반으로 처벌하니, 최팔용·서일춘(徐一椿)에게는 금고 1년을, 나머지에게는 금고 9월을 언도하였다.

학생들은 운동을 더 계속하기 위하여 이광수(李光洙)를 상해로 파견하였다.

선 언 서

조선청년독립단은 우리 2천만 민족을 대표하여 정의와 자유에 의거, 세계 만국에 독립의 기성(期成)을 선언한다.

4,300년의 장구한 역사를 가진 우리 민족은 가장 오랜 옛 민족의 하나다. 비록 때때로 중국의 정삭(正朔:책력)을 사용한 일은 있었으나, 이것은 양국 왕실의 형식적인 외교관계에 불과하였다. 조선은 항상 우리 민족의 조선이고 한 번이라도 통일된 국가를 잃고 이민족의 실질적 지배를 받은 일이 없도다.

일본은 조선이 일본과 순치의 관계가 있다고 하며, 1894년 청일전쟁의 결과로 한국의 독립을 솔선해서 승인하였고, 미·영·독 등 제국들도 독립을 승인했을 뿐더러 이를 보전하기로 약속하였다. 한국도 그 은의를 감사하여 제반 개혁과 국력의 충실을 예의 도모하였다.

당시 러시아의 세력이 남하하여 동양의 평화와 한국의 안녕을 위협함이 있으니, 일본은 한국과 공수동맹(攻守同盟)을 체결하고 러일전쟁을 벌였다.

동양의 평화, 한국의 독립을 유지한다는 것이 곧 이 동맹의 주지였다. 이에 한국은 더욱 그 호의에 감사하여 비록 육·해군의 작전상 원조는 없었으나, 우리의 주권의 위엄까지 희생하여 가능한 온갖 의무에 진력했던 것은, 동양의 평화와 한국 독립의 2대 목적을 추구하기 때문이었다.

전쟁이 종결되고 당시 미국 대통령 루스벨트의 중재로 강화회의가 개최될 때, 일본은 동맹국인 한국의 참가를 허락하지 않고, 러일 양국 대표자가 한국에 대한 종주권을 임의로 설정하였으며, 일본은 우월한 병력을 믿고 한국 독립을 보전한다는 구약을 위반하였다.

한국의 황제와 그 정부를 위협하고 기만하여서 '한국 국력이 충분히 독립을 획득할 만한 시기까지' 라는 조건을 강제로 설정하여, 한국의 외교권을 박탈하고 일본의 보호국으로 만들어, 한국으로 하여금 직접으로 세계 각국과 외교할 길을 단절하게 하였다.

이어 '상당한 시기까지' 라는 조건으로 사법 경찰권을 빼앗고, '징병령 실시' 라는 조건을 빌려 군대를 해산시켰다.

민간의 무기를 압수하고 일본 군대와 경찰을 각지에 고루 배치하고, 심지어 황궁의 경비까지 일본 경찰을 사용하였다. 이와 같이 하여, 드디어 한국을 전혀 무저항자로 만들어 놓고 우리의 명철하신 광무황제를 내쫓고 아직 정신의 발달이 충분치 못한 황태자를 옹립하여, 일본의 주구들로써 소위 내각을 조직하고 마침내 비밀과 무력으로써 합병조약을 체결하였다.

이리하여 한국은 일본의 군벌적 야심정책에 희생되었다. 이러한 속임수로 이처럼 큰 성공을 거둔 일은 참으로 세계의 흥망사에 미증유한 일로서 인류의 큰 치욕이다.

보호조약을 체결할 때에 적신을 제외한 황제 및 여러 대신들은 모두 극력으로 반대하였다. 그것이 발표되었을 때에는 우리의 온 국민은 모두 맨손으로 반항하였으며, 사법 경찰권을 빼앗길 때와 군대해산의 날에도 그러하였다. 드디어 합병에 이르러 수중에 촌철이 없음에도 극력으로 반항운동을 다하다가 일본의 무력에 의한 희생자가 무수하였다.

그 뒤 10년간에 걸쳐 독립을 회복하려는 운동으로 생명을 바친 사람들도 10만 명이나 된다. 저들의 헌병정치는 극도로 가혹하여 행동과 언론의 자유를 속박하였으나 독립운동은 중단된 적이 없다.

이렇게 보면 합병이 조선민족의 의사가 아님을 알만할 것이다. 그런데 우리 민족의 운명은 일본의 군국주의적 야심가의 사기와 폭력 아래에 놓여, 정의로써 세계를 개조하려는 시기를 맞이하여 그 광정을 요구함은 또한 당연한 권리이다.

또한 세계 개혁의 주동이 되는 미·영 같은 나라가 보호와 합병을 솔선하여 승인한 것은 오늘날 구악을 속죄할 의무가 있다고 하겠다.

또 합병 이래로 일본의 조선통치 정책을 보면, 저 '합병 선언'이란 것에서 소위 '우리 민족의 행복과 이익을 증진시킨다'고 한 것은 모두 남을 속이는 말뿐이다.

오로지 정복자가 피정복자에 대하여 구시대의 비인도적 정책을 도습하는 것처럼, 우리 민족에게 참정권, 집회·결사의 자유, 언론, 출판의 자유 등을 일체 불허한다.

심지어는 신앙·종교의 자유, 기업의 자유마저도 구속한다.

행정·사법경찰 등, 모든 기관에서 조선 민족의 사유권을 침해하지 않는 것이 없다. 공사 간에 우리 민족과 일본인과의 차별을 현격히 다르게 한다.

우리 민족에게는 일본인에 비해 열등한 교육을 베풀어 영원히 일본인의 사역자로 되게 할 뿐이다.

또 역사를 고쳐 우리 민족의 신성한 역사적 전통과 위엄을 파괴하고 업신여긴다.

소수의 관리를 제외하고는 정부의 여러 기관과 교통·통신·주비 등 모든 기관의 전부 혹은 대부분에 일본인을 고용하여, 우리 국가 생활의 지능과 경제에 있어서 그 기회를 영원히 얻지 못하게 한다.

우리 민족은 결코 이와 같은 무단전제의 부정·불평등의 치하에서는 생존과 발전을 향유하기가 불가능하다. 그뿐만 아니라, 저들은 인구가 과잉한 조선 땅에 무제한 이민을 장려하여 우리의 토착민족은 해외로 유리함을 면치 못하게 한다.

또 정부의 모든 기관에 모조리 일본인을 고용하여 우리 민족의 직업을 잃게 하고, 한편으로는 우리나라의 부의 자원이 일본으로 유출되도록 하고 있으며 상공업에도 일본인에게만 특수한 편의와 이익을 주어 우리 민족의 산업 발전 기회를 놓치게 한다.

이처럼 다방면으로 우리 민족과 일본인 간에 여러 가지로 이해가 상반하며 피해자는 우리 민족뿐이다. 그러므로 우리 민족의 독립 주장은 생존을 위한 권리이다.

마지막으로 동양 평화의 견지에서 보건대, 저들의 가장 큰 위협인 러시아는 이미 그 군사적 야심을 포기하고 정의와 자유를 기초로 한 새로운 국가의 건설에 힘쓰며, 중화민국도 그러하다.

　겸하여 이후로는 국제연맹이 실현되면 반드시 군국주의적 침략을 감행할 강국은 없을 것이다. 그렇다면 한국을 합병할 가장 큰 이유는 이미 소멸하였다.

　이후 한국 민족이 만약 혁명의 난을 일으킨다면, 일본이 한국을 합병한 것은 실로 동양 평화를 어지럽히는 화근이 될 것이다.

　우리 민족의 유일하고 정당한 방법은 우리 민족의 자유를 추구하는 것이다. 그러나 만약 이것으로써 성공하지 못한다면, 우리 민족은 생존의 권리를 위하여 온갖 자유행동을 취해서, 최후의 한 사람까지 반드시 자유를 위해 열혈을 뿌릴 것이니 어찌 동양 평화의 화근이 아니겠는가.

　우리 민족은 병력으로는 일본에 저항할 실력이 없다. 그러나 일본이 만약 우리 민족의 정당한 요구에 응하지 않는다면, 일본에 대하여 영원한 혈전을 선포하지 않을 수 없다.

　우리 민족은 고상한 문화를 가진 지 오래이며, 또 반만 년 동안 국가생활의 경험을 가졌다. 비록 다년간의 전제정치 하에서의 피해로 오늘날과 같이 불행하여졌으나, 이제부터 정의와 자유민주주의 선진국의 수범(垂範:본보기가 됨)을 따라 새 국가를 건설한다면, 우리의 건국 이래의 문화와 정의와 평화를 애호하는 우리 민족은, 반드시 세계의 평화와 인류의 문화에 대하여 공헌할 것이다.

　이제 우리 민족은 일본과 세계 각국에 대하여 자결의 기회를 요구하는 바이다. 만일 그렇게 하지 않으면, 우리 민족은 생존을 위한 자유의 행동으로써 우리 민족의 독립을 기필하기로 선언한다.

조선청년독립단 대표

최팔용(崔八鏞) 윤창석(尹昌錫) 김도연(金度演)

이종근(李淙根) 이광수(李光洙) 송계백(宋繼白)

김희수(金喜壽) 최근우(崔謹愚) 백관수(白寬洙)

김상덕(金尙德) 서일춘(徐一椿)

결의문

① 본 단은 한일합병이 우리 민족의 의사에서 나온 것이 아니고, 우리 민족의 생존과 발전을 위협하며 동양 평화를 어지럽히게 하는 원인이 된다는 이유로 독립을 주장한다.

② 본 단은 일본 의회 및 정부에 조선민족 대회를 소집하여 이 대회의 결의로 우리 민족의 운명을 결정할 것을 요구한다.

③ 본 단은 만국 평화회의의 민족자결주의에 의거하여 우리 민족에게도 적용하기를 요구한다. 또 목적을 달성하기 위하여 일본에 주재하는 각국 대사와 공사에게 전달하기를 요구하고, 동시에 위원 2명을 만국평화회의에 파견한다. 그 위원은 이미 파견된 우리 민족 전체의 위원과 행동일치를 취한다.

④ 이상의 모든 조항의 요구가 불행하게도 실패한다면, 우리 민족은 오직 일본에 대하여 영원한 혈전을 선포한다. 이로써 발생하는 참화는 우리 민족이 그 책임을 지지 아니한다.

샌프란시스코와 하와이 등 미국 각지에 이주한 교포들은 거의 1만여 명인데, 모두가 노동으로 생계를 유지하고 있다.

또한 지사(志士)와 학생들이 전후로 내왕하면서 그들을 지도하여 단체를 조직하였고, 서로 소식을 연락하며 신문을 발행하여 독립사상을 고취함으로써 조국을 위하여 공헌하도록 하였다.

그들은 국민회를 조직하여 통일적인 기관으로 삼아서 샌프란시스코에다 중앙총회를, 각지에는 지회를 두었다. 이때를 당하여서 회장 안창호(安昌浩)는 샌프란시스코에서 회원을 모아 독립을 모의하고, 대표 3명을 파리 평화회의에 파견하기로 의결하였다.

그리하여 이승만(李承晩)·민찬호(閔瓚鎬)·정한경(鄭翰景) 등 3명이 대표로 뽑혔으나 여권이 장애가 되어 프랑스로 가지 못하였다. 그래서 워싱턴과 각지에서 우리 민족의 독립취지를 선전, 열국의 동의를 구하는 데 힘썼다.

제6장 중앙의 독립시위운동

1919년 3월 1일은 우리나라 2천만 한국 민족이 정의·인도의 기치를 높이 들고 충과 신을 갑옷으로 삼고, 붉은 피를 포화로 대신하여 창세기 이래 미증유의 맨손혁명으로 세계무대에서 활동한 특기할 만한 날이다.

그 모의는 처음 독립운동본부에서 비롯되어, 극히 신중하고 면밀하게 주도되었다. 그러므로 거행할 시기와 집회의 위치는 오로지 각 단체의 두령과 각 급 학교의 대표들에 의해 결정되었고, 다수의 학생들과 단원들에게는 일체 미리 알리지 않았다.

2월 28일 밤이 되자, 비로소 학생 2명을 파견하여 1일 정오에 일제히 탑동공원(塔洞公園·탑골공원)에 모여 시위운동을 거행할 것을 통지하여 약속하였다.

거사 시각이 되자 기약하지 않고 모인 학생이 이미 1천여 명이었다. 이리하여 9년 동안 그림자조차 볼 수 없었던 태극기가 한성(서울) 중앙에 돌연히 나타나 하늘 높이 펄럭이었다.

천도교인 한 사람이 몸을 날려 단상으로 올라가 독립선언서를 낭독하였다. 낭독이 채 끝나기도 전에 만세소리는 우레같이 울려퍼지고, 자그마한 태극기와 선언서가 마치 영산회(靈山會)의 천화우

(天花雨)처럼 쏟아졌다. 그러자 모인 군중들은 모자를 벗어 허공에 던지며 미친 듯이 기뻐 날뛰었다.

이때, 성중과 지방의 백성들도 합세하여 수십만의 군중이 성세를 도왔다. 앞에서 밀고 뒤에서 옹위하여 발이 허공에 뜰 지경이었다. 이리하여 두 갈래로 갈라져서 앞으로 나아가니, 한 갈래는 종로 보신각을 지나 남대문 쪽으로 향하고, 한 갈래는 매일신보사 옆을 거쳐 대한문을 향하였다.

규중의 부녀자들도 모두 기뻐 날뛰며 앞을 다투어 차와 물을 날라 왔다.

평소부터 우리 민족을 깔보고 독립할 자격이 없다고 말하던 서양인들도, 이날에 벌였던 우리 민족의 씩씩하고 질서정연한 시위운동을 보고는 찬탄하여 마지않았다. "우리들은 한민족이 독립할 자격이 있음을 확신한다."고.

저 일본인 관리들은 이 광경을 보고 어찌할 바를 몰랐고, 그들 시민은 겁에 질려 바라보다가 달아났다.

이에 총독부는 많은 헌병을 파견하여 말을 몰아 칼을 휘두르면서 독립단이 대한문에 이르는 것을 막았다.

군중들이 칼날을 무릅쓰고 곧장 전진하니 그 기세는 거센 파도와 같았으며, 일본 헌병들은 당황하여 겁을 먹고 자신도 모르는 사이에 칼을 떨어뜨렸다. 군중들은 여전히 큰 소리로 외치면서 나아가 대한문에 이르렀다.

앞에서 선도하던 여러 사람들이 덕수궁의 태황제의 혼전에 나아가 3번 절하며 계속해서 만세를 불렀다. 그냥 계속하여 서대문을 돌아 일본정(태평로)을 지나 미국 영사관에 이르렀다.

이때 어느 학생이 태극기를 높이 들고 손가락을 깨물어 피로써 '대한독립' 4자를 써서 앞에 들고 군중을 인도하니, 미국영사는 문을 열어 환영하며 깊은 동의를 표했다. 우리의 변사 한 사람이 나와 뜨거운 눈물을 흘리면서 독립의 주지를 연설하고, 종로에 이르러 다시 연설을 벌이자 일본 헌병과 기마병들은 칼을 휘두르며 해산시키려 하였다. 그러나 군중들은 태연자약한 태도로 물러가지 않다가 6시가 되어서야 자진해산했다.

이날 우리 민족 대표 30여 인은 태화관에서 나란히 축배를 들고 경무총감부에 전화를 걸어, '우리 독립단 대표 여러 사람들이 여기에 있다'고 통지하였다. 그래서 총감부에서는 즉시 헌병과 경찰을 파견하여 대표들을 자동차에 태워 마구 달렸다.

독립단은 연도에 늘어서서 독립만세를 불렀고 대표들은 군중들에게 <독립선언서>를 던져 주었다.

다음날 총독부는 크게 군경을 풀어서 독립단을 수색하여 체포·투옥된 자가 1만여 명이나 되었다.

동월 5일에는 동대문 밖에서 다시 한 번 일대시위운동이 일어났다. 유생 경현수(慶賢洙)·우현(愚顯) 부자, 유준근(柳濬根)·김진우(金振宇) 등이 주동이었다.

이날은 태황제의 인산 날이었으므로 망곡하러 모인 군중이 수십 만이었다. 큰 장사들로써 몇 개의 대열을 짜서 청량리의 길가에 매복하게 하여 일본 경찰의 방해에 대비하였다.

인산예(因山禮)가 끝나고 융희제(순종)와 두 분의 친왕(여기서는 황제의 형제를 뜻함) 이하 여러 관료와 궁속들이 돌아오다가 청량리에 이르렀다. 이때 곡소리와 만세 소리가 일시에 폭발하여 천지를 진동시켰다.

군중들이 어가를 모시고 에워싸서 궁으로 돌아가게 되었다. 성중의 백성들도 이에 호응하여 그 성세(聲勢)가 더욱 장렬하였다.

일본 기마병과 순사 다수가 달려와서 경우현(慶愚顯) 이하 여러 사람을 체포하여, 경찰서로 끌고 들어가서 몽둥이로 때리고 창으로 찌르고 하여 유혈이 낭자했다.

이날, 관인 1명이 수레를 타고 어가를 따라가려고 하자, 그 차의 차부가 그를 보고 꾸짖으며 말했다.

"어째서 너는 유독 만세를 부르지 않는가. 나는 비록 미천한 차부지만 그래도 사람이다. 차라리 개돼지를 태울지언정 너 같은 무리는 태우지 않겠다."

그리하여 관인은 할 수 없이 그의 말에 따랐다고 한다.

이때 40여 명의 한국인 순사가 퇴직하였다.

순사 정호석(鄭浩錫)은 고양군 사람이다. 그는 3월 1일의 시위운동을 보고 곧 집으로 돌아가 맹세했다. '나는 나라를 위해 목숨을 바치겠다' 하고는 곧 군도를 가지고 손가락을 자르려 하였다.

그의 어머니가 칼을 빼앗으며 말리니 그는 이로 손가락을 물어뜯어 흐르는 선혈로써 광목 2폭을 가지고 1폭에는 태극기를 그리고, 1폭에는 '독립만세' 4자를 써서 긴 장대에 높이 달고 그 동네에 있는 학교로 달려갔다.

그리하여 학교의 직원 및 학생 80여 명과 함께 만세를 부르며 서소문에 이르러 일본 경찰에 체포되었다.

일본 경찰이 그의 집을 수색하여 잘려 나간 손가락을 찾으려 하자, 정호석의 처가 그들을 꾸짖어 물러가게 하였다.

이리하여 전 국민의 운동이 날로 치열해지자, 총독 하세가와 요시미치[長谷川好道]는 군대를 동원하여 무찌를 계획을 세웠으나 사령관 우쓰노미야 다로[宇都宮太郞]가 항의하였다.

"한민족은 반만 년 역사의 정신이 있어 결코 위압으로 굴복시킬 수 없으니, 나는 출병할 수 없습니다."

하세가와는 이리하여 본국정부에 타전하여 새로운 군대를 요청하였고, 새 병력이 파견되어 한국으로 건너오자 마구 학살을 자행하였다.

그리하여 저들의 만행은 드디어 세계에 알려지고, 세계 여론은 공공연하게 일본에 대한 질책이 가중되어 날로 높아가 하세가와는 마침내 굴복하여 쫓겨 갔다.

우리 민족의 이번 거사는 저들 일본인에게 커다란 경악과 공포를 줌이 한두 가지가 아니었다.

우리 민족에 대한 저들의 겸제(箝制)와 속박은 극도로 엄밀·가혹하였다.

거리에는 3명의 집회도 허락하지 않았고 집 안에서 우연히 주고받는 언동까지도 정찰하였으니, 삼천리 안팎에 널리 철망이 쳐진 셈이다.

우리 민족은 모두 두려워 벌벌 떨며 무고하게 해를 당할까 겁을 먹고, 추호도 감히 불평의 기색을 나타내지 못했다.

이리하여 저들은 우리를 굴복·동화시켰다고 확인하고 방자하게 기탄없이 오만무례한 언동을 하며 스스로 만족해하였다. 이리하여 수십만의 군중의 활동이 바로 총독 앞잡이의 창칼 앞에서 돌발, 저들의 무장에 항거하여 아무것도 보이지 않는 것처럼 태연하게 행동하니, 이를 어찌 저들이 상상이나 하였겠는가.

저들은 보통학교 아동들에게 오로지 일본어를 가르치고, 일본의 위력을 과장하여 밤낮으로 타일렀다.

"우리를 닮아라, 우리를 닮아라."

그러나 그런 학교의 학도들로서 운동에 참가한 자가 더욱 많았으니, 저들이 어찌 낙심하고 실망하지 않을 수 있겠는가.

저들은 또 우리나라를 귀족정치국으로 여겨, 우리 사회에서의 가장 세력자를 귀족이나 대관으로 보고, 이들만 복종하게 되면 모든 국민이 덩달아 복종하리라 생각하였다. 그래서 금전과 작록을 미끼로 하여 귀족의 원로 등을 그들 아래 굴종시켜 왔다. 그러나 이번의 운동이 일어나자, 원로인 김윤식(金允植)·이용식(李容植) 등은 귀족대표로서 글을 보내어 독립을 요구하고 노구를 투신하여 전죄를 속죄하고자 하였다.

황자 의친왕(義親王) 이강(李堈)은 평소 주색에 빠져 허송세월하였으므로 저들은 전혀 아무런 사상도 없는 이라고 인정하였다. 그러나 그는 오늘날 대동단에 투신하여 원수를 갚고 나라를 되찾으려는 운동에 결연히 나섰으니, 이러한 모든 사례는 저들로서는 뜻밖의 일이었으리라.

저들은 우리의 각 신문을 폐간하고 우리의 인쇄물을 검열·단속하여, 10여 년 이래로 한 가지의 신문도 자유롭게 발행된 것이 없었다. 그러나 3월 1일 이후부터는 《독립신문》《자유신종(自由晨鍾)》《반도목탁(半島木鐸)》《혁신공보(革新公報)》《대동신보(大同新報)》《국민신보(國民新報)》 등이 혹은 등사로, 혹은 인쇄로 날마다 1만여 매씩 발행되었다. 그러나 대체 어디서 출간되는지 출처조차 알 수 없었으니, 저들이 놀라고 두려워하지 않을 수 없는 일이다.

저들은 이루 형언할 수조차 없는 각종의 악형을 우리 민족에게 가하였고 사람 죽이기를 쾌락으로 여겼다. 이번에 투옥된 독립단원들은 특히 혹독한 악형을 받아 기절하여 죽은 사람들도 가끔 있었다. 그러나 '독립만세' 소리가 밤마다 옥중에서 먼저 울려나와, 뒤에서 호응하였으므로 온 성안을 진동시켰으니, 저들의 학대와 위협이 우리 민족의 정신을 추호도 손상시키지 못했음을 알 수 있다.

이 장거는 경성을 비롯하여 개성·평양·진남포·선천·안주·의주·함흥·원산·대구·황주·곡산·수안과 각 시장에서 골고루 같은 날 같은 시각에 거행되었는데, 이 사실은 저들로서는 더욱 불가사의한 일이었던 것이다.

아, 우리 민족이 이 같은 자각 능력을 지녔으면서도 어찌 이민족의 노예 되기를 감수하겠는가.

선 언 서

우리들은 이에 우리 조선이 독립국임과 조선인이 자유민임을 선언하노라. 이로써 세계만방에 고(告)하여 인류평등의 대의를 천명하며, 이로써 자손만대에 고하여 민족자존의 정당한 권리를 영유케 하노라.

우리의 반만 년 역사의 권위에 의지하여 이를 선언하며, 우리 2천만 민중의 성충(誠忠)을 합하여 이를 포명(佈明)하며, 우리 민족의 항구여일(恒久如一:오래도록 변함 없음)한 발전을 위하여 이를 주장하며, 인류 양심의 발로(發露:마음속의 것이 겉으로 드러남)에 기인하여 세계 개조의 대 기운에 순응병진(順應並進)하기 위하여 이를 제기하는 것이니, 이는 하늘의 명명(明命)이며, 시대의 대세이며, 전 인류 공존동생권(共存同生權)의 정당한 발동(發動)이다. 천하의 어떤 물건인들 이를 저지·억제할 수 있겠는가.

구시대의 유물인 침략주의·강권주의 밑에 희생되어, 유사 이래 여러 천년에 일찍이 없었던 이민족에 의한 겸제(箝制:자유롭지 못하게 억누름)의 통고(痛苦:고통)를 상(嘗:일찍이)한 지 이미 10년, 무릇 우리 생존권의 박탈됨이 그 얼마이며, 우리 심령 상의 발전에 장애됨이 그 얼마이며, 우리 민족의 존영(尊榮)의 훼손됨이 그 얼마이며, 우리가 신예(新銳)와 독창(獨創)으로써 세계 문화의 대 조류에 기여보비(寄與補裨)할 기연을 유실 당함이 그 얼마인가.

아, 우리 구래(舊來)의 억눌림을 선창하고 이때의 고통을 파탈(擺脫)하려 할진대 장래의 협위(脅威)를 제거하고, 민족적 양심과 국가적 염의(廉義)의 압축소잔(壓縮消殘)을 흥분·신장시키려 할진대 각 개인 인격의 정당한 발달을 성취하고, 가련한 자제에게 고통스럽고 부끄러운 재산을 남겨 주지 않으며, 자자손손의 영구 완전한 경복(慶福)을 도영(導迎)하려 할진대 오로지 우리의 민족적 독립을 확실하게 함이 최대의 급무이니, 2천만 각 개인이 저마다 마음속에 칼을 품고, 인류의 통성(通性)과 시대적 양심으로써 정의의 군(軍)과 인도의 간과(干戈)로써 호원(護援)하는 오늘, 우리들이 나아가 취하면 어떤 강자인들 꺾지 못할 것이며, 물러나 작하매 어떤 의지인들 펼치지 못하랴.

병자수호조규(丙子修好條規) 이래 시시종종(時時種種)으로 금석 같은 맹약을 식언하였으니, 일본의 무언(無信)은 진실로 허물할 만하다. 학자는 강단에서, 정치가는 실제에서, 우리 조종의 세업을 식민지시하고 우리 문화민족을 토매인(土昧人)으로 대우하여 한갓 정복자의 탐욕을 쾌하게 할 뿐, 우리의 구원한 사회적 기초와 탁월한 민족 심리를 무시하니, 일본의 무의[少義]함은 본래부터 책(責)하여야 할 것이다. 그러나 우리는 바야흐로 자기를 책려(策勵)하기에 급하다. 타인을 원망하고 탓할 겨를이 있겠는가. 현재를 주무(綢繆)하기에 급하니 숙석(宿昔)의 일을 징변(懲辨)할 겨를이 있겠는가. 오늘 우리들의 소임은 다만 자기의 건설에 있을 뿐이요, 결코 타인을 파괴함에 있음이 아니로다. 엄숙한 양심의 명령으로써 자가(自家)의 신운명을 개척함이요, 결코 구원(舊怨)과 일시적 감정으로써 남을 질축배척(嫉逐排斥)함이 아니로다. 구사상과 구세력에 기미(羈縻)된 일본 위정가의 공명적 희생이 된 부자연·불합리한 착오상태를 개선광정(改善匡正)하여 자연·합리의 정경대원(正經大原)으로 귀환하게 함이로다. 당초부터 두 나라의 병합은 민족적 요구에서 나온 것이 아니다. 그러므로 결과가 마침내는 고식적 위압과 차별적 불평, 통계 숫자상의 허식 아래에서 이해가 상반된 양 민족 간의 영원 불화의 원구(怨溝)가 갈수록 더욱 깊어지는 것이 오늘의 실적이다. 진실로 용맹과감(勇明果敢)으로써 구오(舊誤)를 확정(廓正)하고, 진정한 이해와 동정에 기초를 두어 우호적인 신국면을 타개한다면, 어찌 피차간에 원화소복(遠禍召福)의 첩경이 아니겠는가. 또 2천만 백성의 함분축원(含憤蓄怨)을 오로지 위력(威力)으로 구속하려 한다면, 동양의 영구적 화평을 막아 장애가 될 뿐만 아니라, 이로 인하여 동양의 안위에 주축이 되는 4억 중화인의 일본에 대한 위구(危懼)와 시의(猜疑)를 갈수록 농후하게 하여, 그 결과로 동양 전국(全局)이 반드시 공도동망(共倒同亡)의 비운에 빠지게 될 것이 분명하다. 오늘날 우리가 꾀하는 독립은 조선인으로 하여금 정당한 생영(生榮)을 수(遂)하게 하는 동시에, 아울러 일본인으로 하여금 사로(邪路)에서 구출하여 동양의 지지자로서의 책무를 온전하게 함이며, 중화인으로 하여금 몽매에도 면치 못하는 불안과 공포에서 벗어나게 하려 함이요, 또한 세계의 평화와 인류의 행복에 동양의 평화가 중요한 일부가 되고 있으니, 조선의 독립이 필요한 계단(階段)이 되는 것이다. 어찌 구구한 감정상의 문제에 그치리요.

아, 신천지가 눈앞에 전개되도다. 위력의 시대는 지났고 도의의 시대가 이에 이르도다. 과거 전세기에 연마장양(鍊磨長養)된 인도적 정신이 바야흐로 신문명의 서광을 인류의 역사에 투사(投射)하기 시작하는 도다. 신춘이 이미 세계에 도래하여 만물의 회소(回蘇)를 최촉(催促)하는 도다. 동빙한설(凍氷寒雪)에 호흡을 폐칩(閉蟄)함이 피일시(彼一時)의 세(勢)라 하면 화풍난양(和風暖陽)에 기맥을 진서(振舒)함도 차일시(此一時)이니, 우리는 천지의 복운에 제(際)하여 세계의 변조(變潮)를 타고 진실로 주저할 바가 없으며 기탄할 것이 없도다. 우리 고유의 자유권을 호전(護全)하여 생왕(生旺)의 낙을 포향(飽享)할 것이요, 우리 자족의 독창력을 발휘하여 우리 민족의 정화(精華)를 결뉴(結紐)함이 옳을 것이다.

우리들은 지금 여기 분기하였도다. 양심이 우리와 동존(同存)하여 진리가 우리와 병진하도다. 남녀노유를 물론하고 음울한 고소(古巢)에서 활발히 일어나 만휘군상(萬彙羣象)과 더불어 흔쾌한 부활을 성수(成遂)하리로다. 천백세(天百世)의 조령(祖靈)이 우리들을 음우(陰佑)하며 전 세계의 기운이 우리를 위하여 외호(外護)하나니, 착수가 곧 성공이라 다만 전두(前頭)의 광명을 향하여 맥진(驀進)할 따름인저.

공 약

① 오늘 우리의 이 같은 거사(擧事)는 정의(正義)·인도(人道)와 생존의 존영(尊榮)을 위한 민족적 요구이니, 모름지기 자유의 정신을 발휘하는 것을 요하고, 결코 배타적인 감정으로 일주(逸走)함이 없도록 한다.

② 최후의 일인까지 최후의 일각까지, 우리 민족의 정당한 의사와 용기로써 쾌히 발표한다.

③ 일체의 행동은 반드시 질서를 존중하며, 우리의 주장과 태도를 광명정대하게 나타내어 끝까지 관철한다.

조선민족 대표 33인

손병희(孫秉熙) 길선주(吉善宙) 양전백(梁甸伯) 이승훈(李昇薰)

양한묵(梁漢默) 김창준(金昌俊) 이종일(李鍾一) 신석구(申錫九)

한용운(韓龍雲) 이필주(李弼柱) 백용성(白龍城) 김완규(金完圭)

김병조(金秉祚) 권동진(權東鎭) 권병덕(權秉悳) 나용환(羅龍煥)

나인협(羅仁協) 유여대(劉如大) 이갑성(李甲成) 이명룡(李明龍)

이종훈(李鍾勳) 임예환(林禮煥) 박준승(朴準承) 박희도(朴熙道)

박동완(朴東完) 신홍식(申洪植) 오세창(吳世昌) 오화영(吳華英)

정춘수(鄭春洙) 최성모(崔聖模) 최린(崔麟) 홍병기(洪秉箕)

홍기조(洪基兆)

동시에 함께 운동을 주모하다 피체된 사람 18인

백상규(白相奎) 안세환(安世桓) 임 규(林 圭)
김지환(金智煥) 최남선(崔南善) 함태영(咸台永)
송진우(宋鎭禹) 정노식(鄭魯湜) 현상윤(玄相允)
이경섭(李景燮) 이병익(韓秉益) 김홍규(金弘奎)
김도태(金道泰) 박인호(朴寅浩) 노헌용(盧憲容)
김세환(金世煥) 강기덕(康基德) 김원벽(金元璧)

통고일본서(通告日本書)

여러 해 동안 있었던 세계의 참화는 바야흐로 그치고 무기를 거두어들이는 것을 보면서 천시와 인사가 함께 신춘(新春)을 맞이하여 실로 천하가 함께 경하하는 바이다.

마침내 승리는 정의와 인도를 표방하는 연합국으로 돌아갔고, 바야흐로 전 인류의 완전한 행복을 목적으로, 유사 이래 처음으로 시도하는 세계적인 대 개조에 직면하였다. 위력 밑에서 희생을 치른 자들에게 무한한 용기와 희망을 부여한 것이다. 도의는 강포(強暴:완강(頑强)하고 포악(暴惡)함)을 대신하고 이상이 실행과 부합하는 금후의 세계에서는, 일체의 폭려(暴戾:사람의 도리에 벗어나게 모질고 사나움)와 압제가 구차스럽게 존재함을 결코 허락하지 않을 것이다.

저 인습에 젖은 정치가들의 공리와 야심으로 말미암아, 동아(東亞)의 두 민족을 그릇된 길로 몰아넣어 부자연하고 불합리한 상태가 되게 한 것은, 이제 이미 근본적인 개선의 시기에 이르렀다. 안으로는 장차 날로 깊어가는 원한의 불화에서 물러나고, 밖으로는 막아낼 수 없는 세계 대세에 순응함은 실로 시대의 귀추로서 벗어날 수 없는 사실이다.

오늘날에 와서 지난 날 양국 합병의 진정한 동기가 무엇인가에 대해서 따지는 것은 실로 무익한 일이다. 다만 양국 황제의 조서(詔書)와 묘당(廟堂:종묘(宗廟)와 명당(明堂))의 선언에서 표현된 병합의 목적에 대하여 논한다면, 10년간의 실적과 금일의 대세로 볼 때 그 병합이 무의의하고 무도리함이 확실히 증명된다. 국내의 질서를 확보하고 민심의 위구(危懼:두려워함)를 쓸어 버려서, 한국의 정밀(靜謐:세상(世上)이 태평(太平)함)을 유지하고 한국인의 행복을 증진시킨다 운운이 바로 병합 당시에 가장 먼저 표방된 말들이다.

그러나 병합되기 수년 전부터 한국 내지의 안녕·질서가 거의 수습될 수 없는 지경에까지 빠진 것은, 실로 그 원인이 보호제도의 시설에 대한 민족적인 불안에 기인함이었다. 폭도라는 누명까지 쓰게 된 이는 대개 산림에서 독서하다가 분기한 이들이며 해산한 군대 계통의 종사했던 이들이다.

예로부터 역사적으로 원망·증오하는 감정이 있고, 오늘날에는 현실적으로 치욕을 당하고 있으니, 곧 세력으로는 대행할 실력이 없으나 의로써 말하자면, 의거를 일으킨 것은 국가와 국권을 찾으려고 노력하는 정당한 양심의 발로이다. 그러므로 한국인은 조금도 그 소요·난동의 책임을 질 수 없다.

또 한국인으로 하여금 말하게 한다면, 오로지 쓰러져 가는 국권 옹호 이외에는 하등의 존중해야 할 다른 질서는 없는 것이다. 이에 병합으로써 이러한 소란을 제거함은 도리어 기름을 더 부어서 불을 끄려는 결과를 초래하는 것으로, 이는 사리로 볼 때에 당연한 일이다.

잠깐 양국 합병 근거의 유무를 불문하고라도, 강제와 기만에 의한 한 조각의 공문서(空文書)로써 5천년 역사의 권위와 2천만 민족의 생영(生榮:삶의 누림)을 하루아침에 빼앗아 버렸으니, 한인으로서 어찌 하늘에 가득 차고 골수에 사무치는 한이 되지 않을 수 있으랴. 현상을 타파하고 정권을 회복하려 함은 정의가 떳떳이 존재하는 한 영원히 없을 수 없는 일이다. 그러므로 그 결과는 일본인들이 말하는 질서와 태평함을 소란하게 하는 일이 일어났으니 이는 자연스러운 추세이다.

이에 무단정치가 생기고 권력 위주의 가혹한 경찰 제도를 남용하니, 한인들의 울분은 갈수록 축적되어 위험은 점점 더하였고, 불평을 자극해 일으킴으로써 도리어 일본인들의 억압의 도수(거듭하는 횟수)보다도 더하게 되었다.

이러한 현상으로 어떻게 의심과 두려움을 풀 수 있겠으며 감사할 만한 행복이 있겠는가. 설혹 일본인들로 하여금 한국에 대하여 당초부터 약속대로 신의를 확실하게 지키게 하고, 신정(新政)의 방침이 타당하였더라도 수천 년 이래로 자주적 정치생활을 해온 우리 민족은 결코 자기의 생활과 운명을 분명 남의 손에 위탁하지는 않을 것이다.

더구나 한일 양국 관계의 실질적 발전과정을 보면, 1876년의 한일수호조규에서 비롯하여 천진조약, 청일선전, 잠정합동조관, 영일협약, 러일선전서, 한일의정서 및 기타 다수의 공사문서에서, 일본은 기회 있을 때마다 '독립과 영토를 보전한다' 는 대의명분을 과장하여 한인에게 은덕을 베푸는 양 세계에 선전하였다.

그러나 일단 세력을 얻어 목적이 달성되자 일본은 이전의 약속을 헌신짝처럼 버렸고, 병합한 뒤의 소위 '신정치' 란 것은 철두철미하게 다만 강압과 차별과 통계상의 허식적 숫자와 식민지적 이용이 있을 뿐이다.

만약 통치의 성적에 다소나마 괄목할 만한 것이 있다면, 그것은 곧 자연적으로 발전되어 가는 문화의 과정과 해마다의 풍년으로 인한 경제의 완화일 뿐이다. 그러나 근본적인 치안문제와 우리가 전도에 바라는 만족한 생존과 자존심에는 조금도 보탬이 없었다. 그런데 공리에 급급한 위정자 들은 앞뒤의 고려도 없이 영원히 불합리한 동화 정책 따위를 몽상하거나, 아니면 곧 실력이 부족한 재정적 독립을 망단(妄斷:망령된 판단)할 뿐이다.

완전한 기초와 영구적인 복리에 이르러서는 추호도 유념하지 않으니, 이 어찌 반만 년 역사 민족으로서 감수하겠는가.

병합이 아직 이루어지지 않았을 때에 일본의 상하 관료들은, 우호의 맹방을 도마 위의 고기로 여기어 방자한 말을 기탄없이 하였고, 병합 이후에는 공공연히 그 정복의 쾌를 축하하였다.

우리의 양심이 이 치욕에 대하여 어찌 감정과 비분이 없을 수 있겠는가. 또 그 신정(新政)의 시설은 우리 강토를 식민지로 보고, 우리 민족을 야만인으로 대우한다. 저들 학자들의 강연이 그러하고 정치가의 시책과 기조가 그러하며, 일반 민중의 태도가 하나의 예다. 그러나 우리의 신경은 이 위협에 대하여 일찍이 미련하고 둔하지 않았다.

아, 우리는 오랜 세월에 걸쳐 대대로 지켜 내려온 비옥한 강토를 아무런 보상도 없이 제공하고, 존엄한 국가의 국권을 그 희생으로 바쳤으나 얻은 것은 오직 횡포와 고통뿐이다.

그러니 신형세(新形勢)에 대하여도 안신입명(安身立命:신념에 안주하여 신명의 안위를 조금도 걱정하지 아니함)할 수 없는 것은 사리의 당연한 것이다.

일본은 걸핏하면 우리를 현대 문명에 뒤떨어졌다 하고, 능력에 차이가 있는 민족이라 하여, 억지로 우리의 정당한 권리를 짓밟는 구실로 삼는다. 그러나 이는 다만 지리상의 관계가 있을 뿐이고, 또한 시세(時勢)에도 관계가 있으며 오로지 백성들이 실의하게끔 가혹히 다룬 데 책임이 있는 것이다.

장차 우리 한국인이 수천 년 이래로 겹겹이 가려진 장막을 걷고, 새로운 사상과 희망을 도입하여 세계 문명의 큰 조류와 보조를 같이하여, 방금 문밖으로 나서려는 때에, 갑자기 어두운 벼락이 떨어져 우리로 하여금 넋이 놀라 달아나게 한 일본이 아니었던가.

이와 같이 외래의 풍화는 날로 급격한데, 그들은 우리가 정신을 가다듬어 발전하고자 함을 온갖 장해로써 지체케 함이 무수하다.

저 일본의 위정자들이 일시적인 치안만을 영위한 영향이, 기형적인 교육에 나타나기도 하고 신앙의 위협 등으로 노출된다.

안으로는 심령의 발전을 방해하고, 밖으로는 국제외교의 모든 기능을 적극적으로 단절시켰으니, 우리 인민이 영혼을 발휘하여 향상·진보하기란 거의 백년하청(百年河淸:백 년을 기다린다 해도 황하(黃河)의 흐린 물은 맑아지지 않는다는 뜻)이나 다름이 없다.

아, 이렇듯 모든 것을 밖으로 밀어낸 한국인에게 다시 희생을 요구함은 무엇인가? 모든 행위를 구속당하고 있는 한국인에게 무슨 일에 노력이 가능함을 불문하고, 오직 무한한 순종과 인내만을 책임지운다면 지극히 불합리·불공의(不公義)한 상태이다. 그리하고도 우리 민족에게 그것이 행복이라 생각하고 감사하기를 바라는 것인가. 그것을 귀중한 산업으로 여기고 자손에게 남겨 주란 말인가. 이러한 위협 속에서도 한결같이 안주함을 우리의 윤리적 의무라 하는가. 이러한 착오의 영구적인 계속이 병합의 가치로서 만족할 만한 일본인가. 이같이 서로 어긋나는 민족심을 가진 두 나라의 병합은 영구한 한국인의 행복이 못 될 뿐만 아니라, 또 일본의 기대도 결코 불가능함을 과거의 자취에서 명백하게 알 수 있는 일이다. 이 10년간의 신정치(新政治)가 과연 일본의 진심(眞心)에서 나온 것인가. 그 결과가 겨우 이렇다면 병합의 무의미함이 더욱 스스로 증명된다.

양국 병합은 그 주요 목적이 동양 평화에 있다고 일러 말하는데, 이른바 '동양 평화' 란 어떤 것인가? 과연 한국인의 국가적 희생과 민족적 불행이 필요한가? 한국의 국가적 생명을 끊음이 과연 동양 평화의 영구적인 밑거름이 된단 말인가? 진정한 동양 평화란 으레 공존주의의 터전에 입각하여 확고하게 공의(公義)로써 이뤄지며, 결코 한 나라의 욕망이나 한때의 세력으로 함부로 남의 나라를 병탄해서 성립되지 아니한다. 세상에 어찌, 폭약을 초석에 장치한 건축이 안전하고 견고할 수 있겠는가.

그러므로 양국의 병합은 동양 평화를 위해 불행할 뿐이다. 이처럼 그릇된 판단으로써 병합하였으니, 그 생각이 현명하지 못했음을 증명할 만하다. 그뿐만 아니라 현재 러시아 제국은 이미 붕괴되었고 독일도 이미 몰려 쫓겨났으니, 침략주의·군국주의는 역사상의 고물이 되었다. 그리하여 동양 평화에 대한 위협도 완전히 제거된 시기다. 그러니 병합의 의의는 더욱 허무맹랑해진 셈이다.

그런데도 오늘날 한국인에게 스스로의 생존권을 영구히 팔아넘기기를 강요함은 무엇인가? 그 이유가 타당하지 않아 사람으로 하여금 고민하지 않을 수 없게 한다. 장차 양국의 병합이 오히려 동양 평화의 가장 유해한 큰 화인이 되리라는 것은, 중국인들의 일본에 대한 심리적인 변천이 꽤 유력한 증거가 된다.

청일전쟁 중에 국제적인 새 경험을 얻은 중국은, 러일전쟁이 종언을 고하자 일본에 대하여 시기와 의심만을 가질 뿐 다른 관념은 없어졌다.

일본이 한국과의 사이에 금석과 같은 맹약을 식언(食言:한 번 입 밖으로 냈던 말을 다시 입속에 넣는다는 뜻으로, 앞서 한 말을 번복하거나 약속을 지키지 않고 거짓말을 하는 경우를 가리키는 말)하고, 한갓 위력으로써 강제 병합을 단행하는 걸 본 중국인은, 일본의 음모를 깨닫고 한층 더 회의와 두려움을 품고 있으니 이는 한중 간의 거의 공통적인 확신이다.

대체로 최근 10년간 중일 간의 여러 가지 교섭이 원만하지 못하고 협상 상 장애를 받는 것은, 일본이 한국을 병탄한 사실이 그들에게 경계와 교훈이 되었기 때문이다. 여러 가지 공사문서에 나타난 '중일 간의 친서'란 말은, 표면상으로는 날마다 두터워가는 듯하나, 실제로는 중국인의 심중에 반동의 불길이 도리어 치열하게 타오르고 있다. 그 까닭은 그들도 한국과 같은 전철을 밟지나 않을까 하는 심한 경계심 때문이다. 그 결과로 중국인은 돌아서서 차라리 구미(歐美)와 손잡을지언정 결코 일본과는 제휴하지 않을 것이다. 그러므로 오늘날 어떠한 대정치가나 큰 경륜을 가진 자라 할지라도, 결코 중국인들의 이러한 심리상태를 돌이키기는 어려운 것이다. 나아가서 설사 일본이 한국을 영원히 장악한다 할지라도, 그에 따른 이익이 중화민족의 마음을 잃는 손해를 보상할 수는 없으리라. 또 일본은 몽고에 크나큰 기대와 야망을 품고 있으나, 한국의 병합으로 인하여 그들에게 지대한 공포심을 준 것은 명확한 사실이다.

아, 한국을 병합하였기 때문에 동양 전국(全局)이 분열되어 상호 반목함으로써, 마침내는 모두 함께 백인종의 횡포 아래 쓰러지게 된다면, 일본은 실제로 그 과오의 책임을 져야 하리라.

또 안으로는 원한과 분노를 품고 일본의 굴레에서 한시 바삐 벗어나려는 민족에게 군경으로써 위압을 가하고, 밖으로는 중국의 4억 인구로 하여금 일본에 대하여 영원한 위구심(危懼心)을 가지게 하여, 상하의 인민이 합심하여 일본을 배척하게 된다면, 동양 평화 공존의 원칙은 영원히 이뤄지기 어려울 것이다.

이러한 무서운 정세를 보아서도 한일 양국의 새로운 운명을 광정(匡正:바로 잡아 고침)함이 초미(焦眉:매우 위급함)의 급무이다.

오늘날 우리의 약간의 잘잘못에 곧 일본이 동양 평화의 지주가 되느냐 파괴자가 되느냐의 운명이 달려 있다. 또 한국으로 하여금 동양 평화의 안전판이 되게도 하고 분화구가 되게도 할 것이니, 어찌 경계하고 조심하지 않을 수 있으랴.

오로지 일본의 자위상으로 보더라도 한일병합은 일본 국체에 대하여 심중한 위험을 띠고 있음을 지식인은 쉬 알 수 있으리라.

대체로 한국인은 오랜 정치상의 경험이 있음은 물론 민족적인 자각이 갈수록 왕성하니, 어떠한 억압과 통제를 가할지라도 우리의 본능은 봉쇄하기 어려우리라. 또 어떠한 엄폐(掩蔽)와 방지를 가하더라도 신세계 사조에 젖어들고 받아들임은 어쩔 수 없으며, 우리의 운명을 스스로 처리할 뿐이니 그 해결은 시간문제일 따름이다.

만약 불행히 폭력에 제지되어 그 이성을 달성하지 못한다면, 그 불평이 나쁜 방향으로 드러날 수밖에 다른 도리가 있겠는가. 이로 인하여 한국인은 자연히 극단의 상황으로 치달아, 과격한 사상의 소굴이 되고 위험한 행위가 직업적으로 되어, 직접·간접으로 일본에 대하여 중대한 위협을 끼칠 것도 상상할 수 있으리라.

또 제 지위와 역사적 운명에 대하여 정확한 자각을 가진 한국인이, 온당한 방법으로 그 의사를 표시하여 끝내 나쁜 결과가 나타나면, 그들의 생존과 존영을 위하여 마침내는 어떤 수단이든 감행하리니 이 역시 당연한 귀결이다.

또 국제연맹의 성립은 곧 인류 역사상 정의의 진행을 더욱 공고히 만들었다. 일본이 만약 피상적으로는 대세에 화동(和同:두 사람 사이가 벌어졌다가 다시 뜻이 서로 맞게 됨)하는 체 변장하고, 내막으로는 곧 침략적인 대륙발전주의를 주장하며, 군벌의 악습을 고수하여 병합의 실적을 그대로 연장해서 과거의 잘못을 고쳐 잡기에 힘쓰지 않는다면, 세계는 나날이 새로워짐에 반하여 일본만이 유독 구식 제국주의를 견지하는 길밖에 안 되므로, 그 결과로 온 세계의 의심의 화살이 일본을 향해 쏟아지리라. 이러한 고립정신으로 세계에서의 일본 지위를 영광되게 할 수 있겠는가?

또 일본의 행위는 장차 대륙에 그치지 않고 태평양 방면에 진출하려 하는데, 목전에 원한을 품은 2천만의 이민족이 있고, 배후에는 4억의 증오하는 가까운 이웃이 있으니, 일본의 자위상 불안이 이보다 더 클 수는 없을 것이다. 진실로 이웃의 신의를 돈독히 하여 그 후원을 얻고자 하는가, 아니면 원망하는 적대관계를 맺어서 후환을 가지게 하려는가. 이는 두 나라 사이에 있어서 절실한 이해관계이다.

대체로 병합 후의 정책으로 '동화'를 말한다. 수많은 일본의 정치가들은 본래부터 그것이 가능하다는 신념을 가진 자들이다. 그러나 정신적인 동화를 구하기란, 위력으로 병합을 성취하기보다 더욱 어려움을 깨달아야 할 것이다.

5천년 역사의 관념이 어찌 하루아침에 소멸될 수 있으며 2천만의 민족성이 어찌 하루아침에 상실·단절될 수 있겠는가.

어떤 자는 일어 보급의 속도를 보고 동화가 멀지 않았다고 단언한다. 그러나 지금 한국인으로서 보통의 일어를 겨우 해독하는 자는 대략 10만 명이다. 청일전쟁 뒤 20년, 병합된 지 10년 사이에 오랜 세월이 흘러 비로소 이 정도의 언어보급이 있은 것이지 속도율이 그런 것은 아니다.

또 최근 들어 습속의 변화가 격심한 것은 실로 세계 풍조의 추세가 원인이지 동화정책이 주효하였다고 볼 수 없다.

또 '불가능하다'는 이론을 반복 고찰하자면 이루 모두 헤아릴 수 없을 만큼 많다. 덕성면으로 보면 한인은 대륙성이고 일본인은 도국성(島國性)이 있다.

사회의 기초로써 말하면 한국은 유교에 근본을, 일본은 불교에 토대를 두었다. 역사로써 논하자면 한국은 5천년에 달하고 일본은 몇 천 년에 불과하다.

언어 면에는 우리는 음운 변화가 풍부하고 일본은 간략하여 그 차이가 현격하다. 문학은, 우리는 표현 범위가 넓고 저들은 좁아서 판이하게 차이가 난다.

한인은 세계적인 포용력이 있고 일본인은 지방적인 빈약함이 있다. 의식은 한국 문화의 우월과 일본의 저열하기가 본래부터 정평이 있다.

신문화의 과정에 있어서는 비록 우리 한인이 조금 뒤떨어졌더라도 표현의 수준이 이미 월등히 높으니, 어찌 일본의 불성실한 방법에 동화하기를 좋아하겠는가.

그러니 동화란 것을 다만 말로는 할 수 있겠으나 실제로는 불가능한 일이다. 대체로 양국의 역사성은 이미 수 천 년간 계속된 숙원이 있어서, 현재와 미래에 다만 경제적 이해의 충돌이 있을 뿐이다. 그러므로 병합정책은 우리 민족의 의지를 깔보고 일종의 시장의 중개인 같은 교활한 꾀로써 이루어졌고, 정치와 교육은 오로지 위압적·차별적으로 행하여 우리에게 치욕을 주고 있다.

이 고통은 실로 위력으로 꺾어 없앨 수 없는데, 어찌 약간의 하찮은 은혜에 감격하여 충성 바쳐 따르기를 원하겠는가. 세대가 바뀌더라도 쉽게 동화를 취할 수 없을 터인데, 하물며 한편으로 전 세계에 팽배하는 18세기 이래의 해방운동의 결실이 목전에 박두했음에랴.

설사 일본의 한국에 대한 동화정책이 1, 2세기에 이르면 만족할 만한 효과를 거둘 수 있다 할지라도, 세계 대세가 한국 독립의 촉성에 박차를 가함에야 어찌하랴.

또 급속히 동화시키려는 몽상을 가진 자들에게는 일대통봉(一大痛棒)을 가하고자 한다. 대체로 5천년 역사를 가진 국가가 쉽사리 타인에게 멸망되고, 2천만 문화민족이 용이하게 이민족에게 동화된 사실이 과연 역사상에 나타난 실례가 있는가. 이는 사회원칙과 민족심리에 있어서 확고부동한 일이다. 한족(韓族)을 동화시킴이 일본에 있어서는 진실로 긴요한 일이겠으나, 태양이 일본을 향하여 서쪽에서 뜨지 않음을 어찌하랴.

요컨대 천하의 온갖 사물은 오직 형세에 따를 뿐이다. 과거의 병합은 과거의 형세이고 오늘의 독립은 오늘의 형세이다. 일본이 동화에 애씀이 비록 오늘날의 형세이기는 하나, 우리가 독립을 선언하는 것도 또한 오늘날의 형세이다. 옛날에는 우리가 일본의 병합에 대하여 진정 어쩔 수 없었듯이, 오늘날에 일본이 우리들의 독립을 어떻게 막을 수 있겠는가.

지금 우리들의 이 거사는 세계의 신운(新運)에 일치하고 시대의 신세(新勢)에 순응하여 생명의 발전과 존영(尊榮)을 얻고자 하는 정당한 권리이지, 결코 남을 배척하는 마음이나 한때의 감정의 유발이 아니니, 이를 버리고 다시 다른 뜻이 없다.

일본은 본래 훌륭한 인사가 많고, 이제 또 1세에 빼어난 영재들이 요로에 자리 잡고 있으니, 또한 오늘날의 대세가 날마다 자기 둘레에 닥치는 것이 무엇인지 알 수 있으리라. 자유사상과 민주주의의 세계적 대 사조가 산을 둘러싸고 언덕에 넘치는 홍수 같은 기세로 온 세상을 풍미하고 있으니,

비록 미국 대통령이 제창한 국제연맹의 보장이 없더라도, 지금부터의 세계 역사의 면목은 이 원칙 밑에 일신하여지지 않을 수 없을 것이다.

또 천하대세의 변천이 이미 막을 수 없는 상태로 되었음은 지극히 명료하다. 비록 오늘날 우리들의 요구가 없을지라도, 양국 간의 예전의 착오는 급히 개선하지 않을 수 없음은 남의 말을 기다리지 않고도 자명한 일이다. 그렇다면 이와 의 두 가지의 정확·명료함이 이미 이러하니, 거듭 말함은 오활(사정에 어둡다)하고 용렬한 견해임에 틀림없다.

이제 우리들은 우리 2천만 전 민족의 기대를 체득하고, 2백만 대집단의 성충을 합해서, 조국의 흥복을 위하여 먼저 의기(義旗)를 높이 들었다.

일본 조야에 대하여 과거·현재·미래의 우의를 지속하지 않을 수 없으므로, 우리들의 의사가 정당함을 피력하여 변변치 못한 글을 만들어 현명한 판단을 재촉한다.

우리를 의롭다고 말하지 마라.

16억 전 세계인의 양심이 모두 후원하고 있다.

우리를 약하다고 하지 마라.

2천만의 마음의 힘이 모두 무기이다.

아, 세계는 바야흐로 정의와 인도를 향하여 내달아 일대부활을 성취하려 하고 있다.

한국과 한인이 이제 생존과 존영에 대하여 철저한 자각이 있음은 반드시 거듭 말할 필요가 없다.

시대는 이미 바뀌었으며 한인은 벌써 자각하였도다.

제7장 독립운동 일람표

이번의 독립운동은 저들의 삼엄한 통제 때문에 그 상세하고 확실한 조사 자료를 얻기 어려웠다. 더구나 해외에 있으면서 단지 신문·통신 및 개인의 구전으로 얻은 자료이므로, 그 지명·집회·사상자·투옥자 및 교회와 학교, 민간의 불탄 숫자 등이 많이 빠졌을 터이니 독자의 양해를 바란다.

원년(1919년 상해에 대한민국 임시정부가 수립된 해) 3월 1일에서 동년 5월 말일간의 상황은 다음 표와 같다.

경기도

지명	집회횟수	집회인수	사망자수	부상자수	투옥자수	소실교회	소실학교	소실민가
경성(京城)	57	570,000	5	692	1,200			
개성(開城)	28	3,800		140	76			
광주(廣州)	21	7,500						
고양(高陽)	19	2,500	3		158			
평택(平澤)	7	800	64	100	7			
가평(加平)	28	3,200	23	50	25			
강화(江華)	2	400	7	51				
부평(富平)	6	950		52	98			
시흥(始興)	6	1,950			37			
포천(抱川)	4	1,000						
인천(仁川)	8	9,000			15			
용인(龍仁)	13	13,200	35	139	500			
이천(利川)	7	2,300	80	87	62			
진위(振威)	8	5,000		74	250			

지명	집회 횟수	집회인수	사망자 수	부상자 수	투옥자 수	소실 교회	소실 학교	소실 민가
연천(漣川)	3	1,200	12	48				
양평(楊平)	4	1,900	21	76	50			
여주(驪州)	2	1,000	26	125				
수원(水原)	27	11,200	996	889	1,365	15		
죽산(竹山)	6	3,000	25	160				
장단(長端)	2	700						
안성(安城)	13	1,800	51	50	300			
김포(金浦)	13	15,000		120	200			
파주(坡州)	7	5,000		71	212			
양성(陽城)	7	3,500	124	200	125			

황해도

지명	집회 횟수	집회인수	사망자 수	부상자 수	투옥자 수	소실 교회	소실 학교	소실 민가
수안(遂安)	11	3,500	80	32	15			
토산(兎山)	3	560			5			
김천(金川)	2	260			8			
황주(黃州)	7	2,000		21	50			
봉산(鳳山)	3	900			7			
신천(信川)	5	1,550	17	90	18			
겸이포(兼二浦)	8	1,000	15	30	9			
해주(海州)	15	17,300	22		3,849			
곡산(谷山)	3	700		5	8			
송화(松禾)	9	1,500	23	45				
안악(安岳)	16	25,000	47	62	52			
재령(載寧)	17	25,000	7	32				
장연(長淵)	10	10,000		45	152			
서흥(瑞興)	2	1,200			45			
평산(平山)	3	1,500	27	52				
문화(文化)	1	700						

평안도

지명	집회 횟수	집회인수	사망자 수	부상자 수	투옥자 수	소실 교회	소실 학교	소실 민가
의천(義州)	38	60,000	31	350	1,385	4		38
선천(宣川)	17	35,000	3	55	450			
평양(平壤)	12	30,000	656	636	4,680	15		
진남포(鎭南浦)	8	25,000		24	238			323
대동(大同)	4	2,580		40	218			
상원(祥原)	2	650			45			323
중화(中和)	3	2,500		45	50			

지명	집회횟수	집회인수	사망자수	부상자수	투옥자수	소실교회	소실학교	소실민가
안주(安州)	17	24,000	59	302	318			
강서(江西)	3	5,000	58	120	29			
함종(咸從)	9	13,760	3	27	255			
양덕(陽德)	1	500	20	57	4			
신의주(新義州)	3	5,300	5	25	954			
용천(龍川)	28	27,600	2	27	554			
성천(成川)	7	52,000	36	60	535			
순천(順川)	5	5,000		25	115			
덕천(德川)	2	600			54			
맹산(孟山)	5	1,500	253	250				
순안(順安)	6	1,580			157			
용강(龍岡)	7	7,300	1	27	43			
철산(鐵山)	17	40,000	20	55	521			
평원(平原)	2	1,300						
숙천(肅川)	1	500			3			
영변(寧邊)	8	19,000	53	85	38			
구성(龜城)	17	16,500	20	48	38			
곽산(郭山)	12	5,500		9	111			
삭주(朔州)	17	3,500	300		47	1		
정주(定州)	18	55,000	120	525	567	6	2	
영원(寧遠)	7	1,250	7	54	82			
창성(昌城)	3	3,000	100	50				
강계(江界)	12	53,500	7	59	35			
초산(楚山)	4	2,300	12	42				
운산(雲山)	7	7,600	40	120	42			
벽동(碧潼)	10	4,600	236	48	32			
강동(江東)	3	1,250		500	10			

함경도

지명	집회횟수	집회인수	사망자수	부상자수	투옥자수	소실교회	소실학교	소실민가
원산(元山)	7	2,500		21	91			
함흥(咸興)	11	10,200		52	5,385			
이원(利原)	3	1,700	5	11		2		
명천(明川)	9	4,350						
고원(高原)	4	15,000	48	150	256			
단천(端川)	5	4,700	38	136	384			
길주(吉州)	1	300						
회령(會寧)	3	4,000		32	28			
북청(北靑)	7	1,600	36	140				
성진(城津)	3	2,300						
갑산(甲山)	4	500		38	50			

지명	집회횟수	집회인수	사망자수	부상자수	투옥자수	소실교회	소실학교	소실민가
풍산(豊山)	2	900						
덕원(德源)	7	1,850						
장전(長箭)	7	2,500	8	72				
경성(鏡城)	11	5,000						
청진(淸津)	1	250		15	21			
온성(穩城)	10	1,200						
홍원(洪原)	6	1,000						

강원도

지명	집회횟수	집회인수	사망자수	부상자수	투옥자수	소실교회	소실학교	소실민가
철원(鐵原)	7	70,000	12	20	937			
강릉(江陵)	2	8,000		82	57			
통천(通川)	4	5,700	52	232				
평강(平康)	2	1,500	15	40				
이천(伊川)	2	3,000	3	10	120			
화천(華川)	3	750			3			
울진(蔚珍)	2	600	7	15	36			
삭령(朔寧)	7	2,500	12	110	150		15	
정선(旌善)	6	1,200		12				
양양(襄陽)	8	2,000	30	76				
인제(麟蹄)	8	2,560						
간성(杆城)	4	1,200	13	48	57			
금화(金化)	2	500						

충청도

지명	집회횟수	집회인수	사망자수	부상자수	투옥자수	소실교회	소실학교	소실민가
함열(咸悅)	2	300						
괴산(槐山)	6	6,000						
청주(淸州)	7	5,000			20			
전의(全義)	3	1,000	25					
옥천(沃川)	7	4,700	40	92	48			
대전(大田)	7	3,000	38	82	40			
천안(天安)	11	6,400	82	70	189			
아산(牙山)	13	22,800	40	29	50			
영동(永同)	2	1,000	25	47				
공주(公州)	12	14,000	42	80	4,020			
진천(鎭川)	3	900						
조치원(鳥致院)	7	2,800	7	52				
예산(禮山)	6	3,000	46	167	550			

지명	집회 횟수	집회인수	사망자 수	부상자 수	투옥자 수	소실 교회	소실 학교	소실 민가
청양(靑陽)	5	3,400	119	36	65			
홍성(洪城)	10	3,200	29	148	65			
연기(燕岐)	5	1,200	22	56				
서산(瑞山)	17	20,000	8	21	25			
제천(堤川)	7	2,900	16	25	41			
음성(陰城)	6	2,000	6	10				
충주(忠州)	6	3,250	12	36	48			
논산(論山)	3	5,000	31	152	22			
부여(扶餘)	4	3,000						
보령(保寧)	7	6,000	2	13	50			

전라도

지명	집회 횟수	집회인수	사망자 수	부상자 수	투옥자 수	소실 교회	소실 학교	소실 민가
임실(任實)	4	3,000	4	50				
영광(靈光)	10	7,600	6	50	27			
고창(高敞)	3	2,000		5	25			
정읍(井邑)	13	18,000	1	20	30			
금산(錦山)	7	15,000						
무안(務安)	2	300						
목포(木浦)	2	61,500	200	47	40			
군산(群山)	21	25,800	21	37	145			
옥구(沃溝)	7	5,700	32	35	50			
남원(南原)	19	50,000	34	142	56			
광주(光州)	21	12,000	28	175	1,831			
제주(濟州)	7	4,450			60			
김제(金堤)	6	2,000						
익산(益山)	4	5,000	16	50	80			
전주(全州)	21	50,000		15	434			
여수(麗水)	8	4,000						
함평(咸平)	3	1,500						
순천(順天)	6	1,500	8	32				
보성(寶城)	3	600						
부안(扶安)	8	5,000		42	32			
담양(潭陽)	6	1,850	15	31				
장성(長城)	6	1,500	19	15				
무주(茂州)	7	3,500		21	18			
순창(淳昌)	8	5,000						
강진(康津)	7	2,500			20			
해남(海南)	3	1,000			52			
진도(珍島)	4	2,000						
거청(巨淸)	6	2,500						

경상도

지명	집회 횟수	집회인수	사망자수	부상자수	투옥자수	소실교회	소실학교	소실민가
대구(大邱)	4	23,000	212	870	3,270			
경산(慶山)	8	3,000		50	30			
의성(義城)	12	7,400	230	295	250			
칠곡(漆谷)	2	500	37		23			
고성(固城)	3	1,500	30	20	10			
금천(金泉)	2	500		20	56			
창원(昌原)	4	2,500	320	120	120			
선령(宣寧)	5	2,020	20	30	20			
고령(高靈)	7	3,800	50	126	40			
안동(安東)	9	5,400	335	610	340	1		16
달성(達城)	2	500	7	46	26			
경주(慶州)	3	1,700		67	80			
마산(馬山)	4	1,300	29	120	80			
거창(居昌)	7	1,800	20	120	200			
산청(山淸)	4	2,000	30	10	50			
진주(晉州)	17	28,000	42	150	242			
상주(尙州)	4	2,300	17	213	396			
연일(延日)	7	2,400	40	330	280			
예천(醴泉)	3	1,700	58	190	57			
봉화(奉化)	2	300		34	24			
성주(星州)	2	1,400		10	30			
사천(泗川)	4	3,000	120	380				
남해(南海)	3	1,200	19					
김해(金海)	6	8,800		52				
선산(善山)	2	778	33	143	34			
양산(梁山)	4	1,250						
청하(淸河)	2	500		50	40			
청도(淸道)	2	1,500	120	120	30			
문경(聞慶)	2	1,300	3	33	50			
밀양(密陽)	3	1,350	105	15	65			
창령(昌寧)	4	1,000						
영덕(盈德)	2	1,000	12					
울산(蔚山)	7	5,000	38	128				
동래(東萊)	4	1,200	9	70	9			
부산(釜山)	5	2,000	24		3,824			
기장(機張)	3	1,500						
하동(河東)	17	12,000	17	95	50			
함양(咸陽)	3	1,200	3	12	20			
합천(陜川)	5	4,800	160	518	290			
함안(咸安)	6	2,000	227	90				

지명	집회횟수	집회인수	사망자수	부상자수	투옥자수	소실교회	소실학교	소실민가
합천(合川)	7	3,000	12	17	32			
영주(永川)	3	1,800	4	12	17			
영해(盈海)	8	1,200	19					
예안(禮安)	5	1,700	29	57				
통영(統營)	3	1,200	21	36				
초계(草溪)	4	1,200	12	21				
안의(安義)	3	不 明	6	15				

서북간도 및 樺太島

지명	집회횟수	집회인수	사망자수	부상자수	투옥자수	소실교회	소실학교	소실민가
회인(懷仁)	13	7,000		47				
용정(龍井)	17	30,000	20	23				
화태도(樺太島)	2	700						
합이빈(哈爾賓)	2	1,000						
혼춘(琿春)	4	5,000						
연물현(連物縣)	5	5,000	14	40				
통화현(通化縣)	8	불 명			15			

총계표

1	부군수(府郡數)	211
2	집회횟수	1,542
3	집회인수	2,023,098
4	사망자수	7,509
5	부상자수	15,961
6	투옥자수	46,948
7	소실교회수	47
8	소실학교수	2
9	소실민가수	715

제8장 의주·평양·진주의 운동 상황

전국 각지의 운동 상황은 아직까지 일일이 보도된 것이 없고 하나하나 모아 기록하기도 어렵다. 다만 의주·평양·진주의 상황만은 어느 잡지에 게재된 것이 자못 상세하므로 다음과 같이 주워 모아 기술한다. 독자는 이것으로써 그 여타의 것들을 짐작할 수 있으리라.

의주

상인은 철시하고 직공은 파업하며, 학생은 학교를 파하고, 촌민은 땔나무와 양식의 운반을 금하고 관리들은 퇴직하다.

신의주의 인사들은 3월 1일 오후 2시에 양실학원의 운동장에 모여 독립선언을 거행하였는데, 예수교인 이원익(李元益)·안석응(安碩應)·김창영(金昌泳) 등이 주동이었다.

선언서는 각 관서에 우송하여 일본 관리들에게 통지하였고 또 수십 명의 청년들이 시가지와 골목골목에 선언서를 살포하여, 이때 모인 3천여 명 군중들이 저마다 태극기를 들고 독립가를 제창하였다.

유여대(劉如大)는 33인 중의 한 사람인데 주석으로 선언서를 낭독하고 황대벽(黃大闢)이 잇따라서 연설하였다.

이어서 학생대가 대열의 선두에 서서 시가행진에 들어갔다. 일본 경찰이 몰려나와 해산을 강요하였으나, 군중은 자꾸 늘어나서 만여 명에 이르렀다. 그 형세는 마치 조수가 밀려드는 것 같아서, 일본 경찰은 감히 저지하지 못하고 단지 방관하며 경계할 뿐이었다.

그날 밤에 간부들은 독립운동의 속행 방법을 의결했다. 이튿날은 남문 앞 광장에서 운동을 속개하였다. 그 형세는 더욱 성하였고 천도교인이 그 중심이 되었는데, 최동오(崔東旿)·최안국(崔安國) 등은 농민과 시민들에게 독립선언의 주요골자를 설명했다. 만여 호 집집마다 태극기가 휘날리고 저마다 만세를 불렀다.

이렇게 되자 일본인들은 엄중히 간여하여 천도교 요인들을 불러 신문하고, 기마헌병 다수가 몰려와서 회장을 짓밟았다. 이에 군중들은 더욱 흥분하여 생사를 돌보지 않고 기뻐 날뛰니, 저들은 곧 무장을 풀지 않고 철야 경계하였다.

3일은 태황의 봉도식이 거행되는 날이었는데, 이를 계기로 하여 다시 일대 운동이 벌어졌다. 저들은 이에 무력으로 강압하고자 창칼로써 난자하고 쇠갈고리로써 마구 갈기니, 군중들은 갈수록 더욱 흥분하여 죽음을 무릅쓰고 분투했다.

1대는 시중으로 행진하면서 열렬히 독립을 외쳤고, 1대는 왜군헌병대에 달려가 도청에 진입하는 길의 통행금지를 풀고 즉각 철수하기를 강요하였다.

이때 공립농업학교·보통학교의 훈도 장기현(張起鉉)·이하영(李河

泳) 등은 학생들을 거느리고 교정에서 독립선언식을 거행했다. 위의(威儀:예법(禮法)에 맞는 몸가짐)는 엄숙하고 기상은 활발하여, 소위 일본인 교장이나 훈도들은 모두 전율하여 감히 한마디의 말도 못하였다.

학생들은 일본인 직원들을 꾸짖기를, "너희들이 만약 빨리 물러가지 않으면 우리들 일동은 결코 등교치 않을 것이다" 하고 드디어 일제히 수업을 파하였다.

저들은 드디어 4, 5명의 집회도 허락하지 않고, 기관포를 통군정(統軍亭:평안북도 의주군 의주읍 의주읍성에 있는 고려시대의 정자)의 고지에 설치하고, 많은 군대를 동원하여 파수를 세워 시가지의 통행을 금지시켰다.

우리 국민은 더욱 더 분노하여 저항의 계책을 세웠다. 상인들은 철시하고 직공들은 파업하였으며, 학생들은 수업을 파하였고, 촌민들은 땔나무와 식량 등을 매매하지 않으니, 저들은 크게 놀라고 두려워하여 빈번히 유고(諭告:나라에서 시행할 어떤 일을 백성에게 공포(公布)함)를 반포하고 힘써 개점하기를 권유하였다.

이렇게 되자 한국인 관리들은 상의하여 동맹 퇴직하고 각 면·리에 문서를 발송하여 일제히 사무를 폐쇄하게 하였다.

그 후 얼마 안 되어 일이 누설되어 주모자인 이유필(李裕弼)·고일청(高一淸)·장기현(張起鉉)·이하영(李河泳)·조봉길(曺鳳吉) 등은 퇴직하여 상해로 달려갔고, 이명학(李明學)·박승겸(朴承謙) 등은 체포되어 형을 받았다.

이에 일본 군인들은 각처로 돌아치며 노인과 어린애를 살해하고, 부녀자들을 강간하며 재물을 약탈하였다. 교회당과 민가, 우마 및 개·닭 등을 불태우는 등, 그들의 악행은 더할 나위 없이 방자하였다.

평 양

3월 1일, 평양 장대현 예수교 교회당의 정오를 알리는 종소리가 처음 울렸다.

이때 주모한 여러 사람들이 먼저 태황제의 봉도식을 거행하기 위하여 남녀 교인들과 기타 지식층들에게 광고하였다. 이리하여 사람들은 일제히 식장인 숭덕학교 교정에 모여들었는데 그 수효는 수천 명이었다. 서양 선교사 사무엘 마펫[馬布來]도 내빈석에 참석하였고 염탐하는 사복형사들도 있었다.

이리하여 찬송과 기도로 경건히 봉도식의 거행이 끝나자 갑자기 대상에 태극기가 높이 올려졌다. 군중들은 놀라고 기뻐하며 이상하게 생각하여 모두 시선을 집중시키고 있는데, 도인권(都寅權)은 독립의 주요 골자를 선포하고 이어서 강규찬(姜奎燦)은 연설을, 정일선(丁一善)은 독립선언서를 낭독하니, 일시에 여러 사람의 감정이 흥분하여 피가 끓어오르고 살이 뛰었다.

황찬영(黃贊泳)·윤원삼(尹愿三) 등이 군중 속으로 수없이 태극기를 던지자 만세소리는 우레처럼 천지를 진동시켰다.

얼마 안 되어서 왜경 서장이 순사 수십 명을 인솔하고 달려와서 주모자들의 성명을 적은 다음, 모인 군중들에게 해산명령을 내렸다. 군중들은 이미 큰 시가지로 내달아 환호하며 기뻐 날뛰니 시민들은 일제히 이에 호응하였다.

저들 일본인이 관리하고 가르치는 보통학교 생도들도 모두 흥분하여 밖으로 뛰어나가 일제히 만세를 불렀다.

일본인 교사는 탄식하면서 말했다.

"우리는 물오리 새끼들을 길러 물에 내놓은 셈이로구나,
10년간의 노력이 하루아침에 허사로 돌아갔도다."

동시에 남산현 교회와 벽암리 천도교구에서도 한결같이 행동 통일을 취하여 합세하였다.

이러자 왜놈의 헌병과 순사들이 전원 몰려와서 독립단원 수백 명을 체포하여 경찰서에 가두었다. 이중에는 관립학교 학생들, 여학생 및 여염집 부녀자들의 참가자가 많았는데, 모두 체포되어 난타당하여 기절하는 사람이 수두룩하였다.

이때 독립단원들은 남문 밖에 이르러 3단으로 나뉘었다. 1단은 경찰서 문전에 이르러 독립만세를 불렀고, 1단은 신시가로 나와 도청과 재판소를 거쳐 정거장에 이르렀다. 또 다른 1단은 감옥서를 지나 서문 밖에 이르러 다시 경찰서 앞에 있는 1단과 합쳐져 그 기세는 더욱 성하였다. 이들은 경찰서를 포위하고 경찰관리들을 꾸짖으며, 구속된 단원들을 방면하지 않으려면 우리들 전체를 함께 잡아 가두라고 소리치며 요구하였다.

경찰관리들은 이리하여 소방대원을 소집시켜 호스를 들고 군중들을 향하여 물을 뿜어 댔다. 또 일본인들을 한복으로 가장시켜 독립단 가운데 섞어 넣어, 돌을 던져 경찰서 유리창을 깨뜨리게 하였다. 그리고 저들은 이를 핑계로 수십 차에 걸쳐 발포하여 많은 부상자를 냈다.

이날 밤 왜병들은 각 요소에 배치되어 파수하고 경찰서는 경계를 더욱 엄하게 하여 행인의 왕래를 일체 금하였고 또 소방대를

시켜 쇠갈고리로 백성들을 함부로 찔러 살해하였다.

날이 저물자 학생들은 서문 밖에 모여 군악대를 조직하여 연주·행진하면서 만세를 불렀다.

남문 밖에서 한 동아리가 이에 호응하자, 왜군과 소방대는 앞으로 내닫고 뒤에서 쫓고 하여 결투가 계속되었는데, 한 부인이 마침 남문 밖을 지나가다가 저들에게 난타당하여 정신을 잃고 기절해 쓰러졌다.

이튿날 오후 1시, 저들은 많은 헌병과 경찰을 동원하여 한 사람 체포에 반드시 10여 명씩을 동원했다. 어떤 자는 담장을 넘고 어떤 녀석은 문을 부수고 침입하였으므로 이웃 사람들을 움찔하게 하였다.

이날 밤에 체포된 이는 김선두(金善斗)·강규찬(姜奎燦)·주기원(周基元)·이일영(李一永)·김이제(金利濟)·정일선(丁一善)·박석훈(朴錫勳)·김찬흥(金燦興)·곽권응(郭權膺)·송양묵(宋養黙)·박인관(朴仁寬)·김기풍(金基灃) 등이었다.

피신했던 이들도 속속 체포됨과 동시에 모두 가택수색을 받게 되었으니 참으로 법률이 그랬던가. 법에는 가택수색을 낮에 하게 되어 있었으나 저들은 밤을 이용하여 남의 집을 뒤졌던 것이다.

3월 3일에는 다시 서문 밖 체조장에 모여 다시 시위운동을 거행하기로 약속되어 있었으나, 왜병들이 먼저 각 성문과 주요 거리마다 파수를 세워 지켜 통행을 금지시켰다. 보통여학교 학생 6, 70명이 서문을 나오려 하다가 왜놈들에 의하여 길이 막히었다. 이리하여 체조장의 집회도 허가되지 않았으므로, 이에 체조장을 중심으로 하여 사방에 흩어져 산진(散陣)의 형세가 되었다.

왜병들이 동쪽으로 닥치면 서쪽에서 부르짖고 남쪽을 치면 북쪽에서 외치니, 저들은 좌충우돌하면서 쉴 겨를이 없었으며 만세 소리는 사방에서 진동하였다.

이리하여 다수 단원들이 체포되었고, 창검과 갈고리·곤봉 등에 맞아 부상한 사람이 많았다.

오후 2시가 되어, 단원 한 사람이 군중 속에서 그들을 격려하며 크게 외쳤다.

"총독부는 우리들의 언론자유를 허락했다. 서양인 집에서 통신이 있었다."

군중들은 일제히 이에 호응하였다.

"그렇다면 우리들은 성안으로 들어가 큰 거리에서 연설회를 열자."

이에 군중들은 나란히 발맞추어 우레처럼 소리를 외치면서 서문 안으로 들어갔다.

왜병들이 성문에서 파수를 보고 있다가 그 형세의 크기에 눌려서 막지 못했다. 또 그들은 영문을 몰라 다만 군중들의 통과를 관망할 수밖에 없었다. 시민들도 모두 미칠 듯이 기뻐 날뛰며 춤추고, 도무지 왜경이 안중에 없는 듯이 행동했다. 이리하여 대열의 선두는 바로 종로에 다다르고, 머리와 꼬리가 서로 이어져서 군중은 거리와 골목을 메웠다.

이에 왜병들은 사격을 자행하였으나, 군중은 오히려 이들에게 저항하여 오랫동안 격투가 벌어졌고 선혈은 흥건히 땅을 적셨다. 그러나 마침내 맨주먹으로 무기를 대적할 수 없었으며, 함창선(咸昌善) 등 6, 7명이 묶이고 군중들도 해산했다.

대동군 고평면장 조익준(趙翼俊)은 예수교 신자이다. 성안의 인사들은 독립을 선포한 소식을 듣고, 3월 3일 상오 많은 군중을 모아 시위운동을 벌였다. 그곳에는 지난날 왜관(倭官)의 강제명령으로 세운 소위 '합병기념비'가 있었는데 이날 그것을 쳐서 넘어뜨렸다. 그리하고 나서 면장이 앞장서서 인도하니, 군중들이 그를 따라 평양성으로 향하여 나아갔다.

오전 10시. 이들은 보통벌(보통강 연안의 평야)에 이르니 군중이 수만이나 되었다. 왜병들은 이들을 바라보고 즉시 기병과 갈고리 부대를 파견하여 갑자기 사격을 가하니, 많은 군중이 부상하여 밭두둑에 자빠지고, 여울물에 뛰어들어 빠진 자가 매우 많았으며, 사진 찍던 한 서양 사람과 면장 이하 많은 사람들이 체포·투옥되었다.

면장을 일본관서에서 임용하였는데 이런 운동이 있었다는 것은 체면 손상이 있다고 하여 이 사람을 불러다가 달래 보았다.

"만일 스스로 앞장서서 저지른 죄과에 대하여 자복하고
개과장에 날인한다면 곧 방면하겠다."

조익중은 이를 끝내 거부하고 그대로 옥중에 있었다.

3월 3일. 흰 꿩이 보통학교 교정으로 날아들었는데, 일본인 교장은 이를 길조라 하고 학도들을 모아 놓고 이렇게 말했다.

"옛날 우리 일본의 신무천황이 출사하여 대적할 때에, 금조가 날아와 활 위에 앉으니 적군의 눈 현란하여져 천황이 공격하여 이겼다. 오늘 흰 꿩이 날아온 것은 우리 일본의 큰 경사이니, 너희들은 절대로 독립운동에 망동하여 참여하지 말도록 하라."

학생이 말했다.

"지금의 흰 꿩은 우리나라가 독립운동을 하는 날에 날아 온 것이니, 이것은 우리의 독립이 성공할 길조입니다."

또 하루는, 교장이 학도들에게 이렇게 타일렀다.

"한국과 일본은 형제다. 형제끼리 친목하지 않으면 복은 없고 화만 있게 된다. 우리들은 마땅히 더욱 친목을 두터이 해야 한다."

한 학도가 고개를 번쩍 들고 그 말에 대꾸했다.

"감히 묻겠습니다. 먼저 난 사람이 형입니까? 나중에 난 사람이 형입니까?"

교장이 말했다.

"물론 먼저 난 사람이 형이지."

학도가 말했다.

"우리 한국은 4,250여 년 전에 났고, 일본은 2,200여 년 전에 났습니다. 그러니, 우리 한국이 형이고 명분으로 따지더라도 종가이며, 이치로 볼 때에도 바릅니다. 순서를 반드시 이렇게 한 후라야 친목을 말할 수 있을 것입니다."

교장은 아무 말도 못 하고 부끄러운 표정이었다.

이때, 학계와 상계의 청년들은 통신 문자로써 비밀리에 인쇄하다가 체포된 자가 많았다.

박순찬(朴淳瓚)의 모부인(母夫人)은 일금 40원(元)을 내어 광성학교 학생들의 출판사업을 돕다가, 이것이 발각되어 체포·처벌되었다.

왜놈들은 이때에 갖은 흉계를 모두 짜냈다. 하루는 경찰서에서 갑자기 인구조사를 한다고 하면서, 경찰과 헌병 및 수비대 전원을 출동시켜 온 성내의 마을마다 일시에 퍼졌다. 남의 집 부엌이고 안방이고 간에 마구 침입하여 모두 개방하게 하고, 각 요로마다 파수를 세워 만약 저들의 눈에 수상한 사람이나 숭실대학의 학생이 있으면 모조리 포박하여 악형을 가하고 여러 날 동안 구류시켰다.

하루는 또, 청결검사를 한다면서 헌병과 경찰이 남의 집에 들이닥쳐 물품을 검사하고, 만약 그 집 주인이 혹시 불쾌한 내색이라도 할라치면 문득 채찍으로 마구 후려갈겼다. 어느 할머니는 처음부터 힐책할 만한 일이 없었는데도 난타당하여 머리에 상처를 입고 기절했다가 깨어났다.

진 주

학생독립단·교인독립단·농민독립단·시민독립단·노동독립단·걸인독립단·기녀독립단

진주 인사들은 3월 25일을 독립시위운동의 날짜로 잡고, 15일에 우선 경성의 총본부에 대표를 특파하여 시위운동의 진행을 일치시키기로 의논하였다. 또 몇 사람을 인근 각지로 보내어 많은 사람과 연락을 취함으로써, 앞에서 넘어지더라도 뒤에서 계속 일어나는 투쟁을 벌이기로 하였다. 본단은 6대로 나누어 하루 3회씩 운동을 벌이기로 하고, 예정된 날짜에 결정·실행하기로 약속하였다.

이때 전 국민은 한결같이 기세가 격앙되었고, 삼천리강산 곳곳

마다 분화구처럼 폭발하는 형세로 파급되었다.

저들은 또한 경계를 가중시켜 심히 억압하고, 그래서 바야흐로 진주 사람들의 운동 준비를 미리 염탐하여 알고 있었다. 그러므로 선수를 써서 각급 학교에 휴교를 명령하였고, 일본인 교사들을 임시형사로 겸임시켰다.

다른 군에서 온 학도에게는 도장관이 여비를 주어 집으로 돌려보내고, 현지의 학생들을 불러 절대로 경거망동을 하지 말라고 타이르기도 하였다. 또 그날은 장날이었으므로 많은 경찰관리들을 동원하여 저자의 주변을 삼엄하게 경계하였다.

바로 이날 새벽에 우리 독립단은 수백 명의 의사들을 3곳에 잠복시키고, 예배당의 종소리를 신호로 하여 학생단이 선봉이 되고, 남녀노소가 일제히 용약 재판소 앞에 운집하니 그 수가 수천 명이었다.

학생들은 저마다 품속에 감추었던 태극기를 꺼내어 군중들에게 나누어 주었다.

드디어 이강우(李康雨)가 단상에 올라가 조용해 달라고 한 후에, 선언서를 낭독하고 독립만세를 높이 부르니, 군중이 이에 화답하여 온 성안을 진동시켰으며, 선언서와 태극기가 무수히 뿌려졌다.

간부들 몇 사람은 자의로 왜경을 따라 스스로 경찰서로 들어가고, 큰 대열은 다시 합쳐져서 성안을 한 바퀴 돌았다. 시민 전부가 시위에 가담하였고, 각 지방의 인사들도 대부분 기약 없이 갑자기 모인 사람들이었다.

왜관서(倭官署)에서는 소방대를 모아 각기 몽둥이와 호스를 들고 함부로 두들기고 쳐서 많은 부상자가 났다.

4, 5시가 지나 군중들은 잠시 해산하였으나 밤이 되자 다시 일어나서 각 대열이 요로에 나누어져 있었는데, 7시가 되자 갑자기 노동독립단이 나와 시위를 벌였다. 두어 시간이 지나자 이번에는 다시 걸인독립단이 거리로 쏟아져 나와 깃발을 들고 흥분하여 소리쳤다.

"우리들이 떠돌아다니면서 구걸생활을 하는 것은 왜놈들이 우리의 생산이익을 빼앗았기 때문이 아닌가. 우리나라가 독립하지 못한다면 우리들은 물론이고, 2천만 동포들이 모두 쓰러져 구렁을 메우리라."

이날 밤에 400여 명이 체포되었다.

이때에 우리 독립단은 다시 22일에 운동을 속행했는데, 어제 각처에서 장 보고 돌아간 사람들이 각 면의 시골 구석구석까지 이야기를 퍼뜨렸다. 그리하여 각 면의 마을, 모든 산의 나무마다 태극기가 광채를 발(發)하고, 남녀노소 할 것 없이 모두들 만세소리에 기뻐 뛰고 춤추었다.

그리고 예수교 청년단이 수천 군중을 거느리고 악대를 앞세우고 나팔소리에 맞추어 국가를 부르니, 우렁찬 소리에 질서가 정연하고 기상이 발랄하였다.

이에 왜인들의 수비대는 말을 달려 칼을 휘두르며 닥치는 대로 함부로 쳤으며, 여기에 소방대가 가세하여 마구 사람의 눈을 찌르고 귀를 베었으며, 팔을 자르고 코를 잘린 사람들이 부지기수였다. 여기에 홀연히 농민독립단 수만 명이 몽둥이와 도끼를 휘두르며 나타나 용감하게 격투를 벌이니, 저들은 이내 지탱하지 못하고 물러갔다.

이리하여 왜인의 장관 사사키[佐佐木]가 급히 명령을 내려 소방대를 해산시키자, 농민단은 마침내 평화적 시위로 보조를 맞추어 만세를 제창하며 개선하였다.

23일에는 기녀독립단이 국가를 제창하고 만세를 부르며 남강을 끼고 행진하니, 왜경 수십 명이 급히 달려와 칼을 빼어 치려 하자 기생 하나가 부르짖었다.

"우리가 죽어 나라가 독립이 된다면 죽어도 한이 없다."

여러 기생들은 강기슭을 따라 태연히 전진하면서 조금도 두려워하는 기색이 없었다.

24일에는 최대의 시위운동을 벌이기로 계획하였는데, 어떤 사람이 전하기를, 왜인들이 포를 가지고 대기한다고 하였다. 그리하여 우리 독립단은 이 소문을 듣고 더욱 노하여, 무기를 갖고 죽기를 각오하고 일전(一戰)을 벌이려 하였다.

온 성안에 살기가 충만하니 지도자 여러 사람들이 극력 제지하였다. 이에 드디어 평화의 보조로 일제히 강가에 모여 만세를 열렬히 불렀다.

왜병들은 창검을 휘두르며 좌충우돌하였으나 갑대를 쳐서 해산시키면 을대가 다시 모이고, 전자가 쫓겨 가면 후자가 계속 일어나곤 하여, 하루 종일 이렇게 하니 적들도 피곤하여졌다.

이때 우리 단원 이육석(李陸錫)이 포에 맞아 죽고 30여 명이 투옥되어 징역에 처해졌다.

제9장 미국 선교사의 수난

저 일본인들은 예수교회를 큰 정적으로 여겨 계속 압박하여 없애 버리려고 애쓴다. 한국 신도들에게 걸핏하면 죄를 날조하여 한 없이 학대를 가하고 학살하였다. 그러더니 오늘날에 와서는 미국 선교사들에게도 억지로 죄명을 씌워 구속하고, 곤욕을 보이기도 하여 불법을 자행한다. 저들은 우리나라의 각 교파에 대하여 압박한다.

대종교는 그것이 국조를 신념으로 하고 민족성을 보수하기 때문이며, 불교는 우리나라의 고대 승려 중에 몸을 바쳐 나라를 구출한 이가 많고 또 각 사찰에는 재원이 있기 때문이며, 천교도는 신도가 가장 많아 혁명성을 내포하고 있기 때문이다.

예수교회에 대해서는 최대한의 주의를 기울여 함부로 불법적인 제한을 가한다. 왜냐하면, 첫째 예수교를 통해 서양문명을 수입해 옴으로써 우리의 새로운 사조를 더욱 북돋우게 하였으며, 둘째 예수교 신도는 정세에 밝고 애국심이 많으며, 셋째 일본인들의 불법적인 학정이 서양인들에게 관찰되고 비판되어 구애를 받게 되기 때문이다. 그러나 이러한 점들은 오히려 미세한 것들이다.

만일, 선교사들이 미국인이 아니고 영국·프랑스·중국·인도인이었다면, 일본인들은 이들에게 특별한 주의를 기울이지 않을 뿐 아니라 오히려 장려했을 것이다. 그들이 오직 미국인이기 때문에 증오하고 질투하며 억압하는 등 못살게 군다. 일본과 미국은 태평양과 극동지역의 이권문제가 게재되어 있다.

그래서 가끔 일본인의 사회여론은 대미전쟁을 주장한다. 즉, 일본인들은 미국 선교사를 장래의 전시 적국인으로 인정함이 분명하다. 구실이 있으면 죄를 날조하여 모함하고 추방하기를 좋아한다. 그러므로 이번 우리 민족의 독립운동을 미국 선교사들이 선동·방조한 것으로 지목하여 이들을 죄에 얽어 넣는다.

구타당한 목사들

3월 3일. 평양 시민들이 시위운동을 벌이다가 왜병들의 총격을 받게 되자, 서양 부인이 자비로운 마음으로 여학생을 보호하기 위하여 그 와중에 뛰어들었다. 또 서양 목사들은 운동의 진상을 촬영하려고 사진기를 들고 여러 곳으로 분주히 돌아다니니, 이를 트집 잡아 저들은 선동자로 지목하였다. 어떤 목사는 이런 혐의로 체포되었는데, 왜병들은 손으로 치고 발로 차며, 앞에서 당기고 뒤에서 떼밀면서 경찰서로 끌고 가 심한 신문을 하였으나 아무런 혐의가 없어 방면되었다.

크게 수색당한 목사들의 집

4월 4일 오후 3시. 평양의 왜인 도장관·재판소 검사·경찰서장·경부·형사·통역·서기와 헌병 및 순사 등, 약 100여 명의 한 패거리가 서문으로 급히 달려 나가 여러 곳에 잠복하였는데, 마치 큰

적을 추격하는 듯한 기세였다.

그러더니 미국 선교사 사무엘 마펫[馬布來]과 기타 4, 5명의 집이 모두 폐쇄되고, 가족들의 출입을 금하고서 헌병과 순사들이 그 집 안으로 돌입하여 수색을 요구했으나 마펫이 거부하였다.

"미국 영사의 허가가 없으면 수색을 허락할 수 없다."

서장·검사 등이 큰 소리로 말했다.

"비록 미국 영사의 허가가 없다 할지라도 우리의 직권으로 수색한다."

그들은 곧 수색에 착수했다.

한국인 청년 김태술(金泰述)·이겸호(李謙浩) 두 사람이 체포되어 그 자리에서 난타당하여 거의 사경에 이르렀으며, 그 외에 별다른 서류는 발견된 것이 없었다.

같은 시간에 미국인 목사 모우리(牟義理, E. M. Mowry)와 한국인 목사 3명의 가택도 모두 수색 당하였다. 그리하여 김보식(金輔植)·이인선(李仁善)과 보모 2명이 체포되고 등사판도 압수되었다. 이때 모우리, 마펫 두 목사가 구속되어 경찰서에서 신문을 받았는데, 마펫은 석방되고 모우리는 수감되었으며 부인들도 유치장에 갇히었다.

모우리의 투옥과 재판

모우리는 미국 교회의 명령으로 한국에 와서 선교하고 숭실대학의 교수로 7년간 재직하면서 교육에 전심전력으로 종사하였다. 그는 성격이 온화하여 사람들과 대화할 때에는 애정이 매우 진지하였다.

한국 학생들에게는 스승이라기보다 벗으로서 어깨를 같이하며 지냈다. 평양 학계의 음악과 기술의 진보는 온통 그의 성과였으므로 일본인들에게 심한 미움을 받게 된 것이다. 서양인으로 동양인과 함께 침식을 같이하기는 드문 일인데, 모우리 목사는 언제나 한국 청년을 맞아다가 침식을 함께 했다.

이번에도 학생 몇 명이 그의 집에 묵고 있었는데, 일본 경찰이 이를 알고 뜻밖의 변고라 무고하여 끝내 죄를 덮어씌워 투옥·학대하였다. 일본 경찰은 조석으로 콩밥과 소금만을 그들에게 주다가, 상당한 날짜가 지난 후 그들의 친구가 주선해서 이부자리와 음식물을 차입할 수 있었다.

재판이 열리자 한국인 방청객이 운집하였다. 미국 부영사, 서양 목사와 부인 수십 명 및 신문기자들도 있었다. 왜인 재판장이 신문했다.

"이번 한국인의 독립선언에 너는 선동자가 아니냐? 김보식(金輔植)·이겸호(李謙浩)는 범법자인데 집에 은닉시켜 숙식을 제공하고 있으니 무슨 이유인가?"

모우리가 대답했다.

"나는 그들을 진심으로 영접하여 침구를 주고 먹였다. 그러나 이것은 주인의 접객이고, 선생과 제자 간의 편의이지 결코 범인을 숨기려는 의도가 아니다."

그는 범죄사실을 절대로 부인하였다.

그들은 징역 6월을 선고하였다. 모우리는 이에 불복하고 평양복심원에 항소하니, 그들은 징역 4월에 2년 집행유예를 선고했다. 모우리는 다시 불복, 상고하기로 결정하였다.

쫓아내려는 악의

이때 미국 선교사로 서울에 머물고 있는 이들도 많이 잡혀 신문을 받고 가택을 수색 당하였다. 사이토 마코토[齋藤實]가 하세가와[長谷川] 총독의 후임으로 오자 미국 선교사들을 한국에서 완전히 몰아내려는 추방령을 발포, 그 내용이 총독부 기관지 《매일신보(每日申報)》에 실렸다.

제10장 재외동포의 독립선포

　중국 땅인 봉천·길림·흑룡강 등 3성과 러시아 땅인 시베리아는 모두 우리나라 독립과 절대적인 관련이 있다. 이 두 영토는 우리나라와 국경을 맞대고 있으며, 그곳은 땅이 광활하고 물산 풍부하기가 일본의 배나 된다.

　만약 일본이 이 지역을 뺏어 위치를 굳힌다면, 그들은 크게 발전하여 앞으로 현재보다 10배 되는 일본이 동아(東亞)에 나타날 것이다. 그리하여 구미(歐美) 국가를 누르고도 남음이 있을지니, 우리 민족이 그 안에 놓인다면 어찌 활동할 여지가 있을까.

　만일, 우리 민족이 아직까지 과거의 월경 금지령에 구애되어 강북으로 한 걸음도 진출하지 못하였다면, 오늘날에 어찌 수백만의 한국 민족이 해외에서 독립을 선포(宣布)할 수 있었으리요. 이는 참으로 하늘이 우리를 도운 것이다.

　지난 7, 80년 동안 이민이 계속되어 오늘날의 독립운동 후원자들이 나타나게 되었다. 우리 민족은 추호도 정부의 보호를 못 받았다. 오직 적수(赤手)로 인내·근면하여 가시밭을 헤쳐 황무지를 개간하여, 점차 발전을 이루어 오늘날 종횡 수만 리에 걸쳐 한국인 마을이 없는 곳이 없게 되었다.

이 두 지방의 개척은 대부분 우리 민족의 힘이었다. 우리 독립운동 지사들은 이 지방을 수십 년 이후의 활동무대로 생각하고, 빈손으로 강을 건너가는 사람들이 잇따랐다. 교육을 제창하고 조국사상을 고취하여, 교회당과 교사가 곳곳에 설립되었고 또 나날이 발전하였다.

지금 야심적인 일본은 중국의 쇠약과 러시아의 혼란을 틈타 먼저 동북 3성을 점거·장악하였다. 그리고 군사력을 시베리아에까지 진출시켜 러시아와 풀 수 없는 원한을 맺어, 저들의 군국주의 정책과 러시아의 확장정책이 바야흐로 그 승패를 겨루게 되었다.

우리 민족으로 두 지역(러시아령과 중국땅)에 뿌리를 내린 이들이 수백만이라, 결코 무시할 수 없는 세력이므로 이 땅에서의 우리 독립운동의 기대는 더욱 컸다.

3월 6일, 봉천성 환인현에 살던 우리 민족 7,210여 명이 독립운동을 일으켰으며, 3월 13일에는 길림성 연길현에서 3만여 명이 모여 독립축하회를 열었다.

3월 17일에는 러시아령의 국민의회가 블라디보스토크에서 열려 독립을 선포하고 선언서를 각국 영사관에 보내었다. 미국과 프랑스 두 영사들은 모두 동의를 표하고, 러시아 국민 전부도 깊은 환영의 뜻을 표하였다.

"우리들은 한국인들이 이처럼 굳센 힘이 있는 줄 몰랐다. 그들은 쇳조각 하나 없는 맨손으로 결사적인 독립운동을 하고 있는데, 우리들은 오히려 총포를 가지고도 국권을 타국에 양도해야 하는가."

이로부터 러시아인들의 배일사상은 더욱 치열하였다.

그 무렵에 쌍성·소성·팔식포·추풍·다전·영안평 등지 거주의 우리 민족들도 모두가 독립을 선포했다.

이때 노인동맹이 블라디보스토크에서 발족되었다. "청년자제들이 모두 독립을 위해 피 흘리고 있는데, 어찌 늙은이라 해서 이 일을 할 수 없겠는가" 하고, 동맹을 발기하니 수천 명이 호응했다.

김치보(金致甫)가 단장이 되고, 이발(李發)·정치윤(鄭致允)·윤여옥(尹余玉)·차대유(車大輶)·안태준(安泰純) 등 5명의 대표를 경성에 파견하여 독립요구서를 총독부에 전달하고, 종로 보신각(종각) 앞에서 민중들에게 연설하고 독립만세를 외치자, 왜경이 체포하려 하니 이발은 "의로써 치욕을 당하지 않겠다" 하고, 칼을 빼어 스스로 목을 찌르니 선혈이 낭자하여, 왜경이 달려들어 칼을 빼앗고 대한병원으로 옮겨 치료하였다.

이발과 정치윤은 너무 노쇠하였으므로 일본인이 그들의 군사를 시켜 러시아령에 있는 본가로 호송시켰다. 윤여옥·차대유·안태순 등 3명은 징역 1년 반에 처해졌다.

그 해 8월에 노인단의 대표 강찬구(姜燦九:名은 宇奎)가 경성에 들어와, 남대문 밖에서 일본 총독 사이토[齋藤]에게 폭탄을 던져 고고한 그 이름을 크게 떨쳤다. 이듬해 3월에 송원실(宋元實)이 또 대표로 입경하여 태극기를 들고 민중에게 통고문을 선포하면서, 적과 함께 살지 않기를 눈물로써 맹세하다가 체포·수감되었다.

노인 동맹단이 일본 정부에 보낸 글

생각건대 우리들은 나라를 잃고도 목숨이 붙어 있어 이성에 윤락하다가, 이제 늙고 병들어 기꺼이 무덤에 묻히려 하였는데, 우리나라 백성들이 독립을 위하여 피로써 항쟁하고 있다.

큰 참극이 일어난 날, 다른 나라 사람들도 눈을 휘둥그레하고 놀랐는데 하물며 우리들이야. 부노(父老:한 동네에서 나이가 많은 남자(男子) 어른)이며 친족(親屬:촌수가 가까운 일가)인 우리들로서 어찌 차마 청년들만을 사지에 나가게 하고 두려워하여 방관할 수 있겠는가. 그러므로 서로 맹세하고 구구하게 분수에 맞는 도리를 표시하기로 기약한다.

회고하건대, 우리나라의 청년들이 시퍼런 칼날을 무릅쓰고 감행하는 투쟁이 어찌 죽음을 즐겁게 여겨 하는 일이겠는가. 오직 그들의 피어린 정성으로 국민의 행복을 꾀하기 위함이다. 그러므로 우리들도 한갓 죽음으로써 영광을 삼으려는 것은 아니다. 양국의 이해관계를 위하여 졸렬한 연구의 결과를 이에 감히 무식을 무릅쓰고 진술하니 살피기 바란다.

귀국은 본래 우리나라의 독립을 주장하고 여러 번 이를 세상에 성명하더니, 마침내는 그것을 파기하고 합병해 버렸다. 일찍이 동양 평화를 유지하고 인민의 행복을 증진시킨다고 말하지 않았던가. 그런데 지금은 그 반대가 되었으니 정책의 잘잘못을 다시 깊이 생각해 보아야 할 것이다.

귀국은 청국과 러시아에 전승한 여세를 몰아 동아를 단독으로 제패하고, 우리나라를 병합시키는 데 조금도 장애를 받지 않았으니, 귀 정부가 '우리는 이미 한국인을 억눌러 복종·동화시켰다'고 마음 놓고 떠들었으나, 그 내면의 실정이 그러하지 않음을 어찌 생각인들 하였겠는가.

대체로 강대국이 약소국을 병탄하는 것이 어느 나라엔

들 없으랴. 그러나 만약 그 인종의 자격이 우수하고 종교·역사·언어 및 문자가 각각 그 고유한 국성(國性)을 이어받았다면, 비록 강제로 한때는 병합할 수 있을지라도 끝내 분리·독립됨은 각국의 관례이다.

우리나라로써 말하자면, 귀국은 정치를 유신하여 교육의 발달로 전 국민이 번성기를 맞았을 때, 우리는 그릇 옛 습관을 지키다가 저절로 잔약하게 되었으니, 우승열패(優勝劣敗:나은 자가 이기고 못한 자가 지는 일. 적자생존)는 사세가 꼭 그렇게 되게 마련이라 어떻게 면할 수 있었으랴.

그러나 인종의 자질과 역사의 터전, 종교의 세력과 문학의 보급, 노동자·농민의 발전과 대국(大局)의 관계 및 시세(時勢)의 계기가 모두 합병될 수 없는 원인이 있다.

자세한 이야기를 해본다. 인종의 자질을 말하자면 우리나라가 결코 다른 민족보다 열등하지 않으며, 귀국의 1천 년 전의 문물이 모두 우리나라에서 나왔다. 대략 그 개요를 말하면, 백제 왕인(王仁)의 문학, 일라(日羅)의 병학, 관륵(觀勒)의 천문·지리·역법과 고구려 혜관(慧灌)의 불경, 모치(毛治)의 의학(醫學)과 신라 천일창(天日槍)의 물품 및 조선조 이황(李滉)의 도덕은 모두 귀국 인민들이 지금껏 기념한다.

이순신(李舜臣)과 같은 이는 거북선을 창조하여 세계 철갑선의 시조임을 귀국의 장군들이 칭송하여 마지 못한다. 이러한 인종이 어찌 끝까지 남의 노예 되기를 달갑게 여기겠는가. 이것이 합병할 수 없는 첫째 이유이다.

역사의 기초를 말하면, 우리나라는 4200여 년의 역사를 가졌음이, 《산해경(山海經)》과 우혈비(禹穴碑)를 살펴보면 세계적인 옛 나라인 근거를 알 수 있다.

인문(人文)이 일찍 드러나고 윤리를 닦아 밝혔으며, 충의·도덕의 뿌리박음이 견고하고 근원이 오래다.

언어·풍속이 모두 그 정신을 머금고 발달하였으며, 산천초목이 모두 그 소리와 빛을 띠고, 모든 생명체들은 하나같이 국성(國性)을 부여받고 있어서 문자에 의하지 않고도 성취된다.

귀 정부가 비록 교육을 빌어 고전을 버리고 신간책으로 개조하여 민족정신을 개변할 계책이지만, 결코 성공하기 어려울 것이다. 대체로 국체는 무너지는 일이 있어도 국혼이 없어지지 않으면 부활할 날이 있게 마련이다. 이것이 합병할 수 없는 둘째 이유이다.

종교를 말하면, 대종교는 예로부터 창설되어 국조를 믿으며, 유교·불교는 1500년의 역사를 가지고 보존하여 지키기에 독실하고, 천도교는 근대에 발생하였으나 그 교리가 모험을 즐기며, 삶을 가볍게 여기고 죽음을 아끼지 않는 혁명적인 교리이다.

기독교는 미주에서 와서 미국적인 교화를 전도하고 있으므로 조지 워싱턴의 독립역사가 신도들의 뇌리에 깊은 인상을 주고 있다. 또 근래 우리나라 인사들은 정계에 활약할 기회가 없으므로 모두들 교회로 가서 바삐 일한다.

어느 교를 막론하고 모두 정치사상이 있어서 일취월장 매우 발달하여 가니, 귀국 종교의 힘으로는 능히 정복할 수 없다. 이 점이 병합할 수 없는 셋째 이유이다.

우리나라 문자는 극히 간편하여서 거의 모든 국민이 글자를 해독하며 국문서적은 사람마다 읽을 수 있다.

우리 국민에게 참다운 신식교육을 시킨다면, 일변하여 도에 이르러 세계의 문명한 민족들과 보조를 같이할 수 있을 것은 시간문제이며, 그로 인하여 독립사상은 자연히 전파될 것이다. 이 점이 합병할 수 없는 넷째 이유이다.

노동자와 농민의 발전을 말한다면, 우리나라는 농업국이므로 상공업은 뒤떨어져 다른 나라에 양보한다. 그러므로 재빠르게 이를 추구하고 발명하는 일 따위는 동떨어져 따라갈 수 없다. 그러나 근검절약하여 국성(國性)을 보존해 지킴에는 여유가 있고, 하물며 현재의 노동자·농민의 능력을 과히 업신여길 수 없음에랴. 대체로 지난날 노동자·농민의 사회에는 정치사상이 없었으므로 상류층 사람들이 그들을 지칭하기를, 부드럽고 양순하여 시키기가 쉽다고 하였다.

그러나 세태는 점점 진보하여 백성들의 머리가 점점 열리니, 노동자·농민은 최다수이면서 가장 불평등한 위치에 놓여 있다는 정치사상이 차차 그들에게 인식되었다. 그리하여 혁명의 풍조를 불러일으켜 곧 새로운 세계를 개척하려는 상황에 있다.

우리나라의 인민들이 귀국의 속박 밑에 있어서 모든 사업이 날로 위축되고 있으나, 노동자·농민의 발전만은 천연(天演)의 원칙에서 나왔으므로 그 왕성한 기세를 막을 수 없다.

대체로 타국의 인민으로 외지에 거주하는 자들은 모두 정부의 무력 사용과 물자의 소비에 의지하게 마련인데, 우리 인민들은 추호도 의지할 곳 없이 능히 맨몸으로 가시덤불을 헤치고 새 땅에 이주하였다.

중국과 러시아령에 거주하는 사람이 수백만이고, 미국 땅에 사는 사람이 거의 1만 명에 이른다. 그들은 모두 고생을 참고 사업을 영위해 가는데, 교회당·학교가 도처에 보이는 것은 모두 노동자·농민의 힘이다.

대체로 노동자·농민의 발전이 이러하고 국성(國性)을 보존·고수함이 또한 이러하거늘, 우리 2천만이 골고루 모두 정치사상이 없다고 할 수 있겠는가. 어찌 남에게 통치받기를 즐기랴. 이 점이 병합할 수 없는 다섯째 이유이다.

대국(大局) 관계를 말한다면, 현재 백인의 세력이 전 지구를 둘러싸고 있다. 그런데 동아에는 오직 귀국이 단독으로 보장의 임무를 담당하고 있는데, 귀국과 우리나라는 입술과 이처럼 긴밀한 관계에 놓여 있다. 두 나라의 인민으로 하여금 서로 제휴하여 남들이 감히 이간하지 못하게 된다면 그 보장이 더욱 굳게 되지 않겠는가. 만일 우리나라 인민들에게만 편파적으로 고통과 불평 등을 준다면, 내부에서 일어나는 화란은 가장 막기 어렵게 되어 반드시 제3자가 엿보게될 것이다. 이 점이 병합할 수 없는 여섯째 이유이다.

현실 정세를 말한다면, 지금 전 세계 인류의 사상은 모두 전제와 강권을 미워하며 자유·평등의 사조가 앞으로의 세계를 변혁시키려 하고 있다.

새로운 대세의 풍미를 누가 저항·저지할 수 있겠는가. 이는 곧 천의의 자연이고 인도의 대동이다. 우리나라의 인민만이 어찌 유독 억압된 생활을 좋아하여 자유·평등의 행복을 추구하지 않겠는가. 이 점이 병합할 수 없는 일곱째 이유이다.

이러한 모든 것이 모두 확고한 실제 사실이고 추호도 허식이 없으니, 장래의 결과는 반드시 이를 벗어나지 못할 것이다.

귀 정부가 어찌 재삼 심사숙고하여 개혁하지 않을 수 있겠는가. 지금 귀 정부에서는 우리나라 인민들이 분기하여 부르 짖는 독립을, 세찬 기세로 곧 강압하여 참혹하게 살육을 자행하고 있으니, 반도 강산에 원망 소리는 하늘에 사무치고 있다.

비록 일시적인 소강상태는 유지할지라도 인심의 불복은 이로 인하여 더욱 깊어진다. 어찌 그 부형을 죽이고 그의 자제와 친할 수 있으랴. 나쁜 소문만을 세계에 뿌리고 화근을 무궁한 장래에 심을 뿐이다. 이러한 일본의 행위가, 우리들은 어리석고 고루한 탓인지 몰라도 어떤 이유에서 나오는지 이해할 수 없다.

듣건대, 귀 정부에서 말하기를 '오늘날 조선은 실력이 없는데, 만일 독립을 허락한다면, 결국은 정책을 변경시켜 제3의 강국에 의지할 것이다. 그리하여 외국과의 혼란을 일으킨다면 동양 평화를 보장키 어렵다' 고 한다니, 이는 다만 과거사에 근거를 두고 하는 말일 뿐이다.

지금 우리나라 민도는 지난날과 달라서, 이미 독립된 나라의 정책을 변경하여 타국에 넘겨주는 전철을 밟지는 않을 것이며, 또 대세를 강구하여 외교 선택에 심사숙고할 것이다.

옛날 전제시대에는 정권 탐욕자가 외세를 끼고 자신의 지위를 튼튼하게 하기를 꾀하였으므로, 아침에는 진나라와 사귀고 저녁에는 초나라와 가까이하는 비열한 행동을 자행하여 국시를 그르친 자가 있었다.

그러나 오늘날의 위정자들은 반드시 여론을 종합하여 국시로 삼고, 국제외교에는 마땅히 대국을 중하게 여기며 국가의 이해로써 정책을 결정하는데, 어찌 사사로운 이익을 위해

국교를 망치는 자를 용납하겠는가.

귀국이 오늘날 우리의 독립을 환원해 주면, 우리나라는 내일로 일본과 악수하고 영구히 우호국가가 될 것임은 곧 모든 백성들의 마음가짐이다.

다만 자주를 얻지 못하고 구속의 화를 입고 있으므로 모두 탈이(脫利)를 계획하고 결사적으로 혈투하니, 귀 정부는 이를 가리켜 '배일행동'이라 한다. 그러나 어찌 그러한 행위가 진정 친일이 되고 영원한 친일이 됨을 알지 못하는가.

또 우리나라의 인민들은 무기를 안 가지고 맨손으로 분기했으니, 독립하게 되면 귀국이 힘이 모자라서 독립을 환원해 주었다고 누가 말하겠는가. 반드시 이 거사가 단연 정의에서 나왔음을 인정할 것이다.

그리하여 신과 사람이 모두 기뻐하고 산하는 다시 새로워져서, 광명은 사방을 비치고 은택은 만세에 흐를 것이니, 어찌 아름답고 성대하지 않겠는가. 바라건대, 조속히 묘산(廟算:정부에서 의결한 계책)을 베풀어 우리의 대국을 다행하게 하고 우리 동포를 복되게 해주기를 천만 기축(祈祝:빌고 바람)하는 바이다.

제11장 상해 임시정부의 의정원과 각기관

우리 민족은 일본의 사슬에서 벗어나려고 혁명운동을 일으켜 세계에 독립을 선포하고 자결주의를 발표했다. 혁명사업은 갓 출발하였을 뿐 아직 결과에 도달하지 못하였으니, 반드시 '임시정부'라는 최고기관이 있어서 국민들의 지표가 되고, 국가 간의 교섭을 담당함이 세계 혁명사의 관례이다.

3월 1일 이후, 각처의 독립단들은 모두 이러한 관념을 가졌으나 이는 적당한 거점이 없으면 불가능한 일이다. 그러나 국내에서는 조그마한 거점도 마련할 수 없고, 국외로는 중국의 동삼성과 러시아령 시베리아에 우리 교포들이 가장 많이 거주하고 있지만 현재 일본군이 주둔 중이므로 안전지대가 못 된다. 또 미국 땅의 각지는 본국에서 너무 멀리 떨어져 역시 적합한 위치가 아니다.

오직 중국 상해만이 동양의 교통요지로서, 비록 십분 안전하지는 못하지만 다른 지역보다는 비교적 안전한 곳이다. 이래서 3월 하순경, 우리의 많은 독립단원들이 이곳에 모였다.

이광수(李光洙)는 동경에서, 선우혁(鮮于爀)·김철(金澈)·서병호(徐丙浩)·현순(玄楯)·최창식(崔昌植) 등은 본국에서, 여운형(呂運亨)은 러시아령에서, 여운홍(呂運弘)은 미국에서 각각 모여들어, 프랑스 조계 보창로에 임시사무소를 두었다. 현순이 총무가 되어 각국에 선언서를 보냈으며, 마침 경성의 독립단 본부로부터 파견되어 온 이봉수(李鳳洙)를 맞아 임시정부의 필요성을 의논하였다.

이때 이동녕(李東寧)·이시영(李始榮)·조완구(趙琬九)·조성환(曹成煥)·김동삼(金東三)·조영진(趙英鎭)·조용은(趙鏞殷) 등 30여 인이 함께 와서 협의하였다.

4월 8일에 경성 독립단 본부에서 다시 사람을 보내어 각원(閣員)의 명단과 임시헌법 초고를 가져오고, 또 이춘숙(李春塾)·이규갑(李奎甲)·홍도(洪濤) 등 여러 사람들도 왔다.

11일에 손정도(孫貞道)·이광수의 제의에 따라 각 지방 대표회의를 열어 임시의정원을 설립하고 이동녕을 의장으로 뽑았다.

국무원은 국내의 본부와 협의하여 이승만을 국무총리, 안창호(安昌浩)를 내무총장, 김규식(金奎植)을 외무총장, 이시영을 법무총장, 최재형(崔在亨)을 재무총장, 이동휘(李東輝)를 군무총장, 문창범(文昌範)을 교통총장으로 선출하였다. 13일에는 안승원(安承源)·김병조(金秉祚)·장덕로(張德櫓)·이원익(李元益)·조상섭(趙尙燮)·김구(金九)·양준명(梁濬明)·이유필(李裕弼)·고일청(高一淸)·김인서(金引叙)·이규서(李奎瑞) 등이 잇따라 모여들었다. 이리하여 상해에 모인 우리나라 사람은 천여 명에 달했었다. 이에 의정원법을 제정하고 지방회의를 거쳐, 의장 및 의원을 선출하였는데 손정도가 의장이 되었다.

4월 14일. 미국 필라델피아에 거주하는 한국인들이 미국 정부의 허가를 받아 워싱턴 독립기념관에 모여 3일간에 걸쳐 독립을 선언했다.

서재필(徐載弼) 박사 이하 여러 사람들이 모두 연설을 하였는데, 미국인들도 많이 참석하여 깊은 동의를 표하였다. 또 파리 강화회의에 전보를 쳐서 대한정부의 승인을 요청했다.

5월 25일에는 내무총장 안창호가 미국에서 상해에 도착하여 직무를 담당하였다.

임시헌법과 연통제(聯通制)를 제정, 내외에 반포하였다. 사료 편찬부를 두어 한일교섭의 유래와 이번 독립운동의 상황 및 일본인의 학살 만행을 기록하여 국제연맹에 제출할 준비를 갖추었다.

얼마 후에 한성 국민회에서는 각원을 바꾸어 이승만을 집정관 총재, 이동휘를 국무총리, 이동녕을 내무총장, 이시영을 재무총장, 노백린(盧伯麟)을 군무총장, 신규식(申圭植)을 법무총장, 김규식을 학무총장, 박용만(朴容萬)을 외무총장, 문창범을 교통총장, 유동열(柳東說)을 참모총장, 안창호를 노동국 총판으로 선임했다.

이에 이동휘·이동녕·이시영·신규식·안창호 등이 모두 취임하고 이승만을 대통령으로 추대하였다. 그리고 김립(金立)을 비서장, 이규홍(李奎弘)을 내무차장, 윤현진(尹顯振)을 재무차장, 김의선(金義善)을 군무총장, 신익희(申翼熙)를 법무차장, 이춘숙(李春塾)을 학무차장, 정인과(鄭仁果)를 외무차장, 김철을 교통차장으로 선출하고, 또 문창범 대신 남형우(南亨祐)를 교통총장에 개임(改任)하였다. 얼마 뒤에 정인과가 사직, 도미하고 신익희를 외무차장, 안병찬(安秉瓚)을 법무차장에 임명하였다.

이때 상해 지구에는 우리 민족의 기관으로 신한청년당과 거류민단이 있었는데 여운형이 단장이었다. 애국부인회가 있어서 본국과 중국·러시아·미국 등지의 부인회와 상호연락을 취하고 김원경

(金元慶)이 회장이었다.

또 적십자회가 있어서 많은 내외 인사의 도움을 받았는데 이희경(李喜儆)이 회장, 안정근(安定根)이 부회장이었다.

또 내외 각 단체의 대표로 정부에 협조하는 사람들이 있었다. 언론기관으로는 《독립신문》《신대한(新大韓)》《대한민보》와 《신한청년(新韓靑年)》이란 잡지, 교육기관으로는 무관학교와 인성소학교(仁成小學校) 등이 있었다.

대체로 한성 국민회가 정부를 조직·수립한 것이다. 이 사건으로 인하여 회원 김옥결(金玉玦)·장채극(張彩極)·이철(李鐵)·김사국(金思國) 등이 체포되어 3년, 안상덕(安商悳)·한성오(韓聖五)는 2년, 이헌교(李憲敎)는 1년 6월 징역형에, 김규(金奎)·이민태(李敏台)·이용규(李容珪)는 10월형에 처해졌다. 손보형(孫普衡)·한남수(韓南洙)·홍면희(洪冕憙)·손영직(孫永稷)·이규갑(李圭甲) 등은 해외로 도망하여 모면하고, 이중업(李中業)도 탈주하였는데 일본인이 그의 가족을 체포·투옥시키고 형을 가했다.

제12장 일본인의 야만, 잔학한 살육

일본인들은 우리 민족의 문명적인 행동에 대하여 극도로 야만적이고 잔악한 살육을 자행하였다.

세계 각국 사람들이 이 살육의 진상을 목격하고는 공분(公憤)에 격하여 우리를 위해 동정의 눈물을 흘렸다. 저들이 비록 여러 모로 교묘히 숨기려 한들 어찌 은폐할 수 있겠는가.

우리들이 동족으로서 그 피를 이어받아 독립의 목적을 관철하지 못한다면 장차 무엇으로 우리의 형제, 자매의 충혼(忠魂)에 사죄할 것인가. 나는 생각이 이에 미칠 때마다 오장을 칼로 에어 내는 듯하고 말보다 눈물이 앞서서, 글을 쓰려 하여도 손이 떨리는 때가 여러 번이었다.

그러나 우리 2천 만의 심혈이 막강한 무력이며 세계의 새 문화가 막대한 응원이니, 저들의 군국주의는 이미 황혼에 접어든 것이다. 〈좌전(左傳)〉에는 '하늘이 불선(不善)을 돕는 듯이 보임은 그를 진정 도움이 아니다. 그 흉악함을 더욱 드러나게 하여 끝내는 그것을 징벌하기 위한 것이다' 하였다. 지금 저들은 악이 날 대로 나서 이미 그 극에 달했으므로 하늘의 벌이 미구에 내리리라.

우리들은 원수의 피를 마셔 형제, 자매에게 보답할 날이 반드시 있을지니, 어찌 분발하지 않을 수 있겠는가.

1개월 동안의 사상자

3월 1일~4월 1일까지 살상된 한국인은 저들이 극력 은폐하여 힘써 발표하지 않았으므로 그 상세한 실제 숫자를 알기가 어렵다. 경성 통신원의 기록에 의하면 대략 다음과 같다.

독립운동은 1일부터 월말에 이르기까지 더욱더 형세가 치열하여 일본인들은 이에 형용할 수 없는 야만적 잔학을 다하였다.

창으로 찌르고 칼로 쳐 풀을 베듯 하였으니, 즉사한 사람이 3,750여 명이고 중상으로 며칠을 지나 죽은 사람이 4,600여 명이었다. 옥중에서 죽은 사람 수는 알 수 없으나 체포되어 수감된 사람은 약 수십만 명인데 사망 통보가 잇달아 있었다.

저들은 학살만 자행할 뿐 중상자의 의약 구입과 치료조차 불허하고, 시골의 부상자들이 시중의 병원에 실려 와 치료를 받으려 하면 이를 막아 죽게 버려두었다.

이 같은 저들의 잔인 포학상을 어찌 세계 인류가 일찍이 경험하였겠는가. 외신보도에 의하면 약 1천 명이 모여 한 번 시위하면 피해자가 7백 명에 이르렀다고 한다. 또 어느 작은 마을에서 1주일 동안 참살당한 자가 170명이었고 교회당의 파괴가 15군데에 이르렀다.

10년 전에 하세가와 요시미치[長谷川好道:제2대 조선 총독을 지냈다] 가 한국인의 반항을 진압할 때 무기를 써서 학살한 한인의 수는 1만 5천 명이었다고 한다.

수원 제암리의 학살

왜노들은 우리나라 각지에서 학살을 자행하지 않은 곳이 없으니, 우리 민족에게 만겁을 두고두고 잊지 못할 상처를 남겼다. 수원 지방의 참극 같은 경우를 차마 어찌 말로 다할 수 있으랴.

4월 15일 오후. 일본군 중위 1명이 병졸 1대를 거느리고 수원군 남쪽 제암리에 들어왔다. 그 자는 인민들에게 유시(諭示:지난날, 관청 등에서 구두 또는 서면으로 백성에게 알림)할 일이 있다 하고 기독교, 천도교 신자 30여 명을 교회당에 소집한 후, 창문을 굳게 잠그고 병졸을 동원하여 교회당 안에 총을 난사케 했다. 어떤 부인은 안고 있던 아이를 창밖으로 내밀면서 외쳤다.

"나는 곧 죽지만 부탁하건데 이 아이만은 제발 살려 주시오."

왜병은 곧 창으로 아이의 머리를 찍어 죽였다. 교회당 안의 사람들이 거의 모두 죽거나 부상하였을 때 왜병들은 교회에 불을 질러 버렸다.

홍모는 상처를 입은 채 창문을 넘어 달아났으나 왜병은 이를 사살했다. 강모의 처가 그 시체를 이불로 덮어 담 밑에 숨겨 두었는데, 왜병은 이를 칼로 찢고 이불로 덮은 후 불태워 버렸다. 또 홍씨 부인은 불을 끄려고 달려왔다가 바로 사살당하고, 어린아이 두 명도 죽음을 당했으며, 어느 젊은 부인이 그의 남편을 구하러 왔다가 역시 피살되었다.

교회당에 있다가 죽은 사람이 22명, 뜰에서 죽은 사람이 6명이었는데, 사망자의 시체는 모두 불태워 버렸다. 왜병은 또 제암리의 민가 31채를 불살랐고, 이웃 8면 15 마을에서 317호가 연소되어 사망자가 39명이었다.

다시 그 이웃 마을에 며칠간 계속 사격, 방화, 구타를 자행하였으니, 사망자가 1천여 명에 달하였다. 이때 남녀노소는 모두 산 속으로 도망쳐 달아났고, 그들의 곡성은 천지를 진동시켰다. 칼에 찔려 피 묻은 옷으로 바위틈에 엎드리거나, 나무와 풀에 의지하여 이슬을 맞으며 산야에서 밤을 지새웠다.

어떤 소녀는 노모를 엎고 달아나다가 어머니가 앓아 풀숲에 누우니 소녀가 옹기 그릇 조각으로 풀뿌리를 캐어 어머니를 봉양했다. 어떤 이는 풀로 어린애를 싸서 바위 틈 속에 두기도 하였는데 이는 외국인이 촬영하여 퍼뜨린 것이다.

수원군 용주리에서는 허리 굽은 백발의 노부부가 눈물을 줄줄 흘리고 울면서 때마침 서양 의원을 만나 이야기했다.

"나는 지금 71세이고 처는 70세로서 세 아들과 세 손자를 두었소. 그런데 4월 중순 경 갑자기 왜병이 우리 집에 들어와 세 아들과 세 손자를 나오라고 호통 치더니, 곧 큰 포승으로 묶어 끌고 갔습니다.

따라가 보니, 곧 죽일 것 같아서 내가 땅에 꿇어 엎드려 천만번 애걸했었소. 그러나 저들은 오히려 화를 내며 나를 내쫓고 내 앞에서 여섯 아이를 창으로 배와 목을 찔러 모두 죽였소.

나도 함께 죽여 달라고 울부짖었으나 들은 척도 않고, 그들 시체 위에다 풀을 덮고 불태워 버렸었소. 손, 발, 코, 귀 어느 하나도 남는 것이 없었소이다……"

노인은 기가 막혀 더 이상 말을 잊지 못했다고 한다.

수천리와 화수리의 참살

4월 6일 새벽. 단꿈이 채 깨기도 전에 돌연 총성이 집을 뒤흔들더니, 이어 왜병이 수원 수천 지방으로 밀려들어와 교회당과 민가 34호에 불을 질렀다. 마을 사람들이 불을 끄려다가 1명은 사살되고 많은 사람들이 중상을 입었다.

4월 21일. 아침밥을 미처 마치기 전에 별안간 들려 온 총성과 함께 헌병과 순사들이 수원 화수리에 몰려들어와 마구 불을 지르고 총을 쏘아댔다.

모든 남녀노소가 황급히 산으로 피해 올라가니, 왜병이 쫓아오며 총을 쏘아 사상자가 수없이 발생하였다. 농사짓는 이 마을은 예로부터 부촌으로 알려졌으나, 이 지경이 되고 부터는 한갓 황폐한 언덕으로 변하고, 저장해 둔 양곡도 모두 불타 버려 굶어 죽은 사람들이 많았다.

서양 선교사가 이 지역을 시찰하다가 한 촌민에게 일본인들의 잔악행위 이유를 물으니 이렇게 대답하였다.

"이 마을 사람들은 만세를 부른 일이 없었습니다. 단지 장에 모였던 사람들이 만세를 불렀는데, 그 중에는 예수교인들이 많았습니다. 그 독립 시위운동은 질서정연하여 조금도 문란하지 않았습니다.

그런데 왜노 순사 하나가 갑자기 총을 쏘아 사상자가 생겼고, 군중들은 불같이 노하여 그 순사를 때려죽이고 분견소에 불을 질렀습니다. 그러나 우리 마을은 분견소에서 20여 리나 떨어져 이 사건과는 전혀 관계가 없는데, 왜 하필이면 우리 마을에만 죄를 뒤집어 씌우는지 모르겠습니다."

정주의 학살

정주읍(定州邑)의 인민들이 장날에 독립을 요구하는 시위운동을 벌이기로 약속하였다. 왜병은 이 기미를 알고 사전에 진압시키려 하여, 교회의 목사 이하 많은 교역자(敎役者:목사·전도사 등 교역에 종사하는 사람의 총칭)들을 잡아다 심하게 구타하고 위협하였다.

이리하여 민심이 더욱 격화되어 장날에 모여든 사람이 무려 2만 5천이나 되었다. 왜병의 무자비한 발포에도 불구하고 만세를 불러 독립군 50명과 구경꾼 70여 명이 피살되었다. 왜병은 또 성안의 예수교회를 비롯하여 천도교당 및 학교 건물에 불을 지르고, 이승훈(李昇薰)·이명룡(李明龍)·조형균(趙衡均) 등 세 사람의 집을 파괴했다. 오산학교를 불태우고 각종 시설을 파괴하여 손해액이 1만 5천원(元)에 달했다.

맹산의 학살

맹산군(孟山郡)은 천도교 신자가 많았는데, 시위에는 예수교도들도 참가하였다. 한인으로서 헌병보조원 노릇하는 자들이 이에 간섭하지 않기 때문에 무사할 수 있었다.

며칠이 지난 뒤 왜병이 도착하여 어떤 교사의 명위를 빌어 집회를 열고 독립운동 지도자 한 사람을 체포하여 헌병분견소에 가두고 혹형을 가하였다.

사람들이 격분하여 석방을 요구하러 헌병분견소로 몰려드니, 왜병은 이들을 안마당으로 끌어들인 뒤 문을 굳게 잠그고 60여 명을 사살하여, 숨이 아직도 끊어지지 않은 사람은 창으로 찔렀다.

그 중에서 세 사람이 도망하여 그곳을 벗어나니, 왜병이 추격했지만 미치지 못했다. 그들의 집을 뒤지고 부근 여러 마을까지 뒤졌으나 찾아내지 못하고 말았다.

왜인이 예수교인에게는 예수를 믿지 말라 하고 천도교인에게는 신조를 버리라고 했다. 그들의 신앙에 대한 탄압이 이러하였으므로 오늘날 교회가 이처럼 적극적으로 반대운동에 가담하고 있는 것이다.

강서의 학살

강서군 성대면 사천교회는 3월 2일에 시위를 벌여 교인 6명이 체포되었다. 이튿날 대동군 원장교회의 독립단원 2천여 명이 사천으로 몰려드니, 일본 헌병보조원 3명이 순식간에 나타나 윤관도(尹寬道)·현경묵(玄景黙) 등 6명을 사살하고 또 많은 중상자를 냈다.

그러자 군중들은 분노를 금치 못하여 맨손으로 대항해 싸워 일본 헌병과 보조원을 죽였다.

우리 측은 사망자 43명, 중상자 20여 명을 냈으며, 병원에 운반 도중 절명한 사람이 20여 명에 이르렀다.

또 동군 증산리 두만리 교회의 여 권사는 그의 16세 된 손자와 함께 단칼에 맞아 죽었다.

대구의 학살

대구에서는 독립단 2만 3천 명이 시위운동을 벌여 왜병에게 총살된 자가 113명, 부상자가 87명이었다. 사망자의 친척이 시체를 거두려 했으나 왜병이 쫓아 버려 장사지낼 수 없었다.

의사 진(陳)씨란 사람이 부상자를 구호하려 했으나 왜병이 총을 쏘아 체포되었고, 단원 김용해(金鎔海)라는 이는 사람됨이 강직하고 씩씩한 기품이 있었다. 그는 그의 아버지가 독립운동의 주모자로 독립선언서를 낭독했더니 왜병이 쫓아 들어와서 구타하였다.

김용해는 그의 아버지의 앞을 가로막고 맨손으로 대항하다가 왜병이 칼을 휘둘러 중상을 입었으며, 부자가 함께 투옥되었다가 며칠 후 숨을 거두었다.

밀양의 학살

밀양군에서는 13,500명이 시위운동을 벌였는데 사망자가 150명이었다. 이 군내에 말발굽 형상의 골짝 마을로, 산 어귀에 외길이 난 동네가 있었다. 왜병이 이 길목을 막고 마을 사람들에게 총을 쏘아 늙은이와 어린이 및 부녀자들이 모두 죽음을 당했다.

조(趙)씨 일문의 참화

위안군 녹동면에서는 조성근(趙聲根)이 독립운동의 주모자가 되었다가 왜병에게 총살되었다. 조(趙)씨 일족은 이에 격분, 일제히 일어나 독립운동을 계속했는데, 왜병이 떼를 지어 들어와서 총을 난사하여 일문 70여 명이 한꺼번에 죽음을 당하였다.

합천의 학살

3월 18일. 합천군 강양면에서 많은 사람들이 시장에 모여 시위운동을 벌였다. 왜노의 군경이 애초에는 쇠몽둥이나 장검 등을 휘둘러 군중을 해산시키려 했으나, 여전히 계속되자 마침내 발포하여 3명이 죽고 다수가 부상했다.

19일. 같은 군 대정면에서 유지 및 노동자들이 고현시장에 모여 독립을 선언했다.

왜노 군경이 장검을 휘두르고 뛰어들어도 군중은 물러설 낌새가 없었다.

주모자 5명이 체포되어 진주로 압송될 무렵에 정색으로 태연자약하게 군중들을 돌아보며, "우리들은 독립을 강력하게 요구하는 것이니, 오늘 죽는다 해도 한이 없다" 하였다.

22일. 상백·백산·가회·삼가 등 다섯 면의 인사들이 독립을 요구하는 시위운동을 일으키자 3만여 명이 모여들었다.

청년 및 사람이 앞에 나서서 선언하기를 "이 운동은 평화적으로 이루어져야 하는 것이니, 많은 사람은 보조를 맞춰 질서를 어지럽혀서는 안 됩니다." 하니, 사람들이 모두 이 말을 따라 질서정연하였는데, 왜병 7명이 발포하여 많은 사상자를 내어 그 피비린내 나는 광경이 처참했다.

이튿날 왜병 30여 명이 각처로 돌아다니면서, 사람들을 만나는 족족 발사, 구타하여 사망자 42명, 중상자가 100여 명이나 되었다.

그날 초계면 유림 및 학생들의 시위운동으로 8천 여 명이 모였는데, 왜병이 발포하여 5명이 죽고 수십 명의 중상자를 냈다. 야로면 인사와 해인사의 승려들이 16일에 시위를 벌여 1만여 명이 모였는데, 주모자 10여 명이 체포되었다.

상백면의 유생 공사겸(孔四謙)은 63세의 노령으로 적군의 총에 즉사했으며, 아들 문호(文濠)는 체포되어 진주 법원에서 8월 징역형에 처해졌다. 가회면 구평리 윤소군(尹少君)은 10여 세의 소년으로 독립운동에 가담했다가 적의 총탄에 쓰러졌다.

그의 아내 정(鄭)씨는 당년 18세로서 혼인한 지 몇 달이 안 되어 이런 변을 당하고도 비분을 참고 초종장례(初終葬禮)에 힘을 다했다.

나이 많은 시부모가 슬픔과 분노를 못 견디어 죽으려 하자 정씨는 여러 번 위로하기를 "사람이란 누구나 한 번 죽게 되어 있사온데, 나라 일에 죽은 것은 남자로서 영광입니다. 이 며느리가 죽은 남편을 대신하여 부모님을 봉양하고 시동생을 성취(成娶·장가들어 아내를 얻음. 성가(成家))시켜 가문을 보전하겠사오니 너무 슬퍼하셔서 일신이 상하시지 않도록 하시옵소서." 하고, 아침저녁으로 문안드리며 맛있는 음식으로 지성껏 받드니 원근이 모두 이를 칭송했다.

남원에서 의사·열부·자모(慈母)가 한날에 순국

4월 3일은 일본인들의 이른바 '식수기념일'로서, 남원군 덕과면장 이석기(李奭器)는 이 날을 기해 독립운동을 전개하려 했다.

그는 이보다 앞서 19개 면 면장에게 글을 보내어 일제히 사직케 하고, 식목을 핑계 삼아 수만 명을 모아서 태극기를 높이 들고 만세를 불렀다.

그러자 일본헌병이 다급하게 자동차로 달려와서 주모자를 체포했으나 군중들은 해산하지 않고, 대열을 정제하여 성을 향해 행진하니 그 행렬이 30리에 뻗쳤다.

사람들이 점점 모여드니 일본 헌병은 원병을 청하여 발포를 개시해 즉사자가 11명, 중상자는 무수했다.

사망자 방(房)씨의 아내는 남편이 사살되었다는 소식을 듣고 몽둥이를 들고 왜병을 공격했으나 역부족으로 체포되자 칼을 빼어 자결했다.

그의 노모가 이 소식을 듣고는 하늘을 우러러 탄식하기를, "하느님이시여, 어찌 이 지경이 되도록 해 주신단 말씀입니까. 우리 동포들이여, 더욱 용기를 내어 독립을 성취하여 내 아들, 내 며느리의 불쌍한 넋을 위로해 주시기 바라오." 하며 또한 자결하였다.

천안의 참혹한 죽음

4월 1일. 천안군 인사들이 병천 시장에서 시위운동을 벌이자, 왜병이 시위행렬의 기수를 찌르려 하자, 그는 맨손으로 총검에 대항하여 온몸이 피투성이가 되었는데 왜병은 그의 배를 찔러 죽였다.

주모자 김구응(金求應)이 왜경과 이론적으로 투쟁하여 그들의 말문이 막히자, 총으로 자살하려 하더니 별안간 김구응을 향해 쏘아 죽여 머리통을 부수고 온몸을 난자했다. 그의 어머니가 시체를 안고 기절하니 왜경은 이를 또 찔러 죽였다.

경성 십자가의 참살

3월 9일에 왜병이 남녀 교인을 묶어 경성의 일본 독립교회 안에 가두었다. 십자가를 무수히 세워 놓고 교인들을 그 위에 묶은 후에 앞뒤로 늘어서서 심하게 구타하여 많은 사상자를 냈다.

의주의 참살

3월 29일 의주군 고령삭면 영산 시장에서 시위운동이 일어나 왜병에게 6명이 총살되었다.

친족들이 시체를 떠메고 헌병주재소로 가서 통곡하면서 말하기를, "독립이 성취되기 전에는 절대로 장례를 치를 수 없다."고 하자 왜병이 군중들에게 총을 마구 갈겨 해산시켰다.

강계의 참살

평양신학교 학생 주하룡(朱夏龍)이 독립선언서를 가지고 강계로 들어갔다. 정준(鄭儁)·한봉민(韓奉民)·김경하(金京河) 등과 함께 4월 8일에 시위운동을 벌이니 남녀 수천 명이 모였다.

왜병이 달려와 발포하여 정준·김병찬(金秉贊)·손주송(孫周松)·한부인(韓夫人)이 즉사하고 30여 명이 체포되어 형벌을 받았다.

탁창국(卓昌國)·김명하(金明河)는 장독(杖毒)으로 달포 만에 죽었고, 정준의 장례를 치르는 날에는 원근 인사들이 많이 모여들었는데, 그중에 울면서 그의 아내에게 조상하는 하는 자가 있었다.

그의 아내가 말하기를 "국사에 죽은 것은 남자의 사명입니다. 제 남편은 죽었어도 그 죽을 곳에 죽었으니 제가 어찌 한스럽겠습니까." 하니 이 말을 들은 사람들이 모두 감탄해 마지않았다.

곽산의 참살

곽산군 인사들이 3월 6일에 시위운동을 벌였는데 박지협(朴志協)은 50여 세 노인으로 왜경에게 매 맞아 죽었다.

체포되어 경찰서에 수감된 자가 100여 명으로 태반이 악형에 죽었으며, 그곳의 예수교회가 불탔으며 손해액이 1만 6천 원(圓)이었다.

왜병이 아연탄환으로 우리 동포를 쏘아 죽였으니, 이들은 이른바 '가고시마(鹿兒島)파'라는 것으로서 잔인하기 비할 데 없는 야만 인종이었다.

일본은 이들을 소방대원으로 썼는데 이들은 경성·죽산·용인·안성·평택·평양·의주 등지에서 광견을 박살하는 쇠갈고리로 한국사람 수천 명을 죽였다.

삭주·창성·위원 각 군에서의 학살

10월 6일. 왜경이 천도교당 사무실 안으로 들어가서 문부(文簿: 나중에 참고하거나 검토할 문서와 장부)를 압수하고 천도교 신자 중류급 이상의 청년은 모두 죽인다고 선언했다.

7~14일 사이에 암살과 총살이 계속되었다. 한덕용(韓德瑢)은 인풍강에서, 이준희(李俊禧)는 압록강에서, 이해창(李海昌)·김인택(金仁澤) 형제 두 사람, 이지백(李之白)의 아들 및 소장수 한 사람은 구령포에서, 탁성룡(卓成龍)은 연평령에서 각각 죽어갔다.

한병원(韓炳元)은 적이 총을 쏠 때 강물 속으로 뛰어들어 죽음을 면하고, 탁채룡(卓彩龍)은 요행히 경상으로 죽은 듯이 가장하여 도망쳐 살아났다.

양산(兩山)·수풍(水豐) 두 면(面)의 농민 10여 명은 독립군을 도와 준 혐의로 총살되고, 구곡면 수풍동 청년 3명이 붙잡혀서 초막곡으로 갔는데, 총소리가 3번 들렸을 뿐 그 종적을 찾을 수 없었다.

삭주면에서 청년 9명이 결박되어 구곡면 신안동으로 들어갔는데 역시 종적이 없었다. 형사감독이라 하는 고병은(高秉殷)이란 자가 제멋대로 지껄이기를 "구곡면에서 암살당할 자가 아직도 30여 명이 있다." 하였다.

왜경 스즈키[鈴木]는 구곡면 이내화(李乃華)의 집으로 달려들어 가산을 모두 불태워 버리고 현금 18원(圓)을 강탈해 갔으며, 그 밖의 여러 군데에서 암살당한 자는 무수했다.

구성군 참사 박계락(朴啓洛)이 종자 2명과 함께 의주에 갔다가 의주·삭주 접경에서 피살되었으며, 종자 2명은 도망쳐서 살아났다.

초산군 독립군 1명은 삭주군 구곡면 연포동 명치신(明致信)의 집 앞에서 대낮에 총살되었다.

창성군 경내에서 왜경에게 검거된 자가 370명인데, 갑자기 봉성동 농민 최씨의 집으로 끌고 가서 독립군과 접선했다는 이유로 그 자리에서 때려 죽였다.

위원·강계 두 군의 8월 3일자 보고에 의하면 '대안(對岸:강이나 호수 따위의 건너편에 있는 기슭이나 언덕) 집안현에 주둔한 왜경 40여 명이 중국 군인 20명을 인솔하고 온화보(蘊和堡)와 치화보(致和堡)를 포위하고 수색작전을 폈다. 13호의 가산이 불타고 구타당한 중상자가 수백 명에 이르렀다. 70대 노인 4인을 비롯하여 독립군 박운석(朴云錫), 독립단 총지단 총무 박문용(朴文瑢), 임원 한병기(韓炳基) 등이 강변 숲 속에서 암살되었는데, 10여 일이 경과되도록 시체를 찾지 못했다.

그와 함께 50명이 체포되고, 18명은 즙안현 지사(知事)가 뺏어오고, 이의정(李義貞)·김인국(金仁國)은 신의주로 압송되었으며 나머지 30명은 행방을 모른다. 최경화(崔敬化)·장형도(張亨道)·강만년(姜萬年)·최제홍(崔齊弘)·임봉익(林奉益) 등 9명은 박살 또는 총살되어 압록강에 던져졌다.

강계, 위원 두 군의 독립단원으로 체포된 김낙주(金樂胄)·전형락(田亨洛)·전원찬(田園燦)·김이문(金以文)·김대건(金大健) 등 408명이 행방불명되었으며, 그 외 수십 명의 종적도 모르는데, '강변 숲속에서 가끔 시체가 발견되기도 한다'고 한다.

우리 겨레가 독립운동을 위해 피를 흘리기는 전국이 동일하지만, 특히 평안북도 압록강 연변의 의주·용천·삭주·강계·위원 등지의 동포들이 생명, 재산을 희생시키면서 모험하는 이가 많았기 때문에 이처럼 참혹한 재앙을 당했다.

수원의 학살사건 따위는 서양인들이 눈으로 보고 증명했으므로 그 진상이 널리 세상에 알려져 있다. 서양인의 발자취가 미치지 못하는 곳으로서, 마을이 파괴되고 인명 피해가 이보다 심한 데가 얼마든지 있지만 그 실정을 알 길이 없다. 그리고 이 운동에서 천도교도들의 행동이 과격했기 때문에, 그들이 받은 재앙도 극히 참혹했는데 아직도 보도에서 빠진 것이 많다.

전국 독립단원 피살자는 그 수가 너무나 많아서 이루 다 기록할 수 없다. 이제 신문에 보도된 것들을 기록해 보기로 한다.

경성 계동에 사는 구낙서(具洛書)는 당년 21세로 그는 3월 28일의 시위에 참가했는데, 왜병이 장검을 들어 왼쪽 귀를 베고 얼굴 위를 찌르니 그가 힐책하기를, "너는 왜 무고한 사람을 죽이려 드느냐?"고 하자, 왜병이 심하게 때리고 장검으로 마구 찔러서 그가 죽었음을 확인하고 나서야 놔두고 가버렸다.

구낙서는 별안간 벌떡 일어나 집으로 돌아가니 피가 샘솟듯 했다. 동창 친구들이 그를 떠메고 교회 병원으로 가서 응급치료를 하려 했으나, 왜병들이 몸을 수색한다며 일부러 시간을 지체시켜 곧 병원에 도착될 수 없도록 하여 몇 시간이 지나자 심한 출혈로 죽었다.

문용기(文容基)는 예수교 신자로, 전라북도 군산의 영명학교 의무(義務)교사로 있었다. 그는 1월 초순 이리역에서 남녀 만여 명을 모아놓고 독립을 요구하는 시위운동을 벌였다.

왜병 수백 명이 별안간 들이닥쳐 칼을 휘두르며 발사했으나 문용기는 태연자약, 연설을 멈추지 않았다.

왜병이 그의 오른 팔을 잘랐으나 문용기는 태극기를 왼손에 옮겨 잡고 더욱 목소리를 높여서 만세를 부르니, 왜병이 왼팔을 마저 잘라 버렸다. 그는 민둥으로 펄쩍펄쩍 뛰면서 사람들을 격려하여 만세를 부르게 하니, 왜병이 마침내 그의 가슴을 찔러 쓰러뜨렸다.

문용기는 크게 부르짖기를, "여러분이시여, 여러분이시여. 나는 죽어 저승에서 대한의 새 정부를 도와 여러분으로 하여금 새 대한의 국민이 되게 하겠소." 하며 말을 마치자 숨을 거두고 말았다.

조영신(趙永信)은 함흥 사람으로 나이 20세다. 그는 독립운동의 주모자로 체포되었어도 계속 만세를 불렀다. 왜병이 칼로써 그의 입을 베어 피투성이가 되었으나 만세를 계속 부르다가 투옥되어 갖은 악형을 받고 몇 달 후에 죽었다.

차진하(車鎭夏)는 선천 사람으로 예수교 신자이며 의기가 있고 뜻이 높았다. 그는 항상 말하기를 "남아는 살아서 개가(凱歌:'개선가(凱旋歌)'의 준말)를 부르고 죽어서는 장충단(獎忠壇)으로 돌아가야 한다" 했다.

3월 1일, 독립선언이 있은 후로 그는 피눈물을 머금고 사방으로 분주히 뛰어다니면서 독립운동을 했다. 4월 7일이 그의 조모 생일이었으므로 밤에 귀가하여 문후했는데, 먼동이 트자 왜병 7명이 들이닥쳐 발포하여 죽이고 시체를 난도질했다.

홍성익(洪成益)은 곽산 사람으로 예수교 신자이며 평양 숭실대학 졸업생이다. 그는 데라우치 마사타케[寺內正毅:조선 통감이 되어 국권 강탈의 기초를 세운 인물] 암살음모에 연루되어 감옥에 들어가 형을 받고 나와 학업을 마치자, 곽산 등 이웃 고을 독립단의 주모자가 되었다.

홍성익은 손가락을 깨물어 혈서로 '대한독립만세' 여섯 자를 써서 사람들을 격려했다. 일본인이 체포하려 하자 몸을 빼어 상해로 건너가 임시정부 교통국에서 통신사무를 맡아보다가 안동현 주재원에 임명되어, 일경의 물샐틈없는 경계망 속에서도 성의를 다하여 일했다.

어느 때는 숲속에 엎드려서, 또 어느 때는 산골짝에서 노숙하면서 비바람을 무릅쓰고 통신 연락에 종사하여 지체되는 일이 없었다. 마침내 피로가 겹쳐 병들어 태성병원에 입원했다가 동지 3명과 함께 체포되어 투옥된 지 3일 만에 죽었다.

3월 하순, 왜병이 의주군 수진면에 있는 김두만(金斗萬)의 집을 파괴하러 가다가, 중도에 안동억(安東億)의 집에 들러 점심을 먹었다. 그들은 안동억의 사위를 위협하여 김두만의 집을 물으니, 그 사람이 대답하기를 "나도 객으로 온 사람이라 모릅니다." 하자 왜병이 그 자리에서 총살하였다. 장석산(張石山)이라는 이가 한자리에 있었는데, 그는 귀머거리고 벙어리라 듣지도 대답도 못했는데 그도 총살했다.

평양에 어느 가난한 부인이 과일과 음식을 팔아 겨우 연명하고 지냈다. 하루는 그가 남문로 길가에 광주리를 놓고 앉아 있으니, 왜경이 지나면서 까닭 없이 걷어차서 뱃속의 태아를 유산시켰다. 그리하여 태아는 죽고 어머니는 몸을 다쳤으니 그 정경이 참혹하였다.

제13장 일본인의 만행

　일본인들의 불법만행은 이미 세계에 알려져 천하 공도(公道·공평하고 바른 도리)에 의해 해결하여야 한다는 여론까지 일어나고 있으나 어디에 공도가 있단 말인가. 공도가 있다면 어찌 이렇게 잔인하고도 포악한 야만인종이 인류사회에서 마음대로 날뛰도록 내버려 두고 응징하지 않는단 말인가.

　아, 이 세상에 누가 부모·형제·자매·처자가 없겠는가. 이제 그들이 우리 부모·형제·자매·처자에게 가하는 갖은 악형·학살 등 가혹한 행위는 세계 인류 역사상 일찍이 없었던 일이니, 그들이 얼마나 잔인하고 악독한 인종이란 것을 알 수 있다. 실로 그들과는 이 세상에서는 삶을 같이할 수 없다.

　옛날에 은(殷)의 주왕(紂王)이 포락(炮烙·구리 기둥에 사람을 매어달고 기둥을 달구어 살을 지지는 형벌)의 형을 써서 사지를 끊고 염통을 뽑아냈다.

　이는 한 사람의 만행에 불과하지만 왜인들은 하고 많은 법관·경관·군인들이 모두 이 같은 잔인성으로 인류를 해치니 이를 어찌 용납할 수 있단 말인가.

　양심을 가진 사람으로서 이 같은 만행을 본다면 머리가 곤두서고 눈이 찢어지며 피가 끓어오름을 불금할 것이다.

그들의 만행이 어찌 유독 우리 한민족의 골수에만 사무치는 원수이랴. 실로 세계 인도의 공통된 적일 것이다.

더구나 그들은 침략의 야망이 무한하니, 그 피해는 한국 사람에게만 그치지 않는다. 이제 와서는 중·러 두 나라 민족들도 그 해를 입게 되었다.

무릇 부모·형제·자매·처자가 있는 이로서 어찌 경계심이 없을 수 있겠는가.

부녀자에 대한 만행

함종군 바닷가에 어느 가난한 집 젊은 부인이 생선 장사로 생계를 유지하였는데, 왜병이 그를 독립군으로 지목하여 찔러 죽여 2살 난 어린애가 엄마를 부르며 슬피 우는 그 정경은 참혹했다.

왜병은 동군 범오리로 들어가 여학생을 강간하고 민가에 불을 놓았다.

선천군에서 어느 할머니가 5월 5일에 애국사상을 고취하는 연설을 하자 왜병이 칼로써 그의 입을 찢으니, 보는 자가 모두 격분했다.

3월 7일. 평양의 왜인 소방대원 5, 6명이 평양병원 옆 한국인 집에 침입하였다. 그들은 여학생 2명을 붙잡아 쇠갈고리로 그들의 머리채를 끌어당겨 전봇대에 묶어 놓고 왜경에게 잡아가라 했다.

장대현 예배당 주일학교 여교사가 왜병을 피해 급하게 달아나다가 소방대원의 쇠갈고리에 맞아 갈빗대가 부러져서 폐인이 되었다.

3월 하순. 경성 여학생 31명이 출감하여 곤욕 당했던 일을 다음과 같이 밝혔다.

"처음 수감되었을 때 무수히 구타당하고 발가벗겨져 알몸으로 손발을 묶인 채 외양간에 수용되었다. 밤은 길고 날은 혹독하게 추웠는데 지푸라기 하나도 몸에 걸치지 않았다.

왜놈들은 예쁜 여학생 몇 명을 몰래 데려와서 윤간하고는 새벽에 다시 끌고 왔는데, 그들은 눈이 통통 붓고 사지에 맥이 빠져 있었다.

신문할 때에는 십자가를 늘어놓고 말하기를, '너희들은 예수교 신도이므로 십자가의 고난을 겪어 보아야 한다' 하였다. 여자고등보통학교 학생 노영열(盧永烈)을 나체로 십자가 위에 반듯이 눕히더니 이글이글 타는 화로를 옆에 놓고 쇠꼬챙이를 시뻘겋게 달궈 유방을 서너 번 찔렀다.

그리하여 결박을 풀고 칼을 휘둘러 사지를 끊으니, 전신이 호박처럼 되어 선혈이 낭자하였다. 또 다른 십자가로 옮기어 머리채까지 다섯 군데를 묶은 뒤 고약을 불에 녹여 머리·음문·좌우 겨드랑이에 붙여 식자 힘껏 잡아떼었다.

털과 살이 달라붙고 피가 쏟아지니 왜놈들은 손뼉을 치며 껄껄댔다. 그들의 우두머리가 묻기를 '너는 그래도 감히 만세를 부르겠는가?' 하니, 대답하기를 '독립이 되기 전에는 그만둘 수 없다' 하였다.

할 수 없이 다시 원래의 감방에 유치시키고, 며칠 음식을 주지 않더니, 사흘 만에 다시 악형을 가했다. 대바늘로 머리통을 무수히 찔러도 항복하지 않고 도리어 통렬히 꾸짖었다.

왜병은 더욱 골이 나서 칼로 혀를 끊으려 들자, 우두머리라는 자가 만류하기를 '얼굴은 그대로 둬라' 하니, 할 수 없이 옷을 던져 주며 엄하게 훈계한 후 석방했다."

북간도 국자가에 사는 임신한 박동완(朴東完)의 부인이 산기에 임박하였는데, 왜병이 그 집에 돌입하여 그 부인을 걸어차서 부상하여 뱃속의 태아가 유산되었다.

부산 일신여학교 학생 임운이(林雲伊)·최복련(崔福連)·김배기(金培綺)·이태환(李台煥)·문복숙(文福淑)·김순이(金順伊) 등은 모두 처녀로, 그들은 독립운동에 참가했다가 체포, 수감되어 참혹한 형벌과 치욕을 당한 것을 모두 형언할 수 없었다.

부산항의 30리 밖에 한 부락에는 왜병이 민가에 돌입하여 처녀와 새색시를 강간하려 들었다. 신부의 어머니가 대신 욕을 당하고 처녀는 산으로 도망쳐 버렸다. 왜병은 민가에 난입하여 수색을 그치지 않았으며, 도망하지 못한 부녀자들은 다수 욕을 당했다.

한성에서 25리 밖의 어느 부락에는 왜병이 침입, 강간 등 만행을 하여 견디다 못해 자살한 남녀가 30여 명이었다.

평양에서 어느 여학생이 체포, 수감되었다. 왜경이 쇠꼬챙이를 달궈 그의 음문을 지지며 사내가 몇이냐고 물으며, 갖은 악형을 다하고 욕을 보였다.

원산에 어느 여학생은 19세로 심(沈)모의 무남독녀였다. 그는 일본 유학을 하고 3월에 귀국했다가 체포되어 경성감옥에 갇히어 갖은 악형은 당하다가 정신 이상이 되었다.

창유리며 방 안의 기물을 파괴하면서 오직 '대한독립만세'를 부르짖었다. 그 어미가 옥문 밖에서 딸이 외치는 소리를 듣고 목

놓아 울면서 "무고한 내 딸을 내놓아라." 하니 왜병이 욕질하며 구타하였다.

5월 17일. 대구의 각 마을에서 계속 시위운동을 벌이자, 일본 헌병과 순사들이 마을을 돌아다니며 만행을 저질렀다. 심지어는 아침저녁의 끼니를 빼앗고 부녀자들을 벌거벗겨 능욕하기도 하였다.

대한애국부인회 여주지부 회원 400여 명은 독립이 성취되는 날까지 행동을 그만두지 않기로 맹세하고 일제히 만세를 부르니, 왜병들이 습격하여 짐승 같은 행동을 자행하였다.

이자경(李慈敬) 여사는 4월 5일, 경성에서 일본 형사에게 체포되어 옥중생활을 한 경험담을 다음과 같이 술회했다.

"대체로, 수감된 여인은 반드시 발가벗겨 신문장에 세워두고 먼저 대바늘로 온몸과 손톱 밑을 난자하여 그 고통으로 정신을 잃게 만든다.

왜인은 입에 담을 수 없는 욕설을 하며 얼굴에 침을 뱉고 머리털을 뽑는다. 남은 머리털을 발뒤꿈치에 매어놓고 목을 누른 뒤 형틀을 두 다리 사이에 끼우고 주리를 틀면, 그 고통은 이루 다 형언할 수 없다.

어느 날 이런 비참한 형벌을 받고 감방으로 돌아오니, 한국 청년 하나가 이 꼴을 보고 큰 소리로 '야만 놈들' 하고 외쳤다.

그 뒤부터는 밤에 신문을 당했는데, 그들의 신문은 한결같이 '서양인이 은연 중에 무슨 간섭을 하더냐' 하였다. 수감 중에는 반드시 꿇어앉게 하며 극히 적은 분량의 밥을 주

고, 목욕 후에는 나체로 문 밖에 나가게 하여 많은 왜인 남
녀들로 하여금 보게 했다. 또 검사한다면서 음문을 벌려 보
기도 하였다."

늙은이와 어린이에 대한 만행

유림 대표 곽종석(郭鍾錫)·유필영(柳必永)·하룡제(河龍濟) 등은 모
두 80세 노인으로 수감되어 고초를 겪다가 병들어 죽었다.

또 천도교 직원 양한묵(梁漢黙)은 육순 노인인데, 독립선언 대표
의 한 사람으로 체포, 투옥되어 악형을 견디다 못해 죽었다.

3월 4일. 왜병이 함종군 범오리로 돌입하여 이노근(李老根) 노인
과 어린 손자를 창으로 찔러 죽이고, 같은 마을의 배선희(裵善禧)
도 총살하였다.

3월 5일. 양평군 두모포의 80 노인(성명 미상)이 대한문에서 종로
까지 남녀 학생과 어울려 만세를 부르며 경찰서 앞에 이르니, 왜경
이 호통 치기를,

"너는 늙어서 망령이 들었으니 빨리 물러가거라"

하니, 노인이 말하기를,

"우리 불쌍한 남녀와 어린이가 다들 악형을 받고 또 죽어
갔는데 내 어찌 차마 홀로 가겠는가. 만일 이들을 풀어 준다
면 나는 곧 물러갈 것이요, 그렇지 않으면 나도 함께 죽기를
원한다"

하면서, 눈물이 비 오듯 하더니 결국 체포, 투옥되어 죽었다.

3월 7일. 강서군의 12세 어린이가 평양병원에서 치료하려는데
때마침 왜병이 병원을 수색했다. 아이가 겁에 질려 피하려 하니,

왜병이 발포하여 실탄이 등에서 배를 뚫고 나가 즉사했다.

철산군에서 시위운동을 벌이던 날, 14세 난 어느 과부의 외아들이 왜병의 총상 세 군데와 수십 군데 자상을 입었다. 죽을 임시에 그의 어미에게 말하기를,

"저는 하나님 앞으로 갑니다. 제 가슴이 몇 군데나 찔렸습니까? 저는 하나님께 고하여 불태우렵니다. 제 가슴속의 뜨거운 피가 뜨거운 불덩이로 변하여 그들의 섬나라를 불태우겠습니다."

하더니, 말이 끝나자 숨을 거뒀다.

의주군 가산면에서 김(金) 모의 일곱 살 난 어린 아들이 왜인에게 총살되었다. 김 씨가 예수교 신자이기 때문이다.

4월 28일. 부산에서 동북쪽으로 20리 되는 곳에서 14세 된 아이 하나를 붙잡아 힐문하기를,

"네가 만세를 부르는 것은 네 형의 사주가 아니냐?"

하니, 아이가 대답하기를,

"내가 만세를 부른 것은 내 자유 의사다."

하였다.

왜병이 강제로 항복받으려고 그의 바지를 벗기고 대나무 조각으로 음경을 심하게 때려 사경에 이르렀어도 아이는 끝내 항복하지 않았다.

3월 27일. 경성 사동에서 7세 어린이가 태극기를 들고 '대한독립만세'를 부르니, 왜병이 칼로 그의 입을 찔러서 죽였다.

금품을 약탈한 만행

함경북도 온성군의 최기철(崔基哲)은 독립운동의 주모자로 왜병에게 총살되었다. 동군의 최우길(崔禹吉)이 그의 가족을 구제하기 위해 사람들에게 청탁하여 67원(元)을 모았는데 왜병이 최우길을 체포하고 그 돈을 빼앗았다. 또 왜인은 증산군 두만리 부근에서 '보조원의 치료비'란 명목으로 민간의 돈을 강탈하였다.

황해도 신천군의 김대성(金大成)이 1만 5천 원(元)을 지니고 상해로 가려고 정주역에 이르니, 왜경이 그를 체포하여 돈을 빼앗았다.

또 일본 헌병 수십 명이 밤을 이용하여 정주군 갈산면에 있는 이승훈(李昇薰)의 집, 덕달면에 있는 이명룡(李明龍)·조형균(趙衡均)의 집에 침입하여 부녀자와 아이들을 구타하고, 가구를 파괴하고 여러 가지 물건을 훔쳐 갔다.

천도교회에서 20만 원(元)을 경성 제일은행에 예금했더니, 독립운동이 일어난 후 일본 관청에서 이를 압수했다. 대도주(大道主) 박인호(朴寅浩)가 체포되고 그 집을 수색하여 70만 원(元)을, 또 교인 김상규(金尙奎)의 집을 수색, 30만 원(元)을 훔쳐 갔다. 여학생 서범식(徐範植)·정익태(鄭益泰)는 경성에서 상해로 가다가 평양에서 왜경에게 잡혀, 몸에 지닌 돈 1만 8천 원(元)을 빼앗겼다.

러시아 땅 쌍성(雙城)에 주재하는 왜병이 밤을 이용하여 그곳의 한인 집들을 습격했다. 이때 사람들은 모두 옷을 벗고 잠자리에 들어 문이 굳게 잠겨 있었음으로 도끼로 문을 부수고 내실로 침입하였다.

부녀자들이 놀라 일어났으며 미처 옷을 입지 못해 알몸으로 왜병에게 심한 매질을 당하고 금반지 등 여러 가지 패물을 빼앗겼다.

이리하여 러시아 영내에서 여론이 비등해지면서 모두들 말하기를 '그들이 유럽인의 영토 내에서도 이런 만행을 저지르는데 하물며 한국 땅에서랴' 하였다.

수인(囚人)에 대한 만행

3월 1일 독립운동 이후 선천 신성학교 생도 10명이 신의주 재판소에 갇혀 갖은 악형을 당한 끝에 미동병원에 입원했다. 치료를 받은 지 7일 만에 장독(杖毒)이 속으로 들어가 3명은 죽고 6명은 폐인이 되었다.

경성전수학교 생도 홍치학(洪致學)·장기렴(張基濂)은 경성 서대문 감옥에서 죽고, 재령 강동촌 교회 장로 박하동(朴河東)은 평양감옥에서 죽었다.

왜인이 매일 3명씩 때려 죽여 수인묘지의 목비가 날마다 늘어났다. 투옥자의 가족과 친지들이 의복을 주려고 면회를 요청하면 번번이 매질을 일삼았다.

감방은 2평 반에 불과한데 37명이 수감되니 숨이 막히고, 목욕을 허용하지 않으니 땀이 흘러 온몸을 적시며 찌든 냄새가 코를 찔렀다.

말도 통하지 않고 사경에 임박한 몰골은, 개가 머리를 치켜들고 개백장(개 잡는 것을 업으로 삼는 사람)의 몽둥이를 얻어맞고 소리도 못 내고 머리를 떨어뜨린 듯했다.

독약을 넣어 사람을 해친 확증

4월 이후로, 왜인은 각처에 흩어져 음료수·생선·소금·설탕 등 식료품에다 독약을 집어넣어 우리 한국인을 해쳤다.

평양의 장사꾼이 소금 한 되 속에서 4작(勺)의 흰 결정체를 발견하고 분석해 보았더니, 석물을 녹이는 약이었다. 닭 4마리에 먹였더니 모두 즉사하였으며, 용천 양시에서는 우물물에 기름이 떠오르는 것을 발견하고 물을 퍼냈는데, 헝겊 속에 싸인 약알을 찾아냈다.

때마침 행동이 수상한 아이를 발견하여 경찰에 끌고 갔더니 도리어 욕먹고 쫓겨났다.

그 아이에게 따졌더니 그가 대답하기를 "일본인이 내게 약을 투입하라면서, 한 번 넣는데 10원(元)을 주기 때문에 이런 짓을 했습니다." 하였다. 왜인 의사는 "이는 즉사하는 독약이 아니라 이질을 발생케 할 뿐이다" 했지만, 목격자의 말에 따르면 우물 안 개구리가 모두 죽었다고 한다.

정주군의 시위운동으로 인한 피살자는 120여 명이다. 의사 신(申)모는 부상자를 치료하였다고 하여 체포되고 병원도 파괴당했다.

3월 21일. 진주군 사람들이 독립운동을 벌이다가 왜병의 총격으로 많은 사상자를 냈다. 부상자는 교회 병원에서 치료를 받았는데, 왜인 두목이 여러 모로 방해하여 기어이 이들을 죽이려 하였고, 한 환자는 체포되어 와서 고열로 사경이었어도 풀어 주지 않았다.

상해 서보(西報)의 일본인 만행 기사

"대구발신 ……당지 감옥의 수인 수용 상황은 참으로 놀라운 일이다. 10명도 수용하기 어려운 감방에 40명을 처넣었다. 내가 이곳에 도착한 날 80명의 한국인을 대전에 이감하고 이튿날 또 200명을 옮겼다. 도지사가 내게 말하기를 '요즘 죄수가 가장 많았을 때는 2,600명에 이른다' 고 했다. 이는 경찰서에 구치되어 있는 사람을 제외한 숫자이다.

감옥을 보여 달라고 했더니 그는 거절했으며, 또 한국인을 학대하는 일에 대해 물었더니, 대답하기를 '이야말로 일본사람을 중상하는 말이지 결코 그런 일은 없다' 하였다. 그러나 한국인이 당하고 있는 것으로 봐 그것이 실지임을 판단할 수 있다.

매일 들어오는 보고에 의하면 일본 경찰이 신문을 할 때 부녀자에 대해서는 야만적인 추행을 한다고 했다. 의성군에 마곡이라는 마을이 있는데, 신부가 일본 군인에게 강간당하고 헌병대로 가서 호소했더니 도리어 호통을 쳐 쫓아냈다고 한다.

내가 안동군에 있을 때 참상을 목격했다. 일본군이 한인 하나를 죽이자 그의 아내가 놀라 남편의 시체 위에 엎어졌다. 등에는 아이를 업고 있었는데, 일본군이 그들 모자를 모두 찔러 죽였다.

또 한인 하나가 부상하여 숨을 헐떡이며 길가에 누워 있었는데 일본군이 칼로 배를 찔러 죽였다.

산촌에서는 일본군의 한인 총살이 더욱 마음대로였으며,

외국인의 접근을 허용하지 않았다.

나는 한 마을이 전멸당하는 광경을 보았다. 비록 발을 들여놓은 외국인이라도 헌병대의 압박이 두려워 감히 말을 꺼내지 못했으며, 외국인이 돌아가 버리면 헌병대에서 부녀자를 묶어다가 외국인이 무슨 말을 했는지를 엄히 문초했다.

또 어느 마을의 사건이 신문에 보도되면, 그 마을이 벌을 받게 되고, 동네에서 10명만 동행하여도 반드시 잡아 가서 1개월 이상 가두어 신문도 않고 구타하였다. 내가 병원에 체류하면서 수많은 노인과 어린이가 총검에 부상하여 날마다 찾아드는 것을 목격하고 일본의 잔학성을 알 수 있었다.

일본이 파리강화회의에서 약소민족의 편을 들면서, 독일이 벨기에·프랑스에 대하여 한 행위를 배격한 것은 거짓이었던가.

언론자유·출판자유·신앙의 자유를 허용하지 않고 있는 걸 본다면, 현 세계에서 가장 압박을 받는 것이 한인일 것이다.

관립소학교는 강제 입학이고 세계 역사는 1권도 가르치지 않고 있다.

아무리 교회의 학교라 하더라도 총독부 교과서를 사용하지 아니하면 개교하였어도 수업을 할 수 없는 실정이다. 그러므로 한국인은 완전한 교육을 기대할 수 없다.

한국어를 말살하는 일에 전력을 기울이고 있으니, 나의 견해로는 몇 해 안 가서 교회의 학교도 한국어 교육을 금지당할 것이다. 그러나 이 같은 동화정책은 반드시 실패로 돌아갈 것이다.

한국 민족은 오랜 문화의 전통을 가지고 있으며 일본 자체가 그 영향을 많이 받았었는데, 이제 갑작스레 이를 말살하기란 절대로 불가능한 일이다."

평양선교사회에서 보도한 일본인의 만행

조선 평양에 체류하는 선교사회에서 조선 독립운동의 진상을 영문으로 번역하여 조선 영역 밖의 사람들에게 알리는 기관이 있다.

"이번 조선의 독립운동은 그 의의가 극히 중대한데, 일본 정부의 혹심한 단속으로 인하여 세계에 널리 알려지기 어려우므로, 부득이 간접적으로 귀보에 부탁하여 세계인들에게 알리려 한다. 경성에 주재하는 미국 영사관에서 이 사건에 대하여 곧 미국 정부에 타전하였으나, 일본이 그 전문대로 하였는지 믿을 수 없으므로 이 장문(長文)의 통신을 발송한다(중략).

다음 각항은 일본의 조선에 대한 가혹한 행위의 증명으로서 이는 피아가 함께 아는 정의와 인도에 어긋나는 사실이다.

① 조선이 받는 전제 정치의 억압은 세계에서 가장 심하다. 총독의 판결은 제국의회에 공소할 수 없으니 총독은 독재적인 폭군이다. 다음의 열거 사실은 조선 2천만 민족의 천부인권을 인정하지 않는 것이다.
② 일본의 조선 통치는 '야수적인 잔학'일 뿐 달리 표현할 말이

아무 것도 없다. 조선 민족을 추호도 가차 없이 혹독하게 구타함이 야수의 잔학이 아니고 무엇인가.

③ 정부는 조선인에 대하여 공소권을 인정하지 않고 있다. 만일 판결에 불평을 품고 공소를 제기하면 이 사람을 국사범으로 몰아 버린다. 친지간의 대화조차 밀정에 의해 탐지되어 1년 동안 감금된 사람도 있었다.

④ 조선인은 단일민족이다. 말이 같고 상당한 문화에, 믿을 만한 4,000여 년의 역사를 지녔다. 그런데도 일본은 공사립학교를 막론하고 조선어의 사용을 금하여 조선 역사를 말살하려 하고 있다. 특히 과거 한일 간의 차이점을 지워 버려 억지로 밀접한 관계를 수립하고, 일본의 언어와 같지 않은 것을 사용하는 조선 고유의 사상을 갖지 못하게 하여, 조선인의 문화 활동을 막으려는 것이다.

⑤ 한일 간에 인종 차별이 특히 심해 한국인은 일본인과 한 학교에서의 수업을 허용하지 않고 있다. 정부에서 제정한 교육령에서부터 이미 학교의 구별이 있고 종류도 다르다. 조선인으로서 초등학교를 졸업한 아동은 일본인 중학교에 입학이 허용되지 않고, 조선인 중학교를 졸업한 청년은 일본 고등학교에의 입학이 허용되지 않는다.

⑥ 조선인 중에 고등관(요즈음의 5급 이상 공무원)이 없지는 않으나, 그 밑에 반드시 일본인 관리를 앉혀 중요한 사무를 맡겨 조선인은 아무런 실권도 부여 받지 못하고 있다. 대의원(의정원의원)을 못 내고 있으며, 백성들은 의회에 요구를 제출할 권리가 없다. 총독은 자신의 의견을 동경 의회에 보고할 뿐이다.

⑦ 토지에 관한 문제는 구한국 시대에는 국유미개간지를 백성들에게 대여했다. 그러나 한일합병 이후 정부에서 국유를 핑계

로, 회수하여 매각하거나 조선에 이주한 일본인에게 대부해
줬다. 이때까지 농사 지어 오던 한국인은 하루아침에 경작지
를 잃고도 호소할 길이 없게 되었다.

⑧ 한국인의 외국 여행은 특별한 규제를 받고 있다. 여행 신청자
가 있으면 거의 여행 이유가 불충분하다는 구실로 거절당한
다. 그밖에도 합병된 지 10년 동안에 많은 학정을 했건만, 일
본정부는 이런 정치를 한 자에 대해 징계할 생각은 없이 도리
어 이에 동조하고 있다. 일본은 그들의 이익을 추구할 뿐이며,
조선인의 이익을 위해서는 아무것도 아니한다. 조선인은 견딜
수 없는 압박으로 신음하며, 장래 소요가 그칠 날이 없을지니
동화정책은 이미 일단락 지어진 셈이다."

독립군에 대하여 일본인이 만행한 예

① 소학생을 체포하여 잔인·혹독하게 구타하였다.

② 한국 부녀자들이 무리지어 만세를 외치니 마구 발포하였다.

③ 10세 어린이에게 발포하고 등에 심한 매질을 가했다.

④ 60대 노인이 아무런 반항도 하지 않았는데, 심하게 때려 몸을
못 쓰게 만들었다.

⑤ 여학생 수십 명이 조용히 하학하여 한길로 가는데 일본군이
달려가서 창으로 치고 걷어차서 강간하였다.

⑥ 소방수들이 남녀노유를 불문하고 쇠갈고리로 잡아당겨 끌고
갔다.

⑦ 가고시마파[鹿兒島派·일본헌병으로 잔인한 일본인들]를 지휘하여
만세를 부른 촌민에 대해 심하게 구타하였다.

⑧ 부녀자와 어린이들이 모여 있을 때는 군마를 놓아 많은 부상
자를 내었다.

⑨ 어느 한국인이 수족이 뻣뻣하여 입원·치료했는데 소방대원이 쇠갈고리로 머리통을 찍어 상처를 입혔다.

⑩ 중상으로 동작이 부자유스러운 사람을 묶어 달구지에 실어다가 수감하였다.

⑪ 한국인 100여 명이 피투성이 된 몸으로 묶이어 투옥되었는데 유혈성천(流血成川:피가 흘러 내를 이룬다는 뜻)하였다.

⑫ 독립 요구의 시위운동을 구경하던 사람들이 모두 심하게 맞았다.

⑬ 집에서 시위운동을 구경하던 미국인들도 모두 체포되었다.

⑭ 부녀자를 창으로 때려 쓰러뜨리고 걷어차서 도랑 속에 처넣었다.

⑮ 이번 시위운동에 약간의 혐의가 있으면서 뚜렷한 죄목을 잡기 어려운 사람은 무혐의 조사를 한다하고 무수히 구타하였다.

⑯ 두세 사람만 거리에 모여 이야기해도 불문곡직 하고 쇠몽둥이로 구타했다. 밤이면 반드시 실신하도록 때리고 두 다리를 부러뜨렸다. 노소 부녀자들은 가죽 띠로 목을 매어 종로거리로 끌고 가 경찰서에 구치시키고 말았다.

⑰ 세계에서 가장 잔인무도한 야만족속은 왜인의 무뢰배들이다. 경찰서에서는 이처럼 흉악한 자들을 이용하여 쇠몽둥이·쇠갈고리·뾰족한 칼 따위 흉기를 나눠 주어 살상을 자행케 하였다.

감옥에서의 일본인이 만행한 예(석방된 사람의 증언)

① 신문을 받은 사람에게는 우선 옷을 벗긴다. 한 팔은 잔등 위를 향하게 하고, 한 팔은 겨드랑이 밑으로 내보내어 두 손이 등 위에서 서로 겹치게 한다. 그러고는 두 개의 엄지손가락을

묶어 천정에 걸어 사람을 공중에 매달아 놓는다. 3, 4분의 시간이 지나면 몸이 늘어져 두 발이 땅에 닿게 되며, 전신에 땀이 흐르고 심지어는 대소변을 싸게까지 된다. 심문하는 관리란 자는 책을 보기도 하고 바둑을 두기도 하며, 또 잠자기도 하며 본 척도 않는다. 4, 5시간 후 혓바닥을 내밀고 숨이 끊어지려 하면 의사가 와서 깨어나게 한다. 이렇게 며칠 간 계속되면 엄지손가락의 가죽과 살이 무르고 뼈가 드러난다.

② 신문을 받으려는 사람을 나무 상자에 가둔다. 상자의 3면은 날카로운 못 끝이 안으로 뻗게 하였으며 높이는 넉 자에 불과하다. 사람이 구부리고 그 속에 들어가게 하여 4, 5시간 동안 못 본 척한다.

③ 신문 받은 사람을 나체로 심문관(문초하는 사람) 앞에 세워 놓고 세모진 몽둥이로 머리에서 발까지 때려 온 몸이 퍼렇게 멍들게 한다.

④ 부녀자들은 끈으로 머리채를 묶어 천정에 매달아, 발끝이 겨우 땅에 닿게 만든다.

⑤ 두 팔을 등 뒤로 묶고, 얼굴을 젖혀 등과 일직선이 되게 하여 콧구멍에다 뜨거운 물을 들이붓는다.

⑥ 나체로 땅 위에 엎드리게 해놓고, 곤장이나 대나무가지 따위로 심하게 60회를 때리기도 한다.

⑦ 열쇠 따위를 손가락 사이에 끼우고 두 손가락을 비틀면서 껄껄댄다.

⑧ 15분 동안의 식사 시간을 정하여 그 시간을 넘기면 반드시 처벌한다.

⑨ 음료수를 주지 않으므로 자기 오줌을 마시기도 한다.

⑩ 2, 3일씩 음식을 안 주기도 하고 어떤 때는 콩죽을 조금씩 준

다.

⑪ 감방 안에서는 반드시 꿇어앉게 하고, 고통을 못 이겨서 봄을 움직이는 사람이 있으면, 잡아내어 몽둥이를 다리 사이에 끼워 몇 시간씩 땅에다 꿇려 놓는다. 그리하여 실신·기절하는 사람도 있다.

⑫ 방은 겨우 1평밖에 안 되는데 수감자는 10명 이상이 되니, 잠을 못 자 태반이 발광할 지경이다.

⑬ 두어 치 길이의 유지를 음경 요도 속에 집어넣고 불을 붙이기도 한다.

⑭ 쇠꼬챙이를 불어 달궈 음경이나 젖꼭지를 지지기도 한다.

⑮ 헌병들이 빙 둘러앉아서 담배를 피우다가 담뱃불로 알몸의 얼굴이나 음경을 지진다. 왼쪽의 사람이 뜨거워 펄펄 뛰면 또 오른쪽 사람에게 돌려 몇 군데씩 화상을 입힌다.

⑯ 부녀자들은 날마다 1회씩 감옥 마당에 세워 놓고 1시간 동안 혹독한 매질을 한다.

⑰ 어떤 때는 풀어 놓는다면서, 한 문을 통과할 때마다 숨어 기다리던 왜병이 불쑥 나타나 몽둥이로 구타한다. 비록 머리와 얼굴을 안 맞더라도 어깨와 등에 상처를 입고 겨우 밖으로 나와 피를 토하며 죽는 사람도 있다.

⑱ 신문할 때 강경한 태도로 나오는 사람은 그 자리에서 때려죽인다.

⑲ 한국 여자가 입감되면 반드시 발가벗겨 문초하고, 기결수 여학생은 반드시 일본인에게 강간당한다.

⑳ 경찰서에 잡혀 온 여학생에게는 일본순사가 먼저 욕을 보이고 나서 '네가 처녀냐?'고 묻는다. 만일 대답이 없으면 갑자기 주먹으로 배를 심하게 찌른다.

㉑ 문초하는 장소로 끌려 온 사람에게는 반드시 먼저 주먹과 발길질로 한바탕 폭행을 한다.

㉒ 예리한 대바늘로 열 손가락의 손톱 밑을 찌르기도 한다.

㉓ 문초받는 사람이 제 손으로 음경을 주물러 세우게 하여 가느다란 참대 회초리로 때리기도 한다.

㉔ 여자는 2, 3시간씩 나체로 거울 앞에 서 있게 하고, 조금이라도 몸을 굽히면 심하게 때린다.

㉕ 여자를 나체로 반듯이 눕게 하고는, 겨드랑이 털과 음모를 뽑기도 하고, 고약을 녹여 여자 음부에 붙였다가 고약이 굳으면 이를 무리하게 잡아뗌으로써 음모가 모두 빠져 나오게 한다.

제14장 **간교한 술책**

3월 5일. 평양부청의 일본인 관리가 시내 유력자 19명을 불러다가 서류 한 통을 내보이면서 말하기를,

"3월 1일의 독립선언은 몇몇 무뢰배의 천견(淺見:얕은 견문이나 견해)에서 나온 것이지, 조선인 대표들의 한 짓이 아니다. 이 문서는 경성에서 만들어졌으며, 경성의 인사들이 모두 도장을 찍어 평화회담에 보내진 것이다. 전자에 발표한 독립선언은 이미 취소되었으니 빨리 도장을 찍어라."

하며, 설득·강압 등 별별 수단을 모두 썼지만, 한 사람도 그 문서에 날인한 자가 없었다.

3월 5일. 총독 하세가와 요시미치[長谷川好道]가 경고하기를,

"일본과 한국과는 매우 밀접하고도 융화된 상태로 좋은 실적을 보이고 있다. 그런데도, 해외에 살면서 반도의 실정을 모르는 불순분자들이 유언(流言:근거 없이 떠도는 말)을 퍼뜨리어 민중을 현혹시키고 있다. 이른바 '민족자결문제'는 조선 민족과는 전혀 관계가 없다. 망령되이 이런 문제를 들고 나와 열국의 웃음거리가 됨은 어찌 경계할 일이 아니겠는가. 감히 이 같은 오류를 범하는 자는 추호도 용서 없이 엄중하

게 처단하겠다."

하였다.

3월 이후로 일본군이, 교회와 학교를 무수히 불태워 그 수를 알 수 없는데도 일본 관변 측에서는 도리어,

'이는 독립운동의 반대자들이 교인을 미워하여 한 짓이 다'

하였다.

정주군에서의 기독교 교회, 학교 및 천도교당의 소실이 일본군의 만행임은 온 국민들이 모두 아는 사실이다. 그런데도 이를 한국인의 소행이라고 뒤집어 씌워 한국인을 연행해 가고 괴롭혔으며, 총독부 기관지 《매일신보(每日申報)》는 기사에서, "이는 독립운동에 반대하는 조선인의 짓이다." 하였다.

4월 2일. 정주에서 2만 5천 군중이 독립을 요구하는 시위운동을 벌이다가, 150여 명이 일본군에게 학살당했다. 일본인은 말하기를,

"이들을 모두 돈으로 매수하였으며, 자발적으로 가담한 자는 단지 한 사람뿐이다"

하였다.

아, 수만 명이 2, 3차에 걸쳐 시위운동을 벌였는데, 이들이 어떻게 모두 돈에 팔려 목숨을 희생한 사람이란 말인가.

일본 육군성에서 한국 각지의 독립운동 사건에 대하여 공표하기를,

'3월 15일에서 4월 5일 사이에 한국 전체의 독립운동 발생이 151군데이며, 운동에 참가한 인원수는 함경도를 제외

한 기타 7도에서 16만 9천 명이다'

하였다. 함경 남북도는, 독립운동 참가자 수가 수십 만이고, 사상자 1천여 명, 체포된 사람이 8천여 명이나 되는데, 함경도를 제외함은 웬일인가.

경성 주재 서양인 신문기자가 일본 당국에 질문하기를,

'한국인에게 실시하는 혹독한 구타는 비인도적인 행위이다'

하니, 일본 당국에서 답변하기를,

'혹독하게 구타하지 않으면 한국인의 직성이 풀리지 않는다. 이는 피지배자의 원에 의하여 베풀어지는 일이다'

하였다.

조선인의 독립운동에 대해 베풀어진 잔인·혹독한 만행이 세계에 널리 알려졌다.

일본을 동양의 독일로 지탄하고 질시하게 되자, 일본정부는 세인의 이목을 속이기 위하여, 관제 개정을 구실로 하세가와[長谷川] 총독에게 사표를 제출케 하고 사이토 마코토[齋藤實] 해군대장을 후임으로 보냈다. 새로 임명된 자도 군벌로서, 종래의 군대나 인원은 그대로 두고 그 명칭과 복장만 바꿨을 뿐이다. 그 '신조선주의(新朝鮮主義)'란 것이 어찌 양의 탈을 쓴 늑대의 심보가 아니겠는가.

일본의 이른바 '종교가'라는 것도 모두 교활한 거짓으로서 진실한 도덕과는 거리가 멀다. 6월 1일. 일본인 목사 무라카미 유기츠[村上唯吉]란 자가 상해에서 내한하여 몇몇 인사들에게 비분강개한 태도로 조선의 독립운동을 찬양하고 총독부의 만행을 공격하

였다. 그리고 또 말하기를,

"나는 조선 형제들의 친구로서 만강의 동정을 금치 못한
다. 나의 이번 여행은 일본을 비롯하여 전 세계에 조선의 실
정을 알리려 함에서입니다."

하였다. 끝으로,

"총독부에 대한 나의 증오감은 여러분이나 마찬가집니
다."

하면서, 만면에 미소를 띠우고 한국인들의 손을 굳게 잡고 헤어졌
다.

그가 돌아간 지 2주일 후 《대판매일신문(大阪每日申聞)》에 기고
하기를, '나는 당국의 부탁을 받고 상해에 있는 불영선인(不逞鮮人:
불평불만을 품고 통제를 받지 않는 조선인이란 뜻)의 활동상황을 조사했
다' 면서, 그 조사보고서를 발표했다.

일본 조합교회의 우두머리 하라다 아마나[原田肋]라는 자가, 6월
15일에 미국 로스앤젤레스의 일본인 모임에서 한국의 독립운동을
설명하기를,

'3월 이후로 일반인, 교회, 그리고 공사립학교의 학생들이
합심하여 약간의 독립운동을 하였다. 그러나 여러 영자신문
에서 보도한 바, 한국 신정부의 조직, 각료 명단의 발표 따
위는 모두 사실 무근이며, 평화회의에 건의하려는 방편에 불
과하다. 그리고 이번 운동에서 수천 명이 사망했다는 것은
거짓말이다. 총독부의 실지 조사에 따르면 사망자가 320명,
부상자 2천 명이라고 했다'

하였으니, 그들이 세계의 이목을 가리려는 교활한 말은 이러하다.

소위 교회의 우두머리라는 자가 이러한데, 기타의 인간이야 더 말할 필요가 있겠는가.

3월 이후로 일본의 각 신문에 모두 '한국인이 먼저 헌병 주재소를 습격했기 때문에 할 수 없이 무력을 썼다' 하는데, 이는 그들의 학살행위를 합리화시키려는 것이다. 한국인은 손에 촌철(寸鐵: 작고 날카로운 쇠붙이나 무기)도 갖고 있지 않는데 어떻게 먼저 습격을 할 수 있겠는가.

일본인의 교활성은 참으로 측량하기 어렵다. 독립운동(3월 1일) 이후 '반조선독립단'이란 것이 생겼다고 하는 것은 그들의 조작이다.

그 경고문(조선독립운동단)에는,

"근일에 유언비어를 퍼뜨려 파리 평화회의에서 조선독립을 승인했다는 말로 민심을 현혹시키고 있는데 이는 사실무근이며 그 주모자들은 대부분이 수감되어 회오각성중이다.

아직도 돈을 강탈할 목적으로 망령되어 '조선독립단'이라 하고, 동포를 유혹하여 학업을 중단시키고 생업을 폐하게 하는 자가 있다. 이 같은 일이 오래 지속된다면 우리 조선의 멸망은 더 말할 것도 없다.

우리의 유지들은 죽음을 각오하고 '반조선독립단'을 조직하였다. 많은 밀정을 전국 주요 도시에 내보내어 물샐틈없는 경계망을 펴고 있으니, 그들은 앞으로 며칠 가지 않아 일망타진되고 말 것이다.

우리 겨레들은 그들 불순분자의 유언에 현혹됨이 없이 각자 생업에 종사토록 하라. 우리들 '반조선독립단'은 양민보

호를 취지로 삼고 있다. 자기의 생업을 게을리 하거나 학교
에 가지 않는 등, 타인의 사업을 방해하는 자는 반드시 살
려 두지 않기로 이에 경고한다.”

하였다.

평양에서 일본인 관리들이 부락으로 다니면서 백성들을 위협하
여 자위단을 조직하게 했다. 그것을 조직하기에 앞서 매질을 하기
도 하고, 강제로 입단시킨 후 단규(團規)를 어긴 자를 징역에 처하
기도 했다.

상해 ‘대륙보(大陸報)’ 에는,

“근일에 일본의 신문들은 ‘한국인이 먼저 무력을 썼으므
로 할 수 없이 무력으로 이에 맞섰다’ 고 보도했다. 외국인들
이 본국에 보내는 전문에 ‘한국인이 산 위에서 아래로 내려
와 만세를 부르니 일본인들이 총격했다’ 고 쓴 기사를, 일본
인은 ‘한국인이 산위에서 큰 돌을 마구 던졌다’ 고 개재(改
載)하였다.”

고 보도했다.

조선의 《매일신보(每日新報)》에 흔히 실리는 바 ‘모 선교사의
말’ ‘모 귀족의 말’ ‘모 회사의 말’ 운운하는 것은 모두 허위 날조
이며, ‘조선독립을 반대한다’ 는 표현을 내세우지만, 실지로는 그
런 말을 한 사람은 4월 15일 왜병이 수원의 여러 부락민을 도륙
하고 교회를 불태운 사건은 이미 국내외에 널리 알려져서 물 끓듯
여론을 불러일으키고 있는데도, 《매일신보》에는 도리어,

“이날 일본 군대가 수원에 내려가자, 수많은 군중이 맹렬
하게 습격하여 목숨을 잃을 위기에 놓였으므로 부득이 정

당방위를 하였다"

하고, 또,

"일본 헌병 1명이 살해당했으므로 원수를 갚기 위한 행동
이었다"

하였다.

제암리와 수천리는 서로 20여 리나 떨어졌다. 왜 가까운 곳을
버리고 하필이면 예수교인이 가장 많은 부락을 찾아가 원수를 갚
는단 말인가.

노령의 노인동맹 대표 5명이 여생을 나라에 바치기로 맹세하고
입경하여 독립만세를 불러 피를 흘리게까지 되었는데, 《매일신
보》의 보도는 '이 노인네들이 노망하고 실성하여 청년들의 부추
김을 받아 이런 짓을 했다' 하였으니, 거짓말도 분수가 있지 않는
가.

경성에서 시위운동이 있던 날, 일본인 수백 명이 한복을 입고
사방으로 돌아다니면서 가옥을 파괴하고 전차를 습격했다.

이는 한국인에게 죄명을 뒤집어씌우려는 술책이었으나, 때마침
일본인 하나가 붙잡혔기 때문에 진상이 백일하에 드러났다.

일본인들의 한국인이 사용하는 우물에 독약을 넣은 일이, 용천
과 의주군 고관면 중단동에서 돈을 받고 그런 짓을 한 아이의 자
백으로 드러났으며, 특히 예수교인이 많은 동네에 더 많이 투입되
었다. 그런데도 일본인들은,

'이는 독립을 반대하는 사람들이 예수교인을 미워하여 한
짓이다'

하였다.

평양에서 독립을 요구하는 시위운동이 있던 날이다. 일본인이 군대를 출동시킬 구실을 잡기 위해 한복을 입고 시위 행렬 속에 뛰어들어, 경찰서를 비롯하여 기타 관청의 유리창을 투석·파괴하였다.

　그리고 한국인에게 죄를 전가시켜 총검으로 무수히 살해했다. 또 일본인 무뢰배들이 한복 차림으로 독립군을 가장하여 각처로 횡행하면서, 주식(酒食)을 토색질하는 등 말할 수 없는 행패를 부렸다.

제15장 우리 대표들이 파리회의에 청원서를 제출하다

▶ 삼가 드린다

1. 우리 대한 민족은 국민적 생활과 문화를 지녀 온 지 4,200여 년이다. 우리들은 아시아에서 역사가 있는 민족 중의 중요한 한 나라로서, 과거 42세기 동안 독립국을 유지해왔다.

▶ 세계 여러 나라의 승인을 받은 독립국가

2. 일본·미합중국, 영국 그리고 그 밖의 여러 나라가 한국과 수호 및 통상조약을 맺었으며 그 조약 내용은 한국의 영구한 독립, 주권을 승인하였다.

1882년 5월 22일. 한국은 미국과 한성(서울)에서 조약을 맺어 그 조문에 명기하기를,

"두 나라 중에서 어느 한 나라가 제3국으로부터 불평등한 대우나 억압을 받아서 다른 한 나라에 호소했을 때는, 그 나라는 두 나라 사이의 우의를 위하여 유리한 해결을 보도록 노력한다."

하였다.

1895년 4월 17일의 시모노세키조약에서, 일본은 중국에 대하여 한국의 완전 자주독립을 인정하기를 요구했으며, 1902년 1월 3일 제1차 영일동맹(英日同盟)에서 일본과 영국 두 나라는 한국의 독립을 승인했다. 최후로 1904년 한일공수동맹조약(韓日攻守同盟條約)에서는, 일본이 한국의 독립과 영토보전을 책임지기로 했다.

▶ 한국 독립은 국제적인 공인

3. 이 조약들은 한국의 독립을 인정한 것만이 아니라, 국제적인 원칙에 입각해서 공인한 것이므로, 어느 나라가 침략했을 때는 열강이 간섭하지 않을 수 없다.

▶ 일본의 한국 독립주권 침해

4. 일본은 한국 독립을 침해했다. 일본은 사기와 폭력으로 1910년 8월 29일 한일 합병조약을 맺어, 한국 황제로 하여금 한국의 통치권을 들어 일본 황제에게 양도하게 함으로써, 1천 5백만 이상의 민족을 일본의 지배 밑으로 들어가게 했다.

▶ 한국 민족의 반항

5. 이처럼 한국의 주권을 침해하여 한국을 일본의 식민지로 만들었다. 그렇기 때문에 한국 인민은 강경하게 이를 반대하고 앞으로도 반항을 계속할 것이다.

6. 이러한 반항은 날로 점점 격화될지니, 이는 일본의 통치가 너무나 가혹하기 때문이다. 그들 무단정치의 참상은 일찍이 프로이센이 동쪽 여러 주와 알자스로렌 지방을 가혹하게 지배하던 그대

로를 모방하였다. 일본은 명실상부하게 한국을 그들의 군현으로 만들어 지배하고 있다.

그들이 한국에 실시하는 정책이란, 가장 잔인한 수법으로써 애국사상을 가진 한국인은 기어코 해치고야 만다. 그리고 애국심·국어·역사 등 민족정신을 말살시키기 위하여, 두 가지 제한을 두고 있으니, 즉 재산과 교육의 제한이다.

▶ 일본인 지배 하의 재산 및 교육

7. 어떤 종류의 과학이든 일정한 한도를 넘어 데라우치[寺內] 총독의 말대로 위험성이 있는 것이라면 이를 엄금하고 가르치지 못하게 한다. 또 한국 학생은 자비로 유럽으로 유학하려 해도 이를 철저히 억제한다.

8. 한국의 모든 부유층들은 거의 일본인을 지배인으로 채용하여 그 재산과 수입 및 지출을 관리하게 한다. 국내 은행은 모두 일본인이 설치하였고, 한국인 은행 예금주는 돈을 쓰는 목적을 관청에 신고하여 승낙을 받지 않으면 많은 돈을 찾을 수 없다.

▶ 일본인과 기독교

9. 일본 당국은 갖가지 방법으로 한국에서의 기독교 전도 사업을 방해하고 있다. 기독교가 그들의 이익에 반대하는 걸로 인정하였으므로 이 방면에 많은 경찰력을 투입하고 있다.

그들이 기독교를 적대시하는 것을 보면 일본의 한국 통치 방법이 얼마나 잔인·포악한가를 미루어 알 수 있다.

▶ 일본인의 한국관

10. 일본 당국은 한국을 개선시키고 있다고 한다. 모든 사실로 봐서 개선이 없다고는 할 수 없다. 그러나 이 같은 개선은 식민지 정책에서 오는 것으로서 한국인의 노동력·경제력은 모두 일본인의 복리를 위하는 일에 이용되고 있으므로 한국은 일본인의 좋은 식민지가 된다.

11. 일본의 한국 통치는 강자의 지배이며, 어디까지나 그들의 사리를 위한 것이다. 마치 노예나 가축은 남의 재산이 되고, 그 주인을 위하는 이용물에 불과한 것처럼 한국을 보고 있다.

▶ 전 세계를 무시하는 일본

12. 13. 이상 말한 것이 진실로 한국 인민이 일본의 구속을 벗어나고, 합병조약을 무효화시키려는 점진적인 이유이다. 그리고 여기에는 프랑스의 동양에서의 이권, 영·미 양국의 아시아·태평양에서의 이권문제와도 직결된다.

▶ 일본의 대륙정책

14. 일본의 '대륙정책'이란 실로 긴 안목에서 이루어지고 있다. 오랜 시일의 정치 공작 결과 한국을 합병했음이 하나의 실례를 보여 주고 있다. 영·미·불 등 여러 나라도 이를 그대로 보아 넘기기만 할 수는 없을 것이다. 일본이 그들의 무한한 대륙정책을 실천하는 데 있어, 영·미·불 등 여러 나라도 위협을 느끼지 않을 수 없을 것이다. 이 정책은 한반도 정복을 비롯, 중국의 노동력과 부력을 지배하여 아시아의 패권을 한 손에 잡자는 것이다. 또 태평

양의 권리를 독점하며 미합중국이나 호주에 무제한으로 이민시키려는 계산이다.

▶ 대륙정책의 실현

15. 일본은 대륙정책을 이미 다음과 같이 실현시키고 있다.

① 일본은 러일·청일 등 양대 전쟁에서 승리하여 동양에서 가장 강대국이 되었다. 마치 프로이센이 두 번의 전쟁(1866년의 보오(普墺)전쟁과 1870년의 보불(普佛)전쟁)에서 모두 승리하여 유럽에서 가장 강대국이 된 것과 같다.

② 한국을 이미 합병하였다.

③ 남만주와 동몽고에서 중국을 배척하고 일본 세력을 확장시키고 있다.

④ 파리평화회의에서 산동성 청도의 조차권을 포함한 독일이 소유했던 특권을 계승하였다.

⑤ 정치상의 필요를 빙자하여 중국을 잠식하고 있다. 동시에 그 개발되지 못한 인적 자원과 물적 자원을 일본에 귀속시키고 있다. 모든 정책을 종전 한국에서 실시한 전례에 따르고 있다.

⑥ 적도 이북의 태평양 군도는 일본의 영유로 귀속되어, 호주에서 2천마일 거리에 접근하고 있다. 그리고 일본 함대는 태평양의 제해권을 차지하여 근거지로 삼고 있다.

▶ 한국의 독립운동

16. 한국인민은 일본의 합병과 일본 황제가 보낸 관리의 무단정치에 반대하고 있으며, 이에 항거하기 위해 이번에 독립운동이 일어났다. 3월 1일 오후 1시에 한국 민족은 독립을 선언했으니, 이는

3백 만 대한독립단이 국내를 비롯하여, 중국·시베리아·하와이·미주 등지에 흩어져 있는 1,870만 한민족의 의사를 대표한 것이다. 선언에 이르기를,

　'우리 민족의 항구한 자유 발전을 위하여 주장하며, 인류적 양심의 발로에 따르고, 세계 개조의 대 기운에 순응해서 제창하는 바이다. 이제까지 가슴속에 쌓인 울분을 풀어 버리고, 현재의 고통에서 벗어나며, 장래의 위협을 제거하여 우리 자손들에게 고난과 치욕의 유산을 남기지 않으려는 것이다'

하였으니, 우리 민족의 독립이야말로 가장 급선무인 것이다.

▶ 독립운동의 진행

17. 한국대표가 해저 전신을 접수하였는데, 혁명운동의 추진과 독립을 위하여 싸우는 한국독립단이 상해를 경유하여 파리로 보내온 것이다. 그중 한 통의 내용은 다음과 같다.

　"우리는 3월 26일 경성에서 최대의 시위운동을 벌였다. 국기를 남산 위에 높이 계양했으며, 체포된 자가 200명이었고 피아 쌍방이 모두 사상자를 냈다. 삼남 지방에서는 시위운동이 날로 고조돼 가고 있으며, 시베리아·만주 등지에도 시위운동이 벌어지고 있다."

▶ 대한민국

18. 동 전신은 또 대한민국임시정부의 조직을 알려 왔다. 총통·부총통·국무경·내무·재무·사법·국방의 각 총장 등 부서가 있다.

정부 내에는 박영효·이승만·안창호·이동휘 등 제씨(諸氏:여러 사람의 이름이나 직명(職名)을 들고 그 다음에 붙여, '여러분'의 뜻으로 쓰는 말)가 들어 있다.

박영효는 일찍이 진보파의 영수로서 갑신정변의 주동자였으며 합병직전에는 내무대신으로 있었다.

이승만은 미국 하버드 대학의 학사이며 프린스턴 대학의 철학 박사로서, 1894년 그는 독립협회의 중심인물로 옥고를 치렀다. 안창호는 신민회의 창설자로서 1905년에 이미 청년애국당 수령이 되었으며, 현재는 국민회 중앙총회장으로 있다. 이동휘는 구한국 시대에 육군 참령을 지냈으며, 만주 및 시베리아 국민당의 영도자였다. 역시 그도 일경에 체포되어 옥고를 치른 바 있다.

▶ 일본의 압박

19. 4월 10일 다시 들어온 전신에는,

"3월 1일부터 오늘까지 계속 시위를 벌여 전국이 들끓고 있다. 우리 대표자(본국의 독립단 대표)들은 무력을 안 쓰고 오직 연설과 선언 등 평화적인 방법으로 운동을 추진해 나가고 있다. 여자의 활동이 더욱 치열하다. 일본인의 공장이나 상점에 고용되어 있는 한국인들이 이제 모두 일자리를 떠났다. 우리의 교회·학교·상점들이 폐쇄되고 있다. 체포된 남녀가 3만 2천여 명, 중상자가 10여 만에 이르는데, 이 중에는 노인, 부녀자 및 어린이들도 들어 있다. 국내외의 수송, 통신이 두절되고 있다. 적의 만행과 교회에 대한 횡포의 진상을 알리는 바이다."

4월 11일 계속해서 전신을 접하니 일본의 만행을 언급하였다.

"3월 28일 일본이 대학살을 시작했다. 경성(京城)에서 3시간 동안 시위했을 때 참혹한 죽음을 당한 한국인이 1,000여 명에 달했다. 총살·타살 등으로 살육이 도처에서 행해졌다. 전국의 교회·학교 및 독립운동 주동자들의 가옥이 파괴되고, 부녀자들은 나체로 군중 앞에서 구타당했다. 주동자 가족의 부녀자들은 더욱 괴로움을 당했는데, 그들 중 투옥된 사람은 몸을 결박하여 움직일 수 없게 했다. 의사의 부상자 치료도 허용되지 않아, 우리는 외국 적십자사의 긴급 구원을 요청했다. 우리는 자유를 위하여 최후의 1인까지 싸울 결심이다. 하느님의 보우를 믿는다."

이 운동에 대해 유럽의 각 신문이 경쟁하여 보도하였는데 그중에도 최근의 〈런던타임스〉의 기사가 가장 만족스러웠다.

'한국의 권리'라는 제목 아래에 말하기를,

"이 독립운동은 한국인의 일치된 행동임을 인정하지 않을 수 없다. 일본 정부의 군대 증파 계획은 여론을 흥분의 도가니로 몰아넣을 뿐이다. 현재의 여론으로는 한국에서 군국주의를 후퇴시키고 민주정부의 수립이 가장 합리적이며 불가피한 일이다."

하였다.

《동경일일신문(東京日日新聞)》은 그 보도에서 '독립운동의 원인은 민족자결주의와 선교사의 선동에 있다' 했으며, 《호치신문[報知新聞]》에서는 한국 정치제도의 개선을 극론했다. 그 밖의 신문이나 잡지에서도 한국 민족의 우수성을 논하고 있다.

▶ 합병조약의 폐기

20. 한국 민족이 1910년 8월 22일에 체결된 합병조약의 영원한 폐기를 요구하는 이유가, 이 청원서와 설명서에 자세히 진술되어 있으나 그 더욱 중요한 것은 다음과 같다.

① 이 합병 조약은 사기와 폭력으로 체결된 것이다. 설사 한국 황제가 1,500여 만의 인민과 4,200여 년의 독립주권을 일본 황제에게 양도하였다 하더라도, 법률과 국제공법상 이미 효력을 상실하고 있다.

② 한국 민족과 국가는 꼭두각시인 한국 황제가 이 조약을 체결할 권리가 있다고 인정하지 않는다. 우리가 지각없는 금수가 아닌 이상 이런 조약에 결코 동의하지 않는다.

③ 이 합병조약은 이때까지 한일 양국 간 또는 한국과 기타 열강 사이에 맺어진 여러 조약과는 달리, 주권과 영토 보전을 침해하고 있으니 이는 국제공법상 범법행위이다.

④ 한일 양국 간, 한국과 기타 열강과의 사이 또는 일본과 중국·영국·러시아 등 국제간에 체결된 여러 조약이, 모두 한국이 독립주권국임을 인정해서 이미 분명하게 그 정치상의 독립과 영토 보전을 승인하고 있다. 또 어떤 조약에서는 한국 독립을 승인하는 동시에 열강 사이에 통용되는 원칙에 따를 것을 보장하고 있다. 예를 들어 어느 한 나라 즉, 일본이 그러한 조약을 국제회의에 제출했다면, 조약을 개정하기 전에는 한국 독립을 침해할 수 없음을 규정지은 것이다.

⑤ 이번 파리평화회의는 윌슨 대통령의 14개 원칙에 입각하여 여러 나라 사이의 관계를 조정하는 것이다. 1918년 미국 의회에서 대통령이 교서를 낭독했으며, 그 교서에서 분명히 밝히기

를 '세계의 민족은 강약을 불문하고 타민족과의 사이에서 자유·평등의 권리를 누리고 생존의 안녕이 보장되며, 공평한 기회가 부여됨으로써 국제간의 갈등을 해결하는 원칙으로 삼는다' 하였다. 일본은 연합군의 하나인데도 이 14원칙을 무시하고 한국의 주권을 침해했다. 그들은 한국 민족의 동의를 구하지 않았을 뿐더러 그 의사에 역행하여 폭력을 사용했다. 그러므로 파리평화회의는 이 합병조약의 폐기를 선언하거나, 그 보고를 취소시킴이 정당한 권리이며 책임인 것이다.

⑥ 우리는 국제 공법에 의해서 주권을 찾을 권리가 있다. 모든 민족이 그 고통을 호소하는 새 원칙에 입각하여, 과거 1세기 동안 영토가 분할되고 무서운 압박을 받아오던 폴란드가 독립하고, 독일의 지배에서 신음하던 알자스로렌이 자유를 회복했다. 이와 같은 정의의 원칙은 우리 한국에도 적용되어야 하며, 우리들은 한국의 회복을 요구할 권리가 있다. 일본이 한국을 병탄한 지 이제 10년이다. 제1차 세계대전이 발발하였을 때 우리는 중부 유럽의 어느 한 나라와 동맹을 맺으려 했는데, 이것은 일본 위정자들이 특히 주시하고 경계하던 연합이다. 그러므로 평화회담에서 한국을 일본의 무단정치 밑에 방치해서는 안 된다. 이는 프랑스 국경의 전투에서 수백 만 병사가 정의를 위해 피 흘린 정신에 위배된다.

1919년 4월, 한국 국내 및 중국·시베리아·하와이·미합중국·멕시코 등지의 1,870만 한국 민족의 대한민국 임시정부 대표와, 러·독 단독강화회의에서 정의를 위하여 동부전선에 참전했던 5,000명 한국인을 중심으로 대한민족을 통합한 신한청년당 정식 대표 김규식(金奎植) 서명

제16장 각 방면에서의 호소

유교도의 파리회의에 보내는 글

"한국 유림대표 곽종석(郭鍾錫)·김복한(金福漢) 등 137명은 삼가 파리평화회의의 여러분께 글을 드린다. 하늘이 위에 있고 땅이 밑에 있어 만물이 그 사이에서 자라나며, 태양이 널리 비치고 4시의 변화가 행하여지니 그 법칙을 알 수 있는 것이다.

대개 쟁탈의 단서가 일어나게 되니 강약의 세가 나누어지고, 겸병(兼倂:둘 이상을 한데 합쳐 하나로 함)의 권도(權道:목적 달성을 위해 임기응변으로 취하는 방편)가 행하여지니 크고 작은 것이 형태를 달리한다.

인명을 빼앗아 그 위세를 과시하고, 남의 나라를 도둑질하여 제 것으로 만들었음이 바로 오늘의 실정이다. 하늘이 착하고 영무(英武:영민(英敏)하고 용맹스럽다)한 자를 내려 보내어 태양이 널리 비치고, 4시의 변화가 고르게 미치는 대자연의 법칙에 따라, 천하를 대동(大同:모든 사람이 똑같은 권리를 누리는 것)으로 돌아가게 해서 만물이 제자리에 편안케 하려는 것이다. 이처럼 일시동인(一視同仁:이 세상 사람을 똑같이 사랑하는 것)으로 세상이 평화를 누리게 되었는데 아직도 그와 같은 말만 들었을 뿐으로 그런 혜택을 받지 못하였다.

원통함을 호소해도 그 뜻이 이루어지지 못한 자가 있다면, 여러분의 공변된 마음이 어찌 어느 하나에 국한하여 차별을 둘 수 있겠는가. 그렇지 않으면 무슨 별다른 이유라도 있는 것인가.

피눈물을 뿌려 회포를 진술하고 울면서 호소하는 것은, 실로 지극히 가슴 아프고 사세(事勢)가 절박한 데서 나오는 것인데, 그 뜻이 용납되지 않는다면 그 마음이 어떻겠는가. 여러분은 깊이 살피시기 바란다.

아, 우리 한국은 진실로 세계의 일원이다. 3,000리의 강토에 2천 만의 인구를 안고 있으며 4,000여 년의 독립을 유지하여, '반도문명'이라는 찬양을 잃지 아니하고 있다. 불행히도 근래에 이르러 하늘이 돌보지 않고, 국위가 떨치지 않았으며 적신이 안에서 발호했다. 강한 이웃이 밖에서 엿보고 그 무력을 과시하며, 간사한 술책을 희롱하여 임금을 위협하고 백성을 속여 무리하게 맹약을 성립시켰다. 따라서 땅을 빼앗고 임금을 폐위시켜 우리 한국이 세계에서 사라지게 되었다.

아, 일본의 소행을 열거하자면 다음과 같다. 병자년(丙子年:1876)에 우리 대신과 강화도에서 맺은 조약, 을미년(1895)에 청국의 대신과 시모노세키에서 맺은 조약에서, 모두 우리 한국의 자주독립을 영구히 보장할 것을 약속했었다. 그리고 갑신년(1904) 러시아에 선전했을 때는, 열국에 통첩을 보내어 한국 독립을 굳건히 할 것을 다짐했었으니, 이는 세상이 모두 아는 사실이다. 그러던 것이 며칠 안 되어 태도를 표변하여 안으로 위협하고 밖으로 속여, '독립'이 '보호'로 변하고 보호가 다시 '합병'으로 변했다. 그러고는 이것이 한국인의 의사라고 해서 세계의 비방에서 벗어나려 했으니 이는 우리 한국을 무시했을 뿐만 아니라, 세계 여러 나라들도 안중에 두지 않은 것이다.

여러분들은 일본이 우리 한국에 대해서 한 짓이 공도를 벗어나지 않았다고 생각하는가. 또 세계에 대해서 신의를 지켰다고 생각하는가. 우리 겨레들은 맨손으로 어찌할 수 없음을 알기 때문에 한숨으로 세월을 보내며, 오직 하늘이 돌보아서 좋은 운수가 돌아오기만을 기다렸다. 망국의 한을 가슴에 안고 치욕을 견딘 고난의 삶이 이제 10년에 이르렀다.

그러나 여러분이 평화회의를 연다는 말을 듣고 우리 겨레들은 기뻐서 용약(踊躍:좋아서 뜀)했으며, 이제야 여러 나라가 자유를 찾고 평화를 누리게 되는 줄 알았다. 우리도 일찍이 만국의 하나였으니 어찌 예외가 있으랴 싶었다.

폴란드 등 여러 나라가 독립을 되찾았다는 말을 듣고는 군중이 모여들어 만세를 부르면서, '이제 우리의 주권을 찾는 것은 이미 정해진 사실이다. 그들은 무슨 나라이며 우리는 무슨 나라인가. 일시동인(一視同仁:누구나 평등하게 똑같이 사랑함)인데 어찌 차별이 있겠는가. 천명은 때가 있으니 언제나 돌아오게 마련이다' 하였다.

여러분은 이제 큰일을 완성할 때에 이른 것이며, 우리도 나라 있는 백성이 되게 되었다.

좋은 소식을 학수고대하고 있었는데도, 하늘이 돌보지 않으시어 우리 임금이 하룻밤 사이에 갑자기 붕어하시었다. 인심은 흉흉해지고 우리 겨레의 원한이 하늘에 사무쳤으니, 국장(國葬) 날에 각 학교를 비롯하여 종교단체, 사회단체, 일반인 등 남녀를 막론하고 모두들 독립만세를 불러 우리 임금의 넋을 위로했다.

비록 체포와 폭력이 닥쳐와도 맨손으로도 오히려 앞 다투어 나아가 죽어도 물러서지 않았으니, 원한이 가슴속에 쌓인 지 오래되면 반드시 폭발함을 알 만하다.

그렇지 않으면 여러분이 기회를 열어 주어 용기를 북돋운 데서 나온 것인가. 그러나 시일만 미룰 뿐, 아직도 뚜렷한 결정이 내려지지 않고 있으니 의구심이 생기게 된다.

우리는 직접 여러분을 접촉할 수 없게 되니, 중간에서 일을 보는 자(일본)가 속임수를 써서 여러분의 시청을 현혹시킬까 두려우므로 이에 반복 설명하려 한다.

하늘이 만물을 낼 때 각각 그 능력을 부여하였으니, 물고기나 곤충에 이르기까지도 모두 그 능력에 따라서 자유롭게 활동하고 있다. 마찬가지로 사람은 사람대로, 나라는 나라대로 각기 통치할 능력을 지니고 있다.

우리 한국은 비록 작은 나라로서 영토가 3,000리, 인구가 2천만에 지나지 않으나, 4,000년 동안 면면히 우리나라를 이끌어 나갈 인물이 끊어지지 않았으니, 어찌 이웃 나라의 통치를 바란단 말인가.

속담에 '백 리면 풍속을 달리한다' 고 했다. 그들은 우리 한국 민족이 독립할 능력이 없다고 하여, 제 나라의 통치하는 방법으로써 우리의 풍속에 가미하려 한다.

그러나 풍속은 하루아침에 변할 수 없는 것으로서, 그 통치방법이란 혼란만 빚어낼 뿐, 시행되지 못할 것이 분명하다. 그들의 통치 방법이 시행될 수 없어서, 한국 민족이 어디까지나 한국 민족임은 그 살고 있는 땅에서 이미 정해졌을 뿐만 아니라 선천적으로 타고난 것이다.

그러므로 무력의 위협에 의해서 한때 지배를 받을지언정, 그 정신만은 천만 년이 가도 한국의 민족성일지니, 마음속의 정신은 빼앗을 수 없다.

정신을 못 뺏으면서 이제 와서 세계 제국이 모두 사용하지 않는 강권으로써 우리 민족의 공론을 억압하려 드니, 이는 일본인들이 좋은 계책을 세웠다고 볼 수 없다.

종석(鍾錫:쇠와 주석) 등은 비록 산야에 묻힌 폐물이지만, 아직도 옛 나라의 신민으로써 유풍을 지키면서 유림에 종사하고 있다.

이제 세계 유신의 시대를 맞이하여 나라가 있고 없는 것이 이 한 번 일에 달려 있다.

나라 없이 산다는 것은 나라가 있고 죽는 것보다 못한 것이며, 한 구석에 결박당하여 사느니보다는 여러 사람들 앞에서 몸을 마치는(어떤 일이나 과정, 절차 따위가 끝나다. 또는 그렇게 하다) 것이 낫다.

한 번 여러분 앞에서 이 울분을 토로하고 나의 운명을 결정지으려 하나, 수륙의 길이 까마득히 멀고 관방(關防:국경의 방비)이 심히 엄해서 뜻을 이룰 수 없으니, 하늘에 사무치는 이 원한을 어찌한단 말인가.

아무리 여러분의 총명한 지혜가 뛰어났다한들 보지도 듣지도 못한 데서 어떻게 이 억울한 한국의 실정을 알겠는가. 이리하여 감히 짧은 글로써 동정을 구하는 말과 10년 동안 지내 온 실정을 갖추어 만 리 밖에서 받들어 올리니, 참으로 슬프고도 절박하여 두서를 잡지 못하겠다.

여러분은 불쌍히 여기고 밝게 살피어, 공정한 판결을 내려 그 밝은 빛이 고르게 미친다면, 이는 종석 등이 잃었던 나라를 도로 찾는 것이 아니라, 인류의 도덕을 위해서도 매우 정당한 일일 것이다.

동시에 여러분의 빛나는 사업도 유종의 미를 거두리라. 만일 그렇지 못하다면, 이에 종석의 무리는 차라리 머리를 부딪쳐 죽을지언정 맹세코 일본의 노예가 되지 않을 것이며, 2천 만 우리 동포만이 유독 일시동인의 대원칙에서 버림받게 될 것이다. 여러분의 현명한 판단을 기다리겠다."

이때 전국 유림이 고종황제의 인산으로 해서 경성에 모였으며, 각 종교단체를 중심으로 독립을 요구하는 시위운동이 벌어졌다. 이중업(李中業)·김창숙(金昌淑)·곽대연(郭大淵)·김정호(金丁鎬)·권상도(權相道) 등이 의논하기를 '우리들 유림만이 이 운동에서 뒤질 수 있단 말인가. 그러나 이 일이 극히 중대한 것임에 비추어 중망의 인물이 아니고는 주장할 수 없다' 하였다.

이렇게 되어 김창숙(金昌淑)이 거창으로 구한국의 신하였던 의정부 참찬 곽종석(郭鐘錫)을 찾아보고, 유림이 단결하여 사람을 프랑스의 파리로 보내어 만국평화회의에 글을 바치고 우리 민족의 대의를 성명하기로 의논했다.

곽종석이 말하기를 '내가 오늘에야 죽을 곳을 얻었다. 그대는 힘쓸지어다' 하니, 김창숙은 다시 상경하여 여러 사람과 의논하고, 각 도에 사람을 보내어 유림과 연락을 취했다. 전 승지 김복한(金福漢)이 그의 문인 임성백(林聲百)을 보내와서 적극 찬의를 표명했다.

김창숙은 마침내 글을 가지고 상해로 건너가서 파리평화회의로 우송했다. 얼마 안 되어 일본인은 곽종석 이하 137명을 체포·투옥했다.

곽종석·유필영(柳必永)·하용제(河龍濟)·김복한 등은 모두 옥중에서 죽었으며, 그 밖의 사람들도 혹은 악형에 죽고 혹은 징역형을 받았다. 김창숙의 처자들도 여러 달 동안 옥고를 치렀다.

▶ 여학생이 파리 평화회의에 보내는 글

파리 평화회의에서 바야흐로 인류의 정의와 권리를 바로잡기에 노력한다기에, 우리들 한국 어린이는 삼가 하나님 앞에서 정성을 다하여, 여러분께 돌보아 주고 편안하게 해주기를 요청합니다.

우리들은 여자의 몸으로서 불행히도 부끄러운 대우를 받으며 모욕을 당하고 있습니다.

우리가 누구를 향해서 이 억울함을 호소하며, 어디를 향해서 도움을 청하겠습니까. 설사 창공을 바라보고 호소한들 누가 불쌍히 여기겠습니까.

이제 세계 각지의 사람들이 모두 자유를 요구하고 있다는 말을 들었으므로, 우리 한국인민의 남녀 아동들이 모두 일어나서 우리가 받는 압박을 밝히는 동시에 독립을 호소합니다.

우리 겨레는 왜인들에게 구타당하고 감금당하며, 칼에 맞고 쇠갈고리에 찍히며, 총에 맞는 등 갖은 박해를 받고 있습니다. 또 우리의 가옥은 많이 파괴되었습니다. 이것은 정의도 인도도 없는 것입니다.

우리는 주일에도 교회에 가지 못하며, 우리가 살고 있는 나라 안에서도 흔히 '너는 기독교 신자가 아니냐' 는 힐난을 받습니다. 만일 '그렇다' 고 대답하면, 곧 심한 구타를 당하게 됩니다. 이렇게 해서 죽은 사람도 많습니다마는 우리는 저항하지 않습니다. 오직 하늘을 향해서 두 손을 들고 자유와 권리를 찾게 해주기를 호소할 뿐입니다.

여러분이시여, 여러분이시여. 우리를 불쌍히 생각하여 한국의 독립을 찾아 주시겠습니까.

또 이렇게 혹독한 일본의 악정과 불공평한 대우를 제지해 주시겠습니까.

우리는 이 글이 반드시 평화회의에 전달되리라고는 믿지 않습니다.

그러나 틀림없이 이 글을 받아보는 사람은 있을 것이니, 또한 우리들의 참상에 감동되어 말을 전해 주리라고 믿습니다.

우리들이 만든 이 글은 잘못된 데가 많을 걸로 여겨집니다. 그러나 어린이들의 소작(所作:어떠한 사람의 제작 또는 작품)이니 여러분께서는 너그럽게 받아들여 주시기 바랍니다.

우리는 권력도 없으며 또 호소할 곳도 없습니다. 우리는 오직 하나님이 틀림없이 여러분을 감동시켜 우리의 소원을 이루어 주게 하리라는 것을 믿을 뿐입니다.

우리 인민들 중에서 일찍이 종이 위에 서명하여 한일합병을 청구한 자가 있었다는데, 이는 어디까지나 일본인들의 술책에서 나온 것입니다.

아메리카 합중국 대통령 윌슨 씨여, 우리는 당신을 아버지처럼 보고 있습니다. 우리의 독립선언을 받아들여 세계 여러 나라에 선포해 주시기 바랍니다. 이것이 우리들의 간절한 기원입니다.

■ 원로대신 김윤식(金允植)·이용직(李容植)이 총독 하세가와[長谷川]에게 보내는 글

도는 그 시의에 따름을 귀히 여기고, 정치는 백성을 편안히 함에 목적이 있는 것이다. 그러므로 어떤 법칙을 막론하고 실지에 있어 활용될 수 있다면 좋은 법이라고 할 수 있으며, 어떤 정치를 막론하고 인민의 평화를 보전할 수 있다면 좋은 정치라고 말할 수 있는 것이다.

만일 그 법이 시의에 맞지 않으면 시행이 불가능하며, 그 정치가 인민의 안녕을 보전할 수 없으면 좋은 정부가 될 수 없다.

일본이 한국을 병합한 후 10년 동안의 행정은 한국인민에 평화를 가져다주지 못했다. 이제 독립만세가 한 번 일어나니 전국이 이에 호응하여, 부녀자·어린이들까지도 손을 들어 열렬히 외치면서 결사적으로 감연히 독립전선에 나섬은 무엇 때문인가.

몇 해를 내려오면서 불공정한 정치에 시달리는 동안에 가슴속에 쌓인 울분이 이 시기에 폭발되어, 마치 강물을 터놓은 듯 도도한 흐름을 막을 수 없다.

이러한 인심의 향배는 천명이 시키는 것이다. 당국이 이 운동을 진압하는 데는 강압과 융화 두 가지 길밖에 없다.

부드러운 태도로는 이 소요를 곧 진압할 수 없다고 인정될 때는 반드시 혹독·잔인한 수단을 쓰게 된다. 그러나 혹독·잔인한 수단으로는 독립당의 나쁜 감정을 더욱 격화시켜 그 수를 날로 늘어나게 할 뿐이다.

독립당을 모두 죽인다는 것은 도저히 불가능한 일이다. 그렇기 때문에 혹독한 수단으로써 이 문제를 해결할 수 없다.

이제 독립당은 오직 잃어버린 권리를 되찾고, 속박된 노예생활에서 벗어나려는 것이 그들의 지극한 염원이다. 그들의 무기는 맨주먹과 세 치 혀가 있을 뿐이다.

불공평한 압박에서 벗어나려는 것뿐으로, 아무런 폭력행위도 없는 것은 사실이다.

진정 자비심이 있는 자라면 그 누가 깊은 동정을 표하지 않겠는가. 이제 무수한 양민이 체포되어 감옥이 넘치며 비인도적인 악형으로 인한 사망자가 많다.

거기에다 함부로 발포하여 인민을 사살, 시체가 산적하였다. 그런데도 독립운동이 점점 만연되어 곳곳에서 벌떼처럼 일어나고 있으니, 이것이 어찌 우연한 일이겠는가.

참으로 그 근본 원인을 해결하려 하지 않고, 가혹한 수단이나 온화주의만으로는 해결이 불가능한 일이다.

설사 시위운동의 주모자를 모두 죽인다고 하자. 그 육체는 죽을지라도 그 정신은 영원히 살아서 사람들의 가슴속에 깊이 뿌리박을 것이다.

사람들이 자기 집 속에서 독립만세를 부르는 것까지도 일일이 찾아내어 죽일 수 있겠는가. 인명은 지극히 귀중한 것이니 초개처럼 볼 수는 없다.

맹자가 제선왕(齊宣王)에게 말하기를 "이를 취하여 연(燕)나라 백성이 좋아한다면 차지하고, 이를 취하여 연나라 백성이 좋아하지 않는다면 차지하지 마십시오." 했는데, 후일 제선왕(齊宣王)은 맹자의 이 말을 듣지 않은 것을 후회하였다.

이 김윤식(金允植)·이용직(李容稙)은 시운이 막힌 때에 태어나서, 노경에 이르러 합병되던 날에 일본의 작위를 받았으니, 무슨 낮으로 감히 입을 열어 사리를 논하겠는가.

그러나 이제 무고한 자녀들이 물불 속에 빠져 들어가는 것을 보니 침묵만을 지키고 있을 수 없다.

그대들의 노예가 된 우리들도 역시 침실 안에서 언제나 대한독립만세를 부르고 있다.

우리들이 보잘것없는 지위에 있어 그 말이 비록 받아들여질 가치가 없겠으나, 그래도 애심을 털어 내어 참다운 충고를 한다.

오직 각하는 이 청원을 천황께 아뢰고 내각과 협의하기를 바란다.

이에 독립운동은 권고나 명령으로 해결될 수 없으며, 그렇다고 해서 무력으로는 더 더욱 해결할 수 없는 것이다.

가장 현명한 방법은 오직 천명과 인심에 순종하여 공식으로 한국의 독립을 승인하는 것뿐이다.

그리고 지공무사(至公無私:지극히 공평하여 조금도 사사(私事)로움이 없음)한 정책을 세계에 공표하여 각 조약국에 알려야 한다.

우리들은 각 조약국이 모두 한국 독립을 승인한 일을 기쁘게 받아들여지리라 확신한다.

참으로 이와 같이 한다면 암영이 걷히고 서광이 우주 간에 넘쳐흐를 것이니, 누가 일본을 찬양하고 존경하지 않겠는가.

우리들은 노쇠하매 두문불출하여 세상사에 간여하지 않지만, 오직 이 권고가 용납된다면 수천만 백성이 행복을 누리게 될 것이다. 그렇게 되지 않으면 우리도 반드시 악형을 받게 될 것을 확신하노니, 우리 겨레의 생존을 꾀하다가 죽은들 무슨 후회가 있으리오. 노쇠하여 사경에 이르니 말이 두서가 없구려.

■ 조형균(趙衡均)·문일평(文一平) 등 11인이 하세가와[長谷川]에게 보내는 글

우리들은 삼가 정성을 다하여 청원서를 올린다.

3월 1일의 독립선언서에는 비록 33인의 대표만이 서명했으나, 실로 한국 민족 전체의 의사에 따른 것이다.

우리들은 하느님이 반드시 이 선언을 기쁘게 받아들일 줄로 안다. 우리들은 이 33인에 이어 일어나서 2천만 한국인을 대표하여 독립의 의사를 발표한다.

우리들은 지난날의 한국인이 아니라 곧 신세기의 한국인으로서, 새 시대의 조류와 문명의 진로를 밝게 안다는 것을 각하는 확인해 주기 바란다.

문명의 흐름은 우리들에게 이와 같은 사상을 갖도록 촉구했다. 그러므로 한국 독립의 호소는 인도(人道)에 부합되고 시세에 병행하며, 하느님의 명에 따르는 것이니 이는 우리 겨레의 숙원이다.

각하도 한국 독립이 동양평화에 관계됨을 알아, 한국이 합병될 즈음 누차 세계에 선언하기를 '한국의 국방 문제를 말하자면 이웃나라(한국)가 어육(魚肉)이 되는 데 그침이 아니라, 이로 인하여 아주(亞洲)의 장애가 된다' 하지 않았던가. 이야말로 일본이 한국을 합병한 유일한 구실이다.

각하는 이제 다시 생각하기 바란다. 지금은 새로운 세기라 강권주의는 배제되었고 인도와 정의의 사회가 건설되고 있다.

다른 민족을 지배하는 시대는 이미 가고 평화와 진리가 우리들 앞에 있다. 그러한가, 그렇지 아니한가? 각하는 우리들의 말에 귀를 기울이기 바란다.

우리는 무력으로 국가와 자유를 회복하려 함이 아니라 인도에 호소하는 바요, 이것이 바로 우리 한국 독립선언의 정당성인 것이다. 극동[遠東]의 평화는 전혀 한국 독립의 성공 여부에 달려 있다.

이를 중국과 러시아에 물어보고 나아가 전 세계에 물어본들, 누가 그렇지 않다고 하겠는가. 각하는 현명할지니 이를 경솔한 행위라 하여 부질없이 막으려고만 들지 말기 바란다.

우리들은 2천 만 한국인들의 후원을 받고 있다. 우리는 추호도 무력에 의지하려 하지 않고, 다만 정의와 인도로써 반드시 목적을 달성하고야 말 것을 확신한다.

각하가 만일 무력으로써 우리들의 정의, 인도를 억압하려 한다면, 비록 잠시의 지탱은 가능할지 모르나, 각하의 양심에 오점을 남기고, 나아가서는 일본의 명예를 욕되게 하지 않겠는가. 각하의 심사숙고를 바란다.

■ 승려연합대회 선언서

우리들 7천여 한국인 승려들은 삼가 2천 만 동포와 세계만방에 대하여, 일본의 한국 통치를 절대 배격하고 대한민국의 독립주장을 선언한다.

불법의 취지는 자비와 평등이니 이에 반하는 것은 모두 불법의 적이다. 일본은 자칭 불법을 높여 받든다고 하면서 전세기의 유물인 침략주의, 군국주의에 탐닉하여, 누차 명분 없는 군대를 출동시켜 인류평화를 교란시키고 있다.

심지어는 폭력을 믿고 스스로의 교화를 입은 은혜로운 이웃나라를 침범하였다. 그래서 그 나라를 멸하여 자유를 뺏고, 그 백성을 괴롭혀 2천 만 생령(生靈)들로 하여금 도탄에서 신음하게 만들었다.

금년 3월 1일 이후로 한국 민족은 매우 평화로운 수단으로 극히 정당한 요구를 했다. 그러나 일본은 더욱 만행을 저질러 수만의 무고한 사람들을 참혹하게 죽였다.

아, 일본의 죄악은 이에 극도에 이르고 있으니, 우리들은 이 이상 침묵을 지키고 수수방관만 할 수 없다. 지난 번 민족대표 33인이 독립선언을 발표했을 때에, 우리 불교도들 가운데 백용성(白龍城)·한용운(韓龍雲) 두 사람이 이에 참가했다.

그 후 불교신도 중에서 몸과 재산을 바쳐 독립운동을 하기에 열심인 사람이 또한 적지 않았다. 그러나 일본은 추호도 전비(前非:이

전에 저지른 잘못. 과거의 허물)를 뉘우치는 일이 없이 너욱 군경의 수를 늘려 탄압하는 정책에 박차를 가하였다.

그와 동시에 또 한편으로는, 교활한 수단으로 무뢰배를 사주하여 오만 가지 만행을 저지름으로써 우리 2천 만 생령(살아 있는 사람의 영혼)을 괴롭히고 있으니, 이제 우리들은 더 이상 참을 수 없다.

불의가 정의를 압박하고 창생이 도탄에 신음할 때, 감연히 칼을 빼어 분기하여 이에 대항해 싸웠음은 역대 조사(祖師:불교에서 한 종파를 열었거나 그 종파의 법맥을 이은 선승을 이르는 말)들의 슬기로운 행동이었으니, 하물며 대한민국에 삶을 향유하는 우리들임에랴.

회고컨대 불교가 한국에 들어온 지 이미 2천 년이다. 조선조 시대로 들어오면서 약간의 박해를 받기는 하였지만, 역대의 왕조들이 숭봉·옹호하여, 그 발전·융성이 실로 세계에 으뜸이었다.

일본인들에게 불교의 자비를 전해 준 것도 우리 대한의 불교였다. 임진왜란을 비롯하여 국가, 민족이 위급한 때를 당했을 때마다, 우리의 조사(祖師)·승도(僧徒)들이 목숨을 바쳐 싸웠던 일이 역사에 소상히 기록돼 있다.

이는 실로 국민으로서의 국가에 대한 의무를 다한 것이고, 또 국가와 불교의 깊은 인연을 여실히 증명하기도 한다.

일본은 폭력과 간지(奸智:간사한 지혜)로써 한국을 병합한 이후, 한국의 역사와 민족의 전통 및 문화를 전혀 무시하고, 일본화 및 억압정책을 써서 이를 말살시키려 하였고, 우리 불교마저도 또한 독수에 희생을 당하게 되었다.

강압적인 일본화와 가혹한 법령의 속박 밑에서, 2천 년 이래로 국가의 보호 하에 향유하던 자유를 상실하였으니, 역대 조사(祖師)

의 유풍을 지닌 숭고한 대한 불교가 장차 인멸되려는 비참한 지경에 부닥쳐 있다.

국민은 이제 이미 궐기하였다. 우리들 7천여 명의 한국인 승려들도 대한의 자유와 독립을 성취시키고, 또 2천 년의 영예로운 역사를 지닌 대한 불교의 일본화와 그 인멸을 구하기 위하여 단결했으며 일제히 일어났다.

이 결사보국의 발원과 대의를 위하여 목숨을 바치려는 의거를 그 누가 막을 수 있으랴. 우리들이 이왕 단결하여 일어난 이상, 우리의 큰 발원이 이뤄져 대재(大齋:절에서 재를 지내고 음식을 베풀어 승려들을 공양하는 일)가 올려지는 그날까지 오직 전진과 혈투가 있을 뿐이다.

■ **한국 예수교 대표 김병조**(金秉祚)·**손정도**(孫貞道) **등이 중국 예수교회에 보내는 글**

예수의 진리는 그 빛이 전 우주를 덮어 세계 인류가 그 종족·국가·문명인·야만인 할 것 없이 복음의 큰길을 얻어들은 자는, 모두 죽음과 암흑의 구덩이를 벗어나 날마다 생명과 환희의 길을 찾고 있다.

우리 한국은 동아(東亞)의 한 구석에 치우쳐 있어 유럽·미주 지역에서의 복음 전래가 다른 나라에 비해 약간 뒤떨어졌다.

지금으로부터 30여 년 전, 영미의 선교사가 멀리 바다를 건너험한 길을 찾아와서 비로소 오 주 예수의 진리를 전했다. 그리하여 오랫동안 어두운 그늘 속에서 살던 인민이 밝은 빛을 찾아 구원을 얻은 사람이 백만을 헤아렸으니, 하나님의 사랑이 또한 다른 나라에 못지않다.

옛날 암담한 시대에는 기독교도가 왕왕 박해를 받은 사실이 역사에 실려 있다. 그러나 20세기로 들어와서는 신교의 자유가 하나의 철칙으로 되어 있는데도, 명색이 문명국이란 나라에서 감히 탄압하는 만행을 자행함은 실로 보기 드문 일이다.

아, 저 섬 오랑캐들은 대대로 우리의 원수였으며 국교가 오래 끊어졌다. 그러나 관문을 열어 통상을 한 뒤로 사절을 교환하여 서로 왕래하고, 지난날의 원한을 씻어 버리고 우의를 돈독히 하려 했던 것은, 두 나라가 서로 국경을 이웃하여 순치의 형세로 있기 때문이었다.

그들의 이른바 '고대문명' 이란 것이 어느 하나 우리에게서 나가지 않은 것이 있었던가. 그들은 서구문명의 수입이 우리들보다 약간 앞섰다고 해서 동양의 패주로 자처하며, 우리의 무방비를 엿보고 우리 능력의 미약함을 기화로, 우리 정부의 권세 있는 간신을 농락하여 감언(甘言)으로 유인하고 강권으로 위협하였다.

그리하여 전국의 이권 즉 광산·철도·삼림·어채(漁採) 등의 권리를 어느 하나도 차지하지 않은 것이 없었다. 그래도 부족하여, 통신·경찰·외교 등의 권한을 점차로 장악하고, 군대를 해산시켜 우리의 수족을 묶은 뒤에 마침내 국토를 병탄하였다.

그들의 일찍이 각국에 대하여 우리 한국의 독립을 보장하겠노라고 한 성명은, 잠시 열강을 기만하기 위한 교활한 방법에 불과하였다.

무력을 발동하여 강제로 5조약(을사보호조약), 7조약(정미7조약) 등을 성립시켜, 아침의 맹약이 저녁에 고쳐져서 그 신의 없음은 귀국의 인사들도 이미 잘 아는 바이다.

합병 당시 그들의 선언 속에 '신교 자유' 한 조항은 오직 지상의 공문(空文:실생활에 아무 쓸모없는 글)에 불과했다. 이후 10년 동안에, 한국 기독교회를 질시함이 나날이 심해지고, 박해하는 정책이 갈수록 교활해졌다. 어떤 때는 무옥(誣獄:일을 조작해서 옥사를 꾸며내는 것)을 일으켜, 교회 안의 교역자·교육가·자선가·청년학생들을 얽어 넣어 3,4백 명의 많은 사람들이 혹독한 고문으로 태반이 죽고 1년이 지나도록 미결 건이 남아 있다.

또 일본인을 시켜 종교 계통 학교의 교과 내용 및 수업 등을 감시하여 학원의 자유를 주지 않았으며, 갖가지 수단방법으로 방해·억압하여 그 철폐를 목적으로 하고 있다. 또 포교 규칙을 만들어 전도·집회·강론 등 모든 종교 활동을 억제하여 한국 교회를 기어이 말살시키려 하니, 그들의 마음가짐과 처사가 얼마나 간악한가를 알 수 있다.

금년 3월 1일. 한국 경성에서 독립선언이 있은 후로 전국이 이에 호응하고 해외교포들도 궐기하였다. 그 지도층 인물은 기독교·유교·불교·천도교 등 종교계의 지도자들이다. 이들은 민족의 선각자로서 자주독립의 필요성을 절감하고, 2천 만의 무고한 생명들이 도탄에 빠져 그들의 희생이 됨을 차마 보지 못해 솔선하여 독립을 선언한 것이다.

이는 어디까지나 개인의 책임을 다하고, 국민의 한 명으로서의 의무를 이행하려는 것이며, 결코 기독교회만의 개별적인 제창이 아니었다. 그런데도 일본인들은 이를 기독교 말살의 좋은 기회로 생각하였다.

먼저 그들의 기관지를 사주하여 기독교를 사교로 지목, 배척하는 기사를 내게 하였다.

또 독립운동은 바로 교회가 주도한 것이라 하여, 헌병·경찰을 동원, 무장하여 각 군을 횡행하면서 거리낌 없이 학살을 저질렀으니, 그 박해는 참으로 옛날 로마 시대의 네로황제를 능가하였다.

20세기인 오늘날에 이 같은 만행을 한다는 것은 꿈에도 생각해 볼 수 없는 일이다.

동양의 선진국으로 자처하는 일본이, 손에 촌철도 안 가진 백성들을 총검으로 참혹하게 무찔러, 사상자가 10만을 넘고 투옥자가 30만을 헤아리는 비인도적인 잔혹한 일을 감행했다.

투옥자에게는 날마다 혹독하게 고문하여, 죽으려 하여도 죽을 수 없는 지경이니, 그 참상은 목석이라 하더라도 참을 수 없을 정도이다.

문명한 오늘날 이처럼 잔혹한 행위가 자행되다니 참으로 통탄을 금할 수 없다.

각국 신문들이 보도하고 있지만, 그 진상의 만분의 1도 싣지 못하고 있다. 그래도 일본인들은 이를 허위보도라 지적하고 있다. 이제 여기에 몇 가지 실례를 기록해 보겠다.

4월 10일. 헌병 중위가 1대의 병사를 이끌고 수원군 제암리에 이르렀다. 그는 훈시가 있다 하고 사람들을 교회당 안에 모아놓고 밖에서 문을 잠근 뒤 부하들을 시켜 포위하고 발포하여 1명도 살아남은 이가 없었다. 그러고는 마을에 불을 질러서 폐허로 만들었다.

가옥 소실이 1천여 호, 사상자가 3,4백 명, 그리고 집을 잃고 방황하는 사람들이 5,6천 명이나 되었다.

부녀자와 어린이들을 칼로 찔러 죽여 그 참상은 필설로 이루 다 형용할 수 없다. 고아와 과부들은 산골짝으로 도망하여 풍찬노숙(風餐露宿:바람과 이슬을 맞으며 한데에서 먹고 잔다는 뜻)으로 방황하며 울음소리가 하늘에 사무치니 기한에 죽지 않는 이가 드물 것이다.

7월 17일. 일본헌병이 수원군 수천리에 이르렀다. 교회당에 방화하고 부근 민가에도 불을 질러서 수백 호가 타 버렸다. 사람들이 불길 속에서 도망하려 하면 즉시 발포하여 죽였다.

이리하여 무고한 생명이 불길 속에서 죽어갔으며, 요행히 살아남은 사람도 가진 것이라고는 아무것도 없으니, 장차 어떻게 살아갈 것인가. 그리고 또 농사철이 되어 경작할 토지와 기구는 있지만 저 무도한 일경이 백 리 안팎의 통행을 금지하여 사람이 접근할 수 없으니 이를 어떻게 한단 말인가.

정주군에서 시위운동이 벌어지던 날에 일본군이 갑자기 내습하여 함부로 발포하여 5, 6백 명의 사상자를 냈다. 교회·학교가 모두 불탔으며 가옥 수십 채를 파괴하여, 늙은이와 어린이들의 살 곳을 잃게 했다.

어느 의사는, 중상하여 죽게 된 사람을 구제하였다가 병원이 파괴당했다. 오산학교가 일본군의 방화로 불타고 그 부근의 교회당도 소실되었다.

선천·평양·의주·증산·강서·부산·맹산·삭주·곡산·전주·익산·함흥·안동·원산·청주·진주·밀양·남원 등, 각 군에서도 교회당·학교를 불태우고 인민 총살, 부녀 겁탈, 재산 강탈 등 갖가지 만행이 한결같았다.

그 밖의 전국의 궁벽한 시골에까지도 이러한 참화를 당하지 않은 곳이 없으니, 그 실정을 일일이 기록하려 들자면 무한량이다.

하나님이시여, 우리 한국 민족이 무슨 죄가 커서 역사상 일찍이 없었던 이 같은 참혹한 재난을 당해야만 합니까.

교도들은 처자와 흩어지고, 형제가 투옥되며, 많은 동포들이 저들의 총검 아래에 숨을 거두고 시달림을 받다가 죽어가고 있습니다.

의리로 볼 때 마땅히 함께 죽어야 하지만, 구차하게 도망하여 살아난 것은 결코 보잘것없는 이 실낱같은 생명을 아껴서가 아닙니다. 반도 삼천리강산이 끝없는 깊은 구덩이로 변하고, 무고한 2천 만 생명을 그 속으로 몰아넣으려 하여, 극히 비참하고 절박한 상태에 놓여 있는데도, 이와 같은 정상을 세계에 알릴 길이 없으므로, 수륙만리 먼 길을 달려 상해로 와서 이 사실을 구미 각국의 언론기관에 소개했습니다.

이제 또 중국 교회의 형제·자매들에게 알립니다. 모두 같이 주 예수를 믿고 세례를 받았다면, 비록 다른 대륙의 다른 민족이라 하더라도 또한 동정의 눈물을 금할 수 없을진대, 하물며 문자를 같이하고 같은 황인종이며, 또 밀접한 역사적인 관계를 가지고 있는 처지임에랴.

오직 이 같은 고충을 살펴, 함께 전능하신 구세주께 기도해서 빈사 상태에 놓여 있는 우리 겨레를 구원하여, 자유와 행복을 누리게 해주기 간절히 빌어 마지않습니다. 우리 주 예수의 은혜와 하나님의 사랑과 성령의 감화가 언제나 함께 있게 해주시옵소서.

제17장 각국인의 동의

중국인의 한국 독립 승인 청원

4월 5일, 중국 광동성 국민의회 강기호(康基鎬) 등 331인이 북경 정부에 대하여 파리 특사에게 타전, 파리평화회의에서, 한국 독립을 승인하는 문제를 다루고 이의 성사를 주선하도록 지시해 달라고 요청했는데, 그 청원문의 대략은 다음과 같다.

"중국이 지난날의 조약에서 한국의 독립을 승인한 것은 명확한 사실이며, 한일합병은 결코 공식적인 승인이 아니다. 한국의 장래는 중국과 중대한 관계에 있다.

손문(孫文)이 말하기를 '한국은 동양의 발칸이다. 이 문제가 해결되기 전에는 영구 평화란 올 수 없는 것이다' 하였다.

중국에 대한 일본의 정책은 마치 20여 년 전 조선에 있었던 당쟁(사대당과 독립당의 싸움으로 빚어진 갑신정변을 뜻하는 것으로 해석됨)의 시작과 같은 것이다.

만주·몽고·산동·양자강 유역의 장래는 모두 한국문제와 밀접한 관계에 놓여 있다. 한국은 중국이 일본의 억압에서 벗어나려 함을 극구 찬양하고 있다.

만일 한국문제가 파리에서 거론되면 중국도 희망이 있을

게고, 그렇지 않으면 중국의 위험도 불원장래(不遠將來:멀지 않은 장래)에 있을 것이며, 그리하여 동양의 장래는 더욱 암담해질 것이다.

오늘날 만일 세계가 일본의 한국 지배를 그대로 인정한다면, 조약이니 맹약이니 하는 따위가 모두 믿을 것이 못된다. '지난날의 중·일조약(시모노세키 조약)에서 한국의 독립을 승인했던 사실을 강조해야 할 것이다' 하고, 또 다음과 같은 네 가지 이유를 들어 말하였다.

① 한국문제는 세계의 항구적인 평화와 직결된다. 독일의 벨기에에 대한 잔학한 대우는 세계대전을 발발시켰다. 만일 일본이 한국 민족에 대하여 학대를 계속한다면, 이로 인하여 동양에서 또 세계대전이 안 일어난다고 무엇으로 보장하겠는가.

② 한국의 오늘날 사태는 조약의 불충실한 이행 때문에 생긴 것이다. 만일 파리 평화회의에서 한국의 오늘날 현장(일본의 지배)을 그대로 인정한다면, 앞으로 어떤 조약을 막론하고 무가치하게 되고 말 것이다.

③ 한국문제는 곧 인도적인 문제다. 한국의 수천 만 민족이 이 같은 모욕을 당한다면 새 시대의 정신을 어디에도 엿볼 수 있겠는가.

④ 한국문제는 중국에 직결된다. 중국은 과거 수천 년간 한국과 밀접한 관계를 맺고 있었다. 이제 그들 2천 만 민족의 권리는 일본에 의해 무시되고 있다. 만주·몽고·산동은 일본의 한국 정책의 확대판이라고 보겠다. 4억의 중국민족도 한국과 공통된 운명에 놓여 있다고 본다. 한국 민족은 하나의 고대 민족인

동시에 문화민족으로 그 총명도 일본 민족보다 못지않다. 파리 평화회의에 대한 그들의 호소와 정당한 논리, 용감한 행동을 아느냐고 물어보기 바란다."

한국의 근황을 논하고 국인(國人·중국사람)에게 고한다

경매구(景梅九)

시모노세키[馬關] 회의에서 일본은 우리에게 한국의 독립을 확인할 것을 요구하여, 쌍방의 승인을 거쳐 조약의 첫머리에 이를 실었다.

따라서 '조선(朝鮮)'이란 국호를 '대한제국(大韓帝國)'으로 고치게 되고 열강도 이를 승인했던 것이다. 러일전쟁 때도 일본인은 한국의 독립을 보장할 것을 선언했었다. 그러나 어찌 뜻했으랴.

러시아와 싸워 승리를 거둔 후에는 무력으로 한국 황제를 위협하여, 자주의 특권을 박탈하고 그네들의 보호 아래에 두었다가 마침내 '한일합병(韓日合倂)'이란 판국을 이루고 말았다.

조약을 어기고 식언(食言)하여 공리·공법을 무시했음이 분명하다. 당시 우리나라와 열강은 이에 대하여 항의를 제출하지 못했으니 실로 국제적인 치욕이다.

합병 후 일본인들은 한국인을 학대함이 극히 비인도적이며, 한국인들은 그 가혹함을 견디지 못해 남부여대(남자는 지고 여자는 인다는 뜻으로, 가난한 사람들이 살 곳을 찾아 이리저리 떠돌아다님을 비유적으로 이르는 말)로 고국을 떠나, 요동 벌판으로 건너와 살기를 원하는 사람이 해마다 만 명을 헤아렸다. 우리로서 볼 때 모두가 도탄의 구령에 빠져 호소할 데 없는 형제들이다.

최근에 이르러 제1차 세계대전이 끝나고 정의·인도가 밝아졌다. 미국 대통령이 제창한 민족자결주의는 세계평화를 촉진시켰다.

아일랜드는 완전 독립하고, 필리핀은 자치를 요구했으며, 폴란드는 공화국을 건설하고, 유대 민족도 옛 나라를 찾으려 하고 있다.

일본의 학정 밑에서 신음하는 한국 사람은 이 소식을 듣고 감연히 궐기해서 민중을 모아 함께 정의의 깃발을 높이 들고, 지극히 신사적이고 또 용감하게 행동을 개시했다.

독립을 선포하여 우방들에게 알리고, 잃었던 나라를 되찾고 자유를 회복하려 했다. 그러나 의거를 일으킨 이후로 수많은 한국의 지사와 의로운 백성들이, 일본의 야만적인 경찰에게 살해되고 체포·투옥되었다. 그러나 모든 인민들은 시종일관 뜻은 굳게 지켜 굽히지 않았다.

불과 며칠 동안에 팔도강산이 피로 물들었으니 실로 가긍(可矜: 불쌍하고 가엾다)하면서도 숭배할 일이다. 요동지방에 사는 한국 사람들도 의거 소식을 듣고 분분히 일어나 이에 호응했으니, 인정·의리상 당연한 것이 아니겠는가. 그런데 이것이 어찌 된 일인가.

길림성 연길현에 소속된 경찰과 군인들이 한국 의사 10여 명을 총살하는 참극이 연출되었으며, 그런데도 길림성의 관원들은 보고도 못 본 척하니, 이것이 도대체 어떻게 된 심사란 말인가. 아무리 생각해 봐도 도무지 이해가 가지 않는다.

중국과 한국은 순치의 나라다. 일본인이 한국을 병탄한 데에는 그 뜻이 오직 한국에만 있는 것이 아니다.

한국을 병탄한 후에는 급하게 압록강 철교를 시설하고 병력을 곧장 우리의 동쪽 지방으로 진출시켰다.

만주와 몽고를 뺏고 중원을 삼켜 동아의 주인으로 군림하려는 것이다.

진실로 한국인의 선언에서 이른바 '중화인민의 몽매에도 잊을 수 없는 공포'인 것이다.

이제 한국인으로 하여금 자주독립을 회복하게 한다면, 일본인들은 반드시 그 의도하는 바를 고쳐서 다시는 감히 남의 나라를 멸망시키고, 다른 인종의 말살을 국시로 삼지 못하게 되어, 동아의 문제는 저절로 해결될 수 있을 것이다.

나는 한국인의 이번 의거가 직접적으로는 한국에 이롭고, 간접적으로는 우리에게 이익인 동시에 동아 전국(全局)에 기여하며, 나아가서는 세계평화의 앞날에도 크게 영향을 끼치리라.

그렇기 때문에 서양인들도 깊이 동정해서 돕는데, 우리 동쪽 땅의 관원이 한국인의 눈물의 호소를 귀에 젖도록 들으면서, 강개해서 적을 함께 하지 못함만도 이미 옛 정의에 허물이 되거늘, 게다가 경찰과 군대를 동원하여 의사들을 총살까지 했으니, 이것이 도대체 어떻게 할 짓이란 말인가.

아, 우리 중국 민족은 일찍부터 의협심이 많은 걸로 알려졌는데, 이제 약한 자를 돕고 강한 자를 억제하는 대의에 어두워서 강자의 앞잡이가 되어 약자를 업신여기는 일을 즐겨하니, 이는 실로 중화민국 전체의 수치인 것이다. 가슴속에 북받쳐 오르는 격정을 금할 길이 없어 이 글을 써서 나라사람에게 고하노라.

"한국은 4천여 년의 문명된 역사, 8만 여 평방마일의 비옥한 영토, 2천 만의 도덕적인 국민을 갖추고 있다. 그 독립의 자격과 자치의 능력을 이번 의거에서 세계에 보여 주어서, 이미 우방 국민들 대다수의 깊은 동정과 정의에 입각한 조언을 얻게 되었다. 우리나라 사람들은 이제부터 가긍(可矜)하면서도 존경할 만한 한국 동포들에게 대하여 각자 성의를 다하여 지원함으로써, 야만적인 군경의 잘못을 조금이라도 속죄하고, 의로운 인민들(한국 사람)의 공분을 가라앉히기를 간절히 바란다. 한국으로 하여금 하루 빨리 독립을 회복하고 제2공화국을 건설할 수 있게 한다면, 이는 오직 한국 국민의 다행일 뿐만 아니라, 우리 4억 중국 민족에게도 영광이 있을 것이다."

각계 연합회에서 한인원조를 전국에 통고하는 전문

전국 각계 연합회 평의회는 여지이(呂志伊)가 제출한 한인원조의 안을 만장일치로 가결시켜 이를 발표했다.

그 국민에게 통고하는 글에서 한국인은 원조하는 이유를 소상하게 밝히고, 국민의 맹성을 촉구했으니 그 글은 다음과 같다.

'전국의 부로(父老:한 동네에서 나이가 많은 남자 어른을 높여 이르는 말)·형제·자매들은 보시라. 조선이 독립을 제창한 지 이제 이태(두 해)가 되었다. 그 무서운 억압 속에서도 백절불굴의 의기와 눈물어린 활동은 일찍이 그 유예를 볼 수 없는 것으로 세계를 놀라게 했다. 그러므로 세계의 여론이 이에 동조하고 있으며, 근래에 와서는 국제회의에서도 한국의 독립을 의제에 올린다는 말이 있다. 세계인들이 바야흐로 한국문제에 대해서 진지하게 연구 검토하고 있다.

그런데도 우리 중화민국 국민들은 지난 3월 이후로 태도가 극히 냉담했다. 그 옛날, 한 판도내의 동포였던 한국인에 대해 정의·인도에 입각하여 협력, 후원하자는 주장을 내세우는 사람이 극히 드물었다.

우리 민족은 일찍부터 착한 일에는 양보하지 않고, 의에는 용감하기로 세상에 알려졌다. 우리와 한국과는 의리로는 순치관계에 있으며, 정의로는 형제나 다름없다.

이제 민족자결의 새로운 사조가 세상을 풍미하면서, 무릇 이민족의 억압을 받고 있는 국민은 누구나 모두 이 기회에 분발하여, 인류가 마땅히 누려야 할 자유와 행복을 쟁취하려 하고 있다.

한국인의 독립운동도 이 천재일우의 기회에 편승하고 있으니, 그 기세를 억제할 수 없으며 일은 반드시 실현되고야 말리라.

무릇 이성이 있는 사람이면 모두 즐겨 돕는데, 우리 국민이 만일 뜻을 같이하고 힘을 합쳐 정의와 인도를 옹호하여, 한국 동포의 의거를 돕지 않는다면, 이는 우리 민족의 큰 수치일 뿐만 아니라, 또 스스로 멸망의 구렁으로 빠져 들어가는 위태로운 길인 것이다. 우리 국민이 한국의 독립문제에 대하여 적극적으로 원조하지 않으면 안 될 이유를 다음과 같이 열거한다.

① 중일조약 관계:갑오(1894) 청일전쟁 때 일본은 선언하기를 '조선의 독립을 완성시키려 함이다' 했으며, 갑신(1904) 러

일전쟁 때는 또 선언하기를 '조선의 독립을 보전하려 함이다' 하였다.

시모노세키조약 제1조에서 '조선은 완전무결한 독립국임을 확인한다' 하고, 이를 세계 여러 나라에 알리기까지 했다. 그 후 강압적인 수단으로 한국을 합병했으니, 이는 조선에 대해서는 불의를 저지른 것이고, 중국에 대해서는 약속을 어긴 것이며, 세계 여러 나라에 대해서는 신의를 잃은 것이다.

이와 같은 합병조약이란 국제법상 효력을 발생할 수 없다. 그러므로 중국과 일본 사이의 조약으로 보나, 일본의 신의로 봐서 마땅히 모두 함께 한국 독립을 승인해야 한다.

② 인도주의와의 관계 : 세계 1차대전이 종결되자, 윌슨 미국대통령의 민족자결주의가 세상을 진동시켰다. 그 결과 슬라브족의 많은 공화국이 탄생했다. 이 민족들은 모두 같이 오래 전부터 이민족의 지배를 받아 왔던 것이다.

심지어는 폴란드가 나라를 회복하고, 유대족도 다시 건국하기로 인정받았다. 이와 같이 이미 망한 것을 부흥시키고, 끊어진 것을 이어 주는 정신이야말로 인도주의에 입각한 것이다.

나라가 망한 연대가 이미 오래 되고, 민족이 뿔뿔이 흩어진 것마저도 이러한 인도주의에 입각하여 그 나라를 회복하는 일에 협조하는데, 유독 강력한 이웃나라에 병탄된 지 이에 겨우 10년이며, 온 민족이 일본의 해독을 입어, 참으려 해도 참을 수 없어 목숨을 바쳐 독립을 꾀하는 한국 민족에 대해서만은 남의 일 보듯 할 수 있겠는가. 그러므로 인도주의적인 견지에서 한국 독립의 실현은 마땅히 촉진되어야 한다.

③ 세계평화와의 관계 : 청일·러일의 두 전쟁이 모두 한일합병의 도화선이 되었다. 이제 한국인이 제창하고, 구미(歐美) 각국이 동조하여 한국을 유럽의 스위스나 벨기에로 만들지 않는다면, 후일 왕년의 세르비아(제1차 세계대전의 도화선이 된 나라)가 되지 않는다고 보장할 수 없을 것이다.

한 귀퉁이에서 발단된 말썽이 아주(亞洲)의 대국(大局)을 돌이킬 수 없는 지경으로 몰아넣고, 나아가서는 세계평화를 뒤흔들 염려가 없지 않은 것이다. 과거의 러일·일독의 두 전쟁이 이를 입증하고 있다.

이 전쟁에서 우리나라도 재앙을 입은 바 있었다. 그러므로 동아의 안녕을 유지하고 세계의 혼란을 면하려면, 무엇보다도 한국의 독립을 힘써 주장해야 할 것이다.

④ 한국 민족과의 관계 : 한국 민족은 일본에 병탄되고 나서부터 원한을 품고 치욕을 참아서 와신상담한 지 이제 10년이다.

다행히도 인도와 정의가 빛을 보게 된 이때, 박탈당한 자유와 국권을 회복하려고, 서울을 비롯하여 궁벽한 시골에 이르기까지 모두들 맨손으로 독립을 부르짖으며, 애국하는 단심(丹心 : 속에서 우러나오는 정성스러운 마음)으로 무기를 대신하였다.

일본인을 만나도 두려워하거나 성내는 빛이 얼굴에 나타

나지 않으며, 한 번 앞으로 나아가면 물러서는 일이 없고, 죽음을 달갑게 받으니, 그 신사적인 구국투쟁은 역사를 통해서 아직도 들어보지 못했던 것이다.

뜻을 굳게 지켜 변하는 일 없이 두 해를 하루같이 했으니, 실로 혁명사상 새로운 장을 열었다.

그 〈독립선언서〉를 살펴보면 오히려 일본의 신의 없음을 탓하지 않고, 일본의 불의를 죄 주려 하지 아니하여, 이에 선언하기를 "자기를 반성하기에 바빠 타인을 탓할 겨를이 없고, 앞날을 구제할 계획에 급급하여 지난날의 원한을 생각할 틈이 없다. 제 나라를 건설하는 데에 힘쓸 뿐, 감히 타를 파괴하려 하지 않는다. 비참하고도 괴로운 삶에서 유신의 시대를 이룩하려 한다. 오직 이성적인 활동이 있을 뿐 감정적인 행동은 없다" 했으니, 그 비장하고도 간절한 뜻이 사람의 폐부를 찔러 차마 끝까지 읽을 수 없게 한다.

그리고 어디까지나 정성스럽고 너그러워 대국민의 기상과 금도(襟度:다른 사람을 포용할 만한 도량)를 보여 주며, 정의와 인도의 범주에서 벗어나지 않고 있다.

윌슨의 이른바 '민족자결주의' 란 첫째 자각심, 둘째 자치의 능력이 있어야 하는데, 이제 한국인의 행동으로 볼 때 그 자각심이 어떻고 그 자치 능력은 또 어떤가. 그러므로 한국인의 독립 요구는 이미 충분한 이유가 있는 것이다.

⑤ 한·중의 이해관계 : 조선은 단군과 기자의 옛 나라다. 본디 중국과 사귀어 온 수천 년의 역사가 있으며, 중국과는 깊은 관계를 가지고 있다. 갑오(1894년 청일전쟁을 뜻함) 이후 우

리와 일본 두 나라가 이미 그 독립을 승인했으며, 종래 우리 나라에 대한 조공·의례 등 독립에 장애되는 모든 것이 비로소 폐지되었다.

그런 지 20년이 못 되어 마침내 일본에 병탄되었으니, 우리 국민이 지난날의 정의를 생각하더라도 어찌 남의 일 보듯 할 수 있으랴. 그리고 또 조선은 우리의 만주와는 겨우 압록강 하나를 사이에 두었으며, 산동 반도와는 황해를 격하여 마주 바라보고 있다.

그렇기 때문에 예로부터 조선에 무슨 일이 있으면, 반드시 만주가 이에 휩쓸려 들어가게 되었고, 만주에 일이 생기면 반드시 몽고와 중국 본토에 영향을 끼쳤다.

일본인이 한국을 병탄한 후에 이미 만주를 잠식하고 몽고를 흔들며, 이제 또 산동을 경략하여 교활하게도 황하 유역까지 넘보고 있었다.

중화의 땅이 스스로를 구제하지 않는다면, 장차 조선의 재판이 되고 말 것이다.

지난날 조선으로 하여금 독립을 유지할 수 있게 했다면, 일본이 중국에 야망을 펴려는 생각을 못했으리라.

일찍이 명나라 때 임진의 고사(임진왜란을 말함)에서 일본이 조선에 길을 빌리려 했으나 성공하지 못했던 일이 증명해 주고 있지 않는가.

이는 바로 우리와 한국 민족이 동병상련하며 상부상조하는 까닭이다. 그러므로 지리·역사·종족 및 인민의 감정 등으로 보나, 국가와 민족을 지키고 보전하는 이해관계로 보나, 더욱 한국 독립에 대하여 최대한 동정을 표하지 않을 수 없다.

다시 말하자면, 우리 민족은 한국 독립에 대하여 모두 같이 원조할 필요가 있으며 또 의무가 있다는 것이다. 한국 독립이 일본을 배척하는 문제가 아니라 바로 생존을 위한 문제이며, 오직 한국에 국한된 문제가 아니라 바로 동아를 비롯해서 전 세계의 문제라는 것을 알아야 한다.

이처럼 정의, 인도를 외치는 소리가 온 지구상에 메아리치는 이때에, 설사 한국이 구미나 우리 중국과 아무 관계가 없다손 치더라도, 우리 민족은 이성을 살려 공도(공평하고 바른 도리)를 주장하지 않을 수 없거늘, 하물며 앞에서 말한 여러 가지 절실한 이유가 있음에랴.

이제 스스로의 안일만을 꾀하여 입을 다물어 침묵한다면, 우리 4천여 년의 문명의 나라가 스스로 정의·인도를 부르짖는 대열에서 물러섬과 다름이 없다.

전국의 부로(父老:한 동네에서 나이가 많은 남자(男子) 어른)·형제들이여, 한국의 독립문제에 대하여 주장을 같이하고, 의견을 발표하기도 하며, 호소하기도 하여 여론을 환기시켜 국제 연맹에 진정하고, 중국에 주재하는 각국 공사들에게 역설하기도 하여, 세상 사람들로 하여금 한국의 독립을 공인케 하여야 한다. 그리하여 그 실현을 촉진시켜 원동(극동)의 환난의 원천을 제거하고, 세계 평화의 기초를 굳건히 하며, 인류 평등이 실현을 촉진한다면, 그 혜택이 한국 민중에게만 돌아감이 아니라, 동아와 전 세계의 앞날에 기여할 것이다. 중화민국 전국 각계 연합회는 삼가 고한다.

손중산(孫中山)·당소천(唐小川)의 외교 주장

한국의 독립을 첫째 문제로 삼아야 한다.

상해 통신사 기자가 손중산(孫中山:孫文) 선생을 방문하고, 산동 구제 문제에 대하여 의논했다. 선생은 이 문제에 대하여 다음과 같이 말하였다.

"나는 이때까지 이 문제에 대하여 아무런 의견도 표시하지 않았다. 다만 현재 나 개인의 관찰의 결과로써 본다면, 이 시점에서는 이 문제에다 전력을 기울일 것이 아니라, 먼 안목으로 보아 만주와 한국 두 방면에 주력해야 된다고 본다.

그 제1보로서 멀리 시모노세키조약을 살려 한국의 독립을 실현시키는 일이요, 그 다음으로는 매국적인 21개조 조약을 폐기시켜, 그들이 산동을 강점한 요인을 제거하는 일이다.

오늘의 판국을 가져오게 된 것은 이 21조 가운데 일본이 산동에 있는 독일인의 권리를 이어받는다는 조항에 있는 것이다.

이 두 가지 방법만 이루어진다면 우리나라의 국경이 굳어지고, 산동문제도 해결될 수 있을 것이다. 그러므로 나는 현재로서 산동 한 군데의 문제에만 급급할 것이 아니라고 생각한다."

기자가 말하기를,

"두 가지 방법이 모두 아주 좋습니다. 그렇다면 어떻게 실천해야 할는지 들려주실 수 없겠습니까?"

하니, 선생은 말하기를,

"현재로서는 먼저 강렬한 여론을 조성하여 각국의 동의
를 얻도록 하고, 열강의 대부분이 우리에게 동정을 표시하
기를 기다려, 다시 실천하는 방법을 결정짓는 것이다. 일본
에 직접 요구하든가, 그렇지 않으면 국제연맹에 제소하여 공
정한 판결을 기다리는 것이다. 사람의 마음속에는 옳고 그
른 것을 판단하는 이성이 있으니, 승리하리라는 것을 예측
키 어렵지 않소."

하였다.

산동외교협회 직원이 10월 26일에 당소천(唐小川:唐紹儀)을 방문
하여 노안(魯案:魯迅의 제안)에 대한 의견을 물으니, 그는 말하기를,

"이번 국제연맹회의는 영국·프랑스·일본이 큰 비중을 차
지하고 있으니, 제소한다 해도 목적 달성이 어려울 것 같다.

우리는 모름지기 범위를 넓혀 동아의 항구 평화를 위하여
착상해야 하며, 국부적인 문제로써 제의할 일이 아니다.

국부적인 제의란 각국 사람들에게 이기적이라는 인상을
주어 빈축을 살 뿐이다. 진실로 동아 전체를 위하는 견지에
서 본다면, 한국의 독립이 가장 긴요한 것이다. 한국이 독립
만 된다면, 중·일 양국 간의 분규는 저절로 해결될 수 있을
지니, 어찌 유독 산동 문제뿐이겠는가."

하였다.

미국인의 대한독립후원회

서재필(徐載弼) 박사는 미주의 필라델피아에서 미국의 여러 명사들과 대한독립후원회를 조직하고 다음과 같이 선언하였다.

'한국은 과거 4천년 동안 완전 독립을 향유했었으며, 세계 각국은 한국의 완전주권을 승인한바 있다.

한국은 오랜 역사, 독특한 언어·문학·문명 및 표준적인 도덕을 지닌 나라이다. 약 40년 전 한국은 외국과 통상을 시작하자, 세계 열강이 모두 한국과 조약을 맺고 한국의 독립을 승인했으며, 또 각국이 수호조약을 맺어 우의를 표시했다.

미국은 1882년 한미조약을 체결하여, 만일 다른 나라가 한국에 압박을 가하거나 불의의 행동을 할 때는 반드시 원조를 한다는 굳은 서약이 있었다.

한국은 미국의 선교사를 맞아들이고 예우를 극진히 했으니, 현재 각국의 각 교파에서 한국으로 파견한 선교사가 남녀 합계 300명 이상이며, 선교사들이 포교에 노력한 결과 과거 20년 동안에 기독교도가 백만 명에 달하고 있다. 천도교도는 약 200만이다.

1910년 일본이 불법적인 방법으로 한국의 주권을 침해하여 강제로 합병조약을 맺었으며, 합병 후에는 한국인민에 대하여 여러 가지로 도의에 어긋나는 행동을 자행하고 있다.

지난 3월 1일, 한국 인민이 총궐기하여 독립을 선언하고 공화국을 조직했는데, 이 대열의 참가자 다수가 기독교도 중에서 고매한 성격과 학식을 지닌 사람들이다.

우리들이 이 일을 공포하는 것은 한국을 위하는 것만이 아니라, 이것이 미국의 행복이 되리라 믿으며, 또 미국이 한국의 친구라고 믿는다.

약자나 강자나 모두 같이 생존할 권리가 있으며, 약자도 자유로운 발전의 권리가 있다. 이러한 주의는 미국에 의하여 앞으로 더욱 유지되리라고 우리들은 또한 믿는 바이다.

만일 이 주의가 경시되는 날에는 반드시 제2차 군국주의 대 민주주의 전화가 발생될 것이다. 그러므로 이와 같은 위험성을 목전에 둔 이때, 우리 미국인들은 하나의 단체를 조직하여 이러한 위험을 방지하는 동시에, 인애와 정의의 정신을 세계에 전파시킬 의무가 있다.

이 세계 개조의 여명기에 있어, 우리들의 가장 시급한 일은 미국의 여론을 환기시켜 극동의 민주주의를 옹호하는 것이다.

우리들은 한국·일본·중국 문제에 대하여, 정치면에 용훼(容喙:옆에서 간섭하여 말참견을 함)하기를 원치 않으나, 인도 및 기독교에 입각한 도덕적인 의무이다.

만일 미국의 여론이 위대주의(偉大主義:강대국이 되어 다른 민족을 지배하려는 생각)에 공명하는 뜻을 표하고, 이(도덕문제)에 대하여 등한히 한다면 우리들은 그 의무를 회피하려는 것이다.

목 적
① 본회는 한국의 자유 독립을 원조로 함을 목적으로 삼는다.

② 본회는 한국 기독교도의 신교 자유를 보장함을 목적으로 삼는다.

③ 본회는 한국인이 일본인에게서 받는 악형을 방지함을 목적으로 삼는다.

④ 본회는 한국의 진상을 미국의 공중에게 전파함을 목적으로 삼는다.'

이리하여 이 회의 지부가 뉴욕·워싱턴을 비롯하여 여러 도시에 설립되어 날마다 발전을 거듭하고 있다. 유력한 인사들이 다수 회원으로 있으면서 성심으로 일하고 있는데, 전 시베리아 출정군 사령관이었던 육군대좌 페루스도 회원의 한 사람이다. 회원들의 한국문제에 대한 논설이 여러 번 신문에 보도된 일이 있으나 모두 기록할 수 없다.

얼마 전 서재필 박사의 편지를 받았는데, 앞으로 1년만 더 추진시켜 나가면 전 미주의 인사들이 모두 우리의 친구가 될 것이라 하였다.

서재필 박사의 부인은 미국의 여사다. 그는 한국의 독립을 위하여 크게 발원했으며, 유력한 부녀자들을 모아 한 단체를 만들고 후원회와 보조를 같이했다. 기도문 1만 부를 만들어 각 교회에 배부하고, 교회에서 매일같이 한국의 독립을 기도하였다.

또 어느 웅변가 부인은 지난날 한국을 여행하면서, 일본인의 한인 학대 광경을 목격했기 때문에, 크게 동정하는 마음을 일으켜 한국 독립에 헌신적인 노력을 다짐했다.

그는 미국의 각 도시를 돌면서 격앙된 어조로 연설함으로써 공분을 환기시켰다. 부인회는 파리 평화회의에 청원서를 제출하고, 한국의 독립을 인정해 주기를 요구하였다.

한국에 있는 미국 선교사가 윌슨 대통령에게 보내는 글

나는 미국의 한 공민자격으로 윌슨 대통령·미국 정부 및 일반 국민에게 진술한다.

4월 4일, 파리발 전신에서, '파리 평화회의는 한국문제의 제의를 허용치 않는다. 윌슨 대통령의 민족자결주의는 전쟁의 압박을 받고 있는 유럽 민족에 한해서 적용된다' 했는데, 나는 이 말을 매우 의심하여 믿지 않았다. 그런데 다시 접수된 전신에서 '평화회의는 한국인들의 호소를 받아들였다' 는 것을 보고 비로소 안심할 수 있었다.

우리 대통령을 비롯하여 미국인들은 자유와 정의를 사랑함이 생명이나 다름없다.

한국 사람들이 물불 속에 깊이 빠져 들어가고 있는데, 파리 평화회의가 결코 이를 돌아보지 않을 리 없다.

대통령께서 3월 3일, 필리핀 독립 청원단에 글을 보내기를 '소수 민족들의 안녕을 얻게 함이 평화회의의 중요한 사명이다' 했기 때문에, 나는 이 원칙이 반드시 한국에도 적용되리라 믿었다.

나는 오랫동안 극동에 살았다. 한국과 일본 두 지역에도 살았으므로 일어와 한어도 해득할 수 있는 사람이다.

한국인이 독립운동을 벌였을 때, 나는 때마침 한국에 있었기에 모든 광경을 목도했으며, 한국인의 말도 들어서 한국의 실정을 자세히 알고 있다.

한 달 이상을 두고 전국 각지에서 독립운동이 끈질기게 진행되어 아직도 그치지 않고 있다.

한국인의 이번 거사야말로 그들의 능력과 용감성을 보여 준 것이며, 치밀한 조직력은 사람들로 하여금 경이를 금치 못하게 했다.

일본인의 이에 대한 처사는 극히 야만적이며, 잔인·혹독하여 추호도 인정을 찾아볼 수 없다.

내가 직접 본 바 아니라면 믿기 어려울 것이다.

한국인의 독립운동은 극히 평화적이며, 이를 제지하는 자에 대한 저항에도 신중을 다하고 있다. 그런데도 일본의 관원이나 병사들의 행동은 법을 모르는 야만인이나 다름이 없다.

노인과 어린이를 묶어 혹독한 매질을 하고, 부녀자와 여학생, 심지어는 열 살밖에 안 되는 여아까지도 능욕을 당했으니, 그 수치스럽고도 가슴 아픈 정경은 이루 다 형언할 수 없다. 게다가 또 육신의 악형을 가했다.

그들의 잘못이란, 손에 종이 국기를 잡고 만세를 외치며 평화적으로 애국의 열성을 표시한 것과, 일본은 엄숙하게 한국의 독립을 보증하라고 촉구한 것뿐이다.

3월 1일 이후, 한국 전역에서의 이 같은 실정을 목사, 선교사를 비롯하여 수십 명의 외국인이 목도했는데, 일본인들이 백방으로 방해하여 그 진상이 널리 알려지지 않고 있다.

얼마 전 들어온 소식에 의하면, 모처 선교사가 일본인에게 모욕을 당하였는데, 또다시 소식을 외부에 알린다면 추방하겠다는 위협까지 받았다고 한다. 그리고 요사이 한 미국인의 체포·투옥을 나는 목도했다.

일본인의 만행을 대략 다음과 같이 기록한다.

① 소학교 학생이 일본에 의해 쓰러져 혹독한 매질을 당했다.

② 만세를 부르는 부녀자들에게 총을 난사했다.

③ 10세 어린이가 등에 총을 맞고 죽었다.

④ 65세 노인이 저항도 하지 않았는데 일본군이 총개머리로 매질을 했다.

⑤ 여학생 20명이 한길로 조용히 가는데, 일본군이 쫓아가서 총개머리로 때리고 발길로 걷어찼다. 그 포악·무도한 행위는 보는 사람으로 하여금 피가 끓어오르게 했다.

⑥ 일본 소방대원이 긴 쇠갈고리로 남녀 어린이를 추격했다.

⑦ 어느 한국인이 중풍 증세로 병원에 누워 있는데, 일본군이 쇠갈고리를 들어 머리를 때려 터지게 했다.

⑧ 중상으로 빈사 상태인 남녀를 일본군이 총개머리로 등을 때렸다.

⑨ 한국인 2명이 중상으로 몸을 움직이지 못하였는데, 일본군이 묶어 마차에 실어다가 수감시켰다.

⑩ 한국인 약 100명을 일본군이 때려 옷이 모두 찢어지고 피투성이가 된 몸을 밧줄로 묶어 투옥시켰다.

⑪ 시위운동에 참가하지 않고 옆에서 구경하던 사람들도 모두 일본인에게 심한 매질을 당했다.

⑫ 미국인 선교사를 자기 집 안에서 밖을 내다보았다는 이유로 체포했다.

⑬ 부녀자를 총개머리로 때리고 발길로 걷어차서 도랑 속에 처넣었다.

이상 열거한 것은 몇 가지 예를 든 데에 불과하다. 그 외에도 다른 사람들의 목격사실이 얼마든지 있다.

더욱 가증스러운 것은, 방금 일본대표가 평화회의에서 인도와 정의, 종족의 평등을 말하고 있으면서, 한국에서의 행동은 이러하였다.

경찰서 안이나 감옥 속에서 행하여지는 형벌은 더욱 심하여 말할 수 없을 정도로 잔인하다. 사람을 십자가에 매달아 놓고 심한 매질을 하는 것을 이 눈으로도 보았다. 왜 이러한 혹형을 가하는가. 한국인은 폭동을 일으켰거나 저항한 일도 없고 흉기를 소지하지도 않았다. 오직 종이국기를 들고 독립을 호소한 것뿐이다.

일본인이 독립운동의 내막을 조사한 결과, 교사가 발기한 것이라 하여 일본인 정탐들은 모두 한복으로 갈아입고 한국인이 모이는 장소로 잠입하고, 한국인 첩자는 외국인 주택으로 뚫고 들어가서 강제로 수색을 펴게 했다.

내 집의 주부(廚夫:부엌에서 일하는 사람)와 한국인 서기를 붙잡아가서 갖가지로 문초하고 매질까지 했다. 기독교를 싫어하는 한국인을 앞잡이로 내세워, 그들이 만일 보고할만한 건이 없으면 번번이 무고함으로써, 죄 없이 체포된 사람도 적지 않다.

경찰서에서는 우선 때린 후에 문초하는 것이 통례가 되었다. 일본인은 점점 위세를 부리고 기독교도의 수난은 갈수록 심해졌다.

독립운동이 일어난 뒤 나는 몇 군데를 돌아봤는데 일본인의 만행은 그 방법이 똑같았다.

한국인 목사가 말하기를, "우리도 사람인데 일본인들은 우리를 마치 말과 소처럼 때리니 참을 수 있단 말인가. 한국인들은 평화를 위한 운동을 하는데, 일본인은 야만적인 수단으로 자극시키고 있으니, 현재로서는 더 참으려야 참을 수 없어서 아무것도 돌아볼 여지가 없다. 앞으로의 형세가 어떻게 변할는지 예측할 수 없다. 현재의 상태를 오래도록 버려두어서 사람들로 하여금 그 영향(피해)을 받게 해서는 안 된다" 하였는데 사실이 그러하다.

미국 종교계, 교육계의 동정

5월 19일, 미국 시카고 감리교에서 특별히 목사회를 열어 한국의 참상을 구제하기로 결의하고 정부에 청원서를 제출하였다. 위원장 키린 목사의 명의로 선포문을 발표했는데, 그 내용은 다음과 같다.

'오늘날 한국의 참상은 역사상 처음 보는 일이다. 그들(일본)은 한국인들을 살육하고 있으며, 또 독일처럼 포악한 방법으로 기독교를 박해하고 있다. 3천 군데의 교회에 교도가 37만 명에 이르고 있는데, 일본은 잔인한 수법으로 교회와 학교를 불태우고 전도사·교사·부녀자·어린이들을 묶어다가 갖은 악형을 가하여 죽이고 있다. 시카고 장로교회 선교사 서기의 4월 통신에 의하면, 이미 죽었거나 빈사 상태에 있는 사람들이 만 명을 넘는다고 했다. 이는 미국정부도 이미 모두 알고 있는 사실이다. 우리는 한국 민족의 자유와 생명을 보호하고, 그리고 또 대의를 지키기 위해서 우리 정부에 대하여 가능한 모든 권리행사를 권고하였다.'

시카고 장로교회도 집회를 열어 다음과 같이 결의하다

이제 일본은 한국 교회에 대하여 역사상 일찍이 없었던, 못할 짓이 없는 박해를 다하고 있다. 한국 교회는 실로 놀랄 만한 발전을 가져왔다. 그들의 정의·인도에 입각한 감화력과 높은 문명의 척도가 일본의 간교한 정치가들을 불안케 만들었다. 그러므로 그들의 교회 박해는 결코 여지를 주지 않고 있다.

교회와 학교를 불태우고 교역자를 구타하며 갖은 혹독한 형벌을 가하여 도륙하고 있으니, 그 야만적인 행동은 독일이 벨기에에 자행한 것보다도 심하다. 그러므로 우리들은 정성을 다하여 하나님께 기도하여 예수님 세상을 구원한 뜻에 따르며, 충성되고 선량한 한국인을 위하여 항의서를 제출하여, 정부를 거쳐 일본당국으로 하여금 그러한 야만정책을 버리게 할 것을 결의한다. 그리고 결의안은 장로교회 도서관에 보관하기로 한다.

6월 14일, 미국의 미주리, 오클라호마, 텍사스, 루이지애나, 캔자스 주 등 다섯 주의 대학 대표자들이, 미주리 주의 기독청년회관에 모여 한국 독립에 대하여 의논하고 청원서를 제출하였다.

미주리 주 파크 대학 한우회(韓友會)가 결의안을 작성하여 대통령, 상원 외교위원장, 미주리 주 출신 상원의원 및 미주리 지역 대의원에게 제출하였다.

결 의 안

① 우리들은 한국의 정세가 아무리 험악하고 완강한 반항에 부딪치더라도 그대로 묵과할 수 없다. 그것은 미주 인민

의 명예를 크게 손상시키기 때문이다.

② 정부의 최대 의무는 세계 어디서나 반드시 공민(公民)을 보호하는 데에 있다. 극동에 있어서도 미국의 공민권은 절대로 보호해야 한다.

③ 정부는 어떤 방법으로라도 일본의 반 군벌 세력을 권장해야 한다.

④ 한국인민의 정치적인 독립사상은 미국 인민의 동정을 받고 있다. 절대적인 가치가 있는 이상 마땅히 원조해야 한다.

결의의 이유

① 일본인의 한국인 박해는 전혀 인도적인 대우를 받을 능력이 결여되어 한국인이 일본인을 절대적으로 배척하기 때문이다.

② 일본인들이 기독교 선교 사업을 방해하고 많은 교회를 파괴했기 때문이다.

③ 일본은 한국인을 교육할 성의가 없기 때문이다.

④ 한국 내의 모든 법률 사건은 한국인이 이해하지 못하는 일어로 재판하기 때문이다.

⑤ 일본인이 창기 및 아편을 수없이 수입하여 인민의 도덕을 파괴하기 때문이다.

⑥ 한국인은 자국의 천부권인 독립을 위하여 평화적인 시위운동을 벌였는데, 일본인이 발포하여 그들을 죽이고, 집을 방화하고 칼로 찍고 창으로 찌르며, 몽둥이로 때려서 5만 명을 살육하였기 때문이다.

미국 하와이의 농장주들의 동의

하와이의 미국인 농장에서 고용살이하고 있는 일본인 노동자는 거의 10만 명이었다. 그러나 우리 민족이 독립운동을 전개한 이후 그들 농장주들은 일본인들을 배척하는데 동의함으로써 한국인을 특히 우대하였다.

그래서 고용인을 한국인으로 교체하고, 임금을 일본인들보다 3, 4배나 주었다. 그들은 또 말하기를 '당신들은 독립주의를 스스로 결의하면서, 어째서 한자지나 영자지를 발행하여 내외에 선전하지 않는가?' 하고는, 즉시 인쇄기와 자금을 주어 협조하였는데, 지금 발행되고 있는 《한미보(韓美報)》는 이리하여 출현하였다.

우리의 독립을 후원한 러시아 국민당의 성명(생략)
영국의원이 만든 한국인친우회

영국 하원의원 뉴만(Sir Robert Newman) 작사(爵士) 등 40여 명은 〈타임스〉지 기자 메켄지(F. A. Mekenzie)의 제창으로 한국인 친우회를 조직하여, 한국이 자유를 획득하도록 돕기로 약정하였다.

정미년(1907)에 내가 《대한매일신보(大韓每日新報)》에서 집필을 맡고 있을 때 메켄지가 찾아와 말하기를 '우리들은 비록 양의 동서로 출생을 달리하였다 할지라도, 동업자의 동정을 가지는 것이 좋겠소' 하고, 이어 함께 사진을 찍고 헤어졌다.

또 그는 우리의 관동지방에 가서 의병의 상황을 시찰하였다고 한다. 그때에 메켄지는 《한국의 참극》이란 저서를 공포한 것이 있다. 138명의 대옥 사건이 일어나자, 그는 일본인의 불법적인 학형의 정황을 상술하여 〈타임스〉지에 게재하였다.

이번에 독립운동이 일어나니 그는 《자유를 위하여 싸우는 한국》이란 저서를 내놓아 크게 대중들의 환영을 받았다.

프랑스 파리인권회의 한국문제

프랑스 수도 파리에 있는 한국선전단은 금년 1월 8일, 파리 대학 교수인 우락(歐樂)을 초청하여 인권보호회를 발기하고, 지리학 회장에서 파리 주재 선전위원장 황기환(黃玘煥:한국인), 화공공회 서기 하뇌(夏雷:중국인), 파리대학 조교수 살레(Callaye:프랑스인), 프랑스 국회 하원의원 무테(Modtet) 등이 '원동평화가 받는 압박'이란 문제로 강연을 열었다.

본회 참가자는 약 1천여 명인데, 거의가 프랑스인이고 다음이 중국인 그리고 한국인이었으며, 또 일본인 참석자도 있었다. 단상에는 한국과 프랑스 국기가 뒤섞여 게양되어 있었고, 프랑스 부인 3, 4명이 참가자들에게 소형 태극기를 분배하고 있었다.

우락(歐樂) 교수가 먼저 개회사를 하였다.

"대전은 이미 종식을 고하여 전 세계가 모두 영구한 평화를 도모하고, 다시는 참렬(아주 참혹하고 끔찍하다)한 횡화(橫禍:뜻하지 않은 재난)를 보지 않으리라 축하하였더니, 일본이 한국과 중국에 대하여 만행을 자행하여, 세계 평화로 하여금 일종의 위협을 받게 하는 현상을 나타냄은 참으로 뜻밖입니다.

이에 본회에서는 오늘날의 동방 사정에 깊이 알고 계시는 여러 선생을 특청하여 여러분과 더불어 토론하고 인도가 파괴됨을 부양하고 방지하고자 하는 바입니다."

이어 살레 교수가 등단하여 장시간 연설하였다. 그는 동방사정에 정통하며, 말마다 절실하여 청중들의 대 환영을 받았다. 살레가 말을 마치자 황기환(黃玘煥)이 일어나 감사의 말을 하고, 한국 사정을 대략 이야기하였더니 사방에서 박수소리가 울렸다.

다시 환등기로 한국 풍경과 주요한 고적을 보여 주고, 독립운동으로 인하여 일본군에게 난도질 당하여 죽은, 유해의 머리도 얼굴도 없는 참상을 차례로 영사하니, 군중들은 차마 바로 보지 못하여 분노하고 탄식하였다. 우락[歐樂] 교수가 다시 일어나 말하였다.

"우리의 좋은 친구가 저 같은 모욕과 잔해를 받았으니, 박애와 자유 평등을 사랑하는 우리 프랑스인은 결코 수수방관할 수는 없습니다."

체코의 용장 카르다가 한국을 위하여 선전하다

체코의 카르다 장군은 1918년 시베리아군 사령관이며, 체코의 육군총장이기도 한데 나이는 28세였다. 시베리아 혁명운동으로 불리해지자 그 직을 물러났다. 그가 상해를 거쳐 본국으로 돌아갈 때 상해에서 수십일 머무르면서, 우리나라의 안창호(安昌浩)·여운형(呂運亨)·이광수(李光洙) 등에 대해 극히 동정을 표하며 말하였다.

"저의 조국은 수백 년 동안 노예의 치욕을 입었다가 오늘에야 다시 살아나게 되었습니다. 귀국의 독립선언은 역사상 드물게 보는 애국심과 용기입니다. 세계 각국은 모두들 대단히 경탄하고 칭찬하는데, 그 중에서 우리 체코 국민들이 가장 많이 감동하였습니다. 저는 깊이 귀국의 앞날이 크게 빛나기를 바랍니다. 그리고 아직은 일본의 압박 밑에 있으나, 세계 대세는 이미 일본의 군국주의를 허용하지 않는 시기

입니다. 귀국민이 어쨌든 통일·인내·용전(勇戰)의 세 가지로
진행하다면 독립 완성의 날은 멀지 않을 것입니다. 저는 가
장 친한 우방의 한 사람으로서, 말하고 싶은 것은 귀국민들
이 안으로 결속을 공고히 하고, 밖으로 선전에 힘쓰면서 마
지막 용감한 일전을 준비해야 합니다. 제가 유럽으로 돌아
가는 날에는 마땅히 필설로 귀국의 독립운동을 선전할 것이
며, 같은 부활의 국민으로 인도의 자유와 인류의 의무를 위
하여 행할 것입니다. 바라건대, 귀국민이 저를 동지로 여기
시고 함께 피차가 독립 국민의 영광을 누립시다."

만국사회당(萬國社會黨)이 우리의 독립을 인정하다

1919년 7월, 만국사회당은 스위스에서 대회를 개최하였으며 한
국인 조용은(趙鏞殷)이 대표로 갔다. 동 대회에서는 대한 독립의
승인안을 만장일치로 통과시켰다.

만국사회당 본부는 국제연맹과 열국(列國)에 대하여, 대한민국
정부의 성립과 대한이 독립국임을 승인해 주기를 요구하였다.

제18장 부녀와 아동의 애국열

중미 신문사의 《대륙보(大陸報:중국 상해의 영자신문)》는 보도하기를, 어떤 서양의 여전도사가 근래 한국을 다녀갔는데, 그는 일본인의 한국인을 대우하는 상황에 대한 조사에서 일본인이 한국소녀를 대우하는 것이 매우 포학·무례했다고 말하였다 한다.

여전도사의 성명은 발표를 삼가는 바이나 다만 그 사람됨이 평소에 신망이 있었으므로 그 상황의 정확성은 조금도 의문될 것이 없었다.

그의 말에 의하면 현재 한국은 암흑시대에 있다. 도덕과 학문이 매우 높은 소녀가 끌려가 투옥당하고, 형용할 수 없는 학대가 가해져, 심리상·생리상의 모든 피해가 매우 많았었다. 그러나 한국 민족의 독립정신은 대단히 높고 위대하여 백절불요(百折不撓) 그것이었다. 비록 죽는다 할지라도 후회하지 않았기 때문에, 일본군이나 일경에 대하여 이미 두려워하는 바가 없었다.

일본인은 번번이 외국 전도사가 한국인을 사주한다고 속여 말하지만, 실은 근거가 없다. 한국인의 독립을 바라는 열의는 모두 자발적으로 나온 것이다.

이 여전도사는 여러 가지 증거문서를 가졌는데, 그 안에는 한 일본인의 관헌이 여학생을 신문하는 안건이 있었다. 그 내용의 기록에 의하면, 그 여학생은 스승과 웃어른의 말을 따르지 않고 거리로 나와 한국 국기를 들고 자유와 독립을 높이 외치니, 일본인이 잡아 그의 옷을 벗겨 나무에다 묶고 참대와 널빤지로 구타하였다.

그 외에도 참혹한 형벌은 일일이 열거할 수가 없다. 이들 여학생은 모두 애국심에 뛰어났고 학식이 있으며, 또한 영문으로 논문을 지을 능력이 있는 사람도 있다.

그들이 기를 들고 크게 외침은 하나의 소극적인 애국 거동에 불과한 것으로, 상해에서 동맹 휴학하는 중국 여학생과 다름이 없다. 그렇건만 일본인들은 곧 그들을 원수처럼 대했다.

마리라는 여학생은 법정에서 심문을 받을 때에 일본 재판관이 묻기를,

"네가 조선의 독립을 생각한 지 얼마만큼의 시일이 되었느냐?"

하니, 마리는 대답하기를,

"나의 마음속에는 독립을 생각하지 않은 때가 없다"

하였다.

일본 재판관

"너는 어째서 남자와 같이 독립운동을 하려고 했는가?"

마리

"세간 만사의 성공이란 모두 남녀가 공동으로 하는 데서 되는 것이다. 좋은 가정도 부부가 함께 만들어야 하고, 좋은 국가도 남녀가 협력으로 이루어짐을 필요로 한다."

또 물었다.

"너는 어째서 독립이 필요하다고 믿는가?"

"나는 곧 조선인이니 스스로가 조선의 독립을 필요로 하고 바라는 바이다."

"너는 이미 교육을 받았으므로 마땅히 다른 특별한 이유가 있을지니 말을 다해 보아라."

"나는 나의 사상을 모두 너에게 고하기를 원치 않는다."

일본 재판관이 말하였다.

"이미 한국과 일본이 합병되었는데, 너는 일본정부와의 정책이 어떠한가?"

마리가 대답하였다.

"우리나라는 일본에 합병되기를 결코 불응하고, 너희 정부가 한국을 다스리는 것은 전혀 공도(公道·공평하고 바른 도리)로 하지 않는다. 독일이 그 속국을 대우하는 것과 다름이 없다."

재판관이 물었다.

"너는 한국의 독립을 추구하려 하는데, 특별한 이유가 있는가?"

"나는 3가지 이유가 있다. 첫째로 우리나라의 행복을 도모하며, 둘째로 일본제국의 행복을 꾀하기 위해서이고, 셋째로 세계의 평화를 도모하기 위해서이다. 제일 먼저 한국은 일본과 역사·풍속·언어가 전혀 다르니, 일본은 결코 동화시킬 수가 없다. 우리의 전(前) 황제는 백성과 더불어 일제히 합병을 원치 않았고, 전 황제께서는 일본인의 무력에 핍박되어 합병조약에 서명하셨다. 10년 이래 한국 국민은 독립을 꾀하여, 앞에서 쓰러지면 뒤에서 또 이어, 일체의 고통을 받으면서도 죽음에 이르러도 후회하지 않는다. 남녀·노유 할 것 없이 전 국민이 한마음으로 한 사람도 독립을 원하지 않는 이가 없다. 둘째로는 한국인이 이미 일본에게 통제 받기를 원치 않을 것은 말할 것도 없다. 너희 일본이 아무리 제압하려 하여도 반란은 끝내 면하지 못할 것이니, 곧 너희 일본의 안전을 위한 계책으로도 한국의 독립을 허용하는 것이 좋을 것이다. 셋째로는, 한국과 일본 양국이 때때로 충돌하면 이는 곧 극동에 평화가 없는 것이며, 이는 또한 전 세계의 평화가 없는 것이다. 그러니 세계평화를 위한 계책으로도 마땅히 한국으로 하여금 독립하게 해야 할 것이다."

일본인 재판관이 물었다.

"네가 말한 바는 혹시 잘못 생각한 것이 아니냐? 너는 무엇을 생각하고 독립을 요구하는가? 미국을 믿는가, 아니면 무력에 의지하려는 것인가? 아니면 평화회의를 통하려는 것인가?"

"우리는 하나님을 믿고 우리는 미국을 믿지 않는다. 또는 무력에 의지하려 하지도 않는다. 일본이 한국을 병합한 것도 정복으로 말미암은 것이 아니고 회의로 말미암은 것이다. 그러므로 우리도 너희 정부와 정리로써 담판하여 독립의 회복을 원한다."

일본 재판관이 말했다.

"너는 어째서 감히 이 따위 망령된 일을 파악하지도 않고 저질렀느냐?"

"일은 사람으로 말미암아 되고 성패는 하늘에 매인 것이
니, 내가 비록 연약하여 무력하다 할지라도 반드시 국가를
위해서 힘쓸 것이다."

일본 재판관이 말하였다.

"너는 이미 교육을 받았으니 마땅히 이러한 좁은 도량
과 편견을 버리고 일본인과 동화하는데 힘써야 하지 않겠는
가?"

"나는 할 수 없다. 나는 한국인이다. 반드시 한국의 독립
을 원한다."

이외에 어느 농촌에 장설(張雪)이란 여자가 내지의 작은 마을에
서 살고 있었다.

그는 독립운동의 풍문을 듣고 이 말을 반드시 확실한 것을 믿
고, 드디어 다른 사람에게 말하지도 않고 스스로 흰 옷을 차려 입
고, 어느 날 이른 아침에 경찰서 앞에 가서 큰 소리로 독립만세를
높이 외쳤다.

일본 순사가 이 이상한 여인을 체포하여 누가 너에게 이와 같은
짓을 시켰는가 하고 신문하니, 장설은 아무도 자기에게 가르쳐 준
사람이 없다고 하였다.

일본 순사가 말하였다.

"아무도 가르친 사람이 없다면, 어째서 너는 만세 부를
줄을 알았느냐?"

장설이 대답하였다.

"닭도 날이 새면 곧 울어대는데 누가 가르쳤겠는가. 우리

나라 독립의 날이 이미 서광이 보였기 때문에, 나는 스스로
만세를 부른 것이다."

1, 2일 후에 일본순사는 그의 두 손목에 수갑을 채워 투옥시켰
다. 그는 묶인 손의 손가락을 물어뜯어 피로 옷깃에 '독립'이란
두 글자를 썼다. 그의 집 사람들이 알고 사식을 옥에 차입했으나,
장설은 이 좋은 음식을 먹으려 하지 않고 옥중 사람들과 같이 고
생을 감수하기를 원하였다. 뿐만 아니라, 여러 가지 고된 일을 맡
아하기를 원하며 전혀 원망하는 말이 없었다. 전기한 마리는 그
운명이 어떻게 되었는지 아직 상세히 알아볼 길이 없다. 그러나 이
처럼 고상하고 기위(奇偉:뛰어나게 훌륭함)한 여인이 일본인 관리에게
용납되지 않았을 것은 단언할 수 있다. 그러나 한국은 부활함에
있어서 여자들의 영걸은 남자들과 다를 것이 없다. 오직 여러 가
지 분투가 어떻게 계속 유지될 것인지, 생각하는 사람들로 하여금
춥지 않는데도 떨리게 할 뿐이다. 지금 각 감옥소마다 만원이라
걱정하고 있다. 여자들의 금고는 3월에서 3년까지로 서로가 같지
않다. 어느 나이어린 여교원이 사람에게 말하였다.

'피 흘리기는 겁나지 않으나, 계속 일어나는 사람들이 있
어서 평화와 쾌락의 생활을 누리기를 원한다.'

아, 어찌 장렬하지 않으랴.

대한청년외교단은 애국부인회와 서로 연락하며 독립을 선전했
는데, 불행히도 일본인에게 탐지되어 청년외교단원인 이병철(李秉
澈)·안재홍(安在鴻)·김연우(金演祐)·정태영(鄭泰榮)·송세호(宋世浩)·
이호승(李鎬承)·윤우영(尹宇榮)·안우선(安佑璿)·이병규(李炳奎)·이병
호(李炳浩) 등 10인, 애국부인회원 오현주(吳玄洲)·오현관(吳玄觀)·신

의경(辛義敬)·장선희(張善禧)·황애시덕(黃愛施德)·유인경(兪人卿)·김영순(金英順)·이성완(李誠完)·이정숙(李貞淑)·김마리아(金瑪利亞)·이마리아(李瑪利亞)·백신영(白信永)·박순복(朴順福)·박관렴(朴寬匲)·박덕실(朴德實)·이유희(李有喜)·이금례(李今禮)·유빈경(柳賓敬)·이혜경(李惠卿)·박인덕(朴仁德)·김태복(金泰福)·김희옥(金熙玉)·성보경(成寶慶) 등 23인은 1919년 12월 28일 대구감옥에 갇히었다.

이보다 먼저, 연병호(延秉昊)와 송세호(宋世浩) 2사람은 상해로 건너가 임시정부를 도와 일을 성취토록 하였고, 4월경에 다시 조용주(趙鏞周)와 함께 귀국하여 서울로 들어와서는, 이병철(李秉澈)·안재홍(安在鴻) 등과 밀의하여 청년외교단을 조직하였으니, 그 목적은 다음과 같다.

① 동포의 독립정신을 격려한다.
② 임시정부의 활동을 위하여 응원한다.
③ 세계 각국에 대하여 그들의 동정을 구한다.
④ 일본정부에 사람을 보내 독립을 요구한다.

안재홍은 경기도 고양군 사람이며 독실한 예수교 신자이다. 만국청년회관의 학부에서 처음 배웠으며, 일본으로 건너가 와세다대학[早稻田大學] 정치과를 졸업하여 유학생의 학우회 회장이 되었다. 교육계나 교회계에 대해 애국사상을 격발하는 데 대단히 힘을 썼으므로, 우리나라 청년계에서 유수의 지사가 되었다. 이병철과 함께 동단(同團)의 총무가 되어 국치기념 경고문을 많이 인쇄해 내고 《외교시보(外交時報)》를 각계에 몰래 배부하였다.

이병철은 또한 대한애국부인회의 고문이 되어 양단(兩團)으로 하여금 연락·협력케 했다. 독립운동의 참가단체와 피해 의사나 불태워진 가옥의 수를 조사해서, 상해에 3번이나 외교연구원을 파견하여 임시정부에 보고하였다.

부인회는 이병철의 제의에 따라 평양·개성·대구·진주·기장·밀양·거창 등지에 지부를 두어 애국 헌금 3천원을 모아 임시정부에 보냈다.

10월에 미국 하와이의 애국부인회에서는 보조금 2천원을 회장 김마리아에게 보내왔고, 회장은 이것을 임시정부에 보냈다. 회원 이정숙(李貞淑)은 적십자 회장이 되어 의연금을 모았고, 백신영(白信永)은 부인회 결사대장의 임무를 담당하였다. 4월경에는 또 혈성단(血誠團)이란 애국부인회를 조직하였다.

대체로 3월 1일, 독립운동 이후로 예수교인들이 많이 체포되어 투옥되었다. 그러므로 이에 오현관(吳玄觀)·오현주(吳玄洲)·이정숙 등은 그들 가족의 생계를 위해 혈성단을 결성하여 회령·정평·군산·목포·금주·광주·황해도, 그리고 수원 등지에 지부를 두어 모금하였다.

그 규모를 더욱 확대하여 독립성금을 모집하여 임시정부를 보조하였다. 머리털을 잘라 팔고 결혼식 때의 금·은 반지를 파는 사람까지 있었다.

드디어 대한독립애국부인회와 합하여 1개의 단체가 되었더니, 이때에 청년외교단과 더불어 동시에 난을 당하였다.

5월 7일, 강계군 공립보통학교 여교사 한 사람이 독립운동에 참가하여 수감되었다. 그 학교 교장은 일본인이었는데, 교원 수의 부족으로 말미암아 백방으로 주선하여 석방하였다.

여교사는 큰 소리로 말하였다.

"독립운동은 나의 천직이다. 이보다 더한 일이 내게 무엇
이 있겠는가."

그리하여 그는 곧 자기 손으로 옥문을 열고 도로 들어가 죄수
가 되었다. 또 그 학교 생도인 한 어린이는 손가락의 피로써 태극
기를 그려 군중 앞에 게시하였다. 이로 인해 모든 군민들은 크게
충격·분발하여 일제히 독립을 외치면서 결사 행진하였다.

전주군의 여학생 임영신(林永信)·정복수(鄭福壽)·김공순(金功順)·
최애경(崔愛敬)·김인애(金仁愛)·최약한(崔約翰)·강정준(姜晶純)·함의
선(咸義善)·함연순(咸然淳)·최금수(崔錦岫)·송순의(宋順義)·길순실(吉
順實)·김신희(金信熙)·정월초(鄭月初) 등 14인은 3월 13일 독립운동
을 하다가 투옥되었다. 그 학생들은 필사적으로 4일 동안을 먹지
않기로 결심하였다.

일본인 검사는 위압으로써 엄중히 신문하여 승복시키려 하였
다. 학생들은 모두 평화한 기상과 대담한 말로 대답하였다.

"우리들이 어찌 너희의 판결에 승복하겠는가? 너희들은
우리의 강토를 모두 빼앗고 우리들의 부형을 학살한 강도인
데, 도리어 삼천리의 주인이 되는 우리들을 불법이라고 하니
그것은 법적 판결이 아니다."

일본인 검사는 크게 골을 내어 칼을 빼어 학생들의 왼쪽 귀를
잘라 버리고, 모든 학생들의 옷을 벗겨 벌거숭이로 세워 놓고는
조롱하였다. 학생 임영신(林永信)은 손을 들어 일본 관리를 치며 말
하였다.

"이 야만놈아."

일본인 검사가 또 신문하였다.

"너희 조선은 군함도 군대도 대포도 철도도 없다. 완전한 독립은 불가능하다."

학생이 대답하였다.

"이제 이후로는 군함·군대·대포·철도 등 물건들이 모두 남아돌아가게 됨을 볼 것이다. 너희들은 이런 따위 것들로 물으니 그 어리석음을 가히 알겠다."

"누가 너희들에게 이렇게 하라고 가르쳤느냐?"

"하나님의 감동으로 전국이 정의를 위하여 일어나 모두가 함께 만세를 부르는 것이다. 무슨 말을 부탁받았겠는가. 너희들은 참으로 세계적인 안목이 어두운 섬사람이로구나."

일본 관리들은 이렇게 아픈 곳을 찔리자 신문을 멈추고 도로 투옥시켜 버렸다.

공주군의 여학생 김유실(金有實)은 예수교 계통인 영명여학교를 졸업한 방년 15세의 소녀이다. 그는 독립운동에 참가한 이유로 왜병에게 체포되어, 한없는 악형을 받았으나 조금도 굴하지 않았다.

이 소문을 듣고 사람들은 모두가 감탄하였으며, 그의 아버지 봉인(鳳仁)은 통분에 못 이겨 자살하고 말았다.

평산군의 김여사(金女士:실명)는 독립운동에 충성을 다했다. 통신 사무에 종사하여 밤낮으로 분주하니 그의 남편이 여사를 말리자, 그는 태연히 말하였다.

"나는 차라리 남편 없이는 살지언정 나라 없이는 살 수 없습니다."

그리하여 즉시 이혼을 결정하고 더욱더 힘써 정성을 다하였다. 그는 특별히 은장도 하나, 은가락지 한 개, 돈 50원을 임시정부에 보냈다.

성천군의 김온혜(金溫兮) 부인은 예수교 신자로 젊어서 과부가 되었는데, 그는 독립운동에 참가하여 체포·투옥되어 갖은 악형을 받았다. 그의 어머니가 그를 위하여 우니 부인은 말하였다.

"남편이 세상에 살아 있었다면 응당 오늘의 의거에 참여하였을 텐데, 불행히도 세상을 떠나신 까닭에 소부(小婦)가 대신했습니다. 이는 곧 자비로운 어버이와 사랑하는 자식의 의무입니다. 비록 죽더라도 무슨 한이 있겠습니까? 몸조심하시고 소부의 일로 걱정하지 마시기 원하옵니다."

이때 진주·고성·해주·수원 각 군에 기녀독립단이 있었는데, 그들은 모두 6월의 징역에 처해졌다.

서울에서 11세 난 어느 여학생이 독립운동으로 체포되어, 일본 순사에게 엄한 신문을 받았다.

"너는 무슨 이유로 기를 들고 기뻐 좋아하느냐?"

여아는 대답하였다.

"잃은 물건을 다시 찾은 까닭에 좋아합니다."

"무슨 물건을 잃었지?"

"우리 대한 민족이 대대로 전해 온 삼천리금수강산입니다."

일본인 순사가 소리를 지르면서

"너 같은 어린 것이 무엇을 알아서 그것이 좋다고 하느냐?"

어린 아이는 다시 온화한 말로 대답하였다.

"당신은 정말 지식이 없군요. 전날 우리 어머니가 작은 바늘을 잃고 반나절이나 찾아서 다시 갖고 기뻐하는 빛이 얼굴에 드러났습니다. 더구나 삼천리금수강산이 다시 우리 것이 되었는데, 어찌 즐겁지 않겠어요?"

일본순사도 감복하여 눈물을 흘렸다.

경성에서 독립운동이 일어나던 날, 한 어린 여학생이 오른손에 국기를 들고 만세를 불렀다. 왜병이 이를 보고 칼로 그의 오른손을 잘라 떨어뜨리니, 여학생은 다시 왼손으로 국기를 들고 만세를 불렀다. 왜병이 다시 칼로 찍어 왼손마저 베어 버렸지만 연방 입으로 만세를 불렀다. 이러자 왜병이 다시 그의 머리를 찍어 살해해 버렸다. 어느 서양인이 이 살해 장면을 촬영하려 하자 왜병은 그 사람을 잡아갔다.

수원군에 사는 박선태(朴善泰)는 방년 20세로서 경성 휘문고등보통학교 4학년 학생이었다. 그는 작년 3월 독립선언 이래 운동을 계속하여 동지들을 규합하였다. 이종우(李鍾祐)는 19세로 기독교청년학원 학도였고, 임효정(林孝貞)은 18세로 이화여자고등보통학교 3학년생이었으며, 차인재(車仁載)는 22세로 삼일학교 교사였다. 최문순(崔文順)은 17세로 이화여자고등보통학교 2학년, 이희경(李嘉卿)은 18세로 경성여자고등보통학교 3학년이었다.

이들은 수원에서 비밀리에 구국단을 조직하여 박희태가 단장이 되었다. 회원 중에서 이희경(李嘉卿)을 뽑아 임시정부를 후원하기 위하여 상해로 파견하기로 결정하고 이달 9일에 떠나려 했다. 그러나 수원경찰에서 이 사실을 알아, 체포·투옥되어 신문을 받았다고 한다.

금년 10월 하순경, 일본 경찰의 순라대가 압록강 좌안(左岸)에서, 한국 여인 5명을 만나 그들 행색을 유심히 살피다가, 의심스러워 힐문하고 그곳 주재소로 연행해 가려 했다. 한국 여인들은 일제히 품속에서 권총을 꺼내 일본 경찰을 향해 사격했다.

일본 경찰 역시 권총으로 응사하여 한국 여인 3명은 살해되고, 나머지 여인 2명은 숲 속으로 도망하여 어디로 갔는지 알지 못했다. 일경들은 저격될까 두려워 감히 뒤쫓지 못하고 물러갔다고 한다.

11월 상순경, 평양의 예수교 신도인 대한독립부인회 회원 160명이 군자금을 모집한다는 말이 퍼져 체포되어 감옥으로 끌려갔다.

북간도 학생 광복단 간부 6명은 대교동(용정촌에서 약 20리 떨어진 곳임)에서 일본 경찰에 체포되어 수색 당했는데 각종 서류가 발견되었다. 그중 한 사람은 여자로서 이름은 응숙(應淑)이고 나이는 20세, 용정촌 예수교 병원의 간호부였다.

강서군 신흥면 신리에 있는 서숙의 학동 10여 명은 독립운동이 일어났다는 소문을 듣고 부형이나 스승에게 청하지도 않고 자발적으로 모금하여, 수십 리 떨어진 시중으로 가 백지를 사서 태극기를 그려 들고 일제히 '대한독립만세'를 불렀다. 그 마을 사람들이 이 광경을 보고는 모두들 크게 분기하여 드디어 시위운동을 벌였다.

전라도 성산소학교 생도 장모는 3월 5일 선언서를 퍼뜨리다가 체포되어 전주감옥에 들어갔다. 일본 경찰이 혹독한 신문을 가하자 그는 마침내 스스로 혀를 깨물어 죽었다.

경성전동보통학교 학도로 겨우 11, 12세짜리 4명이 4월 10일 갑자기 교실 유리창을 깨뜨렸다. 일본 경찰이 잡아가서 신문하자 아이들은 쾌연히 대답했다.

"이는 대한의 어린이들을 모아 노예의 제물로 삼으려는 장소이다. 어찌 밉지 않겠는가. 그리하여 우리들이 깨뜨려 버렸다."

일본 경찰이 혹독하게 고문하여도 아이들은 조금도 굽히지 않았다.

마산군에서 독립운동이 있던 날, 12세 소학생이 일본군의 총탄에 맞아 눈을 감고 누워 있었다. 일본인 의사가 와서 구제하려고 어루만지자 발길질을 하면서 말했다.

"내가 아무리 죽을 지경이라도 왜놈의 치료는 받지 않겠다."

8~15세 되는 안악군의 학동 100여 명이 저마다 국기를 들고 만세를 부르며 시위운동을 벌였다.

일본 경찰이 아이들을 붙잡아 경찰서로 끌고 갔다. 그들은 아이들의 배후에 반드시 어른이 있어 사주하였으리라는 혐의를 잡고, 낡은 신문지에 태극기를 그려 보게 하였더니, 학동들은 노하여 소리쳤다.

"어찌 신성한 국기를 헌 신문지에 그린단 말인가? 주단 한 폭을 가져 오너라."

일본 경찰은 웃고 나서 백지를 주었더니, 학동이 즉시 붓을 들어 단번에 국기를 그려 내자, 그들은 놀라서 훈계 방면하였다.

자성군의 학동 수십 명이 국기를 들고 만세를 부르며 일본헌병의 주둔지를 향하여 나아갔다. 헌병보조원이 그들을 체포하려 하자 학생들은 매서운 소리로 말했다.

　"너는 단군 할아버지의 혈손이 아니며 대한의 국민이 아니냐? 만약 빨리 회개하지 않으면 반드시 천벌을 받을 것이다."

　일본 헌병 소장 무라타[村田]가 협박하였다.

　"엄벌을 가해야 마땅하겠다"

하니, 학동들은 더욱 성내어,

　"만약 우리를 죄인으로 취급하여 처벌한다면, 인도를 위반한 자에겐 벌이 없겠는가"

하였으므로, 무라타는 다시 따져 묻지 못하고 돌려보냈다.

　금년 7월 27일, 평안북도 박천군에서 돌연 '독립만세' 소리가 일어났는데, 이들은 4대로 나뉘어 사방을 돌며 열렬히 만세를 불렀다. 이들은 모두 보통학교에 다니는 15세 미만의 생도들이었다. 다수의 일본 경찰이 호통 쳐서 이들을 해산시키고, 그 주모자 20여 명을 체포하여 엄중히 문초하였다고 한다.

　9월 23일, 함경남도 덕원군 원산항소학교 생도 7, 8명이 전쟁놀이를 하였는데, 그것은 한국과 일본이 교전하는 내용의 놀이로서, 결과적으로 한국이 일본을 이겼다. 그리하여 아이들은 일제히 '대한만세'를 높이 외치자, 옆에서 이를 구경하던 사람들이 순식간에 몰려와, 수천 명이 일제히 환호하며 시가를 한 바퀴 행진하였다.

　많은 일본 경찰들이 출동하여 이들을 치고 묶고 하니, 한국인들은 더욱 분노하여, 경찰서·식산은행지사·동양척식지사·우편국 등을 부수었다. 일본 경찰들은 이를 보자 칼을 빼어 함부로 치고 찔렀으며 총을 난사했다. 불교학교 생도들은 그들의 만행을 목격하고 분노하여, 드디어 호신용 권총을 꺼내어 일본 경찰들에게 발사했다.

그러나 어찌할 수 있겠는가. 우리의 맨손으로 적의 총검에 대항할 수가 없어서 마침내 사방으로 뿔뿔이 흩어졌다.

한국인의 사망자가 2명, 중상자 2명, 일본군의 중상자가 2명이었다. 그리하여 일본인들은 더욱 포학을 자행하여 600여 명의 한국인들을 추격·포박했다고 한다.

저 잔인하고 야만적인 일본인들은, 학살정책으로 우리 민족의 문명인다운 거동을 진압코자 하였기 때문에, 우리 민족의 저항은 날이 갈수록 치열하고 세계 여론은 더욱 격앙되었다.

이로 인하여 저들은 다시 기만책을 시도하여 정치의 개선을 성명하고, 또 '한인의 반대는 하세가와[長谷川] 개인이지, 일본 통치에 반대함은 아니다' 고 말하였다.

이렇게 여론을 무마시키고 아울러 우리 민족의 치열한 분노를 완화시키려 하였다. 그리하여 하세가와[長谷川]의 직위를 사이토 마코토[齋藤實]로 대체하였는데, 이에 대하여 우리 민족은 어떻게 저들을 대했던가? 강우규(姜宇奎)의 폭탄 1성으로 우리 민족의 심리를 대표하였고, 다시 세계의 이목을 진동시켰던 것이다.

만일 이러한 장거가 없었더라면 '한인은 신임 총독을 환영하며, 새로운 정책의 개선을 확신하고 있다' 고 그들은 말하였으리라. 만약 그렇게 되었더라면, 전 국민의 수개월간의 피 흘린 광채가 거의 엄폐될 뻔했다.

강우규(姜宇奎)의 자(字)는 찬구(燦九)인데 평안남도 덕천군 사람이다. 장신(長身)에다 풍모와 기상이 헌칠하고 질박·강직하여 불의 앞에서는 굳세고 용감했다.

그는 원래 가난하였으므로, 중년에는 함경도 홍원으로 이사하여 예수교 전도사가 되어, 학교를 창설하고 교육을 일삼았다. 그러다가 나라가 망하자 국민 된 도리로서 원수 나라의 신복(臣僕:신하가 되어 복종함)이 될 수 없다고 생각하여, 다시 중국 땅 길림성 연길현으로 이주하였다.

그는 시베리아 등지를 왕래하면서 여러 곳의 우리 동포를 조국의 사상을 고취·계발하여 깊이 청년들의 환심을 샀었다. 이리하여 일본인들을 피해 다시 요하현으로 옮겨 광동학교를 설립하고 자제들을 교육하였다.

1919년 3월에 우리 국민의 독립운동이 발발하니, 러시아령에 거주하는 우리 부로(父老)들이 노인동맹단을 조직하였는데, 강우규는 65세로 이 동맹단의 단원이 되었다. 그리하여 이 동맹단을 대표하여, 장차 본국의 수도로 들어와 왜놈 총독을 죽일 계획을 세우고, 비밀리에 주철을 구입하여 폭탄을 제조하였다.

그는 이 폭탄을 품속에 감추어 원산을 경유, 8월 5일 경성에 도착하였다.

9월 1일, 신임 총독 사이토 마코토[齋藤實]가 남대문역에 도착하는데, 이에 앞서 암살단이 입경하였다는 풍설이 나돌았으므로, 저들의 경계는 십분 삼엄하였다.

일본군 사령관과 각급 관리들이 군경의 호위 속에 일제히 환영 나왔고, 다시 각국의 영사와 우리나라 관민의 구경꾼들이 도로 좌우에 도열하였다.

사이토[齋藤] 총독 부처가 역 귀빈실에서 나와 승용차에 오르려

할 때, 강우규는 돌연히 폭탄으로 그를 저격하였다. 그리하여 사이토의 뒷 차를 맞히니, 불이 사이토의 군복에 붙어 거의 생명이 위태할 뻔하였다.

경무총감 미즈노[水野]는 경상으로 겁이 나 달아나고, 《대판매일신문(大阪每日新聞)》 특파원 야마구치[山口]와 만철(滿鐵) 이사인 쿠보[久保]는 중상, 그 밖에 30여 명이 부상하였다.

이리하여 우리나라 사람들의 마음은 일제히 떨쳤고, 일본인들은 크게 놀라 극력 수색하였다. 이때 강우규는 조용히 눈을 감고 상제(上帝:하늘을 다스린다는 신)에게 묵도하면서 경관들이 달려와 체포하기를 기다렸다.

그러나 저들은 이 호호백발의 노인이 그처럼 격렬한 행동을 하였으리라고는 짐작조차 못하였다. 그래서 강우규는 느릿느릿 걸어 여관으로 돌아와 조용히 수십 일을 보냈다.

그러나 어찌할 수 없었다. 아무런 관련도 없으면서 혐의를 받고 잡혀 가 갖은 악형으로 사경(死境)이 된 남녀들이 많았다.

우규는 개연히 말하기를,

'나 때문에 무고한 사람들이 누(累)를 입어서야 되겠는가?'

하고 자수하여 투옥되었다.

그리하여 신문하는 동안, 총독을 죽이려 했던 계획과 동기 등을 자세히 설명하는 품이 호담자약(豪談自若:호기롭게 말하며 큰일을 당(當)하여도 아무렇지 않고 침착(沈着)함)하였으며, 얼굴빛과 말소리가 아울러 준엄하였다.

옥에 머무름이 오래였으나 일본인들의 만행을 엄하게 책하니 저들도 굴복하고 말았다.

그때 우리 청년들로서 함께 갇힌 사람들은 장하게 여겨 탄복하지 않는 자가 없었다. 강우규는 때때로 시(詩)를 지어 쾌(快)히 죽기를 노래했다.

1920년 3월 14일, 저들의 지방법원에서 제1회 공판이 열렸다. 최자남(崔子南)·허형(許炯)·오태영(吳泰泳)이 연루되어 재판정에 들어왔다.

피고인 자리에 앉은 강우규는 화염 같은 눈빛으로 옥리를 향해 꾸짖기를,

"내가 허릿병이 있어서 걸상에 앉지 못하겠다."

하니, 다시 의자를 가져다가 기대앉게 했다.

신문이 시작되자, 그는 항변하기를,

"일본은 불의로써 우리나라를 합병하였으므로 세계의 인도가 용납하지 않는 바이다. 나는 대한의 신민인데, 어찌 너희들의 노예가 되어 굴복하겠는가? 그래서 해외를 방랑하면서 종교와 교육에 종사하여, 마음을 계발하고 인재를 양성하여 광복할 계책을 세워, 죽을 때까지 계속하기로 하였다. 일본은 한국을 통치할 능력이 없는데, 소위 '동화'란 것은 더욱 어리석은 꿈같은 수작이다. 하세가와[長谷川]도 어려움을 깨닫고 물러났다. 사이토[齋藤]는 천의와 인심을 돌아보지 않고 경솔하게 내한하였으니, 동양 평화를 교란시키려는 원흉이며 우리에게는 불공대천의 원수이다. 이것이 내가 그를 모살하려한 이유이다."

18일이 되어 제2회 공판이 열렸다. 강우규에게는 사형이 선고

되고, 최자남은 징역 2년, 허형은 징역 1년 6월, 오태영은 징역 1년에 각각 처해졌다. 그러나 4명 모두 불복하였다.

25일에 선고판결을 하게 되었는데, 우리나라 사람들의 방청자들은 모두 크게 격분하였다. 비분에 찬 시민들이 일시에 몰려들어, 수천여 명이 갑자기 독립만세를 부르자 강우규도 이에 화합하여 만세를 불렀다.

만세소리는 원근 시가지에 울려퍼지고 성중에는 살기가 충만하여졌는데, 일본군들이 출동하여 강제로 시민들을 해산시켰다.

이보다 앞서, 14일 첫 공판이 열리던 날에는 평양 시민들이 시위운동을 벌여 서문으로부터 남문 및 대동문에 이르렀고, 운집한 군중들은 만세를 불러 강우규를 위해 존경과 축원을 표시하였다. 상가는 모두 문을 닫았고 신학당(神學堂)은 이틀 동안 학과를 폐하였다.

제20장 의친왕과 대동단

대동단(大同團)은 3월 1일 이후에 새로 조직된 큰 단체로 그 주관자는 전협(全協)이다. 그는 경성 사람으로 광무 8년 일진회의 총무가 되어 부평 군수에 임명되었으나, 시사가 크게 틀려 가는 것을 개탄하여 사직하고 물러났다.

융희 3년, 그는 친구와 함께 중국 땅 해룡현에 이주하였다. 구주대전(세계 제1차대전)이 끝나 파리에서 평화회의가 열리자, 각국의 약소민족이 민족의 자결과 국가의 독립을 선언하리라 기대되었다.

이는 우리 민족이 활약할 기회라고 생각하였다. 그는 동지들과 함께 도미하여, 이승만(李承晚)을 만나려고 해룡현을 떠나 12월에 상해에 이르렀다. 여기서 김구(金九)·김중호(金重浩)·이일원(李一元) 등 여러 사람과 면담한 끝에 마침내 도미를 단념하였다.

또 상해에 머무를 필요도 없었으므로 금년 2월 초에 귀국하여 경성 봉익동에서 살았다. 그는 일진회 회원 최창익(崔昌益)과 독립운동에 노력하여, 전국 각계의 단체를 통합하여 하나의 큰 기관으로 조직하였다. 여기에는 귀족·관료·선비·학생·의병·승려·부녀자·봇짐장수 등, 각파가 고루 망라되었고 그 수는 수백만 명에 이르렀다.

그리하여 인쇄기를 구입, 영업을 핑계로 《대동신문》과 각종 인쇄물을 비밀리에 간행하여, 인심을 고취하고 서로 연결하여 맥락을 통하게 하였다.

의친왕 이강(李堈)은 항상 먼 곳의 유람을 좋아했다. 왕비의 동생 김춘기(金春基)도 도미하여 공부하다가 중도에서 그만두고 돌아와, 늘 다시 도미할 뜻을 품고 여러 번 왕에게 간청하였다. 그러나 학자금을 마련할 길이 없어 가지 못하고 항상 우울한 생각으로 지냈다.

그가 이렇게 울적한 나날을 보내고 있음을 안 전협(全協)은, 곧 김춘기를 만나보고 상해의 상황을 두루 이야기하였다. 그리하여 의친왕 및 귀족 중에서 명사를 뽑아 상해로 건너가 임시정부를 옹호, 독립 세력을 확장시킬 계획을 세웠다.

왕이 이 일을 허락하자, 전 법부대신 김가진(金嘉鎭)을 대동단의 고문으로 하고, 왕의 뜻을 문서로 작성, 임시정부 국무총리 안창호(安昌浩)에게 상해로 건너가는 목적을 설명한 글발을 띄웠다.

① 일본인이 우리나라의 몇몇 간신들과 부동(符同:두 사람 이상이 서로 어울려 무슨 일을 하고자 한통속이 됨)되어 부황(父皇) 및 모후(母后)를 시살하였다. 그러므로 이 원통한 사실을 열국에 호소하고자 한다.

② 3월 1일 이래, 우리 국민은 맨주먹으로 일어나 독립을 외쳤으나 아, 저 강도들은 끝내 개전의 빛을 보이지 않고 학살을 자행하고 있다. 우리 민족은 이에 백절불굴의 기개로 독립을 요구하고 있으며, 뜨거운 피는 날이 갈수록 더욱 끓고 있다. 우리 국민의 정

신이 결코 일본에 동화될 수 없음을 천하에 선포한다.

③ 일본은 우리 한국을 10년 전에 여러 가지 조약으로 합병하였다. 그 조약은 간적들을 이용, 협박으로 강제 체결한 것이지 결코 부황(父皇)이 즐겨 허락하지 아니하였다. 이는 내가 확인한 바로서 이러한 사정을 세계에 공포하고자 한다.

④ 나 역시 한국인의 한 사람이다. 차라리 독립 한국의 서민이 될지언정, 우리나라를 합병한 일본의 황족이 되기를 원하지 않는다. 기필코 우리 임시정부가 성립된 곳에 나아가서, 정부의 여러분들과 손을 맞잡고 마음을 같이하여 죽든지 살든지 간에 광복에 힘을 다하여, 동포들의 고심하는 바에 만분의 일이라도 보태려함이 나의 결심이다. 한편으로 자가의 복수를 위하여서이고, 한편으로는 조국독립과 세계평화를 위해서이다.

이때 왕과 김가진 이하 30여 인이 대동단의 대표가 되어 선언서를 인쇄한 것이 있었다. 대체로 장차 이를 가지고 상해로 건너가 발포하려 한 것이다. 그러나 많은 사람이 동반하여 떠난다는 것이 불가능한 일이었다. 그래서 김가진이 먼저 해진 옷과 찌그러진 삿갓을 쓰고 약장수로 분장, 아들 의한(毅漢)을 데리고 출발하였다.

그는 산간벽지에 있는 시골 역으로 걸어가 3등 열차를 타고 안동현에 이른 다음, 거기서 다시 영국 선박에 편승하여 상해에 도착하였다.

그의 나이 75세였으나 지조와 기상은 의연하여 고난과 위험을 회피하지 않으니 임시정부와 각 단체가 한결같이 충심으로 환영하였다.

의친왕은 11월 9일 밤에 궁을 나와, 시종 1명을 거느리고 잠행하여 창의문 밖 세검정에 이르러, 전협·정남용(鄭南用) 등과 협의하고, 드디어 정남용·한기동(韓基東) 2인과 함께 걸어서 수색역으로 나갔다. 해진 옷을 입고 3등 열차를 탔다. 개성역에 이르러 한기동은 하차하여 서울로 돌아오고, 의친왕과 정남용은 만주 안동현에 다다랐다.

일본 경찰은 이미 의친왕이 잠행했다는 보고를 접하고, 엄밀한 수사를 하여 의친왕을 찾아 드디어 서울로 호송하여 돌아왔다.

의친왕의 이러한 거동은 저들에게는 전혀 뜻밖의 일로서 인심의 자극이 지대하였다. 저들은 이에 크게 놀라 저들의 정부로부터 의논이 분분하였다.

마침내 저들은 가정감독(家政監督)을 두기로 결정하니 속박은 더욱 가해졌고, 다시 강박하여 동경으로 모셔 가려고, 수상 하라 다카시[原敬] 등이 글로써 불렀으나 왕은 죽기로 맹세하고 거절하였다.

이리하여, 전협·양정(楊楨)·김국환(金國煥)·전동진(全東震)·한석동(韓錫東)·한유동(韓裕東)·이재호(李在浩)·정남용·정필성(鄭必成)·홍자식(洪字植)·한기동·동창률(董昌律)·이세호(李世浩)·이달하(李達河)·김춘기(金春基)·양제민(楊濟民), 그리고 의친왕의 소실(小室) 김흥인(金興仁), 간호부 최효신(崔孝信), 차부(車夫) 김삼복(金三福) 등이 모두 투옥되어 혹독한 신문과 형벌을 받았다.

아, 전협·최익환 등은 일진회 회원이 아니었던가? 일진회는 또한 매국노 이용구(李容九)의 무리들이 아니었던가? 그러나 이 같은 사람들이 은인자중하면서 뜻을 세워 기회를 엿보고 있었다.

변을 관찰하여 오늘날에 와서 이 같은 비상한 활동을 보였으니, 그 용기와 담력은 저들로 하여금 다만 경탄을 금치 못하게 하였다.

이 거사는 다만 개인이 당장에 성불하려함이 아니라, 우리 민족 전체의 심리가 일치하여 근본에 돌아갔으므로 더욱 뚜렷해진 것이다. 저들이 길러 낸 일진회가 오늘날 독립당이 될 줄이야 어찌 알았으랴. 동화를 몽상하는 자들은 더욱 망령된 꿈에서 깨어나야 한다.

제21장 북한 의병단의 활동

수십 년 이래로 적에게 죽어 간 우리 의병은 15만 명으로 추산되며, 유혈의 참극과 고질은 극도에 이르렀다. 삼천리강토에서는 쇳조각 하나조차 남김이 없으니, 저들의 방어도 주밀하고 극진하다. 그러나 의병은 우리 민족의 국수(國粹:한 나라나 민족이 지닌 고유한 정신적·물질적인 장점)가 아닌가. 그러므로 나라는 멸망시킬 수 있어도 의병은 멸할 수 없다.

오, 우리의 충신장렬하고 강개뇌락(慷慨磊落)한 인사들은 의로써 순국에 임하며 성패를 헤아리지 않는다. 끝없이 피를 뿌림으로써 만 번 죽어도 아직 그 뜻은 살아남아 있다.

혹은 노동에 투신하기도 하고 혹은 활로 사냥에 종사하기도 한다. 그리하여 풀숲이나 못가에 있는 굴속에서 칼을 어루만지며 눈물을 머금고 있는 사람들이 무수하다.

나는 요즘 중국과 러시아령 사이를 유랑하면서 두루 각처의 동포들을 방문하여 보았다. 그들은 산에서 사슴을 쏘아 잡거나 땔나무를 해서 시장에 팔며, 감자를 심어 양식으로 삼고 엿을 팔아 호구(糊口: '입에 풀칠이나 한다' 는 뜻으로, '겨우 끼니를 이어가는 일')하는 사람이 많았으니, 이들은 모두가 지난날 의병장령(義兵將領)들이었다. 그들은 쓰러져 가는 집에서 굶주림과 추위에 떨면서도 근심하는 빛이 없었고, 오로지 중얼거리는 것은 조국뿐이고 잠자리에서도 조국이었다. 술을 마신 후에는 비분강개하여 서로 노래를 부르며 통곡하곤 했다. 세속의 소위 '명예'니 '공리(功利)' 따위는 일신을 더럽히는 물건처럼 여겼다.

오직 속에 가득히 끓는 피는, 충의와 비분에서 터져 나오는 것으로서, 죽은 후에라야 끝날 결심이었으니 어찌 참된 의사라 하지 않으랴. 나는 그들을 깊이 존경하고 아낀다.

또 우리나라 서북지방은 곧 옛날의 숙신(肅愼:만주·연해주 지방에 살던 민족이 세운 나라)·부여·고구려·발해·여진의 땅이다. 풍속과 기상은 모질고 억세며 인민은 용감하고 사납다. 고난을 견딤이 천성이 되고 근검이 풍속을 이루었다. 안장 얹은 말을 집으로 삼고 사냥을 생업으로 삼으니, 천적의 무예를 지녔다고 하겠다. 그래서 발해시대에는 사람 셋이서 호랑이 한 마리를 당해냈다는 말이 전한다.

여진(女眞)이 처음 일어나니 완안태조(完顔太祖)는 2,500명의 졸병을 인솔하고 적 수십만 명을 격파했으니, 이렇게 강한 무력의 풍조가 각 종족에 비하여 특히 뛰어났다.

내가 오늘날 본 바에 의하면 우리 남녀 동포들은 모두 체격이 장대하고 의기가 활발하며, 말 다루기와 활쏘기에 특장(特長)이 있다. 우리에게 훈련의 자유가 있다면, 며칠이 안 되어 천하의 굳센 군대를 이룰 수 있을 텐데, 그러하지 못하니 아까운 일이다. 그러나 나는 내심으로 장래에 대한 희망을 갖고 있다.

이에 1919년 3월 1일에 우리 국민의 독립운동이 일어나서, 시골에 숨어 있던 우리의 의사들이 다시 활동을 개시하였다.

지난 해 8월. 우리 독립군은 갑산과 혜산에서 전투를 벌였고, 12월에는 독립군의 의용대장 홍범도(洪範圖)와 박경철(朴景喆)·이병채(李秉埰) 등의 동포들에게 고하는 글이 있었다.

금년 2월 9일, 워싱턴에서 온 전문에 의하면, 우리 독립군 2천 명이 길림에 길을 빌어 일본 군영을 야습하여 사망자가 300, 그 나머지는 패배·도주하였다고 한다.

3월. 호쿠리쿠 통신[北陸通信]에 의하면, 우리 독립군 80여 명이 종성으로 진격하여 일본 헌병대를 습격, 소총 다섯 자루를 노획하고, 다시 온성 미산의 일본 헌병대를 습격하여 8명을 죽이고, 나머지 8명은 부상하여 회령의 병원에 입원했다. 우리 독립군은 여기서 소총 7정과 돈 700원을 노획하고 우리 측 사상자는 없었다고 한다.

4월. 일본인들의 신문보도에 총독부 경무국 발표를 실었는데, 우리 독립군 수령 홍범도(洪範圖)·구춘광(具春光)·서일(徐一)·최명록(崔明錄)·양하청(梁河淸) 등은 온성·무산 등지에 있으면서 전후 8회에 걸쳐 기습을 감행했다고 한다.

또 저들의 보도에 의하면, 우리 독립군은 길림 지방에 군정사(軍政司)와 소년단이 있으며, 결사대가 있고 화전군정사(樺甸軍政司) 등 각 단체가 있다고 하였다.

같은 달, 군정서 총재 서일이 임시정부에 보고한 내용에 의하면 대략 이러하다.

1911년부터 '중광단(重光團)'이 조직되어 광복(光復)을 경영하기 위하여 동지를 규합하고 정신적 교육에 노력하였다. 지난 해 3월의 독립선언 이후에, '정의단(正義團)'으로 개칭하여 강령을 발포, 단원을 증가 모집하고 기관지를 발행하여 국민의 독립사상을 격려하였다.

8월에는 드디어 군대를 편성하고 무기를 구입하여 사관(士官)을 교양하였다. 그리고 12월에는 또 '군정서'로 개칭하여 군사기관으로 만들어 각처에 경신분국(警信分局)을 두고 기타의 설비도 고루 착수하였다. 그리하여 원근 각처에 사는 백성들은 모두 '피의 일전'을 결행할 사상을 가지게 하였다고 한다.

6월 20일 연길에서 온 편지에 의하면, 우리 독립군의 대장 홍범도(洪範圖)·최명록(崔明錄) 등은 700여 명을 거느리고 왕청현 봉오동으로 가던 중, 졸지에 적군 300여 명과 마주쳐 급히 사격을 감행, 적 120여 명을 사살하고, 나머지는 모두 무너져 도주하였다. 아군은 승세를 타 추격하였다고 한다.

10월 경, 일본 신문에 게재된 바에 의하면, 일본군 600여 명이 화룡현 두도구 서북 이도구에서 한당(韓黨) 1천여 명과 격전하여 일본군 10여 명이 죽고 부상자도 많이 났으며, 한당은 20명이 죽고 부상자도 많았다. 전투는 아직도 계속되고 있으며, 일본군의 사상자는 다시 늘어났다고 한다.

삼도구에서도 한당이 일본군과 교전하여 죽은 일본군이 3명, 부상자가 4명이며, 한당은 시체 16구를 유기하였다. 또 삼도구와 봉밀구 중간에서 격전이 일어나, 일본군 3명이 죽고 부상자 11명이 났다.

또 말하기를, 한당(韓黨)은 홍범도·김좌진 양 인의 소속부대가 가장 강력하여, 기관총 등 많은 신식무기를 보유하고 있다. 병력은 약 3,000명으로 현재 밀림 속에 있으며, 안도현을 근거지로 하여 아직도 활동할 능력이 있어 전투를 준비하고 있다고 한다.

또 독립단의 대대장 이원익(李源益)과 분대장 최문봉(崔文鳳) 등은, 부하 13명을 거느리고 러시아 국경에서 청진에 도착하였다. 부령군의 독립단과 기맥을 상통하여 대사를 일으킬 계획을 세우고 있는 바, 9월 30일 경성군의 일경부(日警部)가 이 소식을 탐지하고, 곧 병사들을 이끌고 어느 산골짜기에 이르러 오랫동안 격전을 벌였다. 이 전투에서 최 대장 및 부하 2명이 전사하고, 일본군 역시 사망자를 냈다고 하였다.

10월 10일, 한국독립군은 무산군 연사면 사초동에서 일경장(日警長) 엔도[遠藤] 및 그 부하들과 마주쳐 총격전을 벌였다. 양군이 서로 사망자를 내고, 한군(韓軍)은 남설영을 넘어 경성 지방으로 향했다고 한다.

10월 11일, 삭주군의 독립군과 압록강 연안의 일본 경비병 간에 전투가 있었는데, 경비대가 응전하여 사상자를 많이 냈다고 한다.

근자에 연변통신은 이렇게 전하고 있다. 연변의 일본군은 앞서 연길현에 소속된 만양하 상류에서 한국군과 격전을 벌여 일본군의 사상자가 많이 났다.

10월 24일, 한국독립군 사령 김좌진은 부하 600여 명과 화룡현 이도구 집장자 지방의 큰 길 양쪽의 깊은 숲속에 잠복해 있었는데, 때마침 일본군 수백 명이 기관총과 포대를 끌고 이곳을 지나갔다. 한국군은 숲 속에서 이를 지켜보고 있었는데, 즉시 공격 준비 명령이 내려졌다. 일본군은 그들의 방어선 안에 들어왔으므로 매복이 있으리라고는 생각지 못했다. 그래서 곧장 행군해 지나가던 중, 대열이 중간 쯤 통과하자 돌연 한국군이 나타났다. 마치 비장(飛將)이 하늘에서 날아 내려오듯 적이 미처 전투 준비를 하기도 전에 양쪽에서 협공을 가했더니, 일본군은 비로소 대열을 정비하고 항전하여 격전이 벌어졌다. 몇 시간 동안 계속된 전투 끝에 한국군은 저들의 기관총 1정을 빼앗고, 적진은 무너져 100여 명이 죽고 30여 명의 부상자가 났다.

정전 후 저들은 곧 연길 용정촌의 상부 병참에 전보를 쳐 알리나, 병참기지에서는 급히 대군 10량(輛)을 보냈다. 그리하여 26일 하오 6시에야 부상당한 일본군들을 실어 두도구 용정촌에 있는 양부적십자회(兩埠赤十字會)에 가서 치료를 받게 했다. 한국군 측은 한 사람의 부상자도 없었다. 소문에 의하면 이 전투에서 일본군은 오히려 30명이 한국군에게 생포되었다고 한다.

일본군은 요즘에 와서 거듭 좌절되어 한국군에 대한 한이 더욱 깊어졌다. 정예를 뽑아 대대적인 토벌작전으로 전날의 원수를 갚고자 벼르고 있다.

한국군도 일찍부터 미리 경비하여 일본군과 혈전을 벌여 자웅을 결정지으려는 결의를 보이고 있다. 차라리 옥처럼 부서질지언정 기와조각처럼 가치 없이 되어서 안전하기를 원하지 않는 기개를 지니고 있다고 한다.

10월 25일, 허룽현[和龍縣] 삼도구(三道溝) 청산리에 주재하는 한국독립군 사령 김좌진과 부하 300여 명이 일장 히가시 오토이코[東乙彦]의 지대에 포위되었다. 한국군은 고지를 점거하여 기관총을 난사, 적의 지대 병력 300여 명을 모조리 섬멸시켰다고 한다.

또 한국군(韓軍) 사령 홍범도는 군사 500여 명을 거느리고 안무(安武)의 400여 명과 민군 500여 명, 광복군 200명과 회합하였다. 그들은 청산리에서 40리 떨어진 지점에서 대대적인 활동을 벌여 현재까지도 계속 전투중이라고 한다.

　한군 사령 홍범도는 화룡현 이도구 부근의 산림지대에 주둔하고 있었는데, 일본군이 이곳을 포위하고 불을 지른 후, 각 요로에 기관총 부대를 매복시키고, 홍범도가 포위에서 탈출하기를 기다렸다가 습격하려 하였다.

　그러나 홍범도는 저들의 속임수를 미리 알아차리고 교묘한 방법으로 삼림에서 탈출하였다. 숲이 전부 불타 버리고 황폐된 뒤에는 아무런 종적도 없었다. 그래서 일본군의 1대(그 중에는 중국의 장군 육광관(陸光觀)이 인솔한 60명도 있었다)는 불타 버린 삼림의 중심지대에 진입하여 보고, 비로소 탈출한 사실을 깨닫고는 방향을 바꾸어 다른 길로 향하였다.

　이때 매복해 있던 기관총 부대가 그들을 홍범도의 한군으로 오인하고 사격을 개시, 쌍방은 서로 응전하여 죽은 일본군이 무수하고 중국병은 전멸했다.

　홍범도의 군은 다시 적을 추격하여 두 차례 연승하였고, 이 전쟁에서 일본군의 사망자가 총계 1,200명이었다고 한다.

　일본 동경에서 온 전문에 의하면, 11월 3일 이래 연변에는 눈이 4척 이상 쌓여 모든 교통이 단절되었으나, 한당(韓黨)의 활동은 이상하고도 신통·교묘하여 군용 전선이 곳곳에 끊어지고 하여 정세가 만만치 않다. 더구나, 날씨까지도 무섭게 추워서 용병에 곤란이 많다. 이리하여 일본군은 자못 형세를 우려하고 있다고 한다.

제22장 여운형의 도일 선전
呂運亨   渡日

4252(1919)년 겨울, 일본정부는 기독청년회 간사 후지다[藤田
九皐]를 상해로 파견하여 여운형(呂運亨)을 방문하게 하였다.

여운형을 저들의 당국이 초청한다는 의사를 전달하고 교섭을
전개하였다. 그로부터 몇 달이 지난 후 이번에는 서양인 선교사를
내세워 중개 역할을 시켰다. 여운형은 드디어 12월 15일 최근우
(崔謹愚)·신상완(申尙玩) 두 사람과 함께 배편으로 일본에 가게 되었
는데, 이렇게 가는 것을 위험하게 여기는 사람이 많았다.

대체로 저들의 간교한 속임수를 헤아릴 수 없으니, 반드시 우리
에게 불리함을 끼칠 것이며, 더군다나 우리에게는 전연 의지할 곳
이 없다.

우리는 다만 세 치 혀를 가지고 저들의 호랑이 소굴로 뛰어드는
격이니, 승리를 얻을 수 있겠는가 하고 생각했기 때문이다. 그러나
서리고 굽은 뿌리와 착잡한 마디라야 특별한 이기를 만들 수 있는
것이다.

여운형의 '전대(專對)의 재주(외국에 사신으로 가서 능히 응대할 만한 재
간)'를 이에 점칠 수 있다.

21일, 그는 동경에 이르러 일본 당국의 척식국(拓殖局:일본의 식민

지 통치 사무 감독함) 장관 코가[古賀], 육군대신 타나카[田中], 정무총감 미즈노[水野], 사령장관 우츠노미야[宇都宮], 내무대신 토코나미[床次], 체신대신 노다[野田] 등 기타 각원들과 접견하고, 27일에는 이어 신문기자단과 평화협회의 간부 및 기타 50여 명이 여운형을 제국반점에 초대하자 드디어 연설을 하게 되었다.

그는 독립운동의 진상과 국민의 주장을 마음껏 피력하여 열변을 토했으니, 변설은 도도히 흐르는 물과 같이 장장 1시간 20분 동안 계속되었고, 그의 연설은 일문·영문의 각 신문에 골고루 게재되었다. 이를 종합하여 그 요지를 살펴보면 다음과 같다.

1. 세계적인 운동

나의 이번 동경행의 목적은 일본 정부 당국자 및 지식인들을 만나보고 한국 독립운동의 진상을 말하고, 또 일본 당국자의 의견을 요구하려는 것이다.

오늘 다행히 여러 각원(閣員) 및 지식인 여러분과 거리낌 없는 대화를 나누고 서로의 의견을 교환하게 되었으니, 이에 대하여 나는 대단히 유쾌하게 생각하는 바이며 심심한 사의를 표한다.

독립운동에 관한 한, 나는 처음부터 종사한 사람 중의 하나이다. 그 동안 유럽의 전란이 일어났을 때, 나는 한국만이 오로지 독립국의 일원으로써 대전에 참가하지 못하고, 동양의 한 구석에서 쭈그리고 앉아 방관만 하는 것을 심히 유감으로 생각하였다.

그러나 우리 한국 민족은 장차 새로운 세계사의 한 페이지를 차지하리라고 나는 자신하는 바이다. 이리하여 나는 훌쩍 나라를 떠나 오늘날까지 상해에 거주하였다.

작년 11월에 대전은 끝나고 상해의 여러 사원에서 평화의 종소리가 울려 퍼지자, 우리들은 충심으로 하늘로부터 내려진 사명이 우리들의 머리 위에 떨어진 것으로 생각하였다. 그리하여 활동을 개시하였다.

먼저 동지 김규식(金奎植)을 파리에 파견하였으며, 3월 1일에는 국내에서 독립운동이 발발하여 독립만세를 절규하였으니, 곧 대한민족의 완전한 각성을 나타내었다.

배고픈 자는 먹을 것을 구하고, 목마른 자는 마실 것을 요구하는 법이니, 이는 자기 생존을 위하여 지극히 당연한 요구가 아닌가.

그러니 어찌 이를 저지할 것인가? 일본인에게 생존권이 있는데, 우리 한민족만이 유독 생존권이 없겠는가?

일본인에게 생존권이 있음을 한민족이 긍정하고 있는 이상, 한국인이 민족적인 자각으로써 자유·평등을 요구하는 것은 신이 허락하는 바이다.

일본정부가 이에 대하여 방해할 권리가 있는가?

현재 세계는 약소민족의 해방과 부인들의 개방, 노동자의 해방 등 세계의 개조를 외치고 있다.

이러한 세계적인 조류나 이 같은 운동이 일어난 것은, 단순히 한국을 위한 것만이 아니고 일본을 포함한 세계적인 운동인 것이다.

저 신은 오로지 평화와 행복을 우리 인간에게 부여하기를 바랄 뿐이다. 그러므로 오늘날 과거의 약탈과 살육을 응징하고, 새 세계로 개조하려는 것이 신의 의지인 것이다.

우리들은 오로지 신의 소명에 따라 세계를 개척·개조함으로써, 평화의 신천지를 형성하려 한다.

이는 곧 우리들의 사명이다.

우리의 선조들은 항상 창검으로써 서로 다투어 살육을 일삼았으나, 이후로는 우리가 상부상조하여 함께 발전해 나가지 않으면 안 될 것이다.

기독교는 세계가 담장을 쌓고 서로를 등지는 것을 허락하지 않을 것이다.

2. 대한독립과 일본

오늘날 일본은 한국인이 소리 높여 자유를 부르짖는 것에 대하여 여러 가지로 단순히 자기의 이해(利害)를 전제한 견지에서 보고 있다. 병한(倂韓)이 필요하다고 생각하는 자는 말한다.

일본은 자국의 방위상 한국을 병합하지 않을 수 없다고. 그러나 오늘날 러시아가 이미 이처럼 무너지고 갈라졌으니, 이 같은 견해는 이유가 성립될 수 없다. 그러므로 한국이 독립한 연후라야 동양의 진정한 단결을 꾀할 수 있고 이는 실로 일본의 이익인 것이다.

또 말하기를, 한국인은 실력이 없으므로 독립을 유지할 수 없다고 한다.

우리에게는 진실로 병력이 모자란다. 그러나 한민족은 지금 각성하고 있다. 그리하여 애국심은 열화처럼 충만하다. 그러니 붉은 피와 생명으로써 족히 조국의 독립을 회복하고 유지할 것이다.

또 일본이 한국의 독립을 승인함은, 한국은 다시 적국이 없음을 의미하며, 서쪽에 인접한 중화민국은 우리와 친선관계를 가지리라고 확신한다.

일본이 솔선하여 한국의 독립을 승인하는 날, 한국이 일본에 대하여 친선과 우의의 관계를 굳게 맺을 것은 당연한 일이다.

우리들은 국가를 건설함에 있어서, 인민을 주인으로 하는, 인민이 다스리는 국가를 만들 것이다. 이러한 민주공화국은 특히 대한민족의 절대적인 요구일 뿐만 아니라 세계 대세의 요구이기도 하다.

대체로, 평화란 것은 형식적인 단결로써는 성공시킬 수 없다. 오늘날 일본이 아무리 날마다 입버릇처럼 일본과 지나(支那:중국의 다른 이름)의 친선을 말하더라도 결국 무슨 이익이 있는가. 오로지 정신적 단결만이 필요하며 현재의 동양의 특별한 요구는 바로 이것이다.

우리 동양인이 이처럼 서로 반목하고서야 무슨 행복이 있겠는가. 진실로 한국의 독립문제가 해결되면, 중화민국에 대한 문제도 쉽게 해결될 것이다.

일본은 한국 독립을 위하여 일찍이 청일·러일 전쟁이 있었다. 그러나 일본은 그들의 성명을 무시하고 스스로 약속을 저버렸으니, 이것이 한·중 양 민족이 일본에 대한 원한을 품게 된 원인이 아니겠는가?

한국이 독립하면 일본에서 분리되는 것 같지만, 원수와 원한을 풀고 동일 보조를 취하여 함께 발전해 나간다면, 도리어 진정한 우방으로 합일하여질 것이다.

이는 실로 동양 평화를 확보함이고, 세계평화를 유지하기 위한 제일의 기초가 될 것이다. 우리들은 굳이 전쟁을 한 뒤라야 평화를 획득할 것인가.

전쟁을 하지 않고는 인류의 자유와 평화를 획득·향유할 수 없을까? 오로지 일본의 인사들은 깊이 생각해야 한다.

고가렌조[古賀廉造·척식국 장관]와의 문답

고가[古賀]가 말했다.

"나는 조선 우국지사 여러분에 대해서 진심으로 동정하는 사람이다. 그러나 실효를 거둘 수 있는 활동을 하기 바란다. 다시 말해서 조선이 독립 또는 자치권을 얻으려 한다면, 무엇보다도 먼저 그와 같은 여건이 이루어져야 하며, 그 여건이란 곧 부강을 이룩하는 것이다.

부에는 국민의 부와 국가의 부가 있고, 강에는 정신적인 강과 실력면의 강이 있는데, 이를 이룩하는 데에는 교육을 개선하고, 실업을 증진시키는 것이 그 필수조건이다.

나는 조선 민족의 부강을 세계에 과시하는 것이 조선인의 급선무라고 생각한다. 그렇게 하는 방법은 여러 가지 있겠지만, 무엇보다도 종교·실업·교육 등 여러 방면에 걸쳐, 조선총독부의 방침에 따라 호응하고 협력하는 일이다.

나는 개인적으로 두 나라의 합병에 대하여 반대 의견을 갖고 있지만, 두 나라가 이미 합병된 오늘날에는 어쩔 수 없는 노릇이다. 그리고 또 조선인이 아직도 충분한 실력을 갖추고 있지 못하면서, 일본과 대등한 입장에 서려든다든가, 또는 자치권을 요구하는 것도 납득이 가지 않는다.

오늘날 조선인들은 무엇보다도 부강을 도모해야만 한다. 또 일한의 합병은 마치 회사의 합병과도 같은 것이다. 실력이 부족한 회사와 실력이 충분한 회사가 합쳐서 하나가 됨은, 쌍방이 모두 같은 권리를 가지고 한 이름 아래 뭉쳐서, 다른 회사에 대항하여 승리를 거두려는 것이다.

일한의 합병도 또한 이와 비슷하여 쌍방의 공통된 이익을 위해서가 아니겠는가. 다만 이때까지 실지에 있어 불평등했던 것만은 유감된 일이라 아니할 수 없다."

여운형이 말했다.

"나는 당신의 그와 같은 견해에 대하여 절대로 찬성할 수 없다. 나는 우리가 내세우는 독립운동의 주장부터 먼저 말해 보겠다.

독립운동의 네 가지 주장

① 우리 민족의 행복과 이익, 곧 조선의 부강을 위해서다. 우리 민족은 건국 이래 반만년을 지내오는 동안, 아직 한 번도 다른 민족의 내정간섭을 받은 일 없이, 언제나 자주적으로 살아오고 자주적인 발전을 거듭하면서 동양문명에 기여해 왔다.

그렇기 때문에 강인한 자주적인 성격을 지녀서, 다른 민족의 간섭은 고사하고 그 원조마저도 원치 않았다. 그리고 어느 한 민족이 어느 한 민족을 통치하게 되었을 경우, 정치적인 면으로나 경제적인 면에서 충돌을 일으켜, 서로 용납할 수 없게 됨은 자연적인 추세로서, 과거의 역사가 이를 증명하고, 학문적인 이론이 또한 이를 뒷받침하고 있다.

우리는 과거 10년 동안 자유 발전에 큰 손실을 가져왔다. 이제 우리는 누구의 지배도 받지 않았던 과거의 자주적인 역사를 계승하고, 또 현재에 이뤄진 발전을 가지고 세계문명에 공헌하며, 자손만대의 행복을 추구하려는 것이다.

② 일본의 신의를 위해서다. 사람으로서 믿음이 없다면, 어떻게 떳떳이 사회에 설 수 있겠는가. 믿음이 없는 사람이란 세상이 모두 저주한다. 한 개인도 이렇거늘 하물며 한나라임에랴. 역사상으로 볼 때 문화면에서 일본은 조선의 채무자에 해당된다.

일본의 문학·미술·공예, 그 밖의 여러 가지 문명이 어느 하나 조선에서 받아가지 않은 것이 있는가. 그런데도 일본은 언제나 무력으로써 이에 보답하려 들었다. 청일·러일 두 전쟁만 하더라도 조선의 독립을 위한다는 명분을 내세웠을 뿐만 아니라, 또한 조선의 독립을 보장하리라는 것을 전 세계에 선언했다.

그러나 결과에 있어서 사기적인 수법으로 조선을 자기네의 식민지로 만들어 버렸다. 그렇기 때문에 우리 2천만 민족은 원한이 뼛속에 사무치게 되고, 세계 여러 나라들도 모두 일본의 무언(無信)을 타매(唾罵:아주 더럽게 생각하고 경멸히 여겨 욕함)하고 미워하게 되었다.

이제 중국의 4억 민족도 일본을 원수처럼 보고, 배척운동이 격화되어 가고 있다. 일본은 오직 그들 국토의 확장을 낙으로 삼아 다행한 일로 여기지만, 실지에 있어서는 극히 위험한 처지에 놓여 있다.

일본이 조선독립을 승인하는 것은 비단 일본의 신의를 위해서만이 아니라, 일본의 장래 국리를 위함이기도 하다.

③ 동양 평화를 위해서다. '동양'이라면, 먼저 조선·중국·일본의 세 나라를 손꼽는다. 만일 한일합병의 형식을 고집하여 지키려 든다면, 두 민족 사이의 분쟁은 물론이고 중국의 배일운동도 종식될 날이 없을 것은 명약관화한 사실이다.

중국의 일본 배척이 산동문제와 21개조 조약에서 비롯되었다고 하지만, 실지로는 한일합병으로 인한 분노·공포심·적개심에서 일어난 것이다.

중국이 일본과 시모노세키조약을 체결하여 조선의 독립을 승인했는데, 일본이 조선을 식민지로 만들어 버렸으니, 이는 중국이 일본의 사기에 넘어간 꼴이 되지 않았는가.

그렇기 때문에 한일합병은 동양 평화를 무너뜨린 원천(源泉)이 된다. 그렇다면 조선독립은 바로 동양 평화를 보장할 수 있는 길이 아니겠는가.

④ 세계평화를 위하는 동시에 세계 문명에 기여하려는 것이다. '세계'라는 것은 동양과 서양을 합쳐서 하는 말이다. 만일 동양에 분쟁이 있다면, 비록 서양이 평온하고 무사하더라도 세계평화가 이루어졌다고는 볼 수 없다.

또 한쪽의 세력이 약화되면 다른 한쪽이 강해지는 것은 자연적인 추세이다.

만일 동양에서 분쟁이 끊이지 않는다면, 결과에 있어 자멸을 초래할 뿐만 아니라, 서양 세력의 유린을 받게 된다. 그렇기 때문에 동양 자체의 평화가 곧 세계 대세의 균형을 보전하는 길이 되며, 동양이 단결됨으로써 세계 문화의 진전에 기여할 수 있는 것이다. 이런 일들은 오직 조선이 빨리 독립을 성취하는 데에서 이루어질 수 있는 것이다.

이상이 독립운동의 4가지 주장이다. 그리고 당신이 주장한 한일합병론에서 실력의 정도를 달리하는 두 회사의 합병과 비슷하다는 이론은 절대로 인정할 수 없다.

한일합병이란 결코 우리 민족의 의사에 따른 것이 아니며 소수 당로자의 매국행위에 불과하다.

또 당시 주권자(君主를 지칭하는 듯하다)의 진정한 뜻도 아니었다. 일본인들이 아무리 합병을 두 나라 백성들의 호의에서 나왔다고 주장하더라도, 우리 조선인들은 원한이 뼈에 사무쳐 있다.

이는 강압적인 수단에 의해서 이루어진 극히 공정성을 잃은 처사로서, '합병'이 아니라 '병탄'이며 수치인 동시에, 동양의 환란과 대립이 실로 이에서 생겨났다.

선정을 표방하는 총독부의 정치란 것이 우리 민족의 요구인 독립운동에 대하여 얼마나 압박을 가하고 있는가? 민족의 희망을 짓밟는 곳에 자유가 어디에 있고, 평등이 어디에 있으며, 선정이 무엇이란 말인가. 어떤 사업을 막론하고 일본인에게 유리한 것에는 원조하지만, 조선인에게 유리한 것에는 박해가 심하다.

이해로 말한다면, 조선은 합병으로 인해 크게 불리해졌다. 자유를 완전히 손실 당하고 정신적인 질식 상태에 놓여 있다. 우리 민족은 이처럼 막대한 손실을 입고 있다.

그리고 회사란 순전히 이익을 추구하기 위해서 설립되지만 국가는 그렇지 않다.

옛 사람도 '하필 이(利)를 말하는가, 또한 인의(仁義)가 있을 따름이다' 하지 않았는가. 국가라는 것은 사회의 실체이고 역사의 성장이며, 도덕적인 존재로 사법의 실체이다. 또 일시적이 아니라 영구적이다.

'영구'의 뜻은 자손만대를 지칭하는 것으로서, 개인은 죽음이 있어도 사회는 영원히 계속됨을 의미한다. 그렇기 때문에 사회를 개선하여 발전시키는 일은 우리들 사람의 의무이다. 국가는 사회의 사회가 된다. 따라서 사람은 나라를 사랑할 의리가 있는 것이다. 국가를 유지하고 국가를 개선함은, 곧 우리 선조와 우리 자손에 대한 의무이다. 그러므로 국가를 위하는 것은 의무이지 이익을 취해서가 아니다.

국가를 위하여 자기의 이익을 희생하는 사람도 얼마든지 있다. 두 회사의 합병을 말하자면, 작은 것이 반드시 큰 것에 의해 손실을 입게 마련이다.

미국의 석유회사가 상업정책을 써서 수많은 작은 회사들을 병합하여 치부(致富)한 것이 그 실례이다.

한일합병이 이미 지극히 불공정하게 이루어진 것이니만큼, 동양의 단결과 동양의 평화를 위해서는 조선의 독립이 시급한 문제로 되어 있다. 그리고 실력을 기르는 일은 자유발전을 최대의 요건으로 삼으며, 이것이 또한 성과를 올릴 수 있는 가장 빠른 길이다."

코가[古賀]가 말했다.

"일한합병으로 인해 세계가 일본에 대하여 좋지 않은 감정을 가지고 있음은 나도 안다. 그렇기 때문에 나는 처음부터 이 일에 반대했다. 그러나 이미 합병이 성립된 이상 어쩔 수 없는 노릇이다. 현재로선 이러한 형식을 유지해 나가면서, 장래의 발전을 기약하는 것도 좋지 않겠는가.

조선인의 독립요구도 나는 극히 당연한 걸로 인정한다. 그렇지만, 독립한다고 하여 그 결과가 기대에 어긋나지 않는다고 누가 단언할 수 있겠는가.

내 생각으로는, 여전히 합병이라는 형식 아래에서 두 민족이 뭉치고 협력함이 유익할 듯하다. 그리고 독립에 있어 가장 선결되어야 할 문제는 자체방위의 실력이다.

이러한 방위실력이 없다면 무엇으로써 구미열강의 동양합병 음모에 대처하며 또 이를 막아낼 수 있겠는가?

평화의 보장이란 오직 실력뿐인데, 일본 단독의 힘만으로 서양 강대국들에의 대항은 불가능한 일이다. 그렇기 때문에 일한의 결합은 평화의 근본이 되는 것이다.

현재 일시적으로 평화의 기운이 감돌고 있지만, 분쟁의 진정한 종식은 큰 의문으로 되어 있다. 또 미국이 동양을 엿보고 있는 것도 사실이다.

그렇다면 조선이 자체 방위 실력이 없이 독립함은 동양 평화에 도리어 해를 끼침이 아니겠는가. 자유 발전이 실력을 기르는 최대의 요건이 되며 성과를 올릴 수 있는 첩경임은 나도 이를 인정한다.

그러나 남의 원조를 필요로 하는 경우도 있다.

조선이 방위의 능력이 없는데 독립을 방임한다면, 이는 열대의 초목을 한대지방으로 옮겨 심고, 이에 대해 아무런 보호·관리를 가하지 않음과 무엇이 다르겠는가.

일본의 오늘날의 발전은 50년 이래의 끊임없는 노력에서 이루어진 것이다. 이제 만일 조선의 독립을 허용한다면, 일본의 3분의 2 병력만으로도 자체방위를 담당할 수 있겠지만, 납세의 능력이 능히 이를 지탱할 수 있겠는가. 그리고 미국·영국이 조선에 대해서 동정하고 있다지만, 그것을 진의로 받아들일 수 있겠는가.

영국의 인도에 대한 태도, 미국의 멕시코에 대한 정책을 본다면 짐작이 가고도 남음이 있다.

서양인들의 동양에 대한 정책은 동양을 서양화시키는 데에 있으니, 박해가 심할 것은 불을 보듯 뻔한 사실이다.

자체방위의 실력이 없는 조선독립은 동양의 평화를 무너뜨릴 염려가 있지 않겠는가. 그렇기 때문에 일한(日韓)이 일치단결하여 서양 세력을 방어함이 무엇보다도 중요한 일이다.

평화의 추구는 절대로 신의 위력에 힘입으려 해서는 안 된다. 오직 실력만이 문제를 해결할 수 있다. 그러므로 실력을 기르기 위해서 두 민족이 한데 뭉치기를 바랄 뿐이다."

여운형은 이러한 동양 평화와 실력문제에 대하여 통렬히 반박하였다.

"현실에 맞지 않는 이상이란 공상에 그치는 것이며, 이상에 아랑곳없는 현실이란 또한 사물(死物:쓰지 못할 물건)에 지나지 않는다. 그러므로 정치를 논하는 자는 어디까지나 실제를 존중하고 망견한 공상은 이를 배격한다.

종래 일본인들은 그릇된 판단을 내려, 한일합병은 호의에서 나왔으며, 한국인의 동화(同化:일본 사람에 동화되는 것)가 가능하고, 또 한인은 일본의 좋은 정치에 기뻐서 복종하리라고 말해 왔다.

오늘날에 이르기까지도 아직 미몽에서 깨어나지 못하고 있다. 당신네들이 말하는 일한일체주의니, 동화주의니 하는 따위는 현실에 맞지 않는 공상이다. 실지에 부합될 수 있는 일을 논하기 바란다.

평화의 진수란 정신적인 융화다. 모든 의구(疑懼:의심하고 두려워함)·분노·원한 등 불평이 깨끗이 사라지고, 마치 새가 울고 꽃이 피며 햇볕이 다사롭고 바람이 화창한, 극히 자연스런 움직임이어야 한다.

자유의 기상이란 결코 사해(死海)처럼 정적인 것은 아니다.

평화는 생존의 희망·자유·평등의 존귀한 향유 속에 있으며, 위구·절망·압박·차별 등 불평등 밑에서는 존재하지 않는다. 동양 평화를 논한다면, 첫째 대내적 동양 평화이니 즉 동양 여러 나라들 사이의 평화이며, 둘째 대외적인 평화이니 즉 서양세력의 동침(東侵)을 방지하여 평화를 보전하는 것이다.

동양에는 많은 나라들이 있지만, 특히 조선·일본·중국이 서로 화목하지 못하면, 이는 동양 평화를 말할 수 없는 것이다.

또 대내적인 동양 평화가 없이 대외적인 동양 평화를 유지할 수 없음은 사실이다.

그렇다면 강제로 남의 나라를 병합하고, 그 인민을 자기네 통치 하에 두면서 만족하려 함이 망상이 아니고 무엇인가?

자존심과 독립정신이 남달리 강한 우리 민족이, 내 나라를 남에게 빼앗긴 한·을 머금고, 식민지 백성의 슬픔을 달래면서 은인자중한 지도 이미 10년이 되었다.

이번에 온 민족이 한 덩어리가 되어 독립운동을 벌인 것도, 강한 자존심과 독립정신의 발로로서 자유와 정의에의 절규인데, 이를 강권으로 억압하려 드니 이것이 인류의 죄악이 아니겠는가.

이제 무력으로써 우리 민족의 자존심·독립정신 그리고 이에 입각한 독립운동을 진압하려 하는데, 무력이 진정 인간의 정신을 빼앗을 수 있겠는가?

그리고 일본의 중국에 대한 정책을 보더라도, 동양 평화라는 미명 아래 제국주의·침략주의를 자행하여, 4억 중국인들로 하여금 일본을 적대시하게 만들고 있다.

이것이 동양 내부의 평화를 깨뜨림이 아니고 무엇인가. 내부가 분열되고 알력이 심하여 단결을 성취하지 못하면서, 어떻게 서양세력의 동침(東侵)을 막아낼 수 있단 말인가.

일본의 총명하다는 정치가들은 중국의 내분을 기화로, 겉으로는 동양의 단결을 역설하면서, 실지에 있어서는 중국 대륙에다 세력을 심어 그 야심을 드러내고 있다.

탐욕으로 일관된 가지가지의 권모술수는 바로 과거 우리나라에서 연출한 각본대로이다.

동양 내부의 평화 없이 어찌 세계평화를 기대할 수 있겠는가. 그리고 한국의 평화가 없이 동양 평화를 기대할 수 없음은 명약관화한 일이나, 우리가 한국의 독립을 주장하는 이유가 바로 여기에 있다. 일본의 대오반성을 촉구한다.

조선이 자체 방위의 능력이 없기 때문에 독립을 방임한다면, 이는 마치 열대의 식물을 한대 지방으로 이식하고, 이에 대한 관리를 가하지 않음과 같다는 당신의 비유는 극히 그 타당성을 잃고 있다.

본디 우리의 주위에 일본의 침략이 없었다면, 우리나라는 아무런 위험도 존재할 수 없었다. 비록 불행히도 이러한 지경을 당했어도, 우리의 실력은 외세에 의존하지 않고도 넉넉히 자립하며 또 발전을 가져올 수 있다.

열대의 식물을 한대지방으로 이식한다는 것은, 유리창 안에서 더운 수증기로 잠시 동안 생명을 유지할 수 있는데, 이는 이미 생존의 가치와 의미를 상실한 것이다.

대자연의 공기를 호흡하고 우로(雨露)에 젖으면서 싱싱하게 자라나는 기회를 얻을 수 없으면, 차라리 차가운 풍상 속에서 죽음에의 용감한 투쟁이, 사람의 보호를 받아 생존가치를 상실하면서까지 구차히 기생함보다 낫지 않겠는가."

코가[告賀]가 말했다.

"조선이 자체 방위의 능력이 없는데 그 독립을 승인한다면, 제3국의 침략을 받게 되지 않겠는가. 일청·일러의 두 전쟁은 모두 이러한 이유로 일본이 막대한 희생을 치른 게 아니겠는가."

여운형이 말했다.

"역사적으로 볼 때, 일본의 명치유신(1868년) 이후 우리나라의 청년 정치가 김옥균(金玉均)·박영효(朴泳孝)·서재필(徐載弼)·유길준(兪吉濬) 등이 일본을 모방하여 빨리 서양문명을 받아들여 정치를 혁신하려 했었다.

그러나 보수파들이 혹은 청나라와 통하고, 또는 러시아와 손을 잡아 일본에 반대하였으므로, 이들의 일본세력을 배경으로 한 정치개혁이 실패로 돌아갔다.

청일·러일 두 전역에서 한국문제로 인하여 많은 희생이 있었고, 일본은 실력에 의하여 승리하였음이 틀림없는 사실이다. 그러나 이때 한국의 조력 역시 크지 않았다고 볼 수 없다.

당시 러시아 세력의 확장은 실로 유럽 여러 나라들의 근심거리였다. 그래서 독일은 러시아를 유도하여 그 세력을 동쪽으로 돌리게 했으며, 영국은 러시아 세력의 동양 제패를 시기하여 일본에 항전하기를 권유하였다.

이 전쟁에서의 일본의 승리는 자국의 이익이 되었을 뿐만 아니라 한국도 이를 기뻐했고 열강도 이를 축하했다. 이때에는 한국이 일본에 대하여 좋은 감정이 없지 않았다.

일본은 한일합병에 있어 몇 가지 이유를 내세우고 있지

만, 그 결과가 어떻게 되었으며 현상이 어떤가. 또 이러한 합병의 형식을 유지하려 한다면, 앞으로 쌍방 간에 어떤 불행한 사태가 일어나리라는 것을 염두에 두어 봤었는가?

당초 일본이 성의로써 일에 임한다고 했는데, 무엇으로 이를 증명할 것인가. 이제 시대는 변천을 거듭하고 있다.

일본 역시 그 그릇된 사고방식에서 벗어나야 한다. 강권의 시대는 지나가고, 평화와 정의를 추구하는 경향이 날마다 고조되고 있다. 오늘날은 우리가 분쟁을 그만두고 융화를 기도할 시기이다. 조선이 자체 방위의 실력 없이 독립을 한다면, 동양 평화를 깨뜨릴 염려가 있다함은 한낱 구실에 지나지 않는 말이다.

오늘날에 와서 러시아나 독일이 조선을 엿보지 않음은 고사하고, 그 밖의 유럽 여러 나라들도 이번 대전(제1차 세계대전)의 교훈을 살려, 몇몇 강대국의 침략 행위를 인정하지 않을 것이다.

만일 이러한 위험성이 있다면, 우리는 더욱 평등한 지위에서 각자 제 나라를 이끌어 나가면서 그 필요에 따라 힘을 뭉치면 되지 않겠는가?

또 조선의 약세를 합병의 이유로 내세워, 무력을 충실하게 하고 부를 증진시켜 제3국으로 하여금 감히 침략할 수 없게 만든다고 했는데, 합병 이후 실사 무력이 얼마나 충실해지고 부가 얼마나 증진되었는가?

우리나라는 합병으로 인하여 무력·경제력을 비롯하여 그 밖의 모든 힘이 극도로 쇠하여 외세를 막아낼 힘이 날마다 줄어들고 있다.

앞으로 두 민족 간의 분쟁은 나날이 심해져서 그칠 날이 없으리라고 단언해 둔다.

이번의 제1차 세계대전을 관찰해 보자. 독일이 프랑스에 패한 것은 결코 독일의 힘이 프랑스보다 모자라서가 아니다.

벨기에의 용전에 힘입어 프랑스가 승리할 수 있었고 체코의 내란으로 인하여 독일은 패전의 고배를 마시게 되었다.

집안에 적을 두는 것보다는 이웃에 친구를 두는 것이 현명한 일이 아니겠는가. 이 점 깊이 생각해 볼 문제이다.

한국이 무력하다 함은 코가[古賀]군 당신 혼자만의 의견이 아니라 일본인의 공통된 생각이다. 그렇지만 이를 어떻게 정당한 관찰이라고 보겠는가. 대체로 실력이란 정치적인 것, 군사적인 것, 경제적인 것으로 나누는데, 이제 이 3가지를 차례로 논하기로 한다.

① 정치적인 실력은 내치와 외교적인 면으로써 말함이다. 내치(內治)로 말하자면, 우리 민족은 과거 반만년에 걸쳐 국가생활을 계속해 왔다. 우리 민족은 탁월한 자치 능력을 가지고 있으며 도덕적인 훈련도 잘 되어 있다.

그 밖에 언어·문자·풍속이 완전히 통일되어 있고, 지방이나 인구도 번잡하지 아니하여 중국의 내정처럼 복잡하고 획일성이 없는 결여된 폐단이 없다.

그리고 나라를 잃은 경험이 있기 때문에 단결이 쉽고, 신진 청년들은 그들의 애국심·정의감, 그리고 참신한 사고는 원대하여 일본 청년은 미치지 못한다.

이는 일본 학자들 간의 공론이라고 보겠다. 그러므로 나는 우리의 내치의 실력이 충분함을 인정한다.

그리고 외교 면에서 볼 때 우리는 침략적인 야심이 없다. 정의·인도에 입각해서 세계평화의 선봉이 되며, 오직 문화적으로 세계에 웅비할 뜻이 있을 뿐 다른 욕망은 없으니, 자연히 다른 나라 사람의 미움을 받지 않게 마련이다.

그리고 지리적·전략적으로 볼 때 한국은 동양 평화·세계 평화를 위하는 견지에서 중요한 위치를 차지하고 있느니만큼, 모든 외국인들이 이를 존중하고 옹호하게 되어 있다.

거기에다 우리나라 사람들은 예의를 존중하고 외국 손님을 공경하여 친절하게 대접하는 특성이 있으니, 정치적인 외교는 물론, 국민외교에 있어서도 여유작작하다.

② 군사적 실력은 코가[古賀] 군 당신이 가장 중시하는 문제이다.

첫째, 내란이 일어났을 경우를 고려하여 군비를 충실히 하는 일이다. 여기에는 재력·창의력·인력이 필수조건임은 누구나 이의가 있을 수 없는 일이다.

둘째, 외적을 방어하기 위한 군비는, 기필코 적국의 군비가 어느 정도인지 살펴 준비해야 한다. 예를 들면, 우리의 적국이 일본이냐, 중국이냐, 영국·미국·러시아·독일의 연합군이냐? 그렇지 않으면 어느 한 나라이냐?

만일 일본이나 중국이 우리의 적국이 되었다면 이는 동양 평화를 파괴함이다.

만약 영국·미국·러시아·독일 등 나라와 적대관계에 놓이게 된다면, 우리 세 나라가 연합하지 않으면 안 된다. 한국의 현세가 단독의 힘만으로는 강대국을 당할 수 없는 것이다. 그러나 군비도 정치적인 측면에서 이루어져야 한다.

오늘날에 있어 동양 평화를 보장하기 위해서는, 우리나라는 마땅히 일본 및 중국과 동맹을 맺어 서로 협력해야만 한다. 그리고 우리나라도 독립하고 나서 2,30년이면 군비가 능히 강대국을 막아낼 수 있으리라 확신한다.

오늘날 우리 한국의 실력은 일본에 비한다면 극히 미약하다고 인정한다. 그러나 일본이 일단 다른 나라와 전쟁을 벌인다면 역시 도움이 될 수 있다. 우리나라가 현재로선 일본과 싸워 승리를 거둘 실력이 없다지만, 일본의 군사력을 분산시키고 군사행동을 방해하는 방향으로 나간다면, 반드시 큰 압력이 되리라고 일본이 생각하지 않아선 안 된다.

합병의 형식을 유지하려면 이는 동양 평화를 깨뜨리게 되고, 한국이 실력이 없어 그 독립을 승인할 수 없다는 이론은 기우에 지나지 않는 말이다."

말이 이에 이르자 어조가 매우 격렬해져 듣는 사람의 낯빛이 달라졌다. 이리하여 일본인들은 그를 말로써 굴복시킬 수 없음을 깨닫고 예우하여 돌려보냈다.

여운형은 29일에 동경을 떠나 상해로 돌아왔다. 그의 외교는 동맹회와 귀족원으로 하여금 당국의 실책을 문책하게 하여, 일본 내각의 동요를 불러일으킬 뻔했다.

제23장 일본군의 러시아영 내에서의 한국교포 학살

일본의 우리 민족 평화운동에 대한 탄압은 잔인을 극하였다. 총으로 쏘아 죽이기도, 칼로 찔러 죽이기도 하고, 또 그 밖의 갖은 악독한 방법으로 목숨을 빼앗았으니, 실로 인류 역사상 미증유의 참극이었다.

이 광경을 묵도한 서양인들은, '비록 아프리카의 야만인이라도 차마 이렇게까지는 못한다' 했다. 그들은 중국 동삼성(당시 봉천·길림·흑룡강 세 성을 통틀어서 한 말)에서도 남의 나라 주권을 유린하고, 가는 곳마다 우리 한국교포를 괴롭혔다.

그리고 러시아 영내로 들어가서 우리 학교에 불 지르고, 우리의 선량하고 무고한 형제들을 죽이는 등 야만적인 행동이 극도에 달하였다.

중국과 러시아 두 영지의 개척에는 한국인의 힘이 컸다. 우리 한국 교포들은 모든 고난을 참고 부지런히 일하여 오늘날 생활의 기반이 확립되고, 교육도 크게 진흥시켜 만만치 않은 세력을 이루고 있다.

일본인들은 중국의 쇠약과 러시아의 혼란을 틈타서 이 두 영지를 삼키려 하는데, 우리 겨레의 발전이 심히 그들의 비위에 거슬렸기 때문에, 이와 같은 만행을 저지르게 되었다. 우리 겨레의 러시아령 내의 이주한 역사는 대략 다음과 같다.

우리나라는 지난날에 쇄국정책을 굳게 지켜 압록강·두만강을 넘어가지 못하게 했으며, 법금(法禁:법으로 금지하는 일)을 범하는 자는 반드시 사형에 처하고 용납하지 않았다. 그러므로 우리나라 사람들은 한 걸음도 강을 넘어서지 못한 지가 오래였다.

그런데 단기 1864년 봄에 무산 사람 최운실(崔雲實), 경흥 사람 양응범(梁應範) 두 사람이 법금을 무릅쓰고 몰래 두만강을 넘어, 중국 영토 혼춘을 거쳐 러시아령내의 연추로 들어가 개간을 착수했었는데 이것이 개척이민의 선구였다.

그 후 기사년(1869)에는 우리나라에 기근이 들었는데 생활고가 더욱 심했다. 이렇게 되자, 백성들은 목숨을 걸고 두만강을 건너 연추 등지로 들어가, 집도 없고 양식도 없이 굶주림과 추위에 떨었다.

최운실이 빈민 35호를 이끌고 추풍으로 이주하여 개간을 시작했다. 6월에 또 60여 호가 이곳으로 옮겨 오니, 러시아 관청에서 이들에게 귀리를 주어 구휼했다.

경오년(1870)에 기근으로 인하여 굶주린 백성들이 또 두만강을 건너 쌍성으로 들어가 개간에 종사했다. 갑자년(1864)부터 경오년까지 7년 동안에 연추·묵하구 등지에서 굶어 죽은 자가 많았다.

러시아의 군관이 그들의 군량에서 덜어 1인당 귀리 1말씩을 주어 잠시 호구하기도 했으며, 초근목피로 연명했으나 그나마도 얻지 못해서 부자가 서로 헤어지고 부부간에 생이별을 하며, 자식을 삶아 먹고 부모까지도 함께 죽이는 일이 있었다.

청나라 사람이 곡식을 내어 우리의 부녀자를 샀으므로 고부 두 사람이 동시에 몸을 팔아 그 가족을 살리기도 했다.

굶주린 백성[饑民] 96명이 청나라 배를 타고 추풍을 향해 가던 도중, 배가 블라디보스토크에 이르러 암초에 부딪혀서 22명이 익사하고, 나머지 사람들은 러시아인에게 구조되었다.

하루에 겨우 10리씩 걸어 8일 만에 비로소 쌍성에 이르러, 러시아 병사들의 토굴을 빌어 살게 되었으니, 이것이 쌍성 개척의 시초이다.

신미(辛未)년(1871) 4월에 빈민 70여 호, 남녀 315명이 러시아 관헌의 안내로 흥개호를 따라 화발포를 거쳐 흑하에 이르러 배를 타고 사만리에 내렸다. 넓은 들판이 끝이 없고 밀림이 하늘을 찌를 듯했다.

어디에서부터 일을 해야 할지 모르고 있는데, 어느 날 밤 벼락이 떨어져 숲을 크게 태웠으므로, 거기에다 집을 얽고 개간을 시작했다.

비록 러시아인이 약간의 식량을 주기는 했지만 항상 부족해 신을 삼고 자리를 짜서 90리나 멀리 떨어진 러시아인 마을로 가져다 팔아 겨우 생활을 영위했다.

눈물로 씨를 뿌려 결실을 보아, 오늘날에는 인구가 번창하고 가산이 풍족해졌으며, 러시아의 수도에 가서 고등교육을 받고 중견인물로 출세한 사람도 많다.

갑술년(1874)에 블라디보스토크의 개척이 비로소 시작되었다. 처음에는 초가 5채에 사람이라고는 남녀 25명뿐이었으니 이것이 이른바 구개척리(舊開拓里)이다. 지금의 신한촌(新韓村)은 양식 건물이 즐비하게 들어서고 인구가 조밀하며, 내지로부터 취로하려는 동포들의 출입구인 동시에 애국지사들의 활동무대이다.

교육기관·보도기관이 차례로 서고, 러시아인들의 군사시설·상가시설 등이 확장되고 있다.

을해년(1875) 8월에, 안병국(安炳國)·김구삼(金求三) 등 여러 사람들이 흑정자(黑頂子)의 개척을 시작하고 '나선동(羅鮮洞)'이라 명명했는데, 그곳은 토지가 기름지고 농사가 잘 되어 불과 몇 해 만에 큰 부락이 되었다.

이 해 경흥(慶興) 사람 홍석중(洪錫仲)이 녹둔(鹿屯)을, 최봉준(崔鳳俊)이 향산동(香山洞)을 개척하였다. 계미년(1883)에 나선동 주민 270여 호가 러시아 관헌에게 강제로 추방되어 가서 도비하(刀比河)를 개척했다. 갑신년(1884)에 김석보(金錫甫)·김정연(金正蓮) 두 사람이 남석동(南石洞)을 개척하였다.

이해 6월, 한국 러시아 간에 경흥개시조약이 맺어졌다. 이어 도강의 법금이 해제되니, 우리나라 사람들은 비로소 자유롭게 러시아령내로 이주하게 되었다.

병신년(1896) 3월, 김광성(金光成)·김경오(金景五) 두 사람이 소성을 개척하였다. 이로부터 러시아령의 여러 곳에는 한국인 촌락이 날로 번창하여 인구가 50만 이상에 이르고 있다.

의복·음식·풍속·예절·언어·문자가 모두 조국의 옛것을 잃지 않고 있으며, 거기에다 근년(近年)에 많은 지사들이 각지로 돌아다니며 애국사상을 불어넣고 교육을 제창하여, 엄연히 새로운 한국의 기상이 있다.

아, 우리 겨레가 여기에 이주해서 이러한 발전을 성취했음은 그 누구의 힘인가. 곧 눈물과 피와 땀의 결정이다.

우리의 자손이 이를 잊을 수 있으랴. 한 가지 우리 개척민의 비화를 들겠다.

경원 사람 채(蔡) 모가 그 가족 10인을 데리고 강을 건너 창령에 이르렀는데, 러시아 파수병이 가족 중의 처녀를 추행하려 들어, 이를 완강히 거절하다가 9인이 총살당하고, 겨우 1인이 살아 목적지에 이르러 살게 되었다.

지금도 그날이 되면 하룻밤에 아홉 번 제사를 지내며 슬퍼한다. 아, 우리 겨레의 당일의 참상을 어떻게 차마 말할 수 있겠는가.

이 지역의 사회·역사로 말하면, 애초에 노동단체로서 '색중청(色中廳)'이란 것이 있어 정의를 행동의 강령으로 삼았다. 문물이 점차로 열려지고 사상이 진보되어서, 1907년 정미년에 '대한청년교육회'가 창립되었다.

이 해 이상설(李相卨)·이준(李儁)이 고종의 밀사로 네덜란드의 헤이그에서 열리는 만국평화회의에 갔다가 이준(李儁)은 순국했다. 소성(蘇城)의 김영준(金永俊)이 이준의 충렬을 사모하여 공진회(共進會)를 조직했으니, 이준의 사상계승을 취지로 삼았다. 얼마 안 되어 청년교육회에 합쳐 이름을 '대한청년교육회'라 개칭하였다. 소성학교(蘇城學校)가 설립된 데에도 이 회의 공로가 컸었다.

1909년 10월, 의사 안중근(安重根)이 하얼빈에서 이토 히로부미[伊藤博文]를 사살하고, 체포되어 여순 감옥에 갇혔다.

공판이 열리게 되자, 러시아령내의 우리 겨레들이 공공회를 조직, 의금을 각출하였다. 수만 루블(러시아 화폐의 단위)을 모아 러시아·영국·네덜란드 3나라의 변호사를 초빙, 여순 법정으로 가게하고 재미한국교포들도 1만여 원을 모아서 이를 도왔다.

1910년 8월 일본이 강압적으로 합병위약을 체결했으니, 5천년의 조국이 드디어 망하고 말았다.

유인석(柳麟錫)·이상설(李相卨)·김학만(金鶴萬) 등이 블라디보스토크의 신한촌(新韓村)에 모여 '성명회(聲鳴會)'를 조직하고, 일본 황제에게 글을 보내 그 배신행위를 극론하고 두 나라 인민들 간에 유혈의 참극이 일어나리라고 경고했다.

그리고 세계 각국에 일본을 성토하는 전문을 띄웠다. 의병을 모집하여 대거 도강하려 했는데, 일본인이 러시아 관청과 교섭하여, 이상설 이하 20여 명이 투옥되고 엄중히 경계하여 뜻대로 되지 않았다.

얼마 후 정재관(鄭在寬)·박공육(朴公六)·이강(李剛) 등을 중심으로 '국민회'가 조직되어, 재미교포들의 '국민회'와 긴밀한 연락을 취하며, 적탑(赤塔)을 중심으로 오소리(烏蘇里)의 여러 고장을 비롯하여 우랄산맥을 넘어, 러시아의 수도에까지 한국 교포가 사는 곳이면 모두 지회가 설치되었다.

임자년(1912)에 이종호(李鍾浩)가 비로소 러시아 정부로부터 허가를 얻어 '권업회(勸業會)'를 설립하고 신문을 발행했다. 신한촌(新韓村)에 본부를 두고 인추·쌍성·소성·영안평·도비하·화발포, 그 밖의 여러 곳에 지부를 두어 중지를 개발하고, 교육을 진흥시켜 크게 성과를 올렸다.

동시에 '부인회'가 신한촌에 설립되어, 예수교 신도를 주축으로 하여 애국정신을 배양하는 일에 힘쓰다가, 기미년 3월의 독립선언이 있은 후 '부인독립회'로 이름을 고쳤다.

1917년 8월, 러시아 혁명(革命)이 동기가 되어 '전로한족회(全露韓族會)'가 조직되고 《청구보(靑邱報)》를 발행하여 자치정신을 발휘했다. 12월에 다시 '중앙총회'를 쌍성에 두고, 문창범(文昌範)이 회장에, 김립(金立)·윤해(尹海) 등이 간부가 되어 각지에 연합회를 설치했다.

이때 한국교포들은 서부 유럽 출전(제1차 세계대전)의 교훈으로 애국사상이 더욱 투철해졌다.

쌍성에 사범학교를 세우고 화발포에 '노병회(勞兵會)'를 설치했다. 김기룡(金起龍)이 노병회장(勞兵會長), 김 알렉산더 부인이 의원이 되어, 이동휘(李東輝)·유동열(柳東說)·김립(金立)·전일(全一) 등 여러 사람들과 협력하여 러시아 사회당과 연락을 취하였다.

기미년 2월, '중앙총회'를 '대한국민의회'로 고치고, 따로 파리강화회의에 대표를 파견하게 되어 윤해(尹海)·고창일(高昌一)이 대표로 뽑혔다. 3월 1일, 우리 국내 동포들이 독립을 선언하자, 3월 17일에는 국민의회가 신한촌에서 독립축하회를 거행하니, 러시아령 내 각지의 교포들이 일제히 이러한 모임을 가졌다.

그밖에도 《한인신보(韓人新報)》와 《독립신문(獨立新聞)》이 있어서 독립사상을 고취시켰다. 또한 '군사교육부'를 나자구에 두고 의연금을 모집하여 청년들을 훈련시켰다.

일본인은 이런 것들을 극히 꺼려 말살시키려 했지만, 러시아인들의 비호로 마수를 뻗치지 못하였다.

올 4월 4일, 일본인은 대병력으로 블라디보스토크를 공격하여 한국인 학교를 불태웠다. 이 학교는 일찍이 구한국의 주 러시아 공사 이범진(李範晉)이 1천 루블, 그리고 이종호(李鍾浩)가 5천 루블을 내어 세웠다. 그 규모가 크고 시설이 완비되어 한국 교포의 교육 기관으로는 가장 훌륭한 것이었으므로 그들의 눈에 가시처럼 보였다. 그리고 무고한 우리나라 사람 70여 명이 체포되었다.

일본은 또 쌍성을 점령하고 우리 교포 90여 명을 체포하여 갖은 형을 가했다. 최재형(崔在亨)·김이직(金理直)·엄주필(嚴柱弼)·황경섭(黃景燮) 등 4인은, 4월 4일에 체포되어 이튿날 총살당했다.

일본의 육군성에서 발표하기를,

'이들 4인은 일본을 배척하는 조선인 단체의 유력자로서, 4월 4~5일 간에 무기로 우리 군대에 반항한 사실이 밝혀졌다. 계속 조사하기 위해 헌병대로 압송하는 도중에 이들은 틈을 타서 도망쳤다. 다시 체포하려 했으나 이들의 저항이 완강했으므로 할 수 없이 사살했다'

하였다.

아, 그들의 육군 당국의 말이 어찌 이다지도 실정과 거리가 먼가. 최재형(崔在亨)은 60여 세 노인이다. 일본군이 쌍성에 들어오자 사람들은 그에게 피신하라 하였으나, 그는 말하기를,

"내가 무슨 죄가 있기에 피신한단 말인가?"

하며, 피신하기조차도 싫어했거늘 하물며 도망치는 일임에랴. 그리고 그들의 헌병대 주둔지는 거리가 매우 멀고, 또 자동차에 태워 질풍처럼 몰아가는데 도망칠 틈이 어디에 있으며, 쇠사슬로 손발이 묶였는데 어떻게 대항을 한단 말인가.

그들은 처음부터 신문도 않고 온갖 혹형을 가한 끝에 총살했으면서도, 이처럼 터무니없는 수작을 하는 것이다. 최재형은 평소에

우리 겨레를 많이 구제하여 당지의 유력자가 되었으며, 김이직도 자선사업을 하여 교포들의 신망을 한 몸에 모아 교민단장으로 있었다. 황경섭은 자본가이다.

이들은 일본인이 미워하게 되었으므로 참혹한 죽음을 당하였다. 그밖에도 합이빈(哈爾賓)·적탑(赤塔) 등지에서 피살된 우리나라 사람들이 많다.

제24장 연통제의 대언안
聯通制 　 　 大讞案

　　임시정부에서 연통제의 반포가 있었는데 그 대강을 보면, 도에
는 독판(督判), 군에는 감독(監督), 면에는 사감(司監)을 두어 임시정
부의 지방행정기관이 되었다.

　　연통제는 정부와 긴밀한 연락을 취하며 일본인 통치의 굴레에
서 벗어나 우리의 자주적인 기초를 확립함이 목적이다.

　　그리고 각항의 조례가 명시되었으니 또한 정치상의 일대 진전이
라고 보겠다. 그러나 일본인들의 탄압과 폭력은 나날이 심해져 가
니, 우리 겨레는 공포에 떨게 되고, 이러한 제도의 실현이란 참으
로 어려운 문제였다.

　　그런데, 올 8월에 연통제의 공판이 있다는 발표가 보도되었다.
이 연통제는 함경북도 경성군에서 발생되었는데, 그 맥락은 경기
도·평안도 각지에 통했다.

　　관리·학생, 교회의 전도사 등 지식계급으로 조직되어 있으니,
막연하게 행동하는 것과는 분류를 달리했다. 그러므로 세인들의
이목을 놀라게 하고 일본 당국의 가슴을 서늘케 했다. 그 공판은
7회에 걸쳐 행해졌으며 징역에 처한 사람이 47명이나 되었는데,
그 명단은 다음과 같다.

김인서(金麟瑞)·박원혁(朴元赫)·이상호(李相鎬)·노춘섭(盧春燮)·송형섭(宋衡燮)·전재일(全在一)·정두현(鄭斗賢)·이운혁(李雲赫)·김동식(金東湜)·장창일(張昌逸)·최진남(崔鎭南)·박두환(朴斗煥)·윤병구(尹秉球)·최병학(崔秉學)·최형욱(崔衡郁)·최학남(崔學南)·박인수(朴仁壽)·엄일봉(嚴日峯)·최종일(崔宗一)·이희복(李熙馥)·이치원(李致遠)·강학병(姜鶴秉)·현창묵(玄昌黙)·임정발(林正發)·이동호(李東湖)·장천석(張天錫)·최창악(崔昌岳)·이용헌(李庸憲)·이용춘(李庸春)·엄춘섭(嚴春燮)·박대욱(朴大郁)·김병규(金秉奎)·엄기중(嚴基重)·이영순(李永順)·석인제(石鱗濟)·이규철(李揆哲)·윤태선(尹台善)·김하경(金河經)·김용락(金龍洛)·정재호(鄭在鎬)·이병하(李炳夏)·송구섭(宋玖燮)·강상호(姜尙鎬)·이재화(李在和)·석인욱(石麟旭)·박상목(朴相穆)·이남재(李南載)·강준규(姜俊奎)·이충복(李忠馥)·홍종일(洪鍾一)

공판이 열리자 사람들은 신문에 대해서 조금도 굽힘이 없이 씩씩하게 대답했다. 그 문답을 일일이 기록할 수는 없고 그중에서 몇 가지만 소개한다.

일본 재판관이 물었다.

"너는 독립운동을 했느냐?"

답왈

"그렇다."

"독립운동을 한 이유는?"

"일본의 통치에서 벗어나 조선사람으로 하여금 조선을 통치케 하려는 것이다."

"어느 때부터 그러한 사상이 있었는가?"

"한일합병이 되던 날부터 있었다."

"무엇 때문에 그러한 사상을 가졌나?"

"조선은 조선인의 조선이다. 조선인이 조선을 통치하는 것이 당연하기 때문이다. 우리는 일본 통치 밑에서 모든 권리를 박탈당하고 있다. 그렇기 때문에 우리의 행복을 위해서 독립을 요구하는 것이다."

"너는 연통제의 7개 조항에 대해서 모두 찬성하는가?"

"대부분 찬성하고 있으나 전체라고는 볼 수 없다."

"어느 조항을 찬성하지 않는가?"

"군사적인 조항만은 찬성하지 않는다."

"그 이유는?"

"우리는 전쟁할 실력이 없을 뿐만 아니라, 설사 그러한 실력이 있다손 치더라도 전쟁을 원치 않는다. 우리나라의 피탈(被奪)이 전쟁 때문이 아니었기 때문에, 나라를 찾는 것도 전쟁에 의한 방법을 원치 않는다."

"전쟁이 불가피한 경우에는?"

"그건 그때 가서 봐야겠다."

(이상은 김인서(金麟瑞)의 답변)

"지금 법정에서 우리들을 '피고'라 하는데, 이는 법 이론에 맞지 않는다. 자기 것을 찾으려는 사람이 원고가 되지 못하고, 남의 것을 강탈한 자가 원고가 될 수 있는가? 이 안건의 재판관은 영국이나 미국인은 될 수 있어도, 일본인이 되어서는 안 된다.

자유를 요구하는 것은 인류의 공통된 염원이다. 우리가 자유를 요구함이 무슨 죄가 된단 말인가? 우리들의 독립 요구는 결코 사사로운 욕망에서 나온 것이 아니라, 진심에서 우러나는 열망이다.

만일 일본인이 우리의 처지에 놓여 있다면 그러한 생각이 없겠는가? 삼천리강토가 모두 유치장이며 감옥이다. 설사 우리가 감형되어 밖으로 나간다 하더라도, 자유를 잃은 죄인임은 마찬가지이다.

우리들이 독립을 요구했다고 해서 처벌한다면, 2천만 겨레 중 누가 죄인이 아니겠는가? 저 방청하는 사람들까지도 벌줘야 할 것이다.

이제 우리들을 중죄로 다스리면, 한국인들이 두려워서 감히 다시는 독립운동을 벌이지 못하리라는 것만 생각하고, 이러한 정책이 우리 한국인들에게 더욱 반감을 불러일으켜 결사적인 독립투쟁을 하게 되리라는 것을 모르고 있는가?

갑의 소유물을 을이 빼앗았기 때문에 갑이 소송을 제기한다면, 재판관은 어떻게 판결을 내릴 것인가?"

(이상은 최종일(崔宗一)의 진술)

제25장 대한광복군의 과감한 행동

우리 민족의 독립운동 첫걸음은 극히 평화적이고 온건했으나, 다음 단계로 돌입하면서부터 사나워지기 시작했다.

처음에는 민족자결주의에 입각하여, 정의와 인도로써 남의 굴레를 벗어나 자유와 행복을 얻으려 했기 때문에, 질서를 존중하여 평화적인 방법으로 해결을 시도했다.

그들이 잘못을 반성하고 우리의 모든 고유의 권리를 반환하여 함께 동양 평화를 유지하게 되기를 바랐던 것이다.

그들이 잔인한 수법으로 우리의 형제·자매를 학살하였으니, 우리 겨레는 마침내 모두 함께 죽을 뜻을 갖게 되어, 독립운동의 양상을 달리하게 되었다. 군정서·국민회·대한청년연합회·대한독립단·대한광복군 등, 독립운동 단체가 결사대를 조직하여 도처에서 봉기하였다.

두만강에서 압록강에 걸친 수천 리가 모두 전선이 되었으며, 의주·평양·경성·대구·부산 등지에서 총성이 나날이 들리고 있으니, 이는 그들의 잔학성이 이처럼 일을 격화시켰지, 어찌 우리의 본의에서 나왔다고 보겠는가?

대한청년단연합회

3월 1일 독립선언 이후, 학생 조재건(趙在健)·함석은(咸錫殷)·오학수(吳學洙)·지중진(池仲振)·박영우(朴永祐) 등이 중국 안동현에서 '대한청년단'을 조직하였다.

그들은 독립을 성취하기 위해 투쟁하기로 결의하고 안병찬(安秉瓚)을 총재로 추대했으며 회원이 수천 명에 달하였다.

일본 경찰은 안병찬·조재건·박영우 등 7인을 체포하였다. 평양법원으로 넘겨 1년 6월의 금고형에 처했는데, 안병찬은 병 보석되어 관전현 홍통구로 피신했다.

김승만(金承萬)·김시점(金時漸) 등이 다시 '대한청년연합회'를 조직하고 더욱 그 기구를 확장시켰다.

안병찬을 총재, 김찬성(金燦星)을 부총재로 추대하고, 신문을 발행하여 사람들을 격려하여, 의용군을 모집, 전투에 대비했다.

산하에 50여 단을 거느리고 단원이 3만여 명에 이르렀다. 평양청년단장 박이준(朴履俊), 단원 계주섭(桂在燮), 박일구(朴日球) 등 11명이 《독립신문》의 발행을 획책하고, 또 폭탄을 경찰서에 던져 체포되었다.

안악군 단원 이현수(李賢洙)가 체포되어, 폭탄 25개, 뇌관 2개, 도화선 4개 등이 압수되었다.

평양 공성단에서 군자금을 모집하고, 인쇄물을 배포하다가 이근배(李根培)·황보덕삼(皇甫德三)·최경선(崔慶善)·이경선(李景善)·김윤기(金潤基)·황병두(黃炳斗)·최인식(崔仁寔)·양제은(楊濟殷)·박기복(朴基福) 및 여학생 한부선(韓富善) 등이 체포되었다.

개천군 공성단원 현기사(玄基巳)·박도현(朴道鉉)·백계홍(白啓洪)·

최상현(崔尙鉉)·박제봉(朴濟鳳)·장덕건(張德健)·이경선(李景善)·오완종(吳琬鍾)·김창섭(金昌涉)·박만희(朴萬熙) 등은 안동청년단과 연락을 취하고, 《독립신문》을 배포하다가 체포되었다.

대한국민회·한족회(韓族會) 비밀청년단 등이 서로 뭉쳤다. 후창 군수 계응규(桂應奎), 은율 군수 최병혁(崔丙赫)을 비롯하여, 많은 일본 경찰과 일본 첩자들이 청년단·독립단 등에 의해 살해되니 전국이 소란해졌다.

일본 당국은 사태를 중시하고, 군함 4척을 압록강으로 보내어 연락선을 차단하는 동시에, 1개 중대 병력을 파견하여 영국사람 상사 열융양행(悅隆洋行)을 포위하고 한국인을 수색했으나 찾아내지 못했다.

강도를 체포한다고 중국 경찰을 속이고 별안간 홍통구 청년단의 근거지를 습격했다.

총을 난사하여 함석은(咸錫殷)이 중상을 입고 돈 480원을 빼앗겼다.

안병찬·박예옥(朴禮玉)·오능조(吳能祚)·양윤례(梁允禮)·김응칠(金應七) 등 5명을 체포하여, 철봉으로 혹독하게 때린 뒤에 땅을 파고 묻으려 했었으나, 곁에 있던 한국인 형사와 중국 경찰의 강경한 반대로 중지되었다.

관전현으로 압송되는 길에 안병찬 등이 갈증을 호소하자, 그들은 물속에 독약을 넣어서 주었다.

5명은 모두 모르고 받아 마셨다가 독성이 발작하여 심한 구토를 하고 정신을 잃고 쓰러졌다.

그 중에서도 안병찬이 더욱 심하여 목이 부어 10일 이상 물도 삼키지 못했다. 관전현 지사 황조안(黃祖安)은 평소 안병찬의 위인을 존중한데다 또 병이 심했기 때문에 풀어 주었다.

선천청년단장 박병익(朴炳翼) 이하 김경두(金景斗)·박근명(朴根蓂)·엄승도(嚴承道)·이원함(李元咸) 등 남녀 70여 명을 체포하여 온갖 악형을 가하였다.

죽침을 손톱 밑으로 찔러 넣어 손가락을 꿰뚫기도 하고, 몸을 묶어 거꾸로 매달아 콧구멍으로 뜨거운 물을 붓기도 했다. 총검에 찔려 죽은 사람도 있었다.

대한독립단

지난해 3월, 조맹선(趙孟善)·조병준(趙秉準) 등이 유하현 삼원보에서 대한독립단을 조직하였다. 박장호(朴長浩)가 총재, 백삼규(百三圭)가 부총재, 조맹선이 단장, 조병준·윤창수(尹昌壽)·강유상(康有常)·변창근(邊昌根)·김승학(金承學)·양기하(梁基河) 등이 간부, 안병찬(安秉瓚)이 고문이 되었다. 총단을 서간도의 중앙에, 각 지부를 내외 요지에 두어 전투태세를 갖추었다.

대한광복군총영

대한광복군총영은 '청년', '독립' 두 큰 단체를 합쳐 성립된 것이다. 안병찬·김찬성·이탁·안동식 등이 발기인이 되었으며 조병준(趙秉準)이 참리부장에, 조맹선(趙孟善)이 사령부장에 이탁이 참모부장에 각각 취임했다. 김승만(金承萬)·오동진(吳東振) 등이 가산을 기울여 무기를 구입하고 안팎의 연락을 맡았으며, 본부를 만주에, 중앙기관을 경성에 두었다. 도와 군에는 영을, 면에는 대를 두었다. 암살대 방화대를 선봉으로 삼아 일본인 관리·친일파·매국적을 암살하며, 각 경찰서에 불을 놓고 무기를 탈취하였다.

그들은 광복군이 강을 건너는 날에 일제히 호응, 전국적으로 항일전을 벌이기로 계획을 세웠다.

의용단장 김석황(金錫璜)은 황해도 봉산 사람으로, 금년 5월 상해로 와서 임시정부의 명령을 받고 돌아갔다. 평양에 도착하여 병으로 기홀병원(紀笏病院)에 입원, 여러 날 동안 치료하면서 은밀히 동지를 모았다.

그는 다시 만주로 들어가 광복군 총영의 지시를 받고, 불일간 도강하여 맹렬히 활동하려 하였는데, 졸지에 일본인 형사를 만나 수색 당하게 되자, 다급한 끝에 육혈포를 들어 형사를 쏘아 중상을 입혔다.

김석황은 마침내 김명재(金明哉)·임승업(林承業) 등과 함께 체포되어 문초를 받았으며, 평양·평원 등지의 청년들이 많이 연루자로 구속되었다.

오학수(吳學洙)는 곽산 사람이며 지중진(池仲振)은 정주 사람이다. 그들은 대한광복군의 선봉대로 내지에서 무기를 구입하여 안동현의 연과로 옮기려 했다.

7월 상순 임시정부 특파원 이유필(李裕弼)·홍이관(洪利寬) 등이 상해에서 안동현 연락소에 도착하여 많은 사람과 함께 잤었다. 그런데, 밤중에 일경이 습격하여 오학수·지중진·김윤호 등이 총탄에 맞아 중상을 입었으며 체포된 자가 17명이었다.

이날 이륭양행의 선주 영국 상인 조지[喬治夏]가 용무로 신의주로 갔다가, 일본인이 그를 한국독립단을 동정하고 협조하는 인물이란 증거가 있다고 체포하여 투옥시켰다.

영국 정부에서 이 일을 일본 외무성에 질문하여 말썽이 생기게 되었다. 이로부터 일본인들은 당지에서 한국인을 보기만 하면 총격하여 많은 사상자를 내었다.

8월 3일 한밤중에, 평양 제삼부경찰서 안에 폭탄이 떨어져 청사 한 칸이 파괴되고, 일경 2명이 즉사하는 사건이 발생되었다.

서원이 총동원되고 응원대까지 합쳐 무장으로 수색에 나서서, 행인을 만나기만 하면 심하게 조사했다. 이튿날 오후 1시, 경관 2명이 칠성문 밖 기자능 앞에서 한 청년과 마주쳤는데 수상스럽다고 인정되어 수색하려는 순간, 그 사람이 갑자기 육혈포를 쏘는 바람에 경관은 상처를 입고 쓰러졌다.

또 2시에 서문 밖에서 경관 1명이 단도에 찔려 상처를 입었다. 경찰서에 폭발사고가 일어나던 날, 시내에 대한광복군 최급경고문(最急警告文)이 나붙었다. 독립단원 홍식(洪植)·김시형(金時馨)·김택승(金宅昇)·김택영(金宅泳)·김태가(金泰嘉)·고봉준(高鳳俊)·백의범(白義範)·정찬전(鄭贊篆) 등이 압록강 기슭에서 적과 대항해 싸우다 죽었다.

15일에는 신의주 역에 폭탄이 떨어져 대합실 유리창이 깨어지고 벽이 무너져 큰 소동을 일으켰다.

9월 1일 새벽, 선천경찰서에 폭탄이 떨어져 유리창이 깨어지고 벽이 무너진 사건이 발생했다. 순사 6명이 길을 나누어 수색작전을 펴고, 서장 이하 숙직원 3명이 역시 사격하며 추격했지만 범인을 잡지 못했다.

파편이 여기저기 떨어지고 또 '최급경고문(最急警告文)'이란 인쇄물 45매가 흩어져 있었다.

경고문은 이러하였다.

'천하의 대의와 국가의 위급을 생각하여 제군에게 알린다. 먼저 적국의 관리 노릇하는 자에게 고한다. 이제 우리들은 나라의 위급을 구하기 위해서 죽음을 무릅쓰고 싸우고 있는데, 너희들은 원수 놈의 앞잡이가 되어 동포를 해친단 말인가. 너희들이 이제 빨리 그 자리에서 물러나지 않고 계속 집착한다면 지공무사(至公無私)한 불벼락이 너희 머리 위에 떨어질 것이다.

첫째 너희들의 생명을 보전하고 그 다음으로는 너희들 자손들을 보전하기 위해서라도 빨리 자리에서 물러나라.'

그 다음은 '재산가들에게 의연을 바란다' 는 제하에,

'우리들은 나라를 위하여 죽음을 무릅쓰고 일하고 있는데, 너희들은 오직 수전노 노릇만 할 생각인가. 마땅히 그 재력에 따라 성금을 내어 우리들의 광복사업을 돕도록 하라.'

하고, 또 그 다음은,

'빨리 의거에 참여하라'

는 제하에,

'우리들은 이제 일제히 일어나야 한다. 이 위급한 때를 당하여, 대의가 마땅히 일을 함께 하여야 하며, 구차하게 살려해서는 안 된다. 어찌 앉아서 죽기를 기다릴 수 있겠는가.'

한 다음, 맨 끝에 '대한민국광복군총영인(大韓民國光復軍總營印)' 이라는 이름을 밝혔다.

신성중학교 생도 박치의(朴治毅), 광복군 결사대원 이학필(李學弼)·김응식(金應植) 등 3명이 체포되었다.

금년 여름 이후로 각처에서 독립단이 맹렬한 활동을 전개하여, 도청·경찰서 등이 많이 폭탄세례를 받았다.

8월 15일, 총무부 경무국이 다음과 같이 발표하였다.

'3월 12일, 대산 면장 및 면서기가 총살당하고 공금 800여 원 피탈, 같은 날 의주경찰서 형사 피살, 그 처 중상, 20일 신의주 경찰서 형사가 의주 고관면에서 피습부상, 24일 동군 수진면에서 평안북도 도청의 일본인 수의(獸醫) 1명이 총살당했다. 4월 1일 어떤 사람이 피살, 그 처 중상, 9일 철산군 여한면 사무소 피습 소실, 18일 창성군 신창면에서 헌병 보조원 1명 피살, 6월 12일 삭주군 구곡면주재소 피습, 순사 1명 사망, 2명 중상, 6일 강계군 문옥면 사무소 피습 소실, 8일 벽동군 송서면 사무소의 공금 700여 원 피탈, 순사 1명 중상, 10일 창성군 대창면장 피살, 15일 위원군 대안동에서 공금 800원 피탈, 같은 날 벽동군 관회면 사무소 피습 소실, 동군 경찰서 순사 부장, 같은 날 강계군 소귀면 사무소 피습 소실, 7월 6일 강계군 문흥경찰서 순사 1명 총격을 받아 중상.'

이로부터 물정(物情)이 흉흉하여 관공리나 그 밖의 유력자들은 경찰관의 보호가 아니면 감히 문밖을 나서지 못했다.

일반 부호들은 돈을 묶어 놓고 독립단이 찾아오면 주어 보낼 준비를 하고 있기도 하고, 다른 도로 피신하는 자도 있다. 선천·용천·의주·구성 등 각 면장이 모두 사직하였다.

일본 헌병사령부 조사에 의하면, 금년 3월부터 9월 1일까지, 독립단에 의한 피살자가 29명, 부상자가 23명, 관공리의 사망자가 19명, 부상자 15명인데, 그 대부분이 평안북도 관내에서 일어났다.

피살자는 헌병·순사·형사·면장 등이고, 독립단이 사용한 무기의 종류는 육혈포·소총·단도·목봉 등이며, 경찰서의 소실이 두 군데, 면사무소 및 헌병대의 소실이 다섯 군데라고 했다.

독립단원 김인준(金仁俊)은 용맹이 뛰어났다. 그는 금년 1월, 한성(서울)에 잠입하여 군자금을 모집하다가 일경에게 발각되어 잡히게 되자, 육혈포를 꺼내어 쏘아 한국인 형사 1명이 즉사하고, 일경 1명이 중상을 입었다.

김인준은 몇 집을 뛰어넘어 도망쳤으나, 겹겹으로 포위당하여 마침내 체포·투옥되었다.

암살단

전일(田一)은 삼화 사람으로 연소하면서도 장한 뜻이 있었다. 그는 중국으로 들어가 봉천사범학교를 졸업하고, 교육에 종사하면서 학계의 신임을 한 몸에 모았다.

3월 1일 독립선언 이후, 동지 이탁(李鐸)·이석(李錫:형제)·신두식(申斗湜) 등과 더불어 일본인 관리들을 죽이고 관청을 파괴할 계획을 세웠다.

먼저 폭탄을 만드는 일에 착수하고 폭탄 수백 개를 국내로 반입하려 했다.

9월 15일 밤, 봉천성 안 대성관에 두었던 폭탄 1개가 땅에 떨어져 폭발하여 전일(田一)은 즉사하고, 이석은 몰래 상해로 도망하여 구국모험단장 김성근(金聲根)의 요청으로 그 간부가 되었다.

그는 금년 4월 13일 강철 기기창으로 들어가 물품을 구입하려다 폭탄 혐의자로 영국 경찰에 체포되어 일본 영사관에 인도되어 평양 경찰서로 송치되었다.

성진 사람 이용석(李容石), 단천 사람 조학길(趙學吉), 의주 사람 오흥삼(吳興三) 등이 폭탄을 국내로 반입하다가 발각되어 체포되었다.

평양사람 임종영(林鍾英)·정정협(鄭正協)·이창민(李昌敏), 강서 사람 박면하(朴冕河)·김인화(金仁華)·이승두(李承斗)·김경두(金京斗) 등이 작년 가을 비밀히 한민회(韓民會)를 조직하고, 그 안에 통신·경고·암살·진멸(進滅)·구제(救濟) 등 여러 부서를 두어 널리 회원을 모집했다. 그들은 군자금을 모아 반은 임시정부로, 반은 국외로부터 들어오는 독립단원에게 보조금으로 주었다. 그리고 비밀리에 군자금을 모아 암살계획을 진행시키다가 일경에게 탐지되어 체포·투옥되었다

강동군에 거주하는 이지한(李致漢)·이석돈(李錫敦)·최인택(崔仁澤)·이죽수(李竹水)·이득형(李得馨) 등 여러 사람이 비밀결사인 농민단을 조직하고 다방면으로 독립운동을 원조했다.

처음에는 온건한 태도를 취했으나 뒤에는 과감하게 나와, 강동 경찰서에 폭탄을 던져 건물을 파괴했다. 일경의 맹렬한 수색전으로 단원 12명이 체포되었는데, 대부분 연령이 21, 22세였다.

금년 4월 8일, 일본군 군수물자 수송차량이 나남을 통과할 때

궤도 폭파사건이 발생하였다. 일본 당국은 엄밀히 수사했으나 범인을 찾아내지는 못했다.

함흥신민단장 김덕선(金德宣)이 여러 동지들과 함께 무기를 비밀소지하고 일본군이 경비하는 지역을 왕래하면서 암살계획을 추진하다가, 일본 경찰에게 탐지되어 동지 6명과 함께 체포됐다.

철산 사람 정원범(鄭元範)은 숭의단장(崇義團長)이 되었다. 그는 동지 수십 명과 함께 의거를 일으켰다가 일본 경찰에게 사살되었다.

4월 13일, 일본 경시청 특별고등과 발표에 의하면 동경 시내에서 모종의 중대사건이 발각되어 한국 상인 김남일(金南一), 중앙우편국원 박모(朴某) 등 한국인 5명이 체포되어 비밀리에 조사를 받고 있다 하였다.

또 한 보도에 의하면, 동경에 거주하는 한국인이 국무회의가 열리고 있는 기회를 이용, 일거에 일본 고관들을 폭살하려고 폭탄을 운반, 거의 일이 이루어지려는 순간 발각되었는데, 일본 관헌은 이 사건을 극비에 붙이고 있다고 하였다. 각 신문들의 보도에 이러한 사건은 한국 문제에 중대한 영향을 미친다 하였다.

7월 29일, 총독부 경무국에서 윤소룡(尹少龍)·이성우(李成宇)·황상규(黃尙奎)·곽재기(郭在驥)·이낙준(李洛俊)·김병환(金鉼煥)·김기득(金寄得) 등 7인의 폭탄사건을 발표하였다. 이들은 조선 총독 이하여러 고관을 암살하고 총독부를 비롯, 경성일보사·동양척식회사 등을 폭파하려 했던 것이다.

작년 3월, 독립운동이 전개되자 김병환·윤소룡 등이 밀양에서 이에 호응했다가 체포되어, 김병환은 징역 6월, 윤소룡은 징역 1년 6월에 각각 처해졌다.

곽재기·김기득·황상규 등은 이 운동에 참가한 후, 중국 길림성 동영현 소수분으로 들어가 이성우를 비롯하여 그 밖의 지사들과 접촉하였다. 황상규는 군정서 회계과장에 취임하여 군자금의 출납 사무를 맡았다.

이들은 의열단을 조직하고 과감한 행동의 실천을 결의하고, 먼저 폭탄 만드는 방법을 배웠다. 동년 9월 상순, 곽재기·김기득 두 사람이 상해로 건너가서 폭탄을 구입하려 했으나 자금부족으로 뜻을 이루지 못했다.

이들은 길림으로 돌아와 돈을 마련하여 이성우와 함께 상해로 다시 건너가, 금년 2월에야 비로소 폭탄 3개와 이에 따른 약품 등을 입수할 수 있었다.

조현상(趙賢尙)과 의논하고 중국 우편을 이용, 소포로 이를 안동현 모 외국인 앞으로 보내어 곧 뒤쫓아 가서 찾았다.

황상규·윤소룡 등과 의논하고 동지 이낙준의 집에 머물면서 폭탄의 국내 반입, 군자금 모집, 정세조사 등으로 바쁘게 지냈다.

이낙준의 손을 거쳐 폭탄을 밀양청년단장 김병환에게로 보내고, 경성으로 숨어들어 숙소를 바꿔가면서 비밀리에 총독부·경성일보사·동양척식회사 등 기관의 상황을 염탐하며, 폭탄을 투척하는 방법을 모색하다가 일경에게 체포·투옥되었다.

경상남도 결사대장 황태익(黃泰益)은 작년 3월에, 천도교주 손병희(孫秉熙)를 방문했는데 손 교주가 부탁하기를,

"지금 세계정세가 크게 달라져 가고 있다. 마땅히 정치 방면으로 나서서 국권을 회복하는 일에 힘써야 할 것이다"
하였다.

이때부터 황태익은 동지를 모아 독립운동에 종사했다. 금년 3월 9일 진주 옥강리에서 비밀리에 경남결사대를 조직하고 상해 임시정부에 협력하여 독립을 촉진키로 결의했다.

결사대의 명부를 만들고 항일책자를 발행했다. 진주를 중심으로 고성·창원·사천·산청·함안·영산·의령·합천 등지를 돌아다니며 널리 동지를 모은 한편, 경성을 드나들면서 상해와 연락을 취했다.

3월 상순, 총독 사이토 마코토[齋藤實]가 남한 각지를 순시한다는 말을 듣고 암살할 계획을 진행시켰으나 사이토 총독이 가는 곳마다 경계가 삼엄하여 뜻을 이루지 못했다.

곧 이어서 부산 축항식 축하회에 정무총감 미즈노(水野)를 비롯한 고관들이 온다는 말을 듣고, 또 암살계획을 세웠지만 역시 군경의 삼엄한 경비로 인하여 좌절되고 말았다. 황태익은 동지를 부산으로 파견하고, 자신은 고성군 구만면 화림리 산중에 들어가 천도교 경남청년회장 김의진(金義鎭)을 비롯하여, 임태준(林台俊)·노성화(盧聖和)·황호익(黃鎬益)·노응범(盧應凡)·강재순(姜在淳)·강대규(姜大規) 등과 장래 계획을 밀의하다가 진주 일경에게 탐지되어 피체, 진주 검사국으로 넘겨졌다.

6월 26일 밤, 대구경찰서는 순경을 소집, 시내의 남산동을 포위하고 물샐틈없는 경계망을 펴고, 형사들이 한국인 집으로 돌입, 범인을 체포하고 폭탄 1개, 화약 250여 장을 압수했다. 정무총감 미즈노가 대구역에 도착할 때에 폭탄을 던져 습격하였으나 삼엄한 경계 때문에 뜻을 이루지 못하였다.

7월 30일 밤, 주연길 일본영사관 경찰대가, 우리 군정서 결사대

몇 명이 용정촌 홍신동 한국인 부락에서의 잠복을 탐지하고, 급습하여 장홍국(張鴻國) 등 4명이 체포되고 폭탄 1개가 발견되었다.

10월 25일 동경 발신에 의하면, 모 해군병기공장에서 조선 기술공이 폭탄 200개를 빼돌렸다가 발각돼 구주(九州)로 달아났다 하였다. 경찰의 발표에 의하면, 요즘 폭탄 망실이 자주 발생되는데 반드시 한국인의 가택수색에서 찾아내고 있다 하였다.

어떤 한국인의 말에 의하면, 전일 일본 육군중학교를 졸업한 한국인 이모가 일찍이 조선의 북녘 국경지방에 육군학교를 설립하여, 현재 군관 100명을 교련시키고 있다 하였다.

경찰발표에 의하면 시모노세키[下關]에 한국인 비밀결사대가 있는데, 이들은 청년으로서 표면상으로는 상점 따위에 근무하면서, 비밀리에 무기·폭탄 등을 모아서 조선으로 운반하고 있다 하였다.

제26장 서상한·김영철·박재혁 3열사
徐相漢　　　金榮哲　　　朴在赫

　서상한(徐相漢)은 경상북도 대구 사람이다. 그는 고등보통학교 학생 때 일본 동경으로 건너가 메이지대학[明治大学]에 입학하여 경제과를 졸업, 다시 세이소쿠영어학교[正則英語學校]에 입학하여 공부했는데, 학자금 조달을 위하여 신문 또는 우편물 배달을 하기도 했다.

　금년 20세로 얼굴이 아름답고 재주가 뛰어났으며, 행동이 단정하고 뜻이 높아 학생들의 신망을 한 몸에 모았다. 그는 항상 동지들에게 말하기를 '나는 무슨 일을 하든 결코 생명을 아끼지 않으리라' 하였다.

　금년 4월 28일, 영친왕(英親王) 이은(李垠)이 일본의 방자여왕(芳子女王)과 결혼하게 되어, 사이토 마코토[齋藤實]·이완용 등이 결혼식에 참석키로 되었다.

　서상한은 이번 기회에 이들을 죽이는 동시에, 일본 내무성·외무성·경시청 등을 폭파하여 세계의 이목을 집중시켜, 우리의 독립운동의 기세를 북돋기로 꾀하였다.

　그는 인삼 장수로 가장하고 동경 본향구 김기수 여관(金耆秀旅館)에 묵으면서, 비밀리에 일본인 소년 우에무라 야스보노[上村安五

郎]·우에무라 긴사크[上村欣作] 등을 시켜 화약 등을 구입하여 폭탄을 여러 개 만들었다.

그의 친구 중 한국인 중앙 대학생 신모라는 자가 있었는데, 서상한은 그 자가 일본의 첩자인 줄 모르고 자기의 의도하는 바를 말하고, 함께 왕자원(王子原)으로 가서 사제 폭탄을 실험한 결과 성능이 우수함을 인정하고 일을 실행하기로 결정했다.

육혈포 두 자루마저 입수하여 소지하고 신문배달부로 변장, 영친 왕저로 잠입하려 하다가 니시칸다[西神田] 경찰서에 체포·투옥되어 공판 결과 6년 징역형을 받았으니 이는 신모의 밀고에 의함이었다.

서상한의 3형제는 모두 지사였다. 맏형 서상일(相一)은 독립운동에 참가했다가 체포·구금되어 이미 해를 지났으며, 둘째 형 서상규(相奎)는 시베리아로 건너가서 조국의 독립을 위해 맹렬히 활동하고 있다고 한다.

김영철(金榮哲)은 평안북도 영변 사람으로 금년 나이 28세다. 위인이 호협·용감하였으며, 기독교를 믿어 담배·술을 입에 대지 않았다.

일찍이 아버지를 여의고 홀어머니 밑에서 자란 형제·자매가 없는 독자였다. 그는 구한국 시대에 잠시 군인 노릇을 했다. 이토 히로부미가 우리 군대를 해산시키고 데라우치 마사타케[寺內正毅]가 우리나라를 일본에 합병시키니, 김영철은 비분강개하여 조국광복에 몸을 바치기로 결심하였다.

드디어 남만주로 들어가 한국교포들이 사는 지역으로 돌아다니며 애국사상을 고취시켰다. 1919년 3월 1일 독립선언이 발표되고 독립운동이 가열해지자, 그는 만주에서 광복군의 결사대장이 되었다.

금년 8월, 미국 국회 의원단의 동양 시찰이 중국에서 내한하기로 일정이 알려지자, 그는 이를 절호의 기회로 여겼다. 장사꾼으로 가장하고 함경도 북포(北布:細布:조선 때, 함경북도에서 생산하던 올이 가늘고 고운 베)를 구입하여 폭탄·육혈포 등의 무기를 그 속에 넣어서 등에 짊어지고, 지름길로 풍찬노숙(風餐露宿:바람과 이슬을 맞으며 한데에서 먹고 잔다는 뜻)하며 1,500리를 걸어 경성에 도착, 평진동의 그의 인척 이승진(李昇鎭)을 찾아가서 그 집에 묵었다.

북포(北布)를 판다고 시중 상인을 불러다가 값을 흥정하고, 손해가 100여 원이 나기 때문에 팔 수가 없다는 둥 하여, 주인집에는 추호도 기미를 보이지 않았다.

그의 계획은 미국 의원단이 입경하는 날, 폭탄과 육혈포로 총독부·경찰서 등을 습격하여 크게 소동을 일으켜, 미국 의원단에게 우리 민족의 열렬한 독립투쟁을 알리려 함이었다.

이때 우리나라 사람들 중 미국 의원들에게 글을 보내는 이도 있고, 환영의 뜻을 표시하는 이도 있었으며, 만주 광복군의 경고문 살포도 있었기 때문에, 일본인의 경비가 십분 삼엄했으며 경찰력이 강화되었다.

23일의 거사를 하루 앞두고 동지 8명과 함께 중국 음식점 아숙원에서 영결하는 자리를 가졌다. 이때 일본 경찰 1명이 들어와 방안을 한 번 들러보고 나갔다.

김영철은 눈 한 번 거들떠보지도 않고 태연자약했다. 얼마 안되어 수많은 일본인 경찰들이 무장하고 달려와 방 안으로 침입,

사람들을 묶었으나 그는 낯빛도 변하지 않았다.

9명이 모두 제3부 경찰서에 수감되어 취조를 받고 많은 연루자가 나오고 김영철은 내란죄에 처해졌다.

박재혁(朴在赫)은 경상남도 부산진 사람으로, 위인이 생각이 깊고 뜻이 굳세었으며 상업학교를 졸업하였다.

일본인 교장의 소개로 삼정물산회사에 취직되어 몇 달 동안 근무했으나, 일본인들의 무례한 행동에 분노를 느껴 사임하였다.

또 전차 회사에 취직했으나 역시 일본인들과 충돌을 일으켜 그만두고는 남양으로 건너가 엿을 만들어 생활하였다.

우리 민족이 독립을 선포하고, 상해에 임시정부를 세웠다는 소식을 듣고는, 장사를 그만두고 상해로 와서 헌신보국을 맹세하였다.

부산으로 돌아와 9월 14일, 당지의 경찰서장 하시모토[橋本秀平]와 만났다. 얼굴에 웃음을 띠고 몸을 약간 굽히면서 탁자 위에 무슨 물건을 올려놓는 순간, 폭탄이 터지는 굉음이 일어나자 지붕이 날아가고 연기가 방 안에 자욱하였다.

경찰들은 실색하고 몸 둘 곳을 몰라 했다. 연기가 걷히고 보니, 백의 청년은 상처를 입었고 하시모토 서장은 오른쪽 무릎 뼈가 부서졌다. 백의청년 박재혁(朴在赫)은 체포되었다.

일본인 검사 4명이 급히 기차로 달려와 그를 입원시켜 치료한 후 엄중한 문초를 진행하였다.

제27장 미 의원단이 내한했을 때의 광경

미국 상하 양원 의원 49명이 동양관광단을 조직하고 금년 7월 초 미국을 떠나 8월 15일 상해에 도착했다. 우리 임시정부 및 각 단체가 이들을 환영했으며, 글을 보내어 독립을 열망한다는 의사를 표시했다.

그들이 북경에 이르자, 임시정부 대표 안창호(安昌浩)·여운형(呂運亨) 등이 호텔로 찾아가, 일본이 한국을 병탄한 후의 우리 겨레에 대한 탄압, 이번 독립선언의 의의, 앞으로의 방침 등에 대하여 설명하고, 정의와 인도에 입각하여 원조를 요청하였다.

의원단은 23일에 봉천을 출발하여 이튿날 경성에 이르렀으니, 이는 조선의 문물제도를 살피려 함이었다.

봉천에 주둔하고 있는 일본군대는 미국 의원단이 봉천에 도착하기에 앞서, 성 안팎에 거주하는 한국 남자 260여 명을 체포, 일 조계 안의 그들 헌병대에 구금했다가, 미국 의원단이 봉천을 떠난 그 다음날에야 석방했다.

아마도 일본인들이 상해의 한국인과 그곳 한국인들이 협력하여 미국 의원단이 봉천에 도착했을 때 독립운동을 전개하고, 또 운동의 진상을 이들 의원들에게 알리리라는 정보를 입수했기 때문에 예비 구속을 한 듯하다.

의주읍에서 인력거 차부 10여 명이 모여 '대한독립 만세'를 불러 소요를 일으켜, 한때 군중이 모여들어 이에 호응, 형세가 매우 험악했다. 많은 일본 경찰들이 달려와 사태를 진압하고 주모자 1명을 체포했다.

곽산·안주 등 철도 연변에서 한국인 40, 50명 혹은 70, 80명이 미국 국기를 손에 들고 만세를 불렀다. 미국 의원단과 그 부인들 일행은 모두 차창을 열고, 모자·수건 따위를 흔들어 감사의 뜻을 표하였다.

평양에 있는 평안남도 도청은 일찍이 폭탄 세례를 받은 일이 있었기 때문에 경비를 엄중히 하고 있었다.

시내의 각 관청마다 적지 않은 경찰이 배치되어, 낮에는 칼을 차고 밤에는 총을 메고 파수하였다. 그들은 사람을 보기만 하면 몸을 수색하기 때문에, 시민들은 비록 볼일이 있어도 감히 외출을 못 하는 형편이었다.

특히 기차 정거장에서는 모든 행인을 빠짐없이 검문·검색하였다. 평양뿐만 아니라 각지가 모두 마찬가지였다. 미국 의원단이 도착될 때에는 통행이 금지되었다.

의원단이 개성역을 통과할 때 몇 백 명의 군중이 모여들어 크게 만세를 불렀는데, 일본 경찰은 곧 무력으로 이를 해산시키고 주모자를 체포했다. 그리고 역에는 이들을 환영하려는 현지 인사들이 많았는데, 일본경찰은 한국인의 역 구내 출입을 엄금했으며, 억지로 들어가려다가 얻어맞아 중상을 입은 자도 있었다.

23일 야밤에, 경성에서 대한중흥단의 경고문이 시내에 살포되었는데, 그 대략은 '이번 미국 의원단의 입성 때는 온 시민이 마땅히 모두 철시해야 한다. 만일 이에 응하지 않으면 상당한 벌이 있을 것이다' 하였다. 그래서 각 상점이 모두 문을 닫았고, 비록 경관이 강제로 문을 열게 해도 응하는 자가 없었다.

경찰서에서 관내의 각 상점 주인을 불러, 문을 열도록 권고하여 돌려보냈지만 여전히 열지 않았다.

이 날에 구치감 안의 죄수 300여 명이 대대적으로 만세를 불렀다.

24일 오후 8시, 위원단이 남대문 역에 도착하여 내외국인의 환영을 받았으며 연로의 경비가 철통같았다. 이튿날 국제 친화회를 방문하고, 사이토 마코토[齋藤實]의 초대연에 참석한 뒤 시내를 두루 구경했다.

창덕궁·경복궁·고등보통학교·상품진열관·비원·남산공원·한양공원·총독부병원·의학전문학교·중앙시험소·공업전문학교 등을 돌아봤다.

이때, 한국인들은 환영회를 베풀기 위해 국제 친화회 간사인 일본인 니와스토시로[丹羽淸太郎]를 중개하여 미국 의원단을 초청하기로 승낙을 얻었다.

25일 오후 3시 반경, 청년회관에서 환영회 준비를 서두르고 있는데, 일본인이 와서 미국 의원들이 출석할 수 없다고 통고하였다.

한국인들은 일본인의 말을 전혀 믿을 수 없어, 이상재(李商在)로 하여금 미국 의원들을 찾아가 물어보게 하였더니, 의원들이 대답하기를 "일본 경무국에서 비공식으로 와서 말하였습니다. '당신들이 한국인들의 환영회에 참석하고 싶거든 마음대로 하시오. 다만 신변에 무슨 위험이 있더라도 연도의 경비는 맡지 않겠소' 라고. 이렇게 말하는 데 우리가 무리해서 갈 수는 없습니다. 한국인들의 호의를 저버리게 되어 유감으로 생각합니다. 오직 한국인들의 앞날의 행복을 빕니다." 하였다.

사람들은 환영회를 단념하고 오직 기념품 증정 문제를 협의하고 있었는데, 별안간 자동차 1대가 비를 무릅쓰고 당도하더니, 누른 복장으로 가슴에다 성조기를 단 인사가 나타났다. 그는 바로 미국의원 허리스만이었다.

사람들이 곧 계단으로 내려와 영접하고 인도하여 강단에 오르게 했다.

청년회원 쥬리크(具禮久)가 두 손을 높이 드니 사람들은 모두 이에 따라 만세 삼창을 하였다. 허리스만은 정중한 예로 열렬한 환영에 사의를 표했다.

한국인들이 정의·인도에 입각한 자유 쟁취 문제를 거론하자, 허리스만은 이에 답하기를,

"조선청년 여러분, 우리는 본국을 떠나 수륙만리 4개월의 여정으로 동양을 방문하였습니다. 귀국을 두루 돌아보고 싶지만, 지금 일본의 빈객이므로 일본 관헌의 말을 따르지 않을 수 없습니다. 비록 여러분의 성의에 부응하지는 못하더라도 한 번 여러분을 만나, 섭섭한 회포를 풀어보려 개인적으로 찾아온 것입니다. 귀국의 맑고도 아름다운 산수를 대해 보니, 저의 고향 캘리포니아의 산천이 머릿속에 떠오릅니다. 여러분의 얼굴을 대해 보니 우리나라 청년들처럼 활기를 띠고 희망에 차 있습니다. 여러분은 학문과 기술에 힘써서 실

력 향상을 도모하고, 정의와 인도에 입각하여 분투노력하시
기 진심으로 바랍니다. 나는 여러분과 장황하게 말할 시간
이 없습니다. 나는 비록 본국으로 돌아가더라도, 여러분으로
부터 받은 인상은 영원히 사라지지 않을 것입니다"

하였다.

사람들은 모두 박수갈채를 보냈으며, 심지어는 감격의 눈물을
흘렸다. 이상재(李商在)가 답사하기를,

　　"우리가 미국을 친애하는 것은 그 나라의 부강 때문이 아
　　닙니다. 오직 하나님의 뜻에 따라 정의와 인도를 부르짖기
　　때문입니다"

하니, 사람들은 또다시 박수를 보냈다.

이때 일본 경찰서장이 순사 40여 명을 대동하고 회관으로 돌입
하여, 손으로 미국 의원을 가리키며 순사들에게 지시하기를 "이
분을 잘 경호하여 가라" 하였다.

미국 의원이 회관을 나서자, 800여 명의 환영인사들은 모두 회
관 안에 감금되었다. 미국 의원은 이러한 광경을 보고 말하기를,
"왜 감금하는 건가? 그들을 석방하지 않으면 나도 안 가겠소!"
하고, 한동안 승강이를 벌이다가 얼마 만에야 비로소 떠났으며 모
두 무사히 흩어졌다.

한국인들은 미국 의원들에 대한 기념품으로, 은합에다 한글로
'미국 의원단 조선 시찰 기념'이라고 새겨 증정했으며, 의원의 가
족이나 부인들에게는, 정교하게 만든 대나무 그릇에 한국식 과자
를 담고, 개성 약업사에서 기증한 조선 명산 인삼을 곁들여 선물
하였다.

제28장 일본이 비적 토벌의 구실로
군대를 파견·강점하다

일본은 만주·몽고를 병탄하려는 야망에 불타 세계 여론도 돌아보지 않았다. 만주·몽고·시베리아 등지에는 비적이 횡행하여, 사람을 죽이고 재물을 약탈하는 등 만행을 자행, 이 지방의 근심거리가 되고 있다.

일본의 퇴역 군인 고이즈미[小泉] 등의 무리들이 이 지역에 잠입하여 비적과 결탁하고 무기를 공급하며 약탈을 지휘하고 있다.

이 사실은 세계의 공론이 증명하는 바이며, 그들의 언론마저도 이를 엄폐하지 못하고 있다. 소위 '문명국민'이 어찌 이 따위 짓을 할 수 있단 말인가. 이게 어찌 한 개인으로서 돈을 벌려는 목적에서 하는 짓이란 말인가. 아마도 본국의 지령에 따른 것이리라.

만주나 몽고를 생활의 터전으로 여겨, 개척 사업을 일으키기는 대다수가 중국인들이고 그 다음이 한국인들이다. 그렇기 때문에 일본의 국민을 이주시키고 토지를 차지하게 하려면, 무엇보다도 중국과 한국 두 겨레의 세력을 꺾어 버리지 않고는 안 되겠다고 생각하였다.

그리하여 비적을 이용하여 이들의 산업을 박해하고 생명을 위협하는 것이다. 그리고 또 구실을 만들어 군대를 파견, 강제로 점령하려는 계획이 하루 이틀에 이루어진 것이 아니다.

몇 해를 두고 두 민족의 마을이 비적의 습격으로 약탈·방화의 참혹한 변을 당해도 그들은 피안의 불처럼 바라보기만 하였다.

그뿐 아니라, 비적 속에 일본인의 가담 사실이 한두 번 드러난 것이 아니다.

이번 비적의 혼춘 습격사건에서, 그들은 우리 독립단과 중국 군대가 이에 가담했다고 했는데, 이 얼마나 터무니없는 억설인가.

이 사건도 그들의 교활한 계책에서 빚어졌으며, 출병 기회의 조작 구실로 삼으려 함이다. 앞서 일본인은 비적을 꾀어 우리 독립단을 잡아오면 많은 보수를 주겠다고 했다.

비적들은 이 말을 그대로 받아들이고 우리 의사 7명을 붙잡아다 일본인에게 넘겨 총살당하게 했다. 일본인이 약속을 어기고 아무런 보수도 주지 않으니 비적들은 일본인을 원망하게 되었다. 혼춘의 영사관은 북산 및 중국군 공병영 곁에 있었다.

비적이 혼춘성을 파괴하려면 먼저 공병영을 점거해야만 했다. 9월 29일, 비적의 괴수 만순·진동 등이 각각 400명의 무리들에게 대포 2문을 주어 혼춘성을 습격·함락시켰다. 이보다 앞서, 공병영을 습격하여 중국 병정 60명과 한국인 7명이 죽었다.

일본 영사관도 습격을 당했으나 죽은 자는 없었다. 일본인은 비적 소탕을 구실로 곧 2개 사단을 파견했다.

그들은 아무런 교섭도 없이 곧장 혼춘성을 점령하고는, 중국인 관리들을 쫓아내고 중국 군대를 핍박하여 물러나게 했다.

비적에 대하여는 일체 불문에 부쳐 비적은 1명의 사상자도 없었다. 그렇다면 그 의의가 비적을 소탕하는 데에 있지 않음이 분명하다.

여하간 첫째 중국 영토의 침략·점거, 둘째 한국인들을 죽여 없애려는 독한 계교이다.

그것은 혼춘 점령 이후 모든 행동에서 여실히 증명되지 않았는가. 그들의 이른바 '한국인들이 비적에 가담했다'는 것도, 사람을 함정으로 몰아넣으려는 수작이다.

한국인들이 실지로 비적에 가담했다면, 한국인들이 왜 비적에게 죽음을 당하단 말인가.

한국 지사 전성규(全星奎)·오제동(吳濟東)·김재호(金在鎬)·송계원(宋桂元) 등 4명이 음력 5월 2일에 일이 있어 길림성 몽강현 해청구를 지나다가 비적 장강호(長江好)의 부하에게 사로잡혀 갔다.

매일같이 불로 살을 지지고 바늘로 찌르는 등 갖은 악형을 하며 돈 수만 원을 요구했다. 전 씨 등 4명은 잡혀간 지 석 달이 지난 8월 9일 승광우(承光宇)·방성주(方成柱)·옥부윤(玉富潤)(이 3명도 역시 한국인들로서 유하현 삼원포 거주) 등과 함께 7명이 임강현 육도구 압록강가 숲속에서 비적에게 총격을 당했다.

6명은 즉사하고 오제동(吳濟東)만은 11군데의 상처를 입고도 다행히 죽음을 면했다.

비적이 사라진 후, 한국인 인삼장수가 이 광경을 발견하여, 6명의 시체는 부근에 매장하고 오제동은 구원받아 살아났다.

이곳 주민의 말에 의하면,

"8월 8일, 육도구 압록 강가 숲속에서 총소리가 계속하여 3번 났다. 조금 뒤 누런 복장을 한 일본인 4명이 탄약상자

5짝을 싣고 강을 건너와서 총소리가 난 곳으로 갔다. 그러
자 얼마 안 있어 이 4명 중에서 2명은 돌아가고 2명은 비적
과 합류하였다"

했다.

오제동은 말하기를,,

　　"6명이 비적의 총에 맞아 죽은 직후, 일본인이 총 수백
　　정을 1정마다 수백 발의 탄약을 붙여 비적들에게 넘겨주었
　　다"

했고, 비적들 속에서 새어나온 소식에 의하면, 일본인들이 넘겨
준 총은 약 5백 정, 탄약은 1정에 200발씩이었다고 한다.

　그 후 장강호는 그의 부하들과 함께 몽강현에서 관에 귀순하려
고, 일본인들한테서 얻은 총과 탄약을 모두 돌려보내고 돈을 청구
하니, 일본인은 노하여 이를 거절했다.

　또다시 계교를 써서 장강호를 유인하여 한국 땅으로 끌어들인
뒤 체포했다. 비밀누설(총과 탄약을 넘겨주었던 일)과 약속을 위반한 책
임을 추궁하고 당장 죽일 것처럼 하였다.

　장강호는 이미 조롱 속에 든 새다. 할 수 없이 부하들에게 연락
하여 극력 한국인들을 잡아 죽여 일본인의 요구에 따르도록 하였
다. 이로부터 서간도 일대의 많은 한국인들이 장강호의 목숨을 살
리기 위해 참혹하게 죽어갔다.

　미국인이 경영하는 《대륙보(大陸報)》의 북경 발신은,

　　"한 외국인이 혼춘 실정을 잘 알고 있다. 혼춘 동란(일본군
　이 연길 및 박서탈해만(朴西脫海灣)을 점령한 사건) 때, 마침 그곳에
　갔던 자가 통신원에게 당시의 상황을 설명하기를 '혼춘을

공격했던 비적은 실지로는 중국인들이다.

이들은 일본인들한테서 훈련받았으며, 무기 공급과 유지비도 받고 있으니 일본인들의 용병인 것이다. 그 총본부는 러시아 령 니콜라이스크에 있다. 그들은 일찍이, 여러 번 만주 동북부의 한국인 부락을 공격하였으나 한 번도 성공하지 못했다.

한국인들도 이미 준비가 되어 있었으며, 또 힘을 다하여 저항했기 때문이다. 일본 군대가 두 번 따라간 일이 있었다. 한 번에 병졸 50명, 군관 5명이 갔으니, 적당의 사기를 북돋우려는 것이었다.

적당이 혼춘을 공격했을 때, 일본군이 그 안에 끼어 있었는지 여부는 사람마다 말이 다르므로 확실한 증거가 없다. 다만 공격을 며칠 앞두고 그곳의 중국인이 경고한 글을 받아보니 곧 공격을 하리라 하였다.

경고장을 보낸 저의는 중국 군대에 겁을 주어 일본인에게 구원을 청하도록 만들려 함이었다. 진실로 그들이 바라는 대로 중국 군대에서 일본 군대의 원조를 요청했다.

일본인은 곧 소대병력을 보내어 방어 방법을 의논케 했다. 일본군과 중국 군대가 각각 다른 성문을 맡아 지키기로 결정하고 공격이 실천될 시기에 뜻밖의 분쟁이 생겼다.

일본인이 고용한 적당이 성 부근에 이르렀을 때, 진짜 비적 한 부대와 마주치게 된 것이다. 그 비적들은 일본인들을 위하여 일하기를 원치 않았으며, 공교롭게도 이 비적도 혼춘을 치러 왔다.

쌍방이 재삼 협상을 시도한 결과, 일본인이 고용한 적당을 일본군이 파수하는 성문을 치고, 진짜 비적은 중국 군대가 지키는 성문을 치기로 낙착을 보아, 쌍방이 동시에 공격해 들어갔다.

일본군이 파수하던 성문에서는 몇 번 총격전이 있은 뒤, 일본군이 그들의 동맹군인 적당의 입성을 허용하고 뒤로 물러섰다. 한편, 중국 군대가 파수하는 성문에서는 중국 군대가 용감하게 싸워 비적을 물리치려 하였다.

그러나 다른 적당이 이미 입성하여 성 안이 도적의 통제 밑에 들어 있음을 알고는 더 대항해 싸우지 않았다. 두 패의 비적들이 약탈을 자행하는 중에, 일본영사관을 습격했으나 사람은 죽이지 않았다.

일본군은 이미 그곳에서 물러가 있었다. 약탈이 끝나자 두 적당은 또다시 모여 협상으로 들어갔다. 일본인이 고용한 적당마저도 앞으로 그들의 이용물이 되지 않고 일본군을 만나기만 하면 괴롭히기로 방침을 바꿨다.

회령 방면의 일본군이 구원을 하려 달려왔는데, 두 적당이 합세하여 맹공격을 퍼부어 쌍방이 모두 같이 많은 사상자를 냈다. 이것이 곧 일본인에게 연길지구 전역을 강점하는 구실을 주게 된 것이다' 하였다"

는 내용이었다.

로이터 통신 10월 18일 전신에 의하면,

"일본정부는 이미 박서탈해만(朴西脫海灣)으로 전함을 파견했으며, 또 출병하여 중국의 혼춘과 연길지구 전역을 점령

했다. 일본인이 시베리아의 해빈성과 블라디보스토크 점령은 일본군으로 하여금 연길지구를 관할하는 데에 편리케 하는 동시에, 시베리아에서 조선에 이르는 전 해안선을 확보하려 함이니, 욕망이 실로 지나치다고 보겠다.

금년에 조선에서 일이 발생하고(독립선언을 가리킨 듯) 시베리아에서도 말썽이 많아, 이 두 곳 피난민들이 연길지구로 모여들었다.

일본이 토비(土匪:지방의 비적)를 제거한다는 구실로 출병하여 이 지역을 점령하였다. 그러나 중국인들은 모두, 이 '토비(土匪)'란 것은 일본이 비밀리에 사주하여 일본군이 이 지역을 강점하는 데에 편리하게 만든 것임을 알고 있다"

하였다.

제29장 우리 의병들의 4전4첩의 뛰어난 공격
四戰四捷

우리는 군정서는 길림성 화룡현에 있으며, 사관을 훈련하고 전투 장비를 정비하여, 저마다 죽기로써 한 번 싸울 결의를 가지고 있다.

다만 병력이 부족하고 보급이 뒤를 대지 못할 것을 걱정하여, 급하게 싸우려 들지 못하고 사태를 관망하면서 준비에 힘썼다.

9월이 되자 중국 군인의 간섭이 있었다. 우리에게 다른 곳으로 이동하라 하였으니, 일본인의 핍박을 견디지 못하였기 때문이다.

우리는 할 수 없이 9월 20일에 여단을 조직하였다. 사관 졸업생이 200여 명, 새로 모집한 병사가 270여 명이다. 사령관 김좌진(金佐鎭), 여단장 이범석(李範奭)이 이들을 거느리고 길을 떠나 안도현을 향했다.

이보다 앞서 서군정서 대표 홍범도(洪範圖)가 사람을 보내 와서, 2부대의 연합을 의논하고 유수하에서 모이기로 결정을 보았다.

군정서의 군대가 동복을 준비하기 위해, 10여 일을 체류하는 동안에 혼춘사건이 일어났다. 아군은 10월 16일에 삼도구에 이르렀다.

18일, 일본군 3개 대대가 무산에서 공격해 온다는 소식을 듣고,

청산리로 들어가 요해처 숲속에 잠복하고 기다렸다.

적이 대대 병력으로 실제 추격해 왔다. 아군이 갑자기 기동하여 맹렬히 사격을 퍼부어 적은 450여 명이 죽고 60여 명이 부상한 참패를 당했으며, 후속부대도 두려워하여 물러갔다.

아군은 비록 승리를 거두었으나 적은 군사로써 적을 대항하기 어려웠으므로 산골짜기로 이도구를 향했다. 길을 잃어 수십 리를 우회하여 곧장 도달하지 못했다.

적군은 아군이 틀림없이 이도구로 갔으리라 여겨, 우리보다 먼저 도착하여 길을 갈라 수색작전을 펴나갔다. 저희들끼리 서로 맞부딪혀 한쪽을 아군으로 오인하여, 총격전을 벌여 180여 명이 죽고 70명이 중상이었다. 아군의 제복·제모가 적군과 꼭 같았기 때문이다.

22일, 적이 또 1개 연대, 1개 대대의 병력으로 이도구로 공격해 들어왔다. 적은 3회에 걸쳐 돌격해 들어왔으나, 아군이 용감하게 싸워 적은 수백 명의 사상자를 내고 견디지 못하여 물러갔다.

우리 사령관 김좌진은 그들이 먼저 북산을 점령할까 염려하여 1대의 병력을 이끌고 먼저 올라가고 적이 뒤따라 올라왔다. 당일의 군호를 적이 백기로 했는데 우리도 백기를 사용했다.

아군이 의심하여 한국말로 불렀는데 적은 일본말로 대답했으므로, 아군이 마침내 사격을 퍼부어 적은 250여 명의 사상자를 내고 물러갔다.

아군은 숲속을 뚫고 30여 리를 행군하여 마노구에 이르러 휴식을 취했다.

적의 증원부대가 도착했으나 아군이 이미 빠져나온 줄 모르고 포위작전을 폈다. 수풀에 불을 놓고는 남북 두 방면에서 약간의 거리를 두고 병력을 잠복 대기시켰다.

아군의 기척이 보이지 않자, 양쪽에 매복했던 군대들이 서로 알리지도 않고 길을 나누어 수색을 벌이다가, 또다시 피차의 오인으로 충돌을 일으켜 200여 명의 사상자를 냈다.

이 전투에서 아군은 속사포 5문, 기관총 30정, 탄약 5천발, 말 20필, 군도 20자루, 쌍안망원경 5개, 손목시계 20개, 군용지도 6매를 노획했다.

우리 사령부의 발표에 의하면, 적군의 사상자가 1,600여 명으로 되어 있다. 중국 관변에서 조사한 바로는, 일본군 사상이 1,300여 명이라 했다. 그리고 일본 영사관의 비밀보고에 의하면, 이도구 전역에서 카노[加納] 연대장을 비롯하여 대대장 2명, 소대장 9명, 하사이하 병사의 사상자가 800여 명에 달한다고 했으며, 청산리 전투에서의 사망에 대해서는 확실한 보도가 없다.

그들의 모가지를 16트럭이나 실어 내었다고 하는데, 이는 많은 사람들의 목격담이다.

적은 아군보다 10배나 많은 병력이었으며, 모두 훈련이 잘 되고 전투 경험이 풍부한데다, 여러 가지 정예무기를 지니고 있었다.

아군은 태반이 새로 모집되어 입대한 지 3, 4일 또는 5, 6일에 불과했으며, 최고참이 2개월 정도였다. 그나마도 며칠씩 굶고 피곤하기 짝이 없었으며, 가진 것이라고는 소총·기관총에 불과했다.

아군의 대적은, 마치 달걀로 돌을 치는 것과 같았다. 그런데도 전후 4차의 격전에서 1천여 명의 적을 섬멸했는데, 아군은 1명의 희생자도 없고 단지 5명이 가벼운 상처를 입었을 뿐이다.

그렇기 때문에 우리 한국인들은 물론, 중국인들을 비롯하여 유럽인들마저도 우레와 같은 환호를 보냈다. 인류 역사상 미증유의 대 전공이라 하여 세계를 떠들썩하게 만들었다.

비록 막판에 식량이 떨어지고 총탄이 다하여 물러서기는 했더라도, 그 무용을 과시한 아군의 면목은 역력히 빛났다.

제30장 왜적이 우리 양민을
대거 학살한 참극을 빚다

아, 세계 여러 민족들 중 나라를 위해 몸을 바친 자가 어찌 수를 셀 수 있으랴. 그러나 우리 겨레의 남녀노유처럼 참혹한 죽음을 당한 일은 없을 것이다.

역대의 전쟁사를 통하여, 군사를 풀어 사람을 죽인 일이 또한 어찌 그 수를 셀 수 있으랴. 그러나 왜적처럼 잔인·포악했다는 말을 들어보지 못했다.

백기(白起:전국시대 진나라 장수. 무안군이 되다)가 장평에서 조나라[趙]의 항복군 40만을 매장해 죽이고, 항우(項羽:楚霸王)가 신안에서 진의 군사 20만을 죽인 잔인무도한 처사는 널리 알려져 있지만, 그래도 그것은 상대가 전투원이었다. 그러나 저 왜병이 학살을 자행한 것은 우리 서·북간도의 양민이었으니, 인류역사상 일찍이 이러한 일이 있었던가.

우리 겨레는 흉년에 굶주림을 못 견디어, 또는 망국의 한을 안고 남부여대로 노유를 이끌고 도강하였으며, 누구 하나 보호해 줄 사람도 없는 고달픈 신세였다. 맨손으로 가시밭을 매고 개간하여 부락을 이루고 살면서, 어려움을 견디고 각고근면(刻苦勤勉:고생을 참아내며 부지런함)하여 점차 발전을 가져오게 되었다.

그들은 사람으로서 도덕이 없을 수 없고, 자제들에게 교육을 베풀지 않을 수 없다고 하여, 교회를 세우고 학교를 세웠다. 궁벽한 땅에 글 읽는 소리가 메아리쳤다.

중국인들이나 유럽인들 모두 그들의 선미(善美)한 풍속에 찬사를 아끼지 않았고, 그리고 그곳은 우리 교포의 가장 희망에 찬 땅이었다. 왜적들은 이에 대해 시기심을 품고, 기회를 노려 우리 겨레를 해칠 생각을 가진 지 이미 오래였다.

금년 10월, 혼춘의 비적사건을 구실로, '비적소탕'이란 명분을 내세워 군대를 파견, 혼춘을 강점하고 우리 겨레의 학살을 감행했다.

그들의 장교라는 것들이 많은 병사를 지휘하여 각 부락의 민가·교회·학교를 비롯하여 수만 석의 양곡을 불태워 버렸다. 그리고 우리 겨레라면 남녀노소를 가리지 않고 총으로 쏴 죽이고, 칼로 찔러 죽이고, 몽둥이나 주먹으로 때려 죽였다.

산 채로 땅에 묻기도 하고 불로 태우고 가마솥에 넣어 삶기도 했다. 코를 뚫고 갈빗대를 꿰며 목을 자르고 눈을 도려내고, 껍질을 벗기고 허리를 자르며 사지에 못을 박고 손발을 끊었다.

사람의 눈으로는 차마 볼 수 없는 짓을 그들은 무슨 재미나는 일이라도 하는 것처럼 했다. 할아버지와 손자가 동시에 죽음을 당하기도 하고, 혹은 부자가 한자리에서 참혹한 형벌을 당하기도 했다.

남편을 죽여 그의 아내에게 보이기도 하고, 아우를 죽여 형에게 보이기도 했다. 죽은 부모의 혼백상자를 가지고 도망가던 형제가 일시에 화를 당하기도 했으며, 산모가 포대기에 싸인 갓난아기를 안은 채 숨지기도 했다.

　그밖에도 허다한 만행을 이루 다 기록할 수 없다. 우리나라 사람을 비롯하여 중국인·서양인들이 모두 진상을 조사해서 밝혔는데, 그 참상은 필설로 형용할 수 없다.

서·북간도 각지에서 우리 겨레에 대한 왜적의 만행 참상 조사표

(10월 5일~11월 23일)

혼춘현(琿春縣) 각지

지명	피살된사람수	체포된사람수	강간당한사람수	가구소실	학교소실	교회소실	양곡소실	비고
금당촌(金塘村)	10			70				
전선촌(電선村)	5			23			920	
연통납자(烟桶磖子)	10			14			580	황병길(黃炳吉)의 집을 수색하고 안의사의 문서를 압수 당함
대황구(大荒溝)	7				1			
두도구(頭道溝)	175			293			8,325	
동구일대(東溝一帶)	42			57				
합 6촌	249			457동	1동		9,825석	

연길현 각지

지명	피살된사람수	체포된사람수	강간당한사람수	가구소실	학교소실	교회소실	양곡소실	비고
국자가서구(局子街西溝)	8	6		7	1			김창근(金昌根), 왕금붕(王金鵬)이 체포됨
도목구(倒木溝)		4		2				허상훈(許相勳), 허중환(許仲煥), 강의권(姜義權)이 체포됨
양구하(陽九河)				10				
소영자(小營子)	60	50	25	7	1			

지명	피살된 사람수	체포된 사람수	강간당한 사람수	가구소실	학교소실	교회소실	양곡소실	비고
구수하동구 (九水河東溝)	1			2				
팔도구(八道溝)	유아 4			10	1			
의란구(依蘭溝)	60	17	2	154	3		4,620	허취권(許取權), 이송(李松), 김재 정(金在亭), 김희 (金熙), 김해관 (金海寬), 이남 극(李南極), 이종 (李鍾)
동불사북구(銅佛 寺北溝)			6					빈(彬), 김순(金 淳)이 체포되고, 강간당한 처녀 1 명이 자살
회막동(灰幕洞)	6		4	30	1		450	허영단(許靈端), 김강(金剛)이 피 살
차두구(岔頭溝)	1			23			690	
견장구(見長溝)	3	3						
옹성납자 (瓮城磖子)	32			40			1,200	이대하(李大河), 김광덕(金光德) 피살
신선동(神仙洞)				20			600	
구호촌(九戶村)				9			270	
유수하자 (柳樹河子)				9	1	1	270	
세인하남구 (細麟河南溝)	25	7	4	50	1			이름난 포수 손 모(孫某)가 피살 되고, 노유(老幼) 가 소살(燒殺)당 함
봉밀구(蜂蜜溝)	5			2				
관도구(寬道溝)	2					1		허동규(許東奎) 의 동생 피살

지명	피살된 사람수	체포된 사람수	강간당한 사람수	가구소실	학교소실	교회소실	양곡소실	비고
이도구(二道溝)	220		20	340	2	1	1,000	양향식(梁享植)의 집이 불탔으며 9세 여아가 강간당함
완루구(完樓溝)	130		5					
구세동(救世洞)				1			30	한대진(韓大震)의 집이 불탐
육도구(六道溝)	35		2					
대교동(大敎洞)	43		6					
허문(許門)	45		8	26	1	1		
약수동(藥水洞)	270			57	1	1	1,710	
대모녹구(大母鹿溝)	100			56	1	1		
장암(獐岩)	75			전소 61	1		1,800	
구용평(九龍坪)				25	1		750	
자인강(慈仁江)	4			27	1		950	
어랑촌(漁郎村)				30			320	
토문자(土門子)				38			920	
회령촌(會寧村)				59	1		1,820	
대묘구(大廟溝)		14		4			150	
소묘구(小廟溝)				1			50	
남구(南溝)		7		1	1	1		
소오도구(小五道溝)				2				
합 36촌	1,129	114	76	1,103	19	7	17,600석	

화룡현(和龍縣) 각지

송허시(松墟市)	46			115			3,760	허익근(許益根), 박도훈(朴道勳) 피살, 청년 3명이 생매장 당함
서리동(西里洞)	8			3	1			
남호상하촌(南湖上下村)	14			5				
덕화사남평(德化社南坪)				2				
서동(西洞)				4				

지명	피살된 사람수	체포된 사람수	강간당한 사람수	가구소실	학교소실	교회소실	양곡소실	비고
삼도구상촌 (三道溝上村)				전소				
고려자(高麗子)				4				
유령(柳嶺)				12				
석봉(石峰)	10			5				
삼동포(三東浦)	1			4				
후동(厚洞)				3				
마패(馬牌)	15							교원 조건식 (曺健植) 피살
승암촌(勝岩村)	4			1				
동량(東良)				27				
장동(章洞)	5						800	
수칠구(水七溝)	4			3				
대금장동곡 (大金場東谷)	5							
화호리구 (火狐狸溝)	29							
명동(明東)				12	1			마진(馬瑨)의 집이 불탐
염충현(廉忠峴)	25				1			김사범(金仕範)의 자녀 피살
천수평(天水平)	6							
청산리(靑山里)	409			전소 120	1		3,760	
정동(正東)					2			
합 23촌	583			320	6		8,320 석	

왕청현(汪淸縣) 각지

지명	피살된 사람수	체포된 사람수	강간당한 사람수	가구소실	학교소실	교회소실	양곡소실	비고
(라자구(羅子溝)) 대전자(大甸子)	870			600	3	2		
서대포(西大浦)	230			전소 80	1		2,500	
합마당(蛤蟆塘)				전소 76	1	1		
목염천(牧苒川)				전소 2				한충헌(韓忠憲), 정남윤(鄭南允)의 집이 불탐

지명	피살된사람수	체포된사람수	강간당한사람수	가구소실	학교소실	교회소실	양곡소실	비고
비파동(琵琶洞)		3						
봉오동(鳳梧桐)				전소 67			1,900	
대동(大洞)	30							
채영구(菜營溝)	36			17			670	
합 8촌	1,177	3		842동	5	3	5,070석	

영안현(寧安縣)

해림(海林)	17							

서간도(西間島) 각지

지명	피살된사람수	체포된사람수	강간당한사람수	가구소실	학교소실	교회소실	양곡소실	비고
흥경현(興京縣) 왕청문(汪淸門)	305							이시항(李時恒), 지하영(池夏永), 이봉규(李鳳奎), 이재윤(李載允), 이근진(李瑾眞) 피살
유하현(柳河縣) 삼원포(三源浦)	12	125						안동식(安東植), 한중건(韓重建), 김세탁(金世鐸), 최시명(崔時明), 방병걸(方炳杰) 피살
유하현(柳河縣) 고산자(孤山子)	1							소학교장 곽종목(郭鍾穆) 피살
관전현(寬甸縣) 및 부근 지역	480							
탕자근(湯子瑾)	1			전소			전소	윤창수(尹昌壽: 광복군 참리부 참사) 피살
장음자(長陰子)	5							강룡오(康龍五), 강병선(康秉善), 강병기(康秉基), 문세호(文世湖), 전모(田某) 피살

이 표는 긴급조사에 의한 것으로서, 아직도 확실하다고 볼 수 없다. 다음날의 좀 더 상세한 조사발표가 기대된다.

영문으로 발행되는 북경과 천진의(京津) 《태오사보(泰晤士報)》에 보도하기를 '본보가 극동의 일본 방침과는 반대되는 입장에 서 있다 하더라도, 보도만은 극히 공정을 기하고 있다. 그러므로 일본의 중국 영토 내에서의 각종 불법행동에 대하여, 일본의 강폭을 두려워하지 않고 추상같은 공격을 한다.

오늘 새벽에 접수된 확실한 보고에 의하면, 일본군이 간도에서 갖가지 만행을 자행하는 그 진상이 뚜렷하게 나타나고 있다. 이 보도를 보는 사람은 머리털이 곤두섬을 금치 못할 것이다.

일본은 교민(일본인 거류민)의 생명·재산을 보호한다는 구실로, 무리하게 중국 영토에 침입하였다.

사태가 이렇게 된 원인을 추구해 보면, 이는 전적으로 중국의 무능한 관리들에게 달려 있다. 이들은 그때그때의 미봉책에만 급급하고, 일본의 의도하는 바를 잘 파악하여 대비하지 못함으로써, 이렇게 나라의 큰 근심거리를 만들었으니, 중국 관리들이 어찌 책임을 면할 수 있겠는가.

그리고 혼춘사변 이후 일본은 신속하게 군대를 파견하여 중국 영토 안으로 깊이 들어왔다. 비록 그들에게 약간의 생명·재산에 손실이 있었다고 하지만, 실로 침략정책을 실행하는 데 있어 절호의 기회를 얻은 셈이다.

사건이 설사 일본이 고의로 조작한 것이 아니라 하더라도, 일본인들은 모두 같이 환영하는 바로서, 이런 기회가 없을까 두려워했던 것이다. 일본의 음모가 아직도 완전히 드러나지 아니하여, 세계 여론이 부드러운 태도를 취하고 있다. 일본이 군대를 파견, 중국 영토의 침입을 순전히 '비적소탕'을 위한 것으로 보고 있지만, 일본군의 간도(間島)에서 취하는 모든 행동은 사실이 그렇지 않음을 증명하고 있지 않는가. 이 글을 보는 사람은 놀람을 금치 못하고 분노에 치를 떨 것이다.

지난달에 본보는 일본군이 간도로 들어가 자행한 갖가지 야만적인 행동을 게재했는데, 이제 또다시 실정을 잘 아는 자의 진술에 의해 일본의 잔혹한 침략행위를 게재한다. 다른 신문이 감히 보도하지 못하는 것을 보도함으로써, 인도를 존중하는 세계인들의 공론을 불러일으키려 함이다.

그 진술은 다음과 같다.

한 노인이 박가고(泊家枯·音譯) 교회의 지도급 인물로 있었다. 그는 평소에 한국인 독립단과 아무런 관련도 없었는데, 또 다른 6명의 무고한 사람과 함께 밤 1시에 그의 집에서 일본군에게 끌려 나가 두 귀가 꿰뚫리는 참혹한 죽음을 당했다. 그리고 그 집안사람에게, 만일 시체에 손을 대면 곧 총살하겠다는 위협까지 했다.

또 어떤 외국인 선교사가 일본군 사령관에게 몸의 안전을 위해서 증명서를 발급해 달라고 했더니, 일본 군관은 말하기를, '우리는 현재 분노를 금치 못하고 있다. 비록 영국인이라 하더라도 죽여 용서치 않겠다. 네가 외출하고 싶다면 그것은 네가 책임질 일이다' 했다.

이를 보더라도 일본 군대의 태도가 어떠함을 짐작할 수 있다.

본보는 또 일본군의 죄악을 다음과 같이 열거한다. 피살된 양민의 대부분이 아무런 조사도 재판도 받은 일 없이, 새벽녘 먼동이 틀 때 학살당하곤 했다.

  그들이 말하는 한국독립군의 근거지란, 이들 부락에서 아직도 70, 80마일이나 떨어진 궁벽한 곳에 있다(지명은 음역(音譯)).

구분	지역	내용
1	고한동(枯寒洞)	교회 소실
2	남모(南姆)	교회·학교 모두 소실
3	종산(鍾山)	교회·학교 모두 소실, 피살자 100명, 부녀자는 모두 소사
4	한나포(漢拿浦)	교회·학교 모두 소실
5	와락구(瓦落溝)	교회·학교 모두 소실
6	옥이탁구(屋爾托溝)	교회·학교 모두 소실
7	뇌마고각(雷馬苦覺)	교회·학교 모두 소실
8	오궁종(烏窮鍾)	학교 소실
9	색본고아(塞本苦兒)	가옥 소실
10	토각맥당(土覺麥塘)	가옥 소실
11	소건동(所乾洞)	17명이 총살됨
12	사극고각(沙克苦覺)	5명 소사
13	종당(鍾塘)	11명 피살, 학교·교회 모두 소실
14	사립박고아(沙立泊苦兒)	다수인 피살
15	몽당(蒙塘)	학교·교회 모두 소실
16	장고아(長苦兒)	학교 소실
17	혜경해(惠景海)	50~100명 피살, 민가 모두 소실
18	삼모본(三姆本)	5명이 총살됨
19	정시구(正柴溝)	36명이 총살되고, 가옥 19동 소실
20	와종가(瓦鍾加)	몇 명이 총살됨
21	소가아구(所可兒溝)	6명이 밤중에 끌려가 총살됨
22	파가구(頗加溝)	다수인 피살
23	의란구(依蘭溝)	10명이 총살됨
24	남양촌(南洋村)	가옥 소실
25	가양궁(可揚宮)	가옥 소실
26	색구(色溝)	가옥 소실

  이상의 만행은 모두 외국인이 목격한 바이다. 한밤중에 불빛이

사방에서 일고 나면, 마을이 폐허로 돌아가 그 참상은 목불인견이다.

간동(干洞)이란 곳에서는 일본군이 각 부락에서 14명의 양민을 붙잡아 넓은 벌판으로 끌고 가 큰 구덩이를 팠다. 그러고는 다른 마을 사람들을 시켜 장작·석유 등을 가져오게 했다. 잡아온 14명을 총살하고 화장한 뒤, 백골을 구덩이 속에 던져 버려 시체 조차 구별해 찾을 수 없게 만들었다.

종산(鍾山)에서는 한 마을이 모두 잿더미로 변하고, 남녀 피살자가 300명에 이르렀다. 그러고도 집 안에서 불에 타 죽은 자가 또한 적지 않았다고 한다.

이처럼 만행을 자행하고도 오히려 부족하여, 그들의 원수(元帥)가 찾아왔을 때 모든 한국인들을 강박하여 일본 국기를 게양케 했다고 한다.

그리고 한 노인은, 나이 이미 80이었는데 그의 두 아들이 일본군에게 살해되고 집이 불탔으며, 거기에다 일본군은 두 아들의 시체를 불 속으로 던져 버렸다.

그 광경을 보고는 노인도 불 속으로 뛰어 들어가서 함께 화장되었으니, 참혹하지 않다고 할 수 있겠는가.

용정촌에서 40리 떨어진 어떤 마을에서는 일본군이 밤 1시에 도착하여, 사람들에게 강제로 집을 나오게 했다. 사람들이 집을 나서자마자 곧 발포하여 한 집에서 2, 3명씩의 희생자를 냈다. 그러고는 그 시체들을 한군데 모아 불태운 뒤, 다시 집을 불태우고 교회에 불을 질러 건물 19동이 불탔다.

어느 외국인 선교사가 이 참상을 목도했는데, 새 무덤이 30군데나 되었으며, 고아와 과부들이 무덤을 둘러싸고 울고 있어, 차마 눈으로 볼 수 없었다고 한다.

이 사망자들은 모두 선량한 백성들이다. 혁명운동을 한다는 이들은 일본군이 마을로 들어오기 전에 이미 피신했으며, 피살된 사람들은 모두 불구자들이나 노약자들뿐이었다.

어떤 선교사는 말하기를 "나배[音譯]교회가 불탈 때는 한국인 6명이 손발이 묶여 불 속으로 던져졌으며, 소왕[音譯]교회에서는 먼저 교인들을 교회 안에 감금한 뒤 불을 질렀다"고 했다.

일본군의 만행은 주로 기독교 신자들을 상대로 했으니, 무릇 교회가 있는 부락이면 성한 데가 없었다.

이상 일본군의 만행은 너무나 뚜렷한 사실로서, 본보는 인도를 존중하고 이를 유지하려는 견지에서 상세히 보도하여, 세계 문명국 사람들의 논평을 기대하는 바이다.

일본 정부의 행위가 이러하다면, 일본인들 중에도 사람의 마음을 가진 자가 있고, 현명한 생각을 가진 인사들이 있을지니, 그들의 정부가 하는 일에 대해서 무슨 판단이 있어야 하리라 하였다.

중미신문사(中美新聞社)에서 번역한 영문판 《일본광지보(日本廣知報)》를 보면, 일본군이 간도에서 한국인들을 참혹하게 죽이고, 마을을 불태운 사건에 대하여 본사에서 현지 영국인 선교사 몇 사람이 서명한 조사기록을 접수했다.

이 선교사들은 모두 명망이 있으며, 또 현지 사정에 정통한 인사들이다. 이 조사서들은 모두 그들이 직접 조사한 후 작성한 것인데 여기에 수록한다.

제1조사서는 영성에 주재하는 칸나 대장로회 선교사 마딩(馬丁:
의사)이 만든 것이다. 그는 10월 31일 몸소 노납파위촌(瑙拉巴威村)
으로 가서 시찰했는데 사건발생 2일 후였다.

그 조사서에서 말하기를,

"일본은 중국의 극히 완강한 항의에도 불구하고 1만 5천
의 병력을 중국 영토 안의 간도로 보내어 기독교 교도들을
학살했다. 더구나 중점적으로 2, 3일마다 마을로 돌아다니
며 젊은이를 찾아 총살하고 건물에 불을 질렀다. 현재도 이
주위의 마을들은 살인·방화의 생지옥 속에 있다.

다음의 기록은 모두 확실한 것으로서, 기자를 비롯하여
한 영국 친구가 목격한 바이다. 우리는 10월 31일 먼동이
틀 때 영성을 떠나 노납파위촌(瑙拉巴威村)으로 갔다.

이 마을은 작은 강가에 있으며 여기(영성)에서 12마일 거
리에 있었다. 이 날은 일본 천황의 탄일이라 하여 도중에서
일본 군경의 별다른 간섭을 받지 않았다.

우리들이 한길을 두고 소로로 들어서자 먼 산에 연기가
자욱했는데, 그곳은 바로 우리가 가는 목적지였다. 많은 목
격자들의 말을 들어보니 29일, 이 마을의 수난은 다음과 같
았다.

이날 먼동이 틀 무렵, 일본 보병이 무장하고 기독교 신자
가 많은 이 마을을 포위하자, 먼저 곡식 더미에 불을 질러
태웠다. 곧이어 집 안에 있는 사람들을 밖으로 나오게 하여,
무릇 남자는 어린아이, 노인을 막론하고 그 자리에서 총살
하였다. 그래도 숨이 끊어지지 않았으면 섶에 불을 붙여 몸

위로 던졌다.

숨이 넘어가려는 사람이 아픔을 견디지 못해 펄펄 뛰며 비명을 질렀고, 숨이 끊어진 뒤에는 몸이 그을어져 누구의 시체인지 알아 볼 수 없게 되었다.

그들은 이처럼 잔인하게 사람을 죽이면서 또 죽은 사람의 부모·처자로 하여금 이 관경을 지켜보게 했다. 그와 동시에 집에 불을 놓아 온 마을이 불타게 되고, 불빛은 40리 밖까지 비쳤다.

한 마을이 끝나면 또 다른 마을을 습격하여 그칠 줄 몰랐다. 이처럼 만행을 자행하고 나서 병영으로 돌아가 천황의 탄일을 축복하였다.

우리가 부근 부락에 갔을 때, 젊은 여자가 백발이 성성한 늙은 부인과 서로 껴안고 미친 듯이 우는 광경을 봤다. 또 아직도 불타고 있는 한국식 큰집을 발견했으며, 주위에 까맣게 불탄 큰 더미들은 3년간 쌓아 두었던 곡식이 탄 것이라 했다.

한 부인이 어린아이를 등에 업고, 8세 된 계집애의 손을 잡고 한 노인과 함께 움직이고 있었다. 노인은 새로 만든 복두건을 쓰고 있었으며 모두 같이 새 무덤 곁에 앉아 있었다. 내가 물어본 결과, 이 노인은 기독교 신자였으며 두 아들이 일시에 일본군에게 총살당했다는 사실을 알게 되었다.

땅에는 아직도 불타고 있는 시체들이 있었다. 우리들은 시체를 뒤척거리다가, 몇 군데 총을 맞고 몸이 이미 까맣게 타 버리고 머리만 남아 있는 노인 시체를 발견하고 사진을 찍었다.

또다시 강가를 따라 올라가니, 불을 놓은 지 이미 36시간이 지났는데도 시체가 타는 악취가 그때까지 풍겼으며, 지붕이 무너져 내리는 소리가 들렸다.

길에서 부녀자 4명이 각각 어린애 하나씩을 등에 업고 새무덤 옆에 앉아 구슬피 우는 광경을 봤다. 나는 또 불타다 남은 19동의 건물을 촬영했다.

어느 건물에서나 모두 늙은 남자가 통곡하고, 늙은 마누라, 젊은 며느리가 잿더미 속에서 사람의 사지며 아직 타다 남은 세간들을 꺼내고 있었다.

나는 마을 사람들에게 모여 기도하기를 청했다. 동시에 나는 그들을 도와 시체 한 구를 잿더미 속에서 밖으로 옮겨 잘린 손발을 찾아 제자리에 맞추어 놓고 촬영하였다.

나는 의분을 억제하지 못하여 손이 떨려 사진기를 꽉 잡을 수 없었으므로 4번 만에야 촬영할 수 있었다.

기도를 올릴 때는 교를 안 믿는 한국인·중국인들도 많이 모여 지켜보았으며, 머리를 숙여 눈물을 흘리지 않는 사람이 없었다.

마을 안의 교회나 소학교는 모두 잿더미로 변했으며, 온 마을을 통틀어 새 무덤이 31군데나 되었다.

이밖에도 이러한 참화를 입은 마을이, 내가 확실히 아는 것만도 36군데나 되며, 피살된 양민의 수는 154명에 달한다. 집이 불탈 때 함께 타죽은 부녀자가 소능둔(蘇能屯) 지방에서 14명이었는데, 이는 집에 불을 붙일 때 일본군이 쏘아 죽이고 석유를 부어 태웠다고 하였다."

제2조사서는 한성(서울)에 주재하는 칸나 대장로회 선교사 만스
퍼드(曼斯非爾德)가 만든 것이다. 그는 사건이 발생한 지 14일 후에
이 마을에 이르렀다.

"나는 11월 12일에 노랍파위촌(瑙拉巴威村)에 이르렀다. 교
회와 소학교 주위에 대략 30동의 민가가 있는데, 이들은 모
두 기독교도들의 주거였으며, 이제는 이미 불타 없어지고 말
았다. 어떤 집 속에서는 곡식 더미가 그때까지도 연기를 뿜
고 있었다.

마을 안에 2시간 동안 머물러 있으면서 직접 돌아보기도
했으며, 마을 사람들의 설명도 들었다. 나는 잿더미 속에서
사람의 뼈를 조금 찾아낼 수 있었다. 내가 목도한 여러 가지
상황으로 보아 마딩(馬丁) 의사의 기록이 모두 정확하다고 증
명할 수 있을 듯하다."

제3조사서는 영성 주재 칸나 대장로회 선교사 푸터가 만든 것
으로서, 또 다른 마을의 실정을 기록하고 있다.

"나는 11월 4일 노로팔유촌(奴路八維村)에 이르러 마을 안
을 두루 살펴봤다. 마을 사람들이 나에게, 10월 30일 일본
군이 동민 31명을 총살하여 불태워 죽였다는 장소를 보여
주었다.

나는 민가 9동을 비롯하여 교회와 학교의 소실광경을 목
도하니, 모두 앞서 들은 것과 서로 맞았다. 마을 사람들의

설명에 의하면, 마을 사람 31명을 불태워 죽인 그 이튿날, 또 일본 군경 각각 17명과 한인 경찰 1명이 함께 이 마을에 들이닥쳤다.

마을 사람들은 매우 놀랐으나 도망갈 생각을 않고 제 발로 나와 죽음을 당했다. 남자들이 모두 죽고 나니, 일본군은 다시 사망자의 아내를 나오라 하여 사망자의 내력을 묻고, 이를 일일이 기록한 후 부인들로 하여금 기록 끝머리에 서명케 했다.

이 일이 끝난 후, 사람들을 모으고 연설을 통해 이처럼 혹독한 벌을 내린 까닭을 알렸다. 그리고 또 어제의 처벌 후, 외국 선교사가 다녀갔는지의 유무와, 만일 다녀갔다면 어떻게 행동하고 동민들과 무슨 말을 했는지를 따져 물었다.

이어 마을 사람들에게 모든 시체를 한곳에 모으게 했다. 이보다 앞서, 마을 사람들 중에는 이미 시체를 묻기도 했는데, 이때 와서는 할 수 없이 파내어 옮겨 왔다.

일본군은 장작 등 인화물질을 밑에 깔고 그 위에다 시체를 올려놓고 불을 질렀다. 불이 모두 타 꺼지자 떠날 생각을 하였다. 그러나 범인 한 사람을 꼭 데리고 가겠다고 했다.

한 노인이 자원해 나왔는데, 일본군은 노인의 아들(25세. 노인에게는 두 아들이 있었는데 한 아들은 이미 총살당함)을 지적하여 강제로 데려 갔다.

이리하여 마을의 청소년이 모두 없어지고 말았다. 노인으로는 그들의 목적 달성이 부족해 그 아들을 데려 간 것이 분명했다. 이 젊은이는 투옥되고, 일본군이 방화하여 이튿날까지도 불이 꺼지지 않았다고 한다.”

상기한 여러 선교사들이 또다시 각처의 실정을 조사하고, 표를 작성하여 본사에 보냈는데 그 내용은 다음과 같다.

'각 신문의 모든 보도에 3주 전 일본군이 온 취지는 일본 거류민을 괴롭힌 500명 비적을 소탕하기 위함이라 하였다. 비적들 속에는 한국인 러시아인도 섞여 있을지 모르나 그 대부분은 중국인들이며, 그들은 혼춘에서 일본 영사관을 불 태워 말썽을 크게 일으켰다. 그렇기 때문에, 일본군이 들어 온 데 대하여 우리와 한국인들은 별로 염두에 두지 않았으며, 1주일 정도 머물러 있다가 곧 떠나리라 믿었다. 그러나 얼마 안 되어 들어오는 소식에 의하면, 일본군들이 기독교를 신봉하는 마을로 들어가 학교와 교회를 불태웠다 하였다. 처음에는 이 말을 설마 하고 믿지 않았지만 사실이 엄연한 데야 어쩔 수 있으랴. 다음의 열거를 보면, 2주일간의 일본군의 행동을 소상하게 알 수 있다.

10월 19일 남곡오 교회 지도자의 주택과 학교가 파괴되고, 교회가 불탔으나 손실이 그다지 크지 않았다. 같은 날 고서당(鼓西堂:音譯)의 한 신도의 집이 불탔다. 11월 26일, 오토곡에서 기독교 신도의 집 4동이 불탔다. 동일 몽당에서 벽돌로 지은 교사가 불탔으며 한 교회의 장로의 집도 불탔다. 또 같은 날 노북에 30명을 수용할 수 있는 교회와 학교가 불탔다. 10월 30일 강장항에서 교회·학교 및 민가 등 9동의 건물이 불탔다. 또 일본군에 의하여 총살된 사람이 26명인데 시체는 불 속에 던져졌다.

이상의 사실들은 선교사와 한 세관원이 이틀 동안 자세히 살펴보고, 각지 주민들의 말을 종합한 것으로서 극히 신빙성이 있다.

다음의 기록은 한국인들이 목도한 사실로서 역시 믿을 만한 것이다. 우리들도 며칠 안으로 현지로 가서 조사할 작정이다.

한국인들의 말을 종합해 보면 아래와 같다. 일본군이 정산(鄭山:音譯)에서 학교와 교회로 겸용하는 건물 1동을 불태우고, 이밖에도 몇 채의 민가가 불탔다.

피살자가 30명이었는데, 그중 23명은 총살당하고 7명은 불타 죽었다. 사동갑(思洞閘:音譯)에서는 만행이 더욱 심하여 교회·학교가 모두 불탔으며, 총살당한 사람이 80명에 달했다.

이런 곳들은 모두 기독교 신도들이 모여 사는 촌락이다. 일본군은 지나가는 곳마다 반드시 그곳 주민과 접촉하여, 잔인무도한 만행을 저지르고는 몹시 바삐 또 전진하였다.

노북을 지나갈 때 지휘관이라는 자가 말을 달려 어느 교회 앞에 이르더니, 곧 병사에게 명령하여 걸음을 멈춰 교회와 학교에 방화하고는 의기양양하게 떠났다. 고서당(鼓西塘)에 이르자, 이때까지와는 달리 집을 불태운 이유를 밝혔다.

일본군이 한국인 1명을 데리고 다니면서 사람들에게 말하기를,

"저 집의 주인은 자금을 모아 한국인 독립 운동자에게 제

공했다. 그러므로 집을 불태워 징계하는 바이다."

가령 일본인들에게 참화를 당하는 사람이 모두 범죄자라면, 비록 한국인이라도 그다지 반대하지 않았을 것이다. 그렇지만 그 동안 다수의 무고한 사람들, 빈곤에 허덕이는 양민들을 모두 죽여 버렸으니, 무슨 말로 변명할 수 있겠는가.

강장암 일대에 사는 사람들은 모두 생활이 어려웠다. 부녀자들 중에는 버선은 고사하고 신발도 제대로 못 신은 사람이 수두룩했다. 이들은 추운 겨울이 닥쳐오는데도 아무런 준비도 없고, 자녀들에게 입힐 옷도 없음을 한탄하였으니, 그 가난한 정도를 미루어 짐작할 수 있다. 그런데 이런 집의 남자들이 모두 일본군의 총에 쓰러지고, 그들의 집과 모든 기물들이 모두 타 버렸다. 논밭에서 수확하여 아직 털지도 못한 노적가리가 모두 재로 변했다.

일본군들은 먼동이 틀 때 이 마을로 들어왔다. 이웃 마을에서 붙잡아 온 6명의 남자와 이 마을에서 잡은 젊은이들을 어느 한국인 집 앞에 일렬로 세우더니, 한 마디 말도 물어보지 않고 그대로 총살하였다.

어떤 집에서는 부자를, 또 어느 집에서는 두 형제와 아들 한 사람씩 집집마다 뒤져, 전부 25명을 찾아내어 총살한 후, 시체를 두 무더기로 쌓아 놓고 그 위에다 장작을 얹어 불을 질렀다.

간혹 숨이 아직도 끊어지지 않아 몸부림치는 자가 있으면 대검을 들어 찔러 죽이고야 말았다. 우리는 이 사람들을 너무나 잘 알고 있다. 이들은 궁벽한 산골에 살면서, 부지런히 일하여 그날그날의 생계를 도모했다. 마음씨도 극히 선량하여 악이라는 것을 모르고 사는 사람들이다.

그들은 오직 교회에 나가서 설교를 듣는 것을 유일의 낙으로 삼아 왔다. 위정자가 조금이라도 양심이 있다면, 이러한 잔인무도한 일이 다시는 일어나지 않도록 할 것이다.'

영성 칸나 대장로회 선교사 반이삭(潘爾索) 여사도 일본군의 만행을 다음과 같이 기록하였다.

"10월 29일 이른 아침, 일본군 약 40명이 영성에서 5리 밖 소기이고촌(蘇企爾古村)에 와서 성서를 파는 상인 엽공석(葉公錫)을 체포했다. 마침 그는 이웃집에서 얘기를 하고 있었는데, 그 집 주인을 비롯하여 그 밖의 3명과 함께 체포되었다. 처음에는 임시 육군사령부로 데리고 갔다가, 아무런 신문도 없이 영사관으로 압송하여 투옥시켰다.

이렇게 몇 달 동안 체포해 온 많은 정치범들이 그 안에 갇혀 있었다. 밤이 깊어지자 한 떼의 병사가 나타나 여러 사람을 인솔하여 소기이고촌(蘇企爾古村) 부근의 어느 작은 산 위로 갔다.

그곳은 영성에서 3마일쯤 되는 거리였다. 산꼭대기에는 큰 구덩이가 있고, 구덩이 위로 한 옆에 흙더미가 있었다.

병사들은 여러 사람들을 구덩이 안으로 들어가 앉게 하고 칼로 마구 찔렀다. 목격자의 말에 의하면, 너무나 힘껏 찔러 칼이 두 동강이 났다고 한다. 사람마다 피투성이가 되어 숨을 거두었으니, 눈으로 차마 볼 수 없었다고 한다. 칼질을 다하고 나서는 흙으로 덮어 묻었다.

이튿날, 엽공석(葉公錫)의 아들이 옷 몇 벌을 가지고 영성에 있는 일본영사관으로 아버지를 찾아갔다. 영사관 안의 사람들이 바른 대로 알려 주지 않고 '너희 아버지는 여기에 있지 않다'고만 하여, 그의 아들은 끝내 늙은 아버지의 소재를 밝혀내지 못하고 말았다.

그 후 마을 사람이 산꼭대기 구덩이 속에서 시체를 발견하고 비로소 그가 죽었음을 알게 되었다. 섭공석도 기독교 신자였다. 아, 슬픈 일이다."

《대륙보(大陸報)》 논설에서 말하기를,

"일본 사이토[齋藤] 중장이 그들 육군성을 대표하여 한 가지 선언을 발표했는데 말이 매우 기괴하다.

그 목적은, 일본인들의 간도 거주 한국인 학살책임을 감하려 함이었다. 그러나 이로 인하여 일본군의 죄악이 경감될 수는 없으며, 또 이로 말미암아 세상 사람들의 의분을 가라앉힐 수는 없다.

그들이 기독교도들을 학살하고 그들 집을 불태웠으니, 그 죄악은 실로 용서할 수 없다. 그리고 이 선언은 자신의 죄악을 인정하려 들지 않을 뿐만 아니라, 그들이 학살한 죄를 여러 선교사들에게 돌리려 한다.

누가 이것을 받아들이겠는가. 도리어 그의 선언 전체에 대해서 의심을 품게 될 것이다. 사이토 중장의 선언에서, '그들 일본군의 강포를 말하는 선교사들이야말로 이번 비극의 원천이다. 한국인들은 진상을 알지 못하고 또 그들의 진정한 적에 대해서는 반항할 줄 모르니, 나는 실로 유감으로 생각한다' 했다.

또 말하기를 '일본은 신앙의 자유를 인정하고 있다. 그렇다고 해서 반역적인 행동으로 나와 제국의 국체를 위태롭게 하는 것은 용납할 수 없다' 고 했다.

그렇지만 이번의 잔인무도한 학살사건은 중국영토 안에서 이루어졌다. 사이토 중장 자신이 '중국 측에서 일본 군대의 국경 밖 철병을 요구하고 있으니, 그들은 빨리 살육을 서두르지 않을 수 없었다' 고 말했다.

이리하여 많은 기독교도들이 생명을 잃었다. 다시 말해서 이번 참극은 일본인들이 중국의 내분을 틈타 빚어낸 것으로 일본인 자신들도 인정하고 있으니, 이를 어찌 정당행위라고 할 수 있겠는가."

당시의 사건에 대하여 영성에 주재하는 칸나 대장로회 선교사 마딩(馬丁)의 말을 빌리자면,

"간도에 주재한 일본병력은 1만 5천 명이나 되었으며, 이들은 한국인 기독교 신자들을 모두 죽이고, 집을 불태웠으며 또 그들의 식량을 불살랐다고 한다."

마딩은 또 말하기를,

"그러한 참변을 당한 마을은 자기가 확실히 알고 있는 것만도 36군데이며, 어느 마을에서는 양민 145명이 죽었다고 한다. 중국은 국력이 미약해 이에 대항할 힘은 없지만, 이러

한 사상미증유의 만행을, 대부분이 기독교국으로 구성된 국제연맹에 왜 제소하지 않는가? 또 그곳 주재의 선교사들도 왜 국제연맹에 그들을 보내 호소하지 않는가."

하였다.

로이터 통신 27일 상해발신에,

"로이터가 만주에서 입수한 믿을 만한 외국인의 말에 의하면, 10월 23일, 일본 보병 500명이 기관총·야포 등을 휴대하고 봉천을 떠나 동쪽으로 향했다. 무순에서 하차, 대열을 정비하여 다시 동쪽으로 갔다.

29일 흥경에 도착, 안내장을 보내어 흥경 부근 한국인들에게 31일 모두 흥경으로 와서 국경일 축하식에 참석토록 했다.

초대를 받고 온 사람들 중에는 황신문(黃新門) 기독교회의 간부 등 9명이 있었는데, 흥경에서 21리 떨어진 동창태(東昌太:音譯)에 이르자 일본군에게 체포·구금되었다.

대부분의 일본군은 흥경에 머물러 있었으며, 그곳 현장(군수와 같음)은 때마침 공무로 봉천에 가 있었다. 일본군들은 흥경현 전 지역에 군사전화를 가설했다.

31일 경축식을 거행하고 11월 1일 이른 아침, 일본군은 성을 나왔다.

동창태(東昌太)에 구금된 한국인 9명을 몇 리 밖으로 옮긴 후, 죄의 유무를 불문하고 그대로 죽여 버렸다. 머리를 찍히거나 가슴을 찔려, 피살된 사람 중에는 교회 간부가 3명, 교원이 2명이었다.

이날 경내에서 한국인 교회 하나가 소실되고, 며칠 후 또 교회 하나가 파괴당했다.

처음에는 일본군들이 불을 지르려 했는데, 다행히도 중국인들이 나서서 '만일 방화하면 온 마을의 무고한 중국인들에게까지 재앙이 미친다'고, 강경히 항의했기 때문에 파괴당하기만 하였다.

11월 4일, 또 교회당 1채와 성경 등 모든 종교서적이 불타버렸다. 8명을 체포해 갔는데, 그 중에서 교원 1명, 교회 간부 2명은 벌써 교회당 안에서 죽었다.

그 참상은 상기한 바와 같은데, 피살된 한국 교도들은 독립운동과도 무관하고, 정치적으로도 무슨 사상을 갖고 있지 않았다. 그들의 피살 장소와 정경은 조사원들이 이미 잘 알고 있다.

중국 경내에서 일본인들이 이렇게 행동하였으니, 중국의 주권을 전혀 무시한 셈이다. 그러니 중국인들의 일본인들에 대한 감정이 어떻겠는가는 더 말할 필요조차 없다."
하였다.

중국 동삼성 재경학생연합회는 왕청현에서 보내 온 글을 접수했는데, 일본인들이 혼춘에서 저지른 만행과 그들의 침략적인 야심을 다음과 같이 기록하였다.

"혼춘·연길·화용·왕청의 4현 안에는 70, 80만의 한국 민족들이 살고 있다. 그중에는 독립군으로 암약하는 사람도 없지 않기 때문에 일본인들은 이를 매우 우려하여 제거하려 했으나 어찌할 도리가 없었다. 그렇다고 장차 어떤 변란이 일어날지 모르는 것을 그대로 방치할 수도 없었다.

그리하여 생각 끝에 우리나라 관청에 대해 그들의 서신 검열을 실시하여 독립운동에 대한 연락을 근절케 해달라고 요청해 왔다.

우리 측에서도 할 수 없이 이를 승낙하고, 각 우편국에 인원을 파견하여 한국인들의 서신을 검열하도록 했다.

일본인들은 그래도 만족하지 않고 다시 이 일대의 군대 진주를 요구했다. 우리나라에서는 이를 받아들이지 않았는데, 뜻밖에도 10월 2일 비적이 혼춘으로 쳐들어와 그들의 영사관을 불 지르고 일본인 11명에게 상처를 입히는 사건이 발생하였다.

일본인들은 이 사건을 구실 삼아 군대를 진주시키려고, 이를 제2의 니콜라이스크 사건으로 취급했다. 조선총독이 파병하여 우리의 국경지방인 혼춘에 약 1만 명이 진주했다. 또 블라디보스토크 방면에서도 군대가 내려와 연길·화룡·육도구에 각각 1천명이 주둔하고 왕청에도 700명이 들어왔다.

왕청현 안에는 일본인교민이 없고 또 일본영사관도 없다. 오직 영사관 출장소가 있고, 그 안에 545명의 일본인들이 있을 뿐이니, 그들 군대의 진주는 너무나 무리에 속하는 일이다.

그들이 진주하는 곳에는 당일로 우리 치안권에 대리 집행하였다. 경비를 맡고 오후 9시 이후에는 통행금지를 실시하였으며, 또 군용전화를 곳곳에 가설했다.

명분은 비록 한국 독립군을 소탕하러 왔다지만, 실지로는 연길·혼춘·화룡·왕청 등 4현에 대하여 침을 흘린 지 이미 오래였다. 일본인들이 지은 '간도' 라는 명칭은 지금도 잊을 수 없다. 여기를 꼭 차지하고서야 직성이 풀리지 않겠는가.

그들의 9개 요구 중에는, '천보산의 동광은 기필코 장정(협정)을 다시 정해야 한다' 는 조항이 들어 있는데, 혼춘사건과 천보산이 무슨 상관이 있단 말인가. 그 심보를 짐작할 수 있다.

천보산은 동과 은의 생산량이 매우 풍부하여 현재 중일이 합작하고 있는 실정인데, 일본인들이 독차지하여 우리의 부원(富源·많은 재물이 생기는 근원)을 끊어 버리려 함이다.

간도를 손에 넣으면 내외몽고를 엿볼 수 있고, 길회철도(吉會鐵道·길림과 회령 간의 철도)가 부설되면 동삼성이 그들의 수중으로 들어가게 된다. 이번의 교섭은 큰 문제로서, 실로 우리 동삼성의 존망이 기로에 놓여 있다.

또 진주한 일본군대는 모두 마을과 산골짜기 안으로 들어가서 한국의 독립군을 수색했다. 진짜 독립군은 벌써 모두 달아나고, 화는 무고한 한국 백성들이 당하고 있다.

왕청의 한 고을에도 각지의 보고에 의하면, 피살된 한국인이 1천명을 넘었으며, 그밖에도 알려지지 않은 일이 얼마든지 있다고 한다. 일본군들은 한국인들의 가택을 수색할 때마다 모든 세간을 뒤진다.

그리하여 글자 하나라도 독립운동과 관련이 있으면, 곧 온 집안 식구를 1명도 남김없이 모두 총살하고, 그 집과 양식을 불태운다고 한다.

왕청·동대감자·대황구·탁반구·대왕청 등지의 한국인 피해가 더욱 심하며, 그 가혹한 수단과 참혹한 정경은 차마 들을 수 없다고 한다.

총살하고 생매장하기도 하며 여자는 흔히 칼로 찔러 죽인다고 한다. 어느 곳에서는 수백 호 되는 한국인 마을에서 도망한 사람이 겨우 10여 명이며, 한국인 학교와 교회도 일시에 불탔다고 한다.

11월 20일, 왕청 북쪽에서 한국인 10여 명을, 포승으로 손바닥을 꿰어 잡아끌고 왔다고 한다. 참으로 나라 없는 백성은 상갓집 개보다 못한 것이다. 이번의 한국인들의 생명·재산의 손실은 수를 셀 수 없다. 표면상으로는 한국인들의 손실이지만, 실지로는 우리나라의 손실이다.

그들 한국인은 모두 우리 국적에 올려져있는 개척민이다. 일본인들은 강권발동으로 우리의 주권을 침해하여, 중국을 안중에 두지 않는 행동을 취하고 있다. 현재도 일본군은 철수하지 않고 있을 뿐만 아니라, 우리의 국체를 모욕하고 있으니, 이보다 더한 수치가 어디에 있단 말인가.

이번에 비록, 형식상으로는 중국이 아무것도 손실을 입은 바 없다 하더라도, 간접적으로 받은 무형의 손실은 이루 다 계산할 수 없다. 상업이 부진하고 행인이 부자유스럽다.

큰 길로 가는 사람을 일본군이 강제 수색하고, 돈이 있으면 곧 빼앗으니 사람들은 속으로는 분노를 느끼지만 감히 말은 못하고 있다.

농민의 집이 저들에게 점령당하고, 닭·돼지 따위의 가축을 도둑맞는 등 어찌 이루 다 말할 수 있으랴. 생각이 여기에 미치니 가슴이 찢어지는 듯하다. 이곳은 변방이라 통신이 잘 안 되기 때문에 본토에서는 실정을 자세히 모르고 있다.

이상의 진술은 모두 사실이다. 일본인의 횡포는 갈수록 심해지니, 한번 결전하지 않을 수 없다. 그렇게 하지 않으면 우리나라는 빛을 볼 날이 없을 것이다(하략)."

제31장 서양 신문들의 한일전쟁 및
일본군의 죄악에 대한 논평

일본인이 대패(大敗)하고 2천 명이 사망자를 냈다. 중국 군인이 일본인들에게 협력하여 한국인들을 체포했다. 중국 사람은 간도 문제가 산동 문제에 못지않음을 알고 국제연맹에 제의해야 한다.

세계 여러 민족들은 우리 민족의 독립운동에 모두 같이 동정을 표한다. 이는 정의·인도를 사랑하는 인류의 양심이 모두 같기 때문이 아니겠는가.

더구나 중국으로 말하면, 지리적으론 순치의 밀접한 관계에 있고, 역사적으로는 수천 년을 내려오면서 치란흥망(治亂興亡)의 연관성이 있다. 또 오늘날에는 사활을 함께하는 운명에 놓여 있다.

우리나라가 독립을 회복한다면 만주나 산동 문제는 저절로 해결되어 확실한 보장을 얻게 될 것이다. 중국인들의 우리 민족의 독립운동에 대한 관심은 다른 민족에 비할 바가 아니다. 더구나 동삼성의 한국교포들은 대부분이 중국적에 들어 있으니, 중국 관리나 군인들의 우리 교포 보호도 중국인들과 마찬가지이다.

작년 3월, 우리 민족이 연길에서 독립을 선언하고 만세를 부르자, 중국 군인들이 간섭하여 한국인 19명을 총살하였는데, 이를 전체 중국인들이 수치로 여기고 있다.

이번에도 화룡에서 우리 독립군이 경솔하게 일본군과 싸우려 하지 않았는데, 중국 군대가 일본군을 안내하여 일본군이 굳이 추격하였다. 그리하여 우리 독립군은 벗어날 수 없게 되자, 할 수 없이 목숨을 걸고 싸워 일본군 2천명을 죽였다.

이는 서양인들도 목격한 사실로서 각 신문에 보도되었다. 일본군이 혼춘에 진주하여 무고한 한국인들을 학살한 것은 크게 인도에 어긋나서 산동 문제 못지 않은 사건이므로 이를 국제연맹에 제의해야 한다는 것이 서양신문들의 공통된 논조였다. 중국인들만이 이를 못 보았는가.

《우임보(宇林報)》 북경 헬터씨 8일 발 기사에는 다음과 같이 게재하였다.

"요사이 믿을 만한 소식통에 의하면 일본인과 한국인이 도문강(두만강) 북쪽 두도구에서 치열한 전투를 벌였다는 말을 들었다. 이 사건은 이미 발생된 지 여러 날인데도 서울(북경)에서는 이제야 겨우 보고에 접했다. 봉천의 군대가 장작림(張作霖)의 명령에 따라 일본군에 협력하여 만주지방의 한국인을 소탕했다. 중국 기병들은 봉천·길림 두 성의 삼림지대와 시골로 들어가, 한국인들을 추격하여 동쪽으로 향하게 하였다.

일본군은 그곳에 대기 중 일거에 섬멸작전을 펴, 무장한 한인 3천명이 두도구로 모여 들어 숫자적으로 우세한 일본군과 싸움을 벌이게 되었다. 그리하여 한국인들은 이미 뒤로 중국 기병이 있기 때문에 물러설 여지가 없게 되었다. 그렇다고 항복하면 비참한 죽음을 면치 못하게 되어, 생명을 걸고 싸운 결과 일본군이 크게 패했다."

일본군의 피해를 그들이 비밀에 붙였으나 《요동일일신문(遼東日日新聞)》에서 그 대강을 보도하였다.

"일본군 사망이 2천명, 단장 1명이 포로가 되었다. 한국인은 1천여 정의 무기와 기관총 몇 정을 노획했다. 전투가 일어나기 전 한국인들 중에서 지도자 1명이 일본군과 충돌하지 말라고 엄하게 타일렀으니, 이는 일본군이 이를 구실삼아 중국 영토에 침입함을 두려워했기 때문이다.

동시에 한국인 도망자를 모두 삼림 속에 숨기라고 했다. 그런데 중국 군대가 일본인들을 도와 숨어 있는 한국인들을 쫓아냈기 때문에, 더 숨어 있을 수 없게 되어 이 전투가 일어났다.

중국 군대의 핍박이 전투의 큰 원인이 되었으며, 현재 한국인은 극도로 절박한 상황에 놓여 있다. 일본인들은 나납미(奈拉米) 및 회령(會寧) 등지에서 원병(援兵)을 보내고 있는데 한국인들은 웅크리고 뛸 수 없게 되었고 호소할 곳도 없다.

중국인들에 의해 봉천성 경내에서 쫓겨나 길림성 안으로 피신한 한국인들도 경찰에 의해 많이 체포되었다."

《중미신문(中美新聞)》이 《밀륵평론보(密勒評論報)》의 기사를 다음과 같이 영역하였다.

"일본의 군벌은 사람들의 추측을 벗어나지 않으며, 현재 이미 그들의 결의를 실천하였다. 간도 경내의 한국인들은 남자·부인·어린이를 막론하고 도륙하고 있다. 간도는 중국의 영토다."

다음 말들은 《경진시보(京津時報)》 기자에게서 나온 것이다. 그는 편견 없이 기사를 완만하게 취급해 왔다. 일본인들이 간도에서 빚어 낸 참사에 대하여 사설에 엄정하게 다루었는데 그 내용은 다음과 같다.

"간도에서의 일본군대의 소행은, 바로 한국 병탄 당시 소위 일본의용군의 행동과 일치한다. 그들의 비인도적인 만행은 세계를 진동시켰다.

때때로 온 마을이 전멸하고, 참혹한 형벌로 죽은 사람이 수천 수백으로 헤아릴 수 없이 많다. 그리고 사망자의 시체에 대한 취급 방법도 무자비하기 짝이 없어, 한국 인민들에게 깊은 원한을 심어 주었다.

일본군대는 이곳에서의 노략질이 직무의 하나처럼 되어, 전장(田莊:개인이 소유하고 있는 논밭) 안에 있는 가축까지도 많이 불태워 죽였다.

모든 인민들이 놀라 도망하였으니, 이 동북지방의 추운 겨울 날씨에 그 고통이 어떻겠는가. 실로 상상할 수 없는 일이다.

기독교도들은 모두 일본에 대한 증오감이 극도에 달했으니, 그럴수록 일본인들에게 더욱 심한 고통을 받게 된다. 이

번 간도사건을 통해 볼 때 그들이 통치하려는 지역에 기독교의 전파를 대기(大忌)한다는 사실이 여실히 증명되었다.

이상은 틀림없는 사실로서 이를 외국인이 진술하였다. 성실하고 거짓이 없으며 책임 관념이 강하니만큼, 그들의 말은 깊이 믿어 의심할 여지가 없다.

이러한 일본군들의 비인도적인 행동은 그들 군관에 의해 좌우된다. 이들 군관이 위의 명령에 따라, 병사들이 하는 대로 방임하여 억제하지 않는다면, 잔인·포악한 병사들의 그 야수적인 행동으로 못할 짓이 없을 것이니, 길림성 안의 수만 한국인들의 생명을 보전할 수 없으리라.

일본은 야만적인 수법으로 한국인들을 억압하는 한편, 간도를 자기네들의 소유로 만들려고 온갖 노력을 다하고 있다. 몇 주 전 본보는 사설에서, 그들의 야심적인 설계를 논한 바 있는데 오늘의 간도 사건에서 모두 경험하였다.

간도 방면의 믿을 만한 소식통에 의하면, 일본인들은 이미 민정서(民政署)를 설치하고, 혼춘·동녕하 및 그 부근 지역에 민정을 실시할 준비를 서두르고 있다고 한다.

또 일본 경찰이 전 지역에 널려 있는데, 이는 질서를 유지하려는 것이 아니라, 중국경찰과 접촉함으로써 아직도 죽지 않은 한국인의 마음속에 공포감을 주려 함이다. 일본정부는 이미 간도에 일본조계의 설치를 요구하였고, 일본 인민들은 무슨 새로운 삶의 터전을 발견하기라도 한 듯이, 때가 되면 곧 몰려 올 준비를 끝내고 있는 듯하다.

일본이 그들의 수많은 인민들을 간도로 이주시키려 함은

그 취지가 어디 있는가? 그 의도하는 바는 그들이 알 뿐만 아니라 세상이 모두 알고 있다.

동경 당국에서 시기가 무르익었다고 인정했을 때는, 솔직하게 일본은 또다시 중국의 어느 부분을 영토로 만들겠다고 선포할 것이다.

오늘날 일본 군대가 중국 국경 안으로 깊이 들어와, 그들의 이른바 '비적을 소탕' 하고, 한국인 및 그 기독교도들을 죽이며, 일본 민정서와 일본 경찰서를 세워, 일본 인민들을 대대적으로 옮겨 살게 하려 한다.

이러한 그들의 갖가지 움직임은 모든 간도를 일본제국에 귀속시키려는 표시인 동시에, 중국에 대하여 제5조의 요구(일본이 수시로 중국에 파병할 권리를 요구함인 듯)를 다시 꺼내려는 전조이다. 이러한 요구가 받아들여지면 중국은 곧 제2의 한국이 될 것이다.

이제 일본이 잠시 군대를 철수시킨다면, 반드시 조건을 내세워 언제든지 혼춘에 파병할 수 있는 특권을 요구할 것이다.

중국이 이를 용납하지 않으리라고 분명히 알고 있으니, 그들은 또 중국의 다른 곳으로 군대를 투입하리라. 그리하여 여전히 같은 조건을 요구하여 후일 중국 각지에 일본이 파병할 권한이 있게 될 것이다.

또 일본이 중국 측의 거절을 이용하여 시일을 끌어 트집을 잡으며, 철병하기를 늦추어 그 지위를 굳히려 들지도 모른다.

중국인민들은 하루 속히 북경정부에 건의 일본정부에 만국조사위원회 조직을 제의해야 한다. 그리하여 공정무사한 외국인들로써 간도문제를 공동 조사케 해서 일본군대의, 국경 안에서의 무고한 한국인과 중국인에 대한 만행을 밝혀내야 한다.

동시에 국제공법을 근거로 일본이 수시로 중국에의 파병권 요구가 합법적인가 비합법적인가를 연구케 해야 한다.

이러한 제의에 대하여 일본이 동의하지 않을 때에는, 북경정부는 마땅히 국제연맹에 제소해야 한다. 동시에 일본의 길림성 안에서의 모든 행동을 구미 각 신문에 게재하여, 국제연맹의 주의를 환기시켜 간도문제의 중요성이 산동문제에 못지않음을 알려야 한다. 인도와 정의가 아직도 살아 있다면 국제연맹이 결코 묵과하지는 않을 것이다.'

박은식 지은이 약력

(朴殷植, 1859년 9월 30일 ~ 1925년 11월 1일)

사학자, 언론인, 독립운동가, 교육자, 애국계몽운동가, 정치가이다. 자(字)는 성칠
(聖七)이고 호는 겸곡(謙谷), 백암(白岩·白巖·白菴), 태백광노(太白狂奴). 대한민
국 임시정부의 제2대 대통령 역임.

저 서

《대동고대사론(大東古代史論)》, 《동명성왕실기(東明聖王實記)》, 《명림답부
전(明臨答夫傳)》, 《발해태조건국지(渤海太祖建國誌)》, 《몽배금태조(夢拜金太
祖)》, 《안중근》, 《각국근사》(各國近史), 《한국통사》, 《이준전》, 《한국독립
운동지혈사》, 《이순신전》, 《한말비록(韓末秘錄)》, 《대동민족사》, 《단조》외

남만성 옮긴이 약력

경북 영양에서 출생, 연전문과 중퇴, 법제조사위원 전문위원 역임

민족문화추진회·세종대왕기념사업회 번역위원

역 서

《경국대전(經國大典)》《대명률직해(人明律直解)》《사송유취(詞訟類 聚)》
《징비록(懲毖錄)》《역옹패설(櫟翁稗說)》《반계수록(潘溪隨錄)》《목민심서(牧
民心書)》《눌제집(訥齋集)》《주영편(晝永編)》《동경대전(東經大典)》《주역(周
易)》《소학(小學)》《노자도덕경(老子道德經)》《손자병법(孫子兵法)》《육도지략
(六韜之略》 외 다수

한국독립운동지혈사

2019년 3월 1일 / 수정 신판 발행

지 은 이 / 박 은 식

옮 긴 이 / 남 만 성

발 행 인 / 최 석 로

발 행 처 / 서 문 당

주   소 / 경기도 고양시 일산서구 덕산로 99번길 85(가좌동)

우편번호 / 10204

전   화 / 031-923-8258 팩   스 / 031-923-8259

창립일자 / 1968년 12월 24일

창업등록 / 1968.12.26 No.가2367

출판등록 / 제 406-313-2001-000005호

등록일자 / 2001. 1.10

초판발행 / 1975년 8월 10일 〈서문문고〉 191,192번 상,하

ISBN   978-89-7243-691-1

* 값은 뒤면에 표기되어 있습니다.

* 잘못된 책은 구입하신 서점에서 바꾸어 드립니다.